문서사무관리

박철하 著

21세기사

PREFACE

21세기는 컴퓨터와 통신기술로 대변되는 IT기술의 발전이 사회의 변화를 주도적으로 이끌어 왔다. 이러한 정보화 사회로의 급격한 변화에 따라 행정기관 · 기업 · 개인들은 시대적 환경에 적응하고 경쟁에 살아남기 위해 부단한 노력들을 전개하고 있다.

이와 같이 복잡 다양한 정보화 사회에서 각종 정보의 기본이 되는 사무를 주로 다루는 행정이나 경영의 일선 현장에서는 효율적인 사무관리의 필요성을 더욱 절실히 느끼고 있다. 이는 공공기관이나 기업체에서 나름대로의 조직의 목표달성을 위하여 빠른 정보의 수집과 이에 대한 정확한 검토와 분석이 요구되고 있기 때문이다.

빠른 속도로 변화해 가는 시대에 맞게 행정기관, 기업, 학교와 같은 조직은 사무관리의 내용에 대한 올바른 이해와 실무중심의 현장교육이 절실하게 필요하다. 사무관리의 필요성이 대두되고 있는 현실에서 문서를 정확하게 작성하고 의사표시를 간단 · 명료하게 하느냐에 따라 업무의 능률이 향상될 것이다.

이 책은 공무원과 기업의 취업을 준비하는 대학생들에게 행정사무의 기본이 되는 공공조직의 각종 사무와 이의 관리기법을 익히는 교재로 사용할 수 있으리라 생각한다.

책의 내용을 정리하면 크게 사무관리의 개요, 문서사무관리, 취업준비와 서류작성으로 구성되어있다. 본서는 학교에서 배운 사무관리 및 문서관리의 이론과 실무를 현장에서 활용할 수 있도록 사례문, 각종 서식문서의 예를 제시하고 있다. 특히 이 책을 저술하는 과정에서 많은 학자와 교수님들의 저서를 참고로 활용되었으며 내용에 대한 부분인용에 대해 너그러운 양해를 부탁드린다.

끝으로 교재 중에 혹시 오류가 있다면 독자 여러분의 아낌없는 편달을 기대한다. 이 책이 나오기까지 애써주신 21세기사 사장님과 직원 분들께 감사를 표한다.

저자

CONTENTS

CHAPTER 6 **문서의 취급 및 관리** **167**

CHAPTER **9** **관인관리** **285**

CHAPTER 10 　서식관리　303

CHAPTER 11 　보고사무와 협조사무　315

CHAPTER 12 사무자동화 시스템 333

사무관리 개요

1.1 사무

1.1.1 사무의 정의

사무란 조직체에서 조직구성원이 근무하는 과정에서 처리하는 일로서, 주로 책상에서 이루어지는 문서작업을 의미한다. 사무는 조직체를 전제로 한다. 조직체란 조직의 공통 목적을 달성하기 위하여 조직구성원들이 서로 협조하는 집단을 말한다.

사무실이 더 이상 폐쇄된 공간으로서의 의미가 아닌 것처럼 사무도 반드시 사무실 내에서 이루어지는 것은 아니다. 모든 형태의 일이 있는 곳이라면 사무는 직접 또는 간접으로 존재한다. 사무란 관점에 따라 여러 가지로 말할 수가 있는데 국어대사전에 의하면 '맡고 있는 직에 관련된 모든 것을 다루고 처리하는 여러 활동'이라고 정의하고 있다. 또는 '다른 사람을 위해 봉사하는 그 무엇이다'라고 정의되기도 한다. 이것은 사무를 다른 어떤 일의 기능을 돕는 보조적 존재로 파악하고 있음을 의미한다. 오늘날에는 컴퓨터가 일반화되어 여러 업무처리에 광범위하게 이용되고 정보처리가 보편화되면서, '조직체의 목적을 달성하기 위하여 관리에 필요한 정보를 만드는 작업'이라고 하는 정의가 널리 사용되고 있다.

사무에 대한 기존의 연구를 살펴보면 사무의 기능성이나 효율성에 대한 강조보다는 사무작업에 관한 분류가 주가 되고 있다. 러핑웰(W.H. Leffingwell)은 사무를 첫째, 여러 가지 형태로 일의 내용을 기록하고 일의 수행 과정에서 필요한 사람을 만나 면담하며, 둘째, 사무에 필요한 다양한 계산을 하고, 셋째, 서류와 자료들을 체계적으로 분류하고 보관과 검색이 쉽도록 효율적으로 철해 두는 작업 등으로 분류하였다.

힉스(C.B. Hicks)는 사무에 대한 정의를 첫째, 일의 진행과정에서 대한 기록과 보고 준비를 하는 것이며, 둘째, 일의 수행과정에서 발생된 정보의 기록물을 파일하고, 불필요한 자료를 폐기하는 기록의 보존 작업이며, 셋째, 계산이 많은 부분을 차지하며, 넷째, 서신·전화·보고·회의·명령 등의 형식으로 이루어지는 상호간의 의사소통이라고 하였다. 러핑웰과 힉스의 분류를 종합해 보면 사무는 기록, 계산, 면담, 의사소통, 파일링 등을 포함하고 있음을 알 수 있다.

종래에 사무는 사무실에서 이루어지는 문서의 생산·유통·보존을 위주로 하는 서류에 관한 작업, 즉 문서작업 혹은 책상작업의 개념으로 생각되어 왔다. 이러한 개념은 사무를 협의적인 것으로 본 것이다. 그러나 현대사회가 고도산업화·정보화됨에 따라 사무업무가 다양화되었다. 따라서 사무는 행정을 달성하기 위하여 행정활동을 촉진하고 정보를 수집·가공·저장·활용하여 정보를 처리하는 것으로 정의한다.

행정활동의 기능적인 면에서 사무를 다음과 같이 정의할 수 있다. 사무는 행정목적의 달성을 위하여 행정활동을 촉진하고 정보를 수집·가공·저장·활용하여 처리하는 기능적인 측면으로 파악하게 되었다.

1.1.2 사무의 범위

사무의 범위는 두 가지로 설명할 수 있다. 사무의 범위를 협의로 이해하는 것은 의사결정을 사무로부터 제외하며, 광의로 이해하는 것은 의사결정을 사무에 포함시킨다. 협의로는 사무를 의사결정을 위한 정보처리 작업으로 본다.

〈표 1-1〉 사무의 범위

① 문서처리 및 데이터처리 업무	• 문서의 작성(쓰기) • 문서의 인쇄 • 읽기, 분류, 정리 • 계산	협의의 사무	광의의 사무
② 커뮤니케이션 업무(통신)	• 회의 • 협의 • 전화		
③ 의사결정 업무	• 사고 • 결재		

사무의 기능은 정보처리에 있으며 그 매체로서는 서류, 구두, 영상 등의 형태를 취하는 정보의 수집·가공·전달을 가리킨다. 정보처리 활동은 경영조직을 구성하는 모든 사람들이 행하는 공통기능이다. 그러나 관리자 등이 행하는 모든 활동을 사무라고 생각하기에는 어려움이 있다. 예를 들면 의사결정에 있어서는 그것을 위한 자료 작성이나 기획서, 방침서로서 서류의 형태로 송달하는 것은 사무라 말할 수 있어도 그것을 위한 판단이나 결정 등의 두뇌에 의한 처리는 제외된다.

이와 같이 사무의 범위를 협의로 한정하는 사고방식은 지금까지의 사무관리론자의 견해이다. 그리고 다음 세 가지 학설이 의사결정과 관련해서 사무를 정의했다.

① 의사결정에 있어서 필요불가결의 정보를 수집, 가공처리, 축적해 요구에 따라 이것을 제공하는 일이 사무 또는 정보처리이다. 그리고 그 관리를 사무관리라 한다.

② 사무관리란 기업의 내부 및 외부 환경에 관한 정보를 신속·정확하게 수집·처리해 그 결과를 의사결정 자에게 전달해 기업이 환경의 변화에 따라 항상 효과적인 행동을 취할 수 있도록 정보체계를 설계해 운용하는 것이다.

③ 사무는 관리사상을 결정하기 위해 필요한 정보를 관리자에게 제공하는 것 및 그 결정된 의사를 조직체의 내부·외부에 전달하는 수단이다.

이러한 견해는 어느 쪽도 의사결정을 마치 경영자나 관리자가 주로 행하는 특별한 것으로서 한정적으로 이해되는 것처럼 보일 수 있다. 단 ③의 경우 의사결정을 사무로부터 제외하고 있지만 사고나 판단은 사무 작업에 포함된다고 하며 다음과 같이 주장한다. 사무의 본질은 작업이라고 생각하며 인간의 머리속에서의 사무작업으로서 이해해 볼 수 있다. 작업이라고 하면 눈에 보이는 손의 움직임이라든지 몸의 움직임의 개념을 가지지만 머리속에서 판단, 비교 검토하는 것도 굳이 말한다면 뇌세포의 움직임이라고 할 때 역시 인간의 판단, 사고를 작업이라는 관점으로부터 이해해도 된다는 것이다. 따라서 사고나 판단이 표준화되어 프로그램이라는 형태로 컴퓨터로 표준화가 가능하면 기계화 할 수 있다는 관점에서 사무의 본질은 사고, 판단을 포함한 사무작업이라고 생각한다는 것이다.

그러나 이러한 연구에서는 사고, 판단과 의사결정과는 어떻게 다르며 구분이 가능한가의 의문이 남는다. 그리고 의사결정은 관리자에게만 있는 것도 아니며, 모든 계층 전반에 있는 것이다. 사무로부터 인간의 의사결정을 제외하거나 두뇌활동을 제외할 필요는 없는 것이며 현실적으로 어디까지가 정보처리이며, 어디까지가 의사결정인가는 명확하게 구분하기 어려운 경우가 많다. 또한 두뇌활동이나 판단활동을 제외한 사무는 사무를 동작의 조합작업으로 이해한 과거의 사무활동과의 구분이 애매하게 된다. 이와 같은 해석에 의해 사무는 광의로 해석하는 것이 타당하다. 이 경우 인간에게 동기부여를 하여 리더십을 육성하는 기능이나 제조나 물류 등의 직접 활동의 부분은 사무로부터 제외된다.

사무는 관리의 전 과정에 내재하면서 조직 활동의 진행을 간접적으로 보조·촉진하고, 조직 활동의 질서를 유지하며 나아가 이들 조직 활동이 전체적인 과정 속에서 유리되지 않도록 이루어지고 있는 활동과 활동을 서로 연결시켜 줄 뿐만 아니라 과정간의 상호관계를 맺게 하며, 서로 자기 활동 및 과정의 위치와 방향을 깨닫게 하여 조직의 전체 목표

달성에 필요한 활동이 전개되도록 유도·촉진하는 작용을 뜻한다.

1.1.3 사무의 기능

(1) 업무수행의 수단

사무는 업무수행에 있어서 쓰기·읽기·계산·분류·정리·조사·확인·의사소통 등의 다양한 활동으로 이루어지는 필수적인 수단이다.

(2) 업무활동의 보조 및 촉진

사무는 조직의 목적을 달성하기 위하여 행하는 업무활동을 보조하고 촉진하는 기능을 수행한다.

(3) 업무분야의 연계성 유지

사무는 조직체가 수행하는 다양한 업무분야를 서로 연결시켜 주면서 상호간의 활동을 협조·보완하거나 견제·조정하는 등 관련 분야의 연계성을 유지하는 기능을 수행한다.

(4) 정보처리기능

사무는 행정목적을 달성하기 위한 의사결정에 있어 필요한 정보를 수집·가공·저장·활용하여 기능을 수행한다.

1.1.4 사무의 종류

(1) 사무의 목적에 의한 분류

① 본래사무

본래사무란 조직의 목적달성을 위하여 직접적으로 수행하고 있는 사무를 말한다. 정부의 경우 국가의 유지·발전과 공공의 복리증진이라는 목적 달성에 직접적으로 기여할 수 있도록 기능별로 분화된 각 행정조직의 고유사무를 말한다.

② **지원사무**

본래사무가 조직의 본래 목적을 달성하기 위하여 행하는 사무인데 반하여 지원사무란 개개의 목적영역에 공통적으로 존재하며, 조직목적을 위하여 간접적으로 수행하는 사무로서 본래사무를 수행하는데 필요한 수단적 성질을 갖는다. 예를 들면 건축허가에 필요한 각종 문서의 작성과 수발, 건설사업 추진을 위한 출장비 지급 등을 말한다.

③ **경영사무**

경영사무는 전략적 계획에 관한 사무로 조직체의 최고방침이나 정책적 의사결정을 위해 행해진다. 예를 들면, 기업의 경우에는 기업목적의 선택, 신제품이나 신규사업의 개발 또는 기존제품이나 기존사업의 폐지, 공장 등의 중요한 설비투자, 간부의 채용 혹은 생산·판매·인사·재무적인 방침의 설정 등이 포함된다.

④ **관리사무**

관리사무는 관리통제에 관한 사무이다. 이는 전략계획에 관한 의사결정에 의해 설정된 방침, 조직, 사업의 품명, 시장, 공장, 판매거점, 인적자원을 기본으로 그 자원의 유효한 활용을 기하기 위한 의사결정을 위해 행해진다.

⑤ **감독사무**

감독사무는 운영통제에 관한 사무이다. 관리에 있어서의 의사결정과 감독에 있어서의 의사결정은 전략적 의사결정에 의해 설정된 자원의 유효활용을 기하는 점에서는 공통적이지만, 전자는 후자에 비해 의사결정의 메커니즘이 복잡하며, 경영활동 효과의 계획으로 피드백에 신속성이 그다지 요구되지 않는다. 그리고 의사결정에 필요한 정보는 경영사무나 관리사무로 되면 당해 시스템 내부뿐만 아니라 시스템 밖의 정보도 요구되는 것에 비해, 감독사무의 경우는 의사결정의 메커니즘은 단순하고 효과의 피드백은 신속성이 요구되어 의사결정에 필요한 정보는 당해 시스템 내의 정보만으로 충분하다는 특정이 있다.

⑥ **단순사무**

단순사무는 서기사무, 작업사무 또는 현장사무라고도 한다. 이는 생산·판매·구매 등의 직접활동, 인사·재무 등의 간접활동에서의 운영에 수반되는 사무로 전표나 장부의 기입, 컴퓨터 단말기나 워드프로세서의 입력 등의 미숙련 상태에서도 짧은 시간 내에 숙련될 수 있는 사무를 말한다.

(2) 사무의 난이도에 따른 분류

① 판단사무

판단사무란 전문적 지식과 경험을 필요로 하는 사무로서 주로 관리층에서 담당한다. 예를 들면 의사결정, 기획, 조정, 심사, 평가사무 등이다.

② 작업사무

작업사무란 전문적인 지식 내지 능력이 요구되지 않는 사무로서 숙련을 요하는 것으로부터 전혀 숙련되지 않더라도 단순하게 처리될 수 있는 사무 등 매우 다양하다. 예를 들면 계산, 통계표 작성, 단순·반복적인 기안, 문서 접수 및 발송, 운반·정리 등을 말한다.

(3) 반복성의 유무에 의한 분류

① 상례사무

상례사무란 거의 매일 똑같이 반복해서 발생하는 사무이다. 작업사무의 대부분은 상례사무라고 말할 수 있다. 또한 매일 발생하지는 않지만 일정기간별로 실적의 기록·분류·집계를 행하는 사무이다.

이러한 것들은 일별·주별·열흘단위별·월별로 발생하는 정기적인 사무이며, 상례사무에 포함된다고 보아도 된다. 상례사무는 반복해서 행해지기 때문에 발생의 시기를 예측할 수 있으므로 소요기간을 정량적으로 파악할 수 있어 정형화하기 쉽다고 할 수 있다.

② 예외사무

예외사무는 반복해서 행해지지 않고 발생의 시기를 예측할 수 없기 때문에 그 소요기간을 정량적으로 파악하는 것이 쉽지 않고, 정형화하기 어렵다는 특징이 있다. 따라서 예외사무는 거래활동 중에서 실수나 사고가 일어났을 때 클레임을 받거나 특별한 처리를 하지 않으면 안 되는 것이다.

(4) 발생의 주체성에 의한 분류

① 강제사무

강제사무란 사무의 발생이 조직체의 자주적 의사에 의하지 않고 법률·법령 등에 의해 외부로부터의 강제에 의해 행해지는 사무이다.

② **자주사무**

자주사무란 외부로부터의 강제에 의하지 않고 조직체의 자주적인 의사에 의해 행해지는 사무이다.

(5) 오피스의 기본기능에 따른 사무

오피스의 기본기능은 사무원의 행동분석을 통하여 분류한다.

① **의사결정업무**

방침과 전략 및 일상 업무 수행시 생기는 여러 가지 문제를 해결하는 것으로 해결책의 입안·선택·판정 등이 있다.

② **데이터 처리업무**

정보의 축적·검색·계산·편집 등에 의해 업무수행 결과로서의 새로운 정보를 생성하는 것이며, 오피스에 있어서 전달·보관 등의 대부분이 문서형태에 의하므로 특히 문서처리라 부른다.

③ **커뮤니케이션 업무**

오피스 또는 하위조직 간에 있어서 문서나 구두 등에 의한 공식적·비공식적 정보를 상호 전달하며 각각 업무를 촉구한다. 예를 들면, 전화, 사내회의 모임, 우송, 배포, 사내면접, 사외면접 등이 있다.

1.1.5 사무의 본질적 구성요소

사무는 본질적으로 사무원·사무실·사무문서·사무기기·사무제도·사무조직의 6가지 요소로 구성되어 있다.

(1) 사무원

사무원이란 사무를 전문적으로 행하는 사람을 말한다. 일반적으로 사무원은 주로 문서처리나 그것에 관련된 사무에 종사하는 사무작업자 또는 문서처리작업자로서 사무원은 그 담당직종을 중심으로 〈표 1-2〉와 같이 4종류로 구분된다.

〈표 1-2〉 담당직종중심으로 한 사무원의 분류

작업원(operator)	장표의 작성자와 타이피스트 등 일반 작업사무의 담당자
영업활동원(line)	판매원이나 구매원과 같이 영업거래의 담당자
스태프(staff)	관리자의 보좌역으로서 계획·조사·통제 등의 관리업무에 종사하는 전문가
관리자(manager)	부장 과장·계장 등과 같이 담당부분을 총괄하여 계획과 관리를 행하는 것과 동시에 부하의 지휘·감독을 하는 책임자

(2) 사무실

사무실이란 기업의 통제기구가 있는 곳이며, 통제·정보·능률적 작업을 위한 문서기록이 준비되고 처리되며 공급되는 곳이다.

여기에서 사무관리 및 그 목적을 완전히 이해하기 위해서는 사무실의 장소적 인식보다는 기능적 인식이 더욱 필요한 것이다. 따라서 만일 사무실을 어느 한 장소로서만 인식한다면 경영조직 내의 다른 부문에 있어서 문서작업 공정의 통제가 되지 않을 수 있다. 왜냐하면 사무관리자는 그의 소속부문 이외의 문서기록에 관해서는 아주 조금밖에 알고 있지 않다는 것이 되기 때문이다.

(3) 사무문서

사무문서(장표)는 정보가 구체화된 것이기 때문에 실질적으로 사무작업의 대상물이고, 공장작업에 있어서 생산대상에 상당하는 의미를 갖고 있다. 결국 문서(특히 장표)의 양식, 기록 또는 처리방법, 운행경로 등을 결정하는 것에 의해서 사무작업의 질과 양이 대략적으로 결정된다. 형식에 의해서 분류해 보면 정규형식을 갖는 것과 정규형식을 갖지 않는 것으로 구분할 수 있다. 여기서 형식이라는 것은 외적인 형태 이외에 기입방법·정리보관방법·운행경로 등과 같은 것을 규제하는것 같은 의미를 가지고 있다.

〈표 1-3〉 사무문서의 분류

정규형식을 갖는 것(장표)	사내적인 문서의 대부분을 점유하고 양적으로 많다.
정규형식을 갖지 않는 것(보통문서)	형식화와 표준화가 곤란한 것으로서 양적으로 적다.

(4) 사무기기

사무기기에는 펜이나 파일 등과 같은 용구, 인쇄기·계산기·컴퓨터 등과 같은 기계, 책상 등과 같은 설비가 포함되어 있다. 이러한 사무수단은 직·간접적으로 사무작업의 방법을 제약하고 사무생산성을 좌우하게 된다.

현실적으로 오늘날은 정보의 혁명시대라고 할 정도로 처리해야 할 정보의 양이 증대되고 있는 것처럼 사무의 경우도 사무정보량의 증대는 조직경영에 있어서는 필수불가결한 요건이다. 또한 이러한 사무정보처리를 위한 사무근로자의 증가영향도 어느 정도 허용될 수 있을 것이다. 그러나 사무생산성이 타부분에 비하여 지극히 낮은 상태는 개선되지 않으면 안 된다. 즉 다양한 종류의 정보처리를 위해서는 종래의 전통적인 사무기기로는 단시일 내에 일처리가 불가능하기 때문이다. 따라서 오늘날에 있어서 사무작업은 사무자동화기기를 이용하여 그 효율화를 도모하고 있다.

(5) 사무제도

사무를 처리하는 방법에서 이것을 총체적으로 본다면 사무제도이고, 개별적으로 본다면 집무방법이다. 일련의 영업실무가 행해지는 경우 많은 사람이 관련되어 있는 관계상 실무의 실시방법이나 순서를 정하고, 이것을 신속하고도 확실하게 실시할 필요가 있다. 그러한 경우 각 업무의 실시에 관련하여 특정한 장표를 이용하여 정보전달이나 처리를 행하는 것에 의하여 업무가 정확하게 실시됨과 동시에 이것을 통제할 수 있다. 결국 장표의 운용과 결합에 의해서 업무의 실시를 규제하는 의미이고, 이와 같은 일련의 사무계열을 사무제도라고 한다.

예를 들면, 물품구매에 대하여 요구담당자가 구매요구표를 작성하고, 구매계는 그러한 요구내용에 대응하여 발주계약을 하지만 실제로는 주문서를 발행한다. 따라서 구매요구표와 주문서 작성 및 운용경로를 결정하는 것에 의해서 구매업무를 확실하게 실시할 수가 있다.

이와 같이 사무제도는 사무처리 방법을 표준화하고 규정화한 것이지만, 거기에는 장표의 사용이 필수불가결한 요인이 되고 있다. 결국 장표는 사무제도의 운용을 물적으로 규제하는 수단이라고 말할 수 있다.

(6) 사무조직

조직은 경영목적에 의해서 결정된 종과 횡의 분업계열에 있어서 개인 또는 집단(부문)의 위치(사무분담)를 표시함과 동시에, 그러한 업무의 상호관계를 표시하는 구조이다.

앞서 언급한 사무제도는 업무운용시스템을 표시하는 것이지만, 조직은 그것에 대응하는 업무분담을 표시하고 사무제도를 동적이라고 본다면 사무조직은 정적인 성질을 가지고 있다.

사무조직의 편성, 즉 사무분담의 결정에 대해서는 사무의 성질과 양에 대응하여 전문화와 사무능률, 내부견제, 기타 사무와의 관계 등을 고려하지 않으면 안 된다. 그 결과는 업무분장규정이나 직무권한규정 등의 조직규정에 의하여 명확하게 되지만, 실제 업무의 분담상황은 사무제도의 운용에서부터 할 수 있다. 이것은 사무흐름의 분석에 의해서 실태가 명확하게 되지만, 규정과 실제가 상이한 경우가 적지 않다. 이러한 경우에는 사무조직이나 사무제도의 어느 부분이든 간에 결함이 있기 마련이다. 따라서 사무분석에 의한 사무조직의 개선방향을 도모할 수 있다.

1.2 사무와 업무

사무의 본질적인 내용은 정보를 수집·정리하고 변환시켜서 전달·보관하는 것에 있다. 따라서 필요한 때에 필요한 정보가 필요한 곳에 올바른 형태로 신속하게 전해져서 적절히 처리될 수 있게 하는 것은 매우 중요하다. 이와 같이 필요한 때에 필요한 정보가 필요한 곳에 올바른 형태로 신속하게 전해지도록 하는 것이 사무이며, 적절히 처리되는 것이 업무인 것이다. 즉 사무는 수단으로서의 정보처리 및 취급이며, 업무는 조직체가 해야

〈표 1-4〉 업무와 사무의 관계

업무의 전개(본래의 임무) : 목적	사무의 전개(정보처리·취급) : 수단
발주를 한다. 재고량을 확인한다. 선적을 의뢰 한다. 외상매출금을 계산한다.	주문서의 작성 재고원장을 확인 납품서의 작성 물류센터에 서류 송부 외상매출금원장에 기장

할 본래적인 임무인 것이다. 업무와 사무의 관계를 비교하여 정리하면 〈표 1-4〉와 같다.

앞에서 살펴본 바와 같이 업무와 사무는 구별되지만 실무에 있어서는 구분이 쉽지 않다. 그러나 조직 내에서 조직구성원 개개인이 분담직무의 원활한 처리를 위해서는 개개인에게 부여된 업무와 그에 따른 사무와의 관계를 인식하는 것이 요구된다. 사무의 효과적인 전개를 위한 조직활동의 목적과 업무에 대한 자세는 다음과 같다.

1.2.1 조직활동의 목적

조직은 사람과 업무가 결합된 편성체로서 목적달성을 능률적으로 수행하기 위하여 분업화와 전문화가 요구된다. 분업화·전문화된 부문에 배치된 사람의 결합을 조직이라고 한다. 조직이란 목적을 달성하기 위하여 가장 능률적으로 최단거리에서 일을 수월하게 하기 위한 인위적인 결합인 것이다.

기업조직은 조직구성원 각자의 역할분담을 통한 일의 분할과 성과달성이라는 일의 통합으로 유지·발전된다. 조직 활동의 목적을 정리하면 다음과 같다.

(1) 통합과 자기통제를 추구하는 활동이다.

조직구성원 개개인은 조직활동을 통하여 개개인의 욕구와 조직의 기대를 일치시키며, 자기통제에 의한 자기실현을 지속적으로 추구한다.

(2) 삶의 보람을 찾는 활동이다.

'조직은 조직구성원이 삶의 보람을 찾는 곳이다'라고 볼 수 있다. 하루 24시간 중 가장 중요한 시간을 보내는 직장에서 삶의 보람을 찾는다는 것은 조직구성원으로서 가장 중요한 과제이다.

(3) 목표추구의 활동이다.

'목표가 없는 곳에 행동도 없다'는 말과 같이 조직활동이란 일의 분할과 일의 통합을 추구하는 목표지향적인 활동이다.

(4) 역할직무의 종합활동이다.

조직은 직무와 인간의 편성체이다. 각자가 분담하고 있는 직무와 직무의 연계 및 인간과 인간과의 유대관계가 잘 이루어질 때 조직활동은 활발하게 이루어진다.

1.2.2 업무의 3면등가의 원칙

조직은 필요한 직능을 구체적으로 분할하여 개개인이 담당할 직무를 결정한다. 직무란 권한·책임·책무의 3면을 균형있게 수행하는 과정에서 필요로 한다.

- 직무 = 책임 + 권한 + 책무
- 책임 = 권한 = 책무

이것을 업무의 3면등가(三面等價)의 원칙이라고 한다. 이론적으로는 직무에 따른 동일한 책임·권한·책무가 부여되지만 실무적으로는 그렇지 못하다. 특히 권한의 위임은 조직의 상황, 관리자의 방침, 회사의 규정, 개인의 능력 등 여러 변수에 따라 정도의 차이가 많다.

그러므로 조직 내에서 처한 계층에 따라 입장이 달라질 수 있다. 하부계층일수록 권한보다는 책임과 책무가 많이 부여되므로 업무추진에 있어서 유의해야 될 사항이다.

(1) 권한

할당된 직무수행 과정에서 필요한 결정·지시·행위를 할 수 있는 권리이며, 권리를 행사할 수 있는 지식·기능·개성을 포함한 개인의 능력을 의미한다.

(2) 책임

최선을 다하여 자신의 능력을 최대한으로 발휘하고, 할당된 임무를 수항해야 하는 개인의 의무를 말한다.

(3) 책무

책임완수에 따른 설명·보고·해명의 의무를 말한다.

1.2.3 업무에 대한 기본자세

(1) 목표달성 의욕을 지닌다.

업무를 보람되고 알차게 하려면 무엇보다 중요한 것이 업무에 대한 목표를 설정하고 달성의욕을 환기시켜야 된다. 목표가 뚜렷하면 하고 싶은 의욕이 생기게 된다. 그러므로 하고 있는 업무에 대하여 먼저 목표의식을 지녀야 한다. 목표의식을 갖고 목표를 설정할 경우에는 다음의 세 가지 사항을 명심해야 될 것이다.

① 지금 하고 있는 업무에 착오가 없도록 정확히 하려는 목표
② 지금 하고 있는 업무의 능률을 높이는 목표
③ 지금 하고 있는 업무의 질을 훨씬 더 높이는 목표

(2) 흥미를 갖고 즐겁게 일한다.

'세상에서 진실로 위대한 것 세 가지는? 산과 바다와 진지하게 일에 몰두하고 있는 인간이다.' 일을 즐거운 것으로 만들 것인가, 따분하고 보람없는 일로 만들 것인가는 사람의 마음가짐에 달려 있다.

작은 것에서부터 흥미를 갖고 일속에서 즐거움을 만끽하면 단순히 하는 일을 되풀이 한다거나, 일에 대한 흥미와 즐거움을 잃지 않게 될 것이다.

1.2.4 업무의 주도적인 자세

(1) 업무를 끝까지 완수한다.

업무의 완수란 열의와 인내력을 가지고 자신의 업무를 수행하는 것을 의미한다. 업무에는 하기 싫은 업무와 자진해서 하고 싶은 업무가 있다. 업무를 완수하느냐 못하느냐 하는 것은 조직 내에서 또는 상사로부터 신뢰받는 인재가 되느냐의 척도가 될 수 있다.

(2) 능동적으로 업무를 수행한다.

업무란 지시에 따라서 하는 것이지만 지시가 모든 것을 해결할 수도 없으며 상황의 변화

도 발생하므로, 개개인의 능동적이고 자발적인 참여가 필요하다. 그러므로 업무는 능동적이고 적극적인 태도로 임했을 때 비로소 기대 이상의 훌륭한 성과를 거둘 수 있게 된다.

(3) 업무의 수행방법을 창의성 있게 연구한다.

현대는 창의와 진보의 시대이다. 지난날의 영광과 현상유지에 만족하고 개선을 태만히 하게 되면 훌륭한 상사의 보좌와 자기만족을 기대할 수 없게 된다. 그러므로 조직구성원은 부단히 능력을 개발하고 창의력 발휘를 통한 업무수행 방법의 개선으로 상사를 보좌하고 업무의 혁신을 이룩해야 한다.

(4) 양심적으로 업무를 수행한다.

업무를 끝까지 완수하여도 그 결과가 질적으로 쓸모없는 것이 된다면 문제가 야기될 수밖에 없다. 훌륭한 업무의 성과란 양심적으로 수행한 성과이며 업무에 대한 애정과 사명감에서 기대할 수 있다. 양심적으로 업무를 수행하는 조직구성원은 신뢰를 받고 높은 평가도 얻을 수 있으나, 양심적으로 업무를 수행하지 않는 조직구성원은 조직에 폐를 끼치고 신뢰를 잃을 뿐만 아니라 자신감도 결여될 것이다.

(5) 결정되어 있는 것을 지킨다.

결정되어 있는 것에는 사람과 사람사이에서 결정한 것과 조직구성원들의 행동을 규제하는 규칙이 있다. 결정되어 있는 것을 지키지 않게 되면 예상하지 못한 어려움과 생각하지 못한 혼란이 발생하게 된다. 그런 결과 상대 못할 사람, 책임감이 없는 사람으로 인정되어 조직으로부터 신뢰를 얻지 못하게 된다.

1.3 사무관리의 개념

1.3.1 관리의 개념

관리란 인간, 기계, 재료, 방법 등을 활용·조정하여 효율적으로 조직의 목표를 달성하도록 하는 행위를 말한다. 조직의 목표를 달성하는 방법은 여러 가지가 있으나 가능한 한 합리적이며 효율적으로 목표를 달성하는 것이 관리행위이다.

관리는 그 자체가 목적이 아니고 목적을 달성하기 위한 수단이며, 변화하는 환경에 능동적으로 대처하는 동적이며 탄력적인 것이다. 조직은 어떤 목표를 능률적으로 달성하기 위하여 일반적으로 분업을 한다. 기업의 경우에는 구체적으로 생산관리·판매 및 마케팅관리·재무관리·인사관리·사무관리 등이 각각의 부문에서 전개되고 있다. 이와 같이 분업화된 조직이 유기적으로 협조하면서 기업전체의 목표달성을 위하여 활동하게 된다.

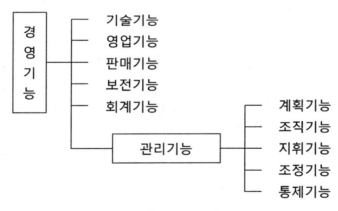

[그림 1-1] 경영기능과 관리기능

관리의 대상에는 앞에서 설명한 조직의 활동, 사람, 물적인 기계·설비·원재료 따위의 기술적 요소, 경제적 요소로서의 자금 등이 있다. 따라서 관리의 대상에 각각의 기능을 부과하여 개별 조직의 목적을 효율적·효과적·경제적으로 달성되도록 계획하고 그것을 실시하며, 나아가서는 적절하게 행해지도록 조정하는 것이 관리인 것이다.

1.3.2 관리의 기능

경영관리란 경영목적을 능률적으로 달성하기 위하여 기업의 여러 가지 활동을 계획·
조직·지휘·조정·통제하는 과정을 말한다. 다시 말하면 기업의 경영자가 기업의 목적을
보다 능률적으로 달성하기 위한 기업의 여러 활동과 관련된 것이다.

경영기능은 기업조직이 달성하려는 기본목표를 세우고 목표달성에 필요한 주요정책 또
는 기본방침을 결정하는 것을 주요내용으로 하는 기능이다. 관리기능은 경영목적을 능률적
으로 달성할 수 있도록 이미 결정된 기본정책에 입각하여 실시하는 기술적 과정을 말한다.
지시된 방향과 의사에 따라 주로 현장작업을 대상으로 리더십이 필요한 기능을 말한다.

페이욜(H. Fayol)은 규모의 대소를 막론하고 사업의 고유기능에는 물자에 관한 기능
(기술·영업·판매·보전·회계)과 인간에 관한 기능(관리)으로 주장하였다. 또한 그는 관
리기능이란 기업조직이라는 유기체에 활력을 주고 유지·발전하게 하는 원동력이라고
규명하였다.

관리는 조직의 목적달성을 위하여 주로 계획·조직·인사·지휘·조정·통제·예산·동기
부여 기능 등을 수행한다.

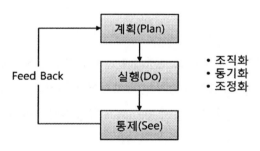

[그림 1-2] 관리기능과 관리과정

(1) 계획

계획은 설정된 목적달성을 위해 미래에 대한 예측 내지 전망하고 그 방향으로 나아가
기 위한 기본지침과 방법을 결정하는 행위를 말한다. 계획을 통하여 조직목표를 달성할
수 있는 여러 방법들을 검토하고 가장 효율적인 대안을 선택하도록 하는 것이다.

(2) 조직

조직이란 계획을 실현시키기 위하여 조직체의 구조나 체제를 설정하고, 이에 필요한 인적자원과 재원, 기타 요소들을 투입하여 통합적으로 추진해 나가는 일련의 과정을 말한다. 그 구체적 내용으로는 조직구조나 체제의 설립, 일을 처리하기 위한 절차의 개발, 자격조건의 결정, 재원의 할당, 직무의 할당, 권한과 책임의 명확화 등이다.

(3) 인사

인사란 조직의 활동에 필요한 인적자원을 동원·배치해 주며, 그들의 능력을 개발하고, 근무의욕을 제고시키는 등 인력활동을 통하여 행정·경영조직의 목적달성에 기여하도록 사람을 적절하게 충원하는 일을 말한다.

(4) 지휘

지휘는 조직 구성원 상하간의 대인관계에서 이루어지는 관리자의 리더십 기능을 말한다. 관리자는 업무의 원활한 수행을 위하여 직원들을 지도·감독할 뿐만 아니라 동기부여 및 사기진작도 해야 한다.

(5) 조정

조정은 실시의 시기와 관점에서 그 조직의 활동을 원활히 수행하도록 업무수행에 필요한 이해나 견해를 마찰이 없도록 결합하고 조화시키는 것이다. 조정은 특정한 관리자에 의한 통제뿐만 아니라 관리자의 직접적 통제 외의 활동과의 관계나 커뮤니케이션에까지 이르는 것이다.

(6) 통제

통제는 업무의 추진상태가 주어진 계획대로 실현되고 있는지를 확인·점검하는 것을 말한다. 통제는 기준설정, 기준과 실제의 비교, 목표수정 및 변경을 포함한다.

(7) 예산

예산은 조직운영에 필요한 물적요소를 확보하고 배정하는 역할을 담당한다. 조직의 목표를 달성하는 데에는 자금이 소요되는데 이러한 재원을 동원하고 효율적으로 사용하는 것은 관리의 중요한 기능이라 할 수 있다.

(8) 동기부여

동기부여는 관리의 제 측면들이 주어진 여건 속에서 목표달성을 위해서 활동할 수 있도록 구성원에 대하여 환경설정과 필요한 물적자원을 활용할 수 있도록 기회를 설정해 주는 것을 의미한다.

1.3.3 사무관리의 정의

사무관리란 사무작업에서 생산되는 정보를 효율적으로 관리하는 것이다. 사무관리는 조직의 목표를 달성하기 위하여 의사결정에 필요한 다양한 정보를 수집·처리·전달·보관하는 기능에 대해, 계획·조정·통제 등의 관리원칙을 적용하여 효율적으로 달성하는 것이다. 이와 같은 사무관리는 사무실에서 정보를 생산할 때, 어떻게 하면 효율적으로 생산할 것인가를 연구하는 분야이므로 관리의 대상은 사무실에서의 정보생산 활동이 된다. 사무실은 사무라는 제품과 무형의 서비스를 생산하여 정보의 생산활동을 전담한다. 사무실에는 다양한 여러 가지의 사무작업이 있다. 결국 사무관리란 사무실의 여러 작업을 관리하는 것이다. 현대적인 사무관리는 보다 능률적으로 정보를 생산하기 위하여 생산관리 기법과 산업공학 기법을 도입하여 과학적인 사무관리를 지향하고 있다. 사무관리는 정보의 생산과정을 효율적으로 추진하기 위하여 생산관리와 산업공학의 기법을 적용하여 효용성을 증대시킨다.

[그림 1-3] 사무관리의 경영에서의 결합 기능

최근에는 정보화로 인하여 사무실의 업무는 OA기기로 대체되어 가고 있다. 사무업무는 과거에 보기 어려웠던 정보의 수집, 정보 검색, 정보의 가공 등이 생겨나게 되었다. 그래서 사무는 단순히 문서처리만이 아닌 정보처리라고 한다.

오늘날 책상에서 주로 서류로서 처리하는 일(문서작업, Paper work)로 사용되고 있는 사무에 대한 인식과 용어의 개념은 시대적으로 많은 변천을 거듭해 오고 있다.

사무관리의 정의에 대한 학자들의 견해를 정리하면 다음과 같다.

(1) 레핑웰(W.H. Lemngwell)

레핑웰은 그의 저서인 사무관리(Office Management, 1925)에서 사무를 위한 작업은 통상 기록과 면담, 회계계산, 분류와 정리 등으로 구성된다고 설명하고 있다.

(2) 테리(G.R. Terry)

테리는 사무관리란 사무를 계획하고 조장하며 인원, 물자, 기계, 방법, 금전 및 대상자 사이의 관계를 조정하는, 눈에 보이지 않는 힘으로서 기업의 목적을 달성하기 위해 지휘하고 통제하는 행위라고 하였다.

(3) 리틀필드(C.L. Littlefield)

리틀필드에 의하면 사무관리란 사무상의 계획, 조직, 인사, 조정, 지휘, 통제를 전반적 또는 부분적으로 수행하는 행위로서 무형의 역할에 의해 조직의 목적을 달성하는 과정이라고 파악하였다. 따라서 학자들의 다양한 정의에 따라 사무관리에 대해 간단하게 정리해보면, 사무관리란 조직의 목표를 달성하기 위해 사무, 즉 의사결정에 필요한 다양한 정보를 수집, 처리, 전달, 보관하는 기능에 대해 계획, 조직, 통제 등의 관리원칙을 적용하여 효율화하는 과정이라고 할 수 있다.

1.3.4 사무작업의 능률화

사무작업의 능률화는 작업능률, 정신능률, 균형능률이라는 세 가지 측면이 고려되어야 한다.

(1) 작업능률

작업능률이란 노동을 할 때 인간이 소비한 에너지양과 노동의 결과로 생긴 생산물량 또는 작업량의 비(比)로서 나타내는 노동효율을 말한다. 작업의 능률화는 될 수 있으면 힘을 덜 들이고 작업할 수 있도록 하는 것을 말하며, 이를 위하여 작업의 용이성, 작업과정의 간소화·표준화, 사무의 자동화, 사무적인 이동거리(흐름)의 최소화 등이 고려되어야 한다.

(2) 정신능률

정신능률은 사무작업에 있어서 정신적인 요소의 최적화를 말하는 것으로서 정신능률을 올리기 위해서는 정신적인 긴장상태를 최소화하여 스트레스를 가볍게 해야 한다.

(3) 균형능률

균형능률은 일정한 목적을 달성하는데 필요한 수단이 적절하게 조화된 상태를 말하며, 균형능률을 극대화하기 위하여 적재적소 배치, 능력에 적합한 사무분담, 피로요인의 제거 등이 고려되어야 한다.

1.3.5 사무비용의 경제화

사무비용의 경제화란 사무처리에 경제원칙을 도입하여 최소비용으로 최대효과를 얻도록 관리하는 것을 말하며, 처리비용 등 재정적 요소뿐만 아니라 사무처리 방법 등 제도적 요소, 조직원에 관한 인적 요소, 사무시설과 환경 등 물리적인 요소가 있으며, 비용절감 뿐만 아니라 낭비제거라는 측면도 함께 고려되어야 한다.

1.3.6 사무관리의 중요성

오늘날 우리가 살고 있는 사회를 3C의 사회라고 일컫는다. 3C란 Change, Competition, Customer를 나타내는 말이다. 변화의 물결은 혁명적인 개혁을 요구하고 있으며, 세계화 시대의 경쟁은 국경없는 무한경쟁의 시대에 돌입하였다.

세계무역기구(WTO) 체제의 출범에 따른 무한경쟁시대를 맞이하여 기업의 국제경쟁력 제고의 문제는 단순히 개개 기업들의 차원이 아니라, 국가적인 차원에서 해결해야 할 당면과제로 대두되고 있다. 자본주의 경제체제에서 기업은 영리를 목적으로 상품이나 서비스를 생산·공급하는 생산경제 단위이다. 즉 일정한 금액의 자본을 투자하여 타인을 위한 상품과 서비스를 생산·공급하여 발생하는 수익을 극대화하려는 개별경제이다. 결국 기업이란 생산경제 단위체로서 수익성(영리성)을 추구한다.

기업의 목적을 능률적으로 달성하기 위한 기술적 단위를 경영이라고 한다. 즉 경영이란 기업이 영리를 목적으로 생산활동을 하는데 필요한 구매·생산·판매·마케팅활동 등 경제활동을 능률적으로 수행하기 위하여 인적 요소와 물적 생산요소를 계획적·효율적으로 결합시키는 행위 또는 조직체를 의미한다.

드럭커(P.F. Dnicker)는 '현대경영은 정보와의 싸움이며, 더욱 풍부하고 질이 좋은 정보를 보다 빨리 얻고 신속하게 이해하는 것만이 경쟁에서 승리할 수 있다.'고 하였다. 정보를 경영에 있어서 중요한 요소로 지적하고 있다. 기업들은 경영규모의 확대, 경영활동의 복잡화가 이룩됨에 따라 정보의 양적인 증대뿐 아니라 질적인 변화까지 요구됨으로써 정보관리는 더욱 중요시되고 있다.

이와 같이 정보관리의 중요성이 제기됨에 따라 질이 좋은 정보를 경제적으로 제공하는 것이 사무관리의 중요한 과제가 되었다. 사무관리는 정보를 수집·처리·정리·보관·활용하는 일련의 과정을 효율화하여, 의사결정자에게 정보를 신속하고 정확하게 그리고 경제적으로 제공한다. 또한 관리기법의 활용으로 기업의 성장·발전에도 크게 기여하게 된다.

1.4 사무관리의 기능

1.4.1 사무관리의 기능

(1) 사무의 결합기능

결합이란 상호간에 자기활동의 방향과 범위 및 위치를 알려 주고, 필요한 활동이 전개될 수 있도록 서로 결합시켜 관계를 맺게 하여주는 촉진작용이다. 사무도 기능면에서는 경영의 부문활동을 상호간에 연결시켜주는 결합기능이 있다.

근대적 사무관리에 관한 이론을 세계적으로 발전시킨 러핑웰은 '사무는 경영 내부의 여러 활동을 통제하기도 하고 협력하는 경영의 한 부분이다. 즉 기업의 여러 부문 기능이 사무라는 하나의 흐름에 의해 연결되어 통일된 하나의 경영활동이 된다.'고 정의하여, 사무를 결합기능이라는 개념으로 설명하고 있다.

기업의 경영활동은 수평적 분업화에 의하여 부문활동으로 세분화되어 전문성을 추구한다. 세분화된 부문활동은 조직의 공통목표를 효과적으로 달성하기 위하여 전체적으로 통합의 필요성이 제기된다. 이와 같이 부문활동의 여러 기능을 결합하여 기업전체의 이익을 지향하는 것이 사무관리의 기능인 것이다.

(2) 사무의 시스템전개 기능

시스템이란 어떤 목적을 달성하기 위하여 서로 다른 각종의 요소가 상호관련성을 지니면서 결합된 전체를 말한다. 정보를 처리하는 사무는 경영의 모든 부문기능에 부수적으로 존재하며, 그 부문에서 목적을 달성하기 위한 시스템으로서 기능하게 된다. 이러한 각 부문의 사무시스템은 각각 하위시스템으로서 기업 전체의 사무시스템을 형성한다.

옵트너(S.L. Optner)는 '시스템에는 인풋·아웃풋·처리기구·관리·피드백 등의 5가지 요소가 있으며, 이러한 시스템모듈을 연결하는 것이 사무이다.'라고 주장하고 있다. 사무를 이와 같이 시스템전개로 보는 관점은 정보처리 시스템의 발전에 지대한 영향을 주었다.

(3) 사무의 정보처리 기능

사무실에서 발생하는 것만을 사무라고 보는 편협한 인식이 아닌, 정보처리가 사무의 기능 또는 역할로서 이해해야 함을 설명한 것이 힉스(C.B. Hicks)와 플레이스(I. Place) 이다. 힉스는 '사무는 관리활동과 작업활동의 두 가지 면이 있다. 단순한 문서의 작성과 처리보다는 정보의 작성과 처리로 이해하고, 조직 내에서 계층이 상위일수록 관리활동이 많아진다.'라고 주장하였다.

이와 같이 사무를 정보처리 기능으로 보는 것은 지식주도경제에 진입하면서부터 더욱 가속화되었다. 지식주도경제란 한마디로 지식의 가치를 인정하고 지식을 경쟁의 무기로 경쟁력을 갖추어 나가는 경제 패러다임을 의미한다. 이러한 지식주도경제의 연료는 사람이다. 지식을 학습·창출하는 주체가 바로 사람이기 때문이다. 또한 지식주도경제의 엔진은 바로 지식기업이다. 지식기업이란 조직구성원들의 지식을 효율적으로 활용하여 높은 부가가치를 창출하는 기업을 말한다.

미래학자들은 새로운 지식인이 21세기를 좌우할 주역이라고 강조한다. 신지식인은 이론적 지식뿐만 아니라 문제해결에 필요한 노하우를 체득하고, 지식을 생성·저장·활용·공유하여 부가가치를 높여 나가는 사람을 말한다.

시대의 변천과 사회의 변화가 증폭되는 환경 속에서는 사무에 의한 각종 정보가 핵심적인 의사결정의 기본 자료가 된다. 저확률·고충격의 상황에서는 업무담당자의 경험·가치관·노하우 등과 같은 객관적인 자료가 보다 중요시 된다. 객관적인 양질의 자료가 적시에 제공되는가의 여부는 의사결정의 질과도 직결된다.

1.4.2 사무관리자의 기능

넓은 의미에서 생각하면 사무실의 모든 감독자들은 사무관리자라고 할 수 있다. 그러나 조직의 규모가 커지게 되면 사무관리를 전문적으로 하는 전담자를 두어야 한다. 이런 직원들은 좁은 의미에서 사무관리자라 할 수 있다.

현대 사무관리는 모든 업무분야가 전문화·다양화되어짐에 따라 사무를 관장하는 사무관리자의 기능은 그 대상이 인적자원이나 물적자원이든 다양한 지식계층의 전문인을 요하는 것이다. 즉 대상 업무를 숙지하는 것, 업무를 계획하고 결정하고 지시하고 의사전달을 해야 하는 등의 일은 각 계층별 관리와 작업의 관계를 조화롭게 진행시켜야 하는 책임이 있다.

사무관리자는 하부계층의 관리자로부터 중간계층·상부계층에 이르기까지 각각의 요소별 관리 성격은 다르나 담당업무에 따른 책임은 같다고 볼 수 있다. 따라서 사무관리자가 효과적인 관리를 위해 사무관리자는 다음과 같은 일을 수행한다.

(1) 적절한 사무관리조직의 작성

① 담당한 사무실에 있어서의 각종의 직무를 숙지할 것 : 통보·계산·문서작성·파일링·분류 등에 관하여 업무파악을 한다.
② 사무직원을 조직화하여 그들의 작업 단위를 정해 주고 그들이 그 책임을 이해할 수 있게끔 권한의 범위가 한정되도록 하는 것 : 조직도·직무기술서·직무 등은 이것을 위해 꼭 필요한 것이다
③ 담당업무 내에 충분한 커뮤니케이션을 하며 조직 내의 정보흐름을 원활히 해 줄 것 : 고시·순회·회의 등은 이런 목적에 사용된다.
④ 선택·개발·동기 여부에 의한 사무직원의 인간관계를 개선하는 것.
⑤ 능률적인 사무작성을 하는 데 필요한 물리적 시설 : 효과적인 사무소의 설계, 적절한 채광과 환기, 효과적인 소음감소장치 등을 편성하고 유지하는 것.
⑥ 사무실의 비품·설비·기계·소모품의 지정과 구입을 하는 것.
⑦ 사무직원과 그 감독자의 일을 조정하는 것.
⑧ 다른 조직활동과 조화시켜 사무활동을 조정하는 것.

(2) 사무의 작업계획 수립

① 각 직무에 있어서 하루의 공정한 업무량을 파악할 것.
② 각 직무를 수행하기 위해 그 직무에 대한 계획·분석·지시를 하는 것.
③ 사람의 낭비를 피하고, 적절한 경우에는 기계를 이용할 것.
④ 가능한 작업을 쉬운 방법으로 할 것 : 이것은 방법 및 절차분석, 동작의 경제적 원칙, 표준시간 등을 통하여 과업수행에 관해 가장 간단한 방법을 구하는 것을 의미한다.

(3) 사무관리자의 사무실 통제

① 사무절차 및 사무직원 배치의 지시

② 통신·파일링·전신·전화·접대 등과 같은 서비스 업무를 유지할 것.

③ 경영조직 속에서 사무 서비스가 제대로 기능을 하는지 파악

④ 각종 업무의 전체능력을 올리기 위해 사무에 관한 교육계획을 세울 것

⑤ 사무실의 질적·양적 표준 실시를 검사하기 위해 개선 후의 일정계획을 유지할 것.

⑥ 종업원의 감독 및 그들의 협력을 구할 것. 이것을 위해 광범위한 커뮤니케이션 통로의 계획 및 유대는 물론, 종업원과의 좋은 관계를 맺고 유지하는 것이 포함된다.

위와 같이 사무관리자는 사무작업의 계획화·조직화 및 통제에 관하여 책임을 지는 것이다. 책임을 완수하기 위해서는 몇 가지 중요한 활동이 필요하게 된다.

1.4.3 사무관리자의 자격

사무관리자는 사무관리 전반에 걸쳐서 모든 방침과 실천방법들에 관하여 전문가 이어야 한다. 사무관리를 전반적 관리와 분리할 수는 없기 때문이다. 또한 사무관리자는 일종의 계선조직이 아니라 참모이다. 그러므로 관리자로써 일정한 자격을 갖춘 자가 그 역할을 다할 때 사무의 목적이 달성될 수 있는 것이다. 이러한 관점에서 사무관리자의 자격을 살펴보면 다음과 같다.

① 사무관리자는 주어진 업무에 대해서도 무엇보다도 전문지식의 소유자라야 한다. 관리자는 일종의 계선조직이 아니라 참모이다. 따라서 사무를 계획하고 조직하고 통제하는 구체적인 방법과 기법들에 대하여 많은 부작용이 나타날 수도 있으므로 제고되어야 한다.

② 사무관리자는 무엇보다도 부하를 통솔하는 리더이며, 사무관리자가 지원할 각 부서와의 관계를 원만하게 관리하는 인간관계의 능력이 있어야 한다. 이를 위하여 부하를 관리하는 능력이 있어야 한다. 또한 본인 자신은 항상 과학적 사고를 하는 습성을 가지고 있어야 한다. 그리고 다른 사람들을 대하는데 있어서 친근감이 있어야 하며, 자기의 감정을 억제하는 사람이어야 한다.

③ 항상 솔선수범하는 행동을 보여야 하며, 상상력이 풍부해야 하고, 모든 업무에 자신 감을 갖고 임할 수 있어야 한다.

1.4.4 사무관리 발전의 저해요인

사무관리가 발전하지 못한 요인은 다음과 같다.

① 우리나라에서는 사무를 전문기술로 보지 않고 상식정도만 있으면 누구나 할 수 있는 것으로 생각하는 경향이 강하다. 즉 전문성이 아닌 단순작업으로만 간주되었다. 요컨대, 공장 내의 생산기술은 전문기술로 보지만, 사무실 내의 사무는 상식정도로 크게 차별화하지 않았다.

② 사무를 천시하는 경향이 있다. 사무는 어디까지나 하급직원이 하는 것이지, 고위직에 있는 사람은 해서는 안 된다는 생각을 갖고 있어서 사무에 종사하려고 하지 않는다. 하급관리자만 되어도 도장만 찍는데 관심이 있는 것은 이러한 이유 때문이다.

③ 선진국의 새로운 사무관리 지식의 도입이 늦어진다는 점도 사무관리 발전의 미비점이라 볼 수 있다.

④ 우리나라 하위직의 인건비가 낮기 때문이다. 이에 비례해서 사무기계화에 의한 인력·인건비의 개선책이 강구되지 않았다.

⑤ 사무직원들의 신분보장 미비로 인하여 지속적인 업무를 볼 수 없기 때문에 전문화되고 숙달될 수도 없거니와, 적재적소의 인사발령을 내지도 않기 때문에 더욱이 발달하지 못했다. 또한 빈번한 인사이동으로 인하여 이 방면에 전문직의 인력이 직장 내에 생길 수 없게 되어 있었다.

1.5 사무관리의 원칙과 대상

1.5.1 사무관리의 원칙

조직체가 수행하는 사무는 용이성·정확성·신속성 및 경제성이 확보될 수 있도록 관리되어야 하며, 이러한 원칙은 행정기관의 사무관리에도 적용된다.

(1) 용이성

사무관리는 쉬워야 하는 것으로 너무 복잡하면 대부분 사람들은 짜증을 내고 능률이 오르지 않는다. 사무관리에 따르는 육체적·정신적인 피로를 줄이고 시간당 업무처리량을 향상시키기 위하여 사무관리가 보다 쉽게 이루어지도록 개선·관리할 필요가 있다. 이를 위하여 사무처리 절차의 개선 및 사무환경의 개선, 업무수행방식의 개선, 업무재설계, 정보화에 맞는 전자문서 시스템과 기록관리 시스템 및 경영·행정정보 시스템의 효율적인 운영 등이 요구된다.

(2) 정확성

사무는 의도하는 대로 정확하고 바르게 처리되는 것이 중요하다. 문자나 숫자의 사소한 오류라도 일을 그르칠 수 있기 때문이다. 사무처리의 정확성을 기할 수 있도록 문자·계산의 정확화, 기입방법의 정확화, 입증자료의 확보, 사무의 자동화, 사무분담 등이 필요하다.

(3) 신속성

사무를 처리하는데 있어 필요한 시기에 맞추기 위해서는 신속성이 요구된다. 사무를 정확하게 처리하였다고 하더라도 시기를 맞추지 못하면 헛일이 될 수도 있다. 신속성을 위해서는 보고·결재단계의 축소, 전자결재 활성화, 회의시간 단축, 불필요한 보고서 생산 지양 등이 요구된다.

(4) 경제성

사무처리에 필요한 비용은 고정적이며 간접적인 경비로서 대개 증가하는 경향이 있다. 동일한 사무처리에 소요되는 경비를 줄이거나 같은 비용으로 처리되는 사무량을 증가시킬 수 있도록 노력해야 한다. 사무처리 절차 및 시스템 개선, 사무환경 개선, 소모품 절약 등이 필요하다.

1.5.2 사무관리의 대상

(1) 사무환경

사무환경에는 사무공간(사무실 입지, 면적 및 배치 등), 사무집기(책상, 의자, 캐비닛 등), 물리적 환경(조명, 온도, 습도, 색상 등) 등을 들 수 있다.

(2) 사무장비

사무장비로는 사무자동화 기기(컴퓨터, 모사전송기, 복사기 등), 전산시스템 및 네트워크(전자문서시스템, 업무관리시스템, 행정정보시스템, 정보통신망 등), 사무용품 등을 들 수 있다.

용/어/정/리

· **전자문서시스템** : 문서의 기안·검토·협조·결재·등록·시행·분류·편철·보관·보존·이관·접수·배부·공람·검색·활용 등 문서의 모든 처리절차가 전자적으로 처리되는 시스템
· **업무관리시스템** : 행정기관이 업무처리의 전 과정을 과제관리카드 및 문서관리카드 등을 이용하여 전자적으로 관리하는 시스템
· **행정정보시스템** : 행정기관이 행정정보를 생산·수집·가공·저장·검색·제공·송신·수신 및 활용하기 위한 하드웨어·소프트웨어·데이터베이스와 처리절차 등을 통합한 시스템
· **정보통신망** : 전기통신설비를 활용하거나 전기통신설비와 컴퓨터 및 컴퓨터의 이용기술을 활용하여 정보를 수집·가공·저장·검색·송신 또는 수신하는 정보통신체제

(3) 사무관리기법

사무관리기법에는 문서관리, 관인관리, 서식관리, 사무표준화·간소화 등을 들 수 있다.

1.6 사무관리와 정보관리

1.6.1 사무관리

[그림 1-4]에서 나타난 바와 같이 광의의 사무관리는 정보관리라 보고, 협의의 사무관리는 정보통제와 정보처리 기능만을 대상으로 하고 있다. 정보통제는 계획기능에 근거하여 정보처리 기능을 관리하는 것으로 사무관리에서는 사무계획과 사무통제의 두 가지 기능을 활용시키고 있다. 정보처리 기능에서는 사무작업 실시와 사무작업의 보고의 두 가지 기능을 내포하는 것을 말한다.

(1) 사무계획기능

업무단위의 사무처리 실행계획을 세워 계획내용을 정보처리 기능에 지시하는 것으로 이 활동은 정보계획을 받아 그 실행계획을 세워 계획내용을 정보처리 기능에 지시하여 계획안대로 처리·실시되고 있는가를 통제하고, 잘못된 경우에 정보처리 또는 정보계획 기능에 피드백하여 수정하는 기능이다.

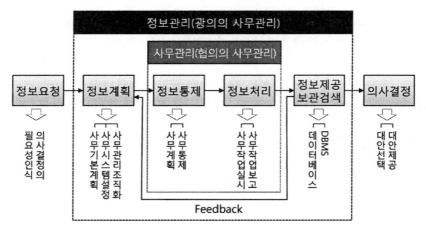

[그림 1-4] 정보관리와 사무관리의 개념도

(2) 사무통제기능

사무집행이 계획대로 이행되는지의 여부를 확인하고 계획과 실시간의 차이를 시정하는 관리활동이다 통제는 일반적으로 사후통제를 생각하는 경향이 있으나 관리통제는 사후에 행하여지는 통제가 아니라 일의 진행과정에서 행하여지는 통제라는 점에 유의해야 한다.

(3) 정보처리기능

사무작업 실시는 정보관리의 실제 활동으로 사무활동 그 자체라고 할 수 있으며, 정보통제부문으로부터의 지시에 따라 작업을 실행하여 작업이 완료되면 정보통제 부문에 보고를 하는 기능이다. 이를 사무작업의 보고기능이라고 한다.

1.6.2 정보관리의 의의와 기능

사무과정의 대부분은 자료의 수집과 가공을 통하여 조직목적의 달성에 필요한 정보를 생산하고 그 정보를 필요할 때 필요한 곳에 신속히 전달하며 보관하고 보존하는 기능을 갖고 있다.

정보관리란 정보의 생산과 이용 및 전달이라고 하는 정보활동을 수행하는 것으로 정보관리는 정보의 생산과 수집에서 검색 및 제공에 이르는 매우 광범위한 것이다. 여기서 생산은 자료 파일이나 회의에 의해 행해지고, 이용은 정보의 수집·축적·분석·검색이라는 과정을 거쳐 생겨나며, 전달은 송부와 배포라는 유통과정을 말한다.

사무관리를 기능적인 면에서 파악한다면 그것은 조직목적달성에 이바지될 수 있도록 정보를 수집·가공·저장하고 활용·관리하는 것이라고 볼 때 사무관리를 정보관리라고 보는 사고방식은 이러한 기능적인 이해에 기초를 둔 것이다.

정보관리란 기업활동에 도움이 될 지식을 그 목적에 가장 도움이 되도록 조직화하는 것으로, 이에는 생산·수집·정리·처리·제공 등의 업무가 포함된다. 정보 관리는 기업경영에 필요한 모든 정보를 적시에 적절한 형태로 가공·처리하여 제공하기 위한 의도적 노력이다.

따라서 정보관리의 대상은 기업목표와 조직목표를 달성하기 위한 경영정보와 기업정보이다. 정보관리는 창조활동을 영위하는 자로부터 그 정보활동부분을 분리·독립시켜 전문기관이 대행하도록 하는 것으로 그 대행하는 전문기관에는 자료센터·정보센터·도서관·자료실 등이 있다.

　정보관리는 정보의 생산과 수집에서 검색 및 제공에 이르는 매우 광범위한 것으로 정보의 생산에는 기업내부에서 작성되는 내부정보와 기업 외부에서 작성되는 외부정보가 있으며, 내부정보에는 제조계획서나 회계보고서 등이 있고, 외부정보에는 새로운 정보나 의사결정 정보의 입수가 있다. 정보관리는 경영관리의 의사결정에 필요한 광범위한 정보를 정확·신속·쉽게 제공하는 것으로 사무관리는 정보관리의 범위 중 정보통제기능과 정보처리 기능만을 갖고 있다.

　정보관리와 사무관리는 양자 모두 사무활동을 그 대상으로 하는 면에서 같으나 양자의 관리범위는 정보관리가 사무관리보다 넓다고 볼 수 있으며, 조직체의 경영은 의사결정의 연속이라고 볼 때에 의사결정의 정확성은 정보에 의해서, 즉 정보의 정확성·양질성·충분성에 의해 좌우되며, 이러한 정보는 사무관리의 생산물이다. 사무관리는 사무를 관리하는 것으로 사무는 데이터의 산물이다.

　정보관리는 기업정보의 수집·처리·전달·이용이라는 광의의 정보처리 활동을 통해 의사결정자의 결정에 필요한 지식·정보·자료 등을 제공하여 조직목표 달성을 지원한다.

　이러한 정보관리의 기능에는 정보계획 기능, 정보통제 기능, 정보처리 기능, 정보보관·제공 기능 등 4가지로 구분할 수 있다.

(1) 정보계획 기능

① 기본적으로 생산관리의 생산계획기능에 해당된다.
② 의사결정자로부터 정보의 요청이 있을 경우 정보를 제공하기 위해 데이터를 처리하는 방법을 결정한다.
③ 배치인원 및 사무량을 예측한다.
④ 사무처리 방침 및 사무처리 시스템을 설정하는 기능이다.
⑤ 사무 시스템설정은 사무계획실현을 위한 최선의 사무 시스템설정을 의미한다.

(2) 정보통제 기능

① 생산관리의 공정관리에 해당하는 정보관리의 중추적인 기능을 한다.

② 이 기능의 성패에 따라 정보관리의 경영적인 가치를 좌우한다.

③ 정보통제는 계획기능에 근거하여 정보처리 기능을 관리한다.

④ 사무관리에서는 사무계획과 사무통제의 두 가지 기능을 활용시키고 있다.

⑤ 사무계획은 일 단위 사무처리 실행계획을 세워 계획내용을 정보처리 기능에 지시하는 것이다.

⑶ 정보처리 기능

정보처리 기능은 정보관리의 대상인 '사무작업의 실시' 그 자체이다. 즉 정보관리의 실제 활동으로 사무활동 그 자체라고 할 수 있다. 정보통제부문부터의 지시에 따라 작업을 실행하여 작업이 완료되면 정보통제부문에 보고를 하는 기능이다. 이는 사무작업의 실시와 작업결과의 보고형태로 이루어진다.

⑷ 정보보관·제공기능

① 정보를 필요로 하는 자에게 적시에 제공하는 기능으로 경영 데이터뱅크이다.

② 정보관리의 독특한 것으로 정보가치를 높이고 정보처리를 쉽게 하는 역할을 한다.

③ 사무관리에서는 장표·테이프 등의 형식으로 관리한다.

④ 사무관리에서는 파일링시스템 형태로 관리되는 것이 일반적 정보보관·제공기능이 컴퓨터의 정보처리 기능과 연계되면 그 효과가 배가되어 미래의 정보관리에 중요한 기능이 된다.

1.7 사무관리제도의 발전과정

우리나라의 사무관리는 문서를 중심으로 표준화와 능률화에 중점을 두고 발전하여 왔다. 정부수립 후 초기에는 일제시대와 미군정의 사무관리제도를 그대로 활용하여 오다가 1960년대 초반 군에서 사용하던 문서관리제도를 대폭 도입하여 현행 사무관리제도의 근간을 이루었다. 2002년 이후 전자정부의 구현을 촉진하기 위하여 정부의 사무관리제도를 전면적으로 개편하였다. 사무관리의 발전과정을 살펴보면 다음과 같다.

(1) 일제시대 및 미군정의 사무관리제도 활용 : 1948.~1961. 9.

이 시기는 일제 총독부와 미군정의 사무관리제도를 활용하던 시기로 「정부사무규정」과 「공문서규정」이 근거 법령이었다. 주로 문서의 종서, 한자혼용, 기관별 및 월·일별 문서분류방법, 문서보관, 보존관리 및 장표 서식관리 등이었는데, 이와 달리 군에서는 미군정의 영향으로 가로쓰기, 문서통제, 십진분류 등이 쓰이기도 했다.

(2) 「정부공문서규정」 제정·시행 : 1961.10.~1984.11.

1961년에 「정부공문서규정」을 제정하여 공문서의 가로쓰기, 한글전용, 문서통제제도 등을 채택하였고, 1962년에는 서식제정절차규정 및 보고통제규정 개정, 문서의 십진분류방법 채택, 홀더를 사용한 문서편철방식 사용, 파일링시스템 채택하여 문서의 보관·검색이 쉽게 하였고, 1978년에는 문서분류체계를 업무기능별 십진분류방법에 따라 전면 개편하였다.

(3) 사무의 기계화·자동화 모색 : 1984.11.~1991.9.

사회가 점차 발달하게 되어 사무영역이 확대되고 사무기기의 기능개선이 촉진됨에 따라 이를 반영하여 1984년 말에 「정부공문서규정」을 개정, 마이크로필름을 이용한 문서보존관리가 되도록 하고, 모사전송(FAX)에 의한 문서수발제도 등을 채택하여 사무의 기계화·자동화를 모색하게 되었다.

(4) 「사무관리규정」 제정 및 전산화 체제 도입 : 1991.10.~1996. 4.

종전 개별법령에 분산되어 있던 정부공문서관리, 보고사무, 협조사무, 관인관리 및 서식에 대한 사항과 자료관리, 업무편람, 사무자동화, 사무환경에 관한 사항을 추가하여 「사무관리규정」 및 「사무관리규정시행규칙」으로 통합·제정하였다.

「사무관리규정」을 제정하면서 수작업 위주였던 사무관리제도를 전산화·자동화 체제로 개편하고, 사무처리의 간소화·표준화·과학화를 위한 기틀을 다졌다.

(5) 전자정부 구현을 위한 기반 구축 : 1996.5.~2003.12.

전자결재제도 도입 및 전자문서유통 근거 마련, 전자문서의 보안 및 전자서명 인증제 도입, 정부전자관인인증센터 설치근거 마련 등 전자정부 구현을 위한 기반을 구축하였다.

이외에도 정책실명제 실현을 위해 공문서상에 발의자·보고자 표시, 후열제 폐지·사후 보고제로 변경, 공문서 보존 및 폐기절차 정비, 전결권 대폭 하향 조정, 행정간행물 발간 및 제출제도 개선, 관인모양의 다양화, 행정혁신사무의 근거 마련 및 목표관리제 도입 등 을 실시하였다.

CHAPTER **2**

사무환경

2.1 사무환경관리의 개요

(1) 사무환경관리의 의의

사무환경관리란 공무원의 건강보호와 사무능률의 향상을 위한 쾌적한 사무환경의 조성에 필요한 여러 가지 물적 관리를 의미한다.

행정의 생산성을 높이기 위해서는 사무처리의 간소화·표준화·과학화 등 사무관리활동에 못지않게 사무실에서 근무하는 공무원들이 심리적으로 안정되고 생리적으로 쾌적한 상태에서 일할 수 있는 적절한 사무실환경을 조성할 필요가 있다. 사무실에서 일하는 공무원들은 육체적·정신적으로 사무실의 환경에 영향을 받게 되므로 사무실환경은 사무능률과 밀접한 관련이 있다고 할 것이다.

(2) 사무환경관리의 대상

사무환경관리의 대상은 사무수행에 영향을 미치는 모든 주변 환경이 되겠으나, 주로 사무실의 면적산정·배치·사무집기 및 빛·온도·공기·소음 등의 물리적 환경을 들 수 있다.

(3) 지식오피스로서의 사무환경

21세기 지식·정보화 사회에서는 개인의 창조적인 능력발휘가 한층 더 요구되고 있다. 이에 따라 사무실도 단순히 일을 하는 물리적인 장소가 아니라 개인의 창조력을 발휘하는 자아실현의 장이며, 지식을 창출하는 지식오피스로서 한층 더 중요해지고 있다.

따라서 각급 행정기관의 장은 사무능률의 향상 및 공무원의 건강보호를 기할 수 있는 사무환경 뿐만 아니라, 21세기 무한경쟁 시대에 적합한 지식오피스로서의 사무환경까지도 조성·관리할 수 있도록 노력해야 한다.

2.2 사무실의 면적

2.2.1 일반사무실의 면적산정기준

사무실 면적은 업무의 성격·직위 및 직급별 근무인원·집기 및 장비와 방문객의 규모 등을 고려하여 산정하되,「정부청사관리규정시행규칙」에서 정한 사무실 면적의 일반적 기준을 준수해야 한다.

〈표 2-1〉 사무실 면적 기준

계급별	구분	일반사무실(㎡)	단독사무실(㎡)	비고
장관급	장관실·장관급기관장실		165	집무실·접견실·비서실
	위원실		99	집무실·비서실
차관급	차관실·처의 차장실		99	집무실·비서실
	청장실		99	집무실·비서실
	차관급 기관장실		99	집무실·비서실
	위원실		66	집무실·비서실
차관보급 1급	차관보실		50	집무실
	기획관리실장실		50	집무실
	청의 차장실		66	집무실·비서실
	기관장실		66	집무실·부속실
	위원실		33	집무실
2·3급	국장실·담당관실		33	집무실
	기관장실		50	집무실·부속실
	위원	17		집무면적
	3급과장	17		집무면적
4급	국장·과장	17		집무면적
	서기관	7		집무면적
	기관장실		33	집무실·부속실
5급	과장	17		집무면적
	사무관	7		집무면적
	기관장실		17	집무실
6급 이하	과장	10		집무면적
	일반직원	7		집무면적
	기관장	17		집무면적

2.2.2 보조시설 등 면적산정기준

「정부청사관리규정시행규칙」별표 1의 규정에 의한 상황실, 회의실, 창고·문서고 등의 청사시설 기준면적은 다음과 같다.

〈표 2-2〉 사무실 시설기준표

용도별	시설 명	기준	비고
업무시설	1. 순사무실	※ (별표 1)과 같음	
	2. 상황실 장관급 기관 차관급 기관	165㎡ 132㎡	
	3. 회의실	50㎡+0.7㎡(정원-20인)	20인 이하는 50㎡
보조시설	1. 식당	정원×1.5㎡×1/3	주방 포함
저장시설	1. 창고	순사무실면적×7%	일반용도용 창고 및 문서고를 말하며, 특수용도의 창고는 기관별 기준적용 가능
	2. 문서고	순사무실면적×7%	
관리시설	1. 수위실	근무자수×3㎡	
	2. 당직실	당직자수×10㎡	
	3. 차고	대형차20㎡×관용차량수 중형차15㎡×관용차량수 소형차13.2㎡×관용차량수	출입면적 별도산정
	4. 지하주차장 등	45㎡	
	5. 운전원대기실	운전원수×1.65㎡	
편의시설	1. 휴게실	9.9㎡+(정원-24인)×0.22㎡	정원24인미만 제외
	2. 이발실	6.6㎡+(정원-60인)×0.1㎡	정원60인미만제외
	3. 의무실	22㎡+(정원-100인)×0.048㎡	정원100인미만제외
	4. 체육실	75㎡+(정원-100인)×0.16㎡	정원100인미만제외

2.3 사무실의 배치

사무능률을 향상시키기 위하여 주로 실(室)이나 설비품의 배치문제를 다루는 사무실배치는 사무실설계라고도 한다. 사무실배치는 일반 사무실·회의실·상황실·도서실 등의 각종 사무실을 일정한 건물안에서 어떻게 배치하는가 하는 것을 다루게 되며, 각 부·과·국 또는 실 등의 단위로 볼 수 있는 보조기관의 실 위치를 어떻게 결정하는가 하는 것과 사무용 책상·의자 등의 합리적인 배열 방법의 문제와 그밖에 사무용품 및 시설품 등의 배열위치 등을 다룬다. 따라서 합리적인 사무실 배치는 경제적인 이득뿐만 아니라 사무원에게 쾌적한 사무조건을 형성해줌으로서 사무능률의 향상을 꾀할 수 있다.

2.3.1 사무실 배치의 의의

사무실의 배치는 다음과 같은 두 가지 측면으로 크게 구분할 수 있다.

(1) 각 부서(실·국·과)의 실 배치

일정한 건물 안에서 각 실·국·과 등의 사무실을 단독사무실과 일반사무실로 구분하여 층별 또는 동일층 내에서 배정하는 것을 말하며, 가능한 한 업무협조가 잘 이루어지도록 기능별·적위별 이용자의 편의를 잘 고려하여 배치해야 한다. 특히 회의실·당직실·문서보관창고·물품보관창고 등 여러 사람이 활용하는 곳을 잘 배치해야 할 것이다.

(2) 사무실 내의 책상 및 사무집기 등 배치

배정받은 사무실 내에서 좌석을 어떤 모형으로 할 것인가, 또는 사무용집기, 비품, 기기 등은 어디에 배치할 것인가를 잘 검토하여 사무처리가 능률적으로 이루어질 수 있도록 배치해야 할 것이다.

2.3.2 배치를 위한 검토요소

사무실 배치는 우선 각 실·국·과 등의 단독사무실과 일반사무실·회의실·당직실 등 사무실을 먼저 배치하고, 그 다음에 각 사무실의 실내배치를 실시한다.

① **건물상황** : 건물 내부의 모양·기둥·계단·승강기·식당·화장실·방화 및 소화시설 등을 고려하여 배치한다.

② **조직·임무** : 각 부서의 편제와 수·관리자의 직급과 수·조직 인원·분장 업무 등을 고려하여 배정한다.

③ **업무흐름** : 업무의 내용과 서류의 접수·전달·보관 및 업무상 관련이 깊은 부서의 상호관계, 조직의 발전성 등을 고려한다.

④ **사무기기와 집기·비품** : 현재 사용하고 있는 사무기기·집기·비품 등과 장래에 도입될 사무기기·집기·비품 등을 고려하여 배치한다.

⑤ **회의상황 및 시설 이용** : 회의의 성질·참석 인원·사용빈도수와 방문객의 종류·인원·방문시간·접객 방법 등을 고려하여 배치한다.

⑥ **사무환경** : 업무 성격에 따라 사무실의 조명·온도·습도·색채·환기·소음 상태 등을 고려한다.

2.3.3 사무실배치 요령

(1) 실·국·과의 배치

■ 대사무실주의 채택

사무실을 너무 세분화하여 면적이 좁은 사무실로 사용하는 것보다는 여러 과를 한 사무실에 배정하여 사용하는 것을 바람직하다고 생각하는 것이다.

대사무실주의는 실내공간의 이용도를 높일 수 있고, 문서의 흐름이 빠르다. 그리고 업무의 집중관리가 가능하다. 상급자의 입장에서 감독과 결재가 쉽고 직원들 간의 행동비교 등 근무평정이 유리하다. 대사무실주의의 장점을 살펴보면 다음과 같다.

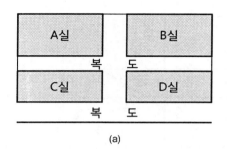 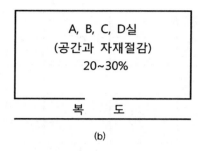

[그림 2-1] 사무실 배치

실내의 공간이용도를 높일 수 있으므로 [그림 2-1]의 (a)와 같이 여러 사무실로 나누어서 사용하지 않고, [그림 2-1]의 (b)와 같이 A, B, C, D의 4개 사무실을 한 곳에 집중시키면 약 20~30% 정도의 사용면적 증대효과를 가져 올 수 있다.

① 문서의 접수·발송 등과 같은 각 과의 공통적인 업무를 집중관리하기에 쉽고 사무기기 및 용품의 이용도도 높일 수 있다.
② 실내조명, 온·습도 조절, 환기 기타 실내환경 관리를 일원화할 수 있어서 관리비가 절감된다.
③ 상급자 입장에서는 감독이 쉬울 뿐만 아니라 감독범위도 넓어진다.
④ 과별로 직원들 간에 행동비교가 이루어지게 되므로 잡담이나 자리이탈 등을 스스로 억제하게 되어 자율적인 근무자세가 이루어진다.
⑤ 다른 과의 직원과 상면하는 기회가 자연적으로 많아지기 때문에 상호간에 친숙도를 높이고 업무협조에도 도움을 준다.
⑥ 작은 사무실로 세분화하여 생길 수 있는 업무의 경직가능성을 배제할 수 있고, 업무처리의 흐름을 직선화하는데 편리하다.

■ 업무처리 흐름의 직선화

업무처리의 흐름이 전방을 향하여 계속 직선적으로 이동할 수 있도록 사무실을 배치하여 사무직원의 동선을 최소화하고 업무가 지그재그 식으로 왔다 갔다 하지 않도록 하는 것이 필요하다.

이때에는 우선 업무의 흐름을 정확히 파악해야 한다. 문서의 흐름도를 그려보고 생산되는 문서의 양도 측정해 보아야 할 것이다.

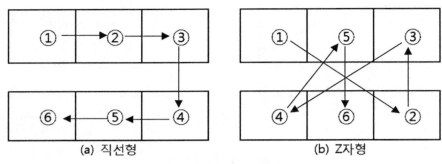

[그림 2-2] 사무실 동선

■ 관련부서의 인접배치

업무가 서로 관련이 있는 부서를 인접하게 배치하는 것을 말한다. 유사업무 부서를 가능한 한 최단거리가 되도록 배치하는 것이 업무 처리에 효율적이다. 예를 들면, 회의실 옆에 이를 관리하는 총무부서를 배치한다든지, 컴퓨터실 옆에 전산 관련 학과를 배치한다든지, 민원인이 자주 찾는 민원실을 1층에 배치한다든지, 또는 입찰시 자주 활용하는 대회의실 옆에 회계부서를 배치하는 것은 좋은 예이다.

■ 내방객이 많은 사무실의 배치

민원인 내방객의 출입이 잦은 사무실은 다른 사무실에 영향을 주지 않으면서 이들 방문객들이 이용하기에 편리한 건물의 출입구 근처에 배치하여 내방객들이 건물 깊숙이 출입하여 소음이 발생하거나 근무자의 주의를 분산시키지 않도록 하는 것이 바람직하다.

 Reference

■ **민원실 배치 시 고려사항**
· **편의시설** : 대기의자·필기대·필기구·음료수(자동판매기)·휴지통·흡연실·공중전화·냉난방시설 등
· **장애인 시설** : 경사로·전용출입구, 화장실 및 공중전화
· **민원장비** : 복사기·팩시밀리·컴퓨터 등
· **환경조성** : 항상 정리·정돈하여 청결을 유지하도록 하고 화분·꽃병 등을 배치하여 쾌적하고 산뜻한 분위기를 조성함.
· **기타사항** : 각종 신간 간행물을 비치하여 대기시간을 지루하지 않고 즐겁고 유익하게 보낼 수 있도록 하고, 기타 우체국분국·증지판매소·자동판매기 등은 각 기관의 실정에 따라 설치하는 것이 좋음.

예를 들면 민원실·면회실·전시실·홍보실 등은 건물의 1층 출입구 근처에 배치하는 것이 좋다.

(2) 책상 및 사무집기 배치

■ 책상배치

ⓐ 관리자의 배치

관리자의 책상은 실무자들과 대면하도록 배치하는 방법과 실무자들의 후면에 배치하는 방법, 그리고 칸막이로 막거나 또는 별도의 방에 배치하는 방법 등이 있다. 이중 관리자의 입장에서는 한 사무실의 후면에 배치하는 것이 부하직원들을 관리·감독하기는 쉽다. 그러나 부하직원들의 입장에서는 별도의 방에 배치하는 것이 근무에 대한 심리적 부담을 덜어 준다.

특히 다음과 같은 경우에는 후면에 배치하거나 별도의 방에 배치해야할 필요성이 크다고 할 수 있다.

① 직원의 사무처리 내용이 대부분 표준화되어 있을 때
② 연구·조사·기획·정밀계산 등과 같이 높은 집중도가 요구될 때
③ 결재·의사결정의 통보·개별적 면담·통신연락 등 용무가 비교적 많은 사무일 때

ⓑ 일반직원의 배치

실무자들의 책상배치는 사무실의 구조, 업무의 특성, 협조관계 등을 고려하여 배치하면 된다. 책상배치의 방법을 몇 가지 소개하면 다음과 같다.

① **기본형** : 앞사람의 등을 보고 동일 방향으로 배치하며, 관리자는 가장 후면의 중앙에 위치하도록 한다. 이러한 배치방법은 많은 민원인을 상대로 하는 금융기관이나 동사무소 등에서 주로 많이 활용된다.
⑨ **I 자형** : 실무자들의 책상은 양쪽에서 마주보도록 배치하고 관리자는 한쪽의 중앙에 위치하도록 배치한다. 이 배치방법은 주로 대화나 협의가 많이 필요한 부서이거나 공공기관에서 계 단위 또는 팀 단위 별로 배치할 때에 많이 활용된다.
⑩ **T 자형** : 이는 I자형과 같이 실무자들의 책상은 마주보도록 배치하고 관리자만 한

쪽의 중앙에 나란히 배치한다. 이는 사무실의 면적이 넉넉하지 못한 부서나 공공기관에서 두 계나 두 팀이 나란히 배치되는 경우 많이 활용된다.

⑪ **L 자형** : 이는 실무자의 책상은 일렬로 배치하여 옆으로 나란히 앉도록 하고 관리자는 실무자 중 상위자의 책상과 직각이 되도록 배치하는 것을 말한다. 이러한 방법은 같은 계원이나 팀원의 인원이 많지 않은 경우에 주로 활용된다.

⑫ **+ 자형** : 이는 책상의 옆면과 직각이 되도록 계속 배열하면 4개가 바람개비처럼 배치된다. 이 배치방법은 어느 책상이 하위 직원의 것인지 관리자의 것인지 구별되지 않는 특징이 있다. 최근 들어 사무실에도 민주화의 바람이 불어 이 방법을 택하는 경우가 흔히 있다. 주로 연구소나 여러 직종이 같은 팀을 이루고 있을 때에 직종 간 등급이나 계급의 상하를 구분하여 책상을 배치하기가 곤란한 경우에 이 방법이 많이 활용된다.

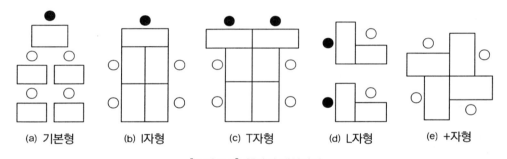

[그림 2-3] 책상의 배열방법

(c) **방문객이 많은 직원의 배치**

업무수행상 내방객의 접대가 많은 직원과 외래방문자가 비교적 많은 과장 등 관리자의 좌석도 출입구 근처에 배치하는 것이 다음과 같은 점에서 바람직하다.

① 방문자의 잦은 출입으로 인한 소음을 최소화할 수 있다.
② 면담에서 생기는 대화로 인한 다른 직원의 주의집중 방해를 제거할 수 있다.
③ 방문객의 출입편의를 도모할 수 있다.

■ **사무집기 등의 배치**

① 어느 한 방향으로 사무집기의 배치가 집중되지 않도록 한다. 즉, 어느 한쪽에는 넓

은 공간을 사용하는데 반하여 다른 한쪽은 너무 비좁아서 공간여유가 없는 것은 좋지 않다.

② 크고 작은 규격 및 각종 색깔의 비품이 불규칙적으로 여기저기에 산재하여 비치되지 않도록 한다.

③ 주위의 벽을 이용한 각종 게시물의 크기·모양·색채·게시위치 등이 아무런 기준이나 조화감 없이 각양각색으로 게시되지 않도록 한다.

④ 사무기기는 업무처리 및 기기이용 등을 고려하여 배치하되, 소음 등이 직원에게 미치는 영향을 감안하여 집중배치하거나 칸막이 등을 사용하여 업무수행에 지장을 주지 않도록 한다.

⑤ 비품 기타 각종 사무용품은 사용자의 좌석근처에 가까이 두고, 여러 직원이 공동으로 사용하는 캐비닛·파일링 캐비닛·책장 등은 사용빈도를 고려하여 가장 가깝고 편리한 장소에 배치하도록 한다.

2.4 사무용 집기

2.4.1 집기의 규격

(1) 규격의 종류

〈표 2-3〉 집기 규격의 종류

종류	내용	규격제정·선정기관
정부규격	정부 각 기관에서 공통적으로 사용하는 주요 물품의 표준	조달청장
부처규격	당해 중앙행정기관 및 그 소속기관에서만 사용하는 주요 물품의 표준	중앙행정기관의 장
대표규격	정부규격 또는 부처규격을 정할 수 없는 주요 물품의 표준 규격	중앙행정기관의 장 조달청장
산업표준	「산업표준화법」에 의하여 제정된 산업표준화를 위한 기준	지식경제부장관

⑵ 규격의 제정 및 변경

행정안전부장관은 사무용집기의 정부규격을 제정 또는 변경할 필요가 있다고 인정되는 때에는 이를 조달청장에게 요청할 수 있다. 이 경우 조달청장은 이에 필요한 조치를 해야 한다.

2.4.2 사무용 책상

사무용책상은 인체 동작의 보조적 역할을 하는 중요한 도구이다. 사무직원은 근무 시간 내내 사무용 책상에서 업무를 처리하기 때문에 업무 능률에 많은 영향을 미친다.

사무용 책상을 구입할 때에는 다음 사항을 고려해야 한다.

① 책상의 표면이 너무 어둡거나 광택이 심하면 사무용종이로 가장 많이 사용하는 흰색과 너무 대비되어 눈의 피로를 가져오기 때문에 무광택이면서 연한 색으로 고르는 것이 좋고, 책상 위에 유리를 깔 경우에는 유리 밑에 녹색 천을 넣으면 눈의 피로를 덜어 준다.

② 수납공간을 효율적으로 사용할 수 있도록 설계된 것을 고른다.

③ OA기기를 사용시 배선이 책상에 끼지 않도록 효과적으로 설계된 것과 높이의 조절이 자유로운 것을 고른다.

책상의 규격에서는 사무실의 면적이나 모양 등을 고려해야 하나 특히 업무의 시간과 양, 사용 빈도 등을 잘 검토하여 선택해야 한다. 사무실 면적에 비하여 책상이 너무 넓은 경우에는 사무실 공간을 많이 차지하게 되어 다른 필요한 사무기기를 배치할 수 없고, 반면에 너무 좁으면 진행 중인 필요한 서류 등을 무질서하게 여기저기에 놓고 업무처리를 하게 되어 해당서류가 다른 서류철에 들어가는 경우가 발생하는 등 비효율적이라고 할 수 있다.

책상의 높이는 자신의 체위에 맞는 것을 선택해야 한다. 너무 낮아서 허리를 구부리면 피로가 빨리 오고 비정상적인 체형이 될 것이며, 반대로 너무 높으면 책상 면과 눈이 너무 가까워서 시력에 이상이 올 것이다. 그러므로 적정한 높이의 책상은 업무 능률면에서 크게 도움을 준다고 할 수 있다. 현재 조달물자인 책상은 높낮이를 자유로이 조절할 수 있도록 책상 밑에 조절장치를 설치해 놓았다.

컴퓨터의 전용책상은 사무용책상보다 약간 낮은것(3~4cm정도)이 좋다. 또한 관공서의 경우에는 5급 이상의 공무원은 양수책상을 보급하게 되어 있고, 6급 이하의 하위직공무원에게는 단수책상을 보급하고 있다.

그러나 앞으로는 이와 같이 고위직으로 갈수록 책상의 크기가 커지고 하위직으로 갈수록 책상의 크기가 작아지는 권위주의적인 책상보급 및 배치는 지양해야 한다. 실제로 담당하고 처리하는 사무의 양에 비례하여 책상의 크기가 달라지는, 즉 사무의 양이 많은 하위직에게 넓은 책상을 지급하고 결재만 담당하는 중·고위 관리직에게는 작은 책상을 지급하는 등 합리적으로 책상을 배치하여 사무가 좀 더 효율적으로 처리될 수 있도록 사무실환경을 조성해야 할 것이다.

2.4.3 사무용 의자

의자는 사무실 근무자에게는 매우 중요한 사무용 집기이다. 규격이나 높이를 책상과 함께 고려하여 선택해야 할 것이다. 의자가 불편하면 근무시간에 처리하는 사무의 능률이 저하될 것이다.

사무용의자를 고를 때에는 기본적으로 다음의 사항이 고려되어야 할 것이다.

① 착석 시 등과 등받이가 안락하고 가능하면 인체에 해가 없는 인간공학적으로 설계된 것을 고른다.
② 좌면의 높이, 좌면의 각도, 등받이의 각도, 높낮이 등이 간단하게 조절될 수 있는 기능이 갖추어진 것을 고른다.
③ 착석시 안정성을 확보하기 위하여 종래의 4본 다리보다는 5본 다리가 채택된 것을 고른다.

공공기관의 경우 사무실에서 사용하는 사무용 의자는 종래에는 조달청에서 규정된 규격만을 사용하였으나 요즘에는 회전의자보다는 고정된 하이팩의자 등 인체공학적으로 설계된 의자를 선호하고 있다. 사무용 의자도 정부조달 사무용 집기의 규격이 직급별로 정하여져 있다.

기타의 사무용 집기도 일정한 규격이나 색채가 정하여져 있는 경우도 있다. 캐비닛의 경우 일반 캐비닛, 파일링, 옷장 등으로 구분하여 조달되고 있는 형편이다. 색채도 매년 약간씩 다르게 나오고 있다. 안락의자의 경우도 진한 색채보다는 연한 것이 많이 보급되고 있다. 안락의자의 경우는 이제 낮은 안락의자의 종류보다는 서류정리나 회의시 겸하여 활용할 수 있는 등 좀 더 다용도로 사용되는 높은 원탁 종류로 많이 대체되고 있는 실정이다.

2.5 물리적 사무환경

2.5.1 사무환경의 관리

(1) 사무환경요소 관리기준

행정안전부장관은 사무실내의 조명, 온·습도, 공기, 소음, 색채 등 환경요소에 대한 관리기준을 정할 수 있다.

(2) 사무환경관리 실태점검

행정안전부장관은 사무환경개선을 위하여 필요하다고 인정하는 때에는 각급 행정기관의 사무환경관리 실태를 조사하여 조언할 수 있다.

2.5.2 조명

사무실은 단순한 작업장으로서 뿐 아니라 지적노동에 적합하고 쾌적한 생활의 자리를 형성해야 한다는 요구가 일어나고 있다. 현재 사무실에서 널리 사용되고 있는 형광등은 백색 형광등이며, 차후 사무실 조명계획에서는 사람들의 얼굴이 자연스럽고 활기있게 보이는 광원이 가장 바람직할 것이다.

(1) 좋은 조명의 요건

① 사무실 사용목적·사무내용 등에 따라 조명도가 충분하도록 해야 한다.

② 빛이 눈에 자극을 주어 눈을 피로하게 하거나 두통을 일으키지 않도록 해야 한다.

③ 광원과 작업면과의 위치를 적절하게 조절하여 명암의 대비가 적당하도록 해야 한다.

④ 광원의 종류와 채광방법에 따라 쾌적한 분위기를 느끼도록 해야 한다.

(2) 사무실의 조도

① 사무실의 조도는 주로 작업면(일반적으로 사무실 바닥에서부터 85㎝정도)에 있어서의 수평조도를 나타내며, 설계·제도·정밀계산 등의 작업을 할 경우에는 국소조명을 병용하는 것이 바람직하다.

② 일반사무실을 포함한 각 시설의 조도기준은 다음과 같다. 참고로 우리나라는 조도범위를 최저값으로 적용하고 있다.

〈표 2-4〉 사무실의 일반적인 조도기준

구분	청사적용조도(lx)	표준조도(lx)	조도범위(lx)
일반사무실, 도서열람실	300	500	700~300
회의실, 응접실, 조리실, 식당, 서고, 강당, 화장실	150	200	300~150
복도	70	100	150~70
차고, 창고	30	50	70~30
옥외	7	10	15~7

(3) 조명방법

조명방법에는 자연조명과 인공조명으로 나눈다.

(a) 자연조명

자연조명을 채광이라고도 하는데, 채광은 눈의 피로를 조절하므로 충분히 활용할 수 있는 방법을 강구하는 것이 중요하다. 자연조명을 활용하기 위해서는 창문의 위치와 크기, 또는 방향 등을 잘 조정하여 최대한 이용할 수 있도록 해야 한다. 이 때 채광량이 지나치게 많을 경우에는 커튼을 사용하든가, 또는 용기를 시용하여 적절한 채광량이 될 수 있도록 조정해야 한다. 보통 창문에서 7~8cm 이상 떨어진 부분은 채광량이 부족하므로 자연조명의 조도를 보충하는 인공조명을 준비하는 것이 좋다.

(b) 인공조명

최근에 와서 사무기기의 증가로 인한 조명문제는 작업자의 시력에 많은 영향을 미치고 있기 때문에 많은 관심을 갖고 비품배치시 조명문제에 각별한 관심을 가져야 한다. 인공조명을 [그림 2-4] 및 〈표 2-5〉와 같이 구분하고 있다.

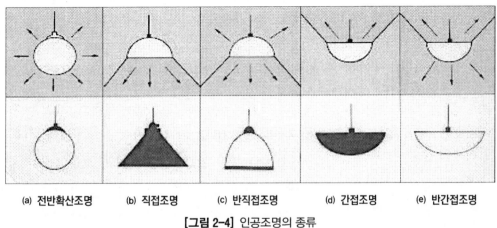

| (a) 전반확산조명 | (b) 직접조명 | (c) 반직접조명 | (d) 간접조명 | (e) 반간접조명 |

[그림 2-4] 인공조명의 종류

〈표 2-5〉 조명의 방법

종류	정의
직접조명	천장에 비치는 광선을 완전히 막고 광선을 아래로 하여 광선이 목적물에 직접 비치게 하는 방법이다.
반직접조명	일부의 광선은 간접조명으로 하되, 대부분의 광선은 직접조명으로 하는 방식이다. 간접조명은 직접조명에 비해 효과적이지는 못하지만, 광선이 직접 눈에 비치지 않기 때문에 사무실에 적합하다. 하지만 경비지출 때문에 일반적으로 반간접조명 방법을 많이 채택한다.
간접조명	광선의 전부를 완전히 천장이나 벽에 상향하게 하고 이 상향 광선이 다시 반사되어 아래로 조명하게 하는 방식이다.
반간접조명	일부의 광선은 직접조명으로 하되, 대부분의 광선을 반사광선으로 하는 방법이다.
산광적조명	광선의 전부를 벽·천장·아래 등으로 분산시키는 방법이다.

(c) 조명도의 유지 및 관리

조명도를 유지하기 위해서는 광선의 조명도를 방해하는 조건을 없애야 하며, 상시적인 관리가 필요하다. 이의 효율적 관리는 경비의 절약을 가져 온다. 구체적인 방법을 보면 다음과 같다.

① 전등의 먼지를 제거한다.
② 실내반사면의 먼지를 제거한다.
③ 평상전압을 유지하도록 필요조치를 취한다.
④ 수명을 다한 전등은 적시에 교체한다.

2.5.3 온·습도

사무실 내의 온도와 습도는 사무능률과 공무원의 건강에 미치는 영향이 크므로 다음과 같은 요인을 참작하여 조절하는 것이 필요하다.

① 실내공기의 온도·습도·기류·주위의 벽에서 나오는 표면온도
② 건물의 방향
③ 태양광선의 직사여부
④ 실내조명의 열량 발산 정도

 Reference

■ **보건용 공기조화의 기준**
· 이산화탄소 함유율 : 1,000ppm 이하(1백만분의 1,000이하 : 0.1%이하)
· 일산화탄소 함유율 : 10ppm 이하(1백만분의 10이하 : 0.001%이하)
· 습도 : 40% 이상 70%이하
· 온도 : 17℃ 이상 28℃이하

■ **공공기관 에너지이용합리화 추진지침 (2008년)**
· 냉방온도 : 평균 26℃이상
· 난방온도 : 평균 20℃이하

⑤ 사무실 근무인원수와 그들이 발산하는 열량정도

⑥ 건물의 구조와 양식

⑦ 건물 주위의 환경

사무실 내의 온도와 습도는 작업능률에 커다란 영향을 미치므로 적절한 온도와 습도의 유지는 사무환경의 중요한 요소가 된다. 온·습도는 사무능률에 여러 영향을 미칠 수 있는데, 사무실의 온·습도의 관리기준과 사무작업과의 관계는 〈표 2-6〉, 〈표 2-7〉과 같다.

〈표 2-6〉 사무실의 온·습도 관리기준

계절	온도(℃)	습도(%)	유효온도(℃)
봄·가을	22~23	50~60	19.4~20.1
여름	25	〃	21.2~22.8
겨울	18~20	〃	17.8~18.3

〈표 2-7〉 사무작업과 온도·습도의 관계

온도(℃)	습도(%)	작업느낌	온도(℃)	습도(%)	작업느낌
27	20	불쾌하지 않다.	21	96	피로하고 괴롭다.
27	65	불쾌하다.	32	25	불쾌하지 않다.
27	80	휴식의 필요가 있다.	32	50	일에 혐오감을 느낀다.
27	100	격심한 일을 할 수 없다.	32	65	격심한 일을 할 수 없다.
21	75	일하는데 불쾌하지 않다.	32	81	체온이 올라간다.
21	40	가장 기분이 좋다.	32	90	건강을 해친다.
21	85	기분이 좋다.			

또한 여름철에는 불쾌지수로 인간의 감각을 측정할 수 있다.

$$불쾌지수 = (건구온도 + 습구온도) \times 0.72 + 40.6$$

그리고 이 수치에 따라 인간은 〈표 2-8〉과 같은 감각을 경험한다.

〈표 2-8〉 불쾌지수와 감각의 관계

불쾌지수	감각
70 이하	쾌적한 상태
70~75	10인 중 1인이 불쾌
75~80	반수가 불쾌
80~86	전원이 불쾌
86 이상	참을 수 없을 정도로 불쾌

2.5.4 공기

실내공기를 항상 완전무결하게 청결한 상태로 유지하기는 어려우나, 다음과 같은 오염발생요인을 고려하여 실내 환기에 노력해야 한다.

① 호흡에서 생기는 탄산가스의 증가와 산소의 감소
② 신체의 발열에 의한 온도의 상승
③ 증발에 의한 습도의 증가
④ 신체에서 발산되는 체취
⑤ 실내흡연으로 인한 공기 오염
⑥ 의복 등에 의한 먼지의 산포(散布)
⑦ 각종 기계류에 의한 발열
⑧ 근무자의 보행으로 인한 먼지발생 등

사무실에서 작업시 작업자에게 민감하게 영향을 미치는 요인 중의 하나가 온도와 습도이다. 현대건물들은 대부분 공기조절설비를 갖추고 있기 때문에 큰 문제는 없으나 그렇지 못한 경우에는 온·습도 및 환기에 유의해야 한다. 부적당한 온·습도는 작업자에게 작업의욕을 감소시키므로 생산성 저하를 초래하게 된다.

(1) 공기조절

사무원이 작업하는데는 기온보다는 인간이 느끼는 덥다·춥다 하는 감각온도가 더 직접적인 영향을 주며, 이는 기온·습도·먼지·이산화탄소 등에 의해 변화하는 것이다. 부적당한 온도·습도와 오염된 공기는 사무근로자에 직접적인 영향을 주어 작업능률을 저하시킨다. 단말기기가 발산하는 열로 실내온도가 높아진다.

온도와 머리의 관계에 대해서는 29℃가 넘으면 현저하게 능률이 저하되는 원인이 된 다고 한다. 알맞은 온도는 20~24℃ 전후이다. 그리고 적당한 습도의 범위는 50~60%이 다. 냉난방시설을 갖출 경우에는 실내온도와 실외온도의 차가 6℃ 이상 되지 않게 한다.

(2) 환기

사람에게는 신선한 공기가 필요하다. 신선한 공기는 이산화탄소의 양과 먼지에 의해 크게 좌우된다. 사무실 내의 환기가 잘 안되면 이산화탄소나 먼지가 많아져서 불쾌감을 줄 뿐만 아니라 건강에도 나쁜 영향을 끼치게 된다.

보통 실내의 공기 중 이산화탄소는 0.07% 이하로 유지되어야 한다. 먼지는 신 선한 대기 중 1cc 속에 약 400입(粒) 정도를 허용한다. 약 400개 입자의 먼지 농도는 보통 먼지가 없다고 느끼는 최대한계이다.

2.5.5 소음

능률적인 업무처리를 위하여 조용한 사무실이 바람직하기 때문에 사무실내외의 지나 친 소음으로 업무수행에 방해받지 않도록 하는 것이 필요하다.

① 소음이 많이 발생하는 사무기기는 칸막이를 이용하여 소음을 줄인다.
② 소음이 발생하는 탁상용기기의 책상에 닿는 접촉부분에는 고무제품을 사용토록 한다.
③ 사무실의 바닥은 탄력성 있는 재료를 사용하여 소리가 나지 않도록 한다.
④ 천정이나 벽 등에 흡음재·방음재를 사용하여 실내소음을 줄인다.
⑤ 사무실 배치는 불필요한 보행이나 큰소리가 발생하지 않도록 한다.
⑥ 외부방문객은 사무실 안까지 깊숙이 출입하지 않도록 별도의 공용 응접실을 마련 한다.

음의 크기는 그 단위로써 폰(phon)으로 사용하고 있는데, 간신히 듣게 되는 음을 1폰 으로 하고, 인간이 음으로써 듣게 되는 최대한도는 약 130폰으로 정하고 있다.

〈표 2-9〉 실내소음의 허용기준

장소	허용기준
고위간부실, 대회의실	35dB
응접실	40dB
소회의실	45dB
일반사무실	50dB~55dB
전산기실	60dB

소음은 청각에 장애를 주며, 건강에 나쁜 영향을 줄 뿐만 아니라, 대화의 청취와 주의의 집중을 방해하고, 흥분시키거나 불쾌감을 주어 사무능률에도 나쁜 영향을 끼친다. 특히 사무작업과 같이 정신신경의 긴장과 집중을 필요로 하는 작업은 가급적 조용한 환경 속에서 업무가 진행되도록 해야 한다.

소음이 사람에게 미치는 영향은 다음과 같다.

① 신경을 날카롭게 하여 곧 피로를 느끼게 한다.
② 정신작용을 흐리게 하여 판단력을 둔화시킨다.
③ 혈압을 상승시켜 호흡을 방해하고, 위의 운동을 억제한다.
④ 비관적인 감정을 느끼게 한다.

사무실 내의 소음한도는 50~60폰이고, 사무실내에서 발생하는 각종 소음의 원인과 그 때의 소음 크기는 〈표 2-10〉과 같다.

〈표 2-10〉 사무실내 소음크기

소음의 종류	소음의 크기(phon)
사원들의 대화	50~60
전화벨 소리	70~75
사무기기(PC 조작음)	60~65
창문·출입문 여닫는 소리	55~75
발걸음소리	50~60
보통 가정내의 소리	30~40
일반사무실	55
사람과 차량의 왕래가 적은 거리	70
사람과 차량의 왕래가 많은 거리	70~80

소음을 막기 위해서는 다음과 같은 방법이 요구된다.

① 불필요한 잡담은 억제하고, 사무용 대회는 되도록 서로 접근하여 저음으로 하며, 전화의 대화도 저음으로 용건만 간략하게 한다.

② 사무실 내에서의 보행 시나 집기를 사용할 때는 소음을 내지 않도록 주의하고, 소음이 많이 발생하는 사무기기는 칸막이를 설치하여 소음을 막아야 한다.

③ 사무실의 바닥은 가급적 탄력성이 있는 재료를 사용하여 소음을 줄인다.

④ 외부방문객은 사무실 안까지 깊숙이 출입하지 않도록 별도의 공용응접실을 마련한다.

⑤ 타자기·OA기기 등을 사용할 때 발생하는 소음을 방지하기 위하여 책상에 닿는 부분을 고무판 또는 두툼한 직물로 깔아 준다.

⑥ 사무실의 배치를 합리적으로 하여 불필요한 보행이나 큰 소리가 발생하지 않도록 한다.

⑦ 천장이나 벽 등에 흡음재·방음재를 사용하여 소음을 줄인다.

⑧ 캐비닛이나 기타 비품의 음이 발생하는 부문에 윤활유를 사용하여 소음이 발생되지 않도록 한다.

⑨ 기계를 놓은 책상 바로 밑에는 음의 공명작용을 막기 위하여 서랍을 설치하지 않는다.

2.5.6 색채

색채조절이란 색이 갖는 물리적 성질(색상·명도·채도)과 색이 인간에게 미치는 생리적·심리적 작용을 활용하여 인간의 생활이나 산업의 능률을 높이려는 것이다. 효율적인 색채조절은 밝고 쾌적한 분위기를 제공하고, 몸의 피로를 줄이며, 부정적 환경요인을 극복하게 하고, 재해를 줄인다. 또한 작업의욕을 높여 생산성을 향상시키고, 작업의 질을 높이는 효과가 있다.

(1) 색채조절대상

색채조절이란 색이 가지고 있는 물리적 성질과 색이 사람에게 주는 생리적·심리적 효과를 활용하여 사무능률을 촉진하고자 하는 것으로, 건물의 외부는 물론 사무실의 천정·

벽·바닥·비품의 표면 등이 그 대상이 된다.

(2) 색채조절요령

① 책상·천정·벽·바닥 및 사무용품의 색채선정은 다음의 「색채심리작용표」를 참작하여 결정하는 것이 바람직하다.

② 색의 경중감각을 이용하여 사무실의 안정감을 높이기 위하여 사무실의 아래 부분은 명도가 낮은 색으로, 윗부분은 명도가 높은 색으로 하되, 명도의 차이가 너무 심하지 않은 것이 좋다.

③ 색이 자극 정도를 이용하여 자주 접촉하는 책상·사무용품 또는 벽 등은 되도록 자극이 적은 색을 사용하고 단조롭고 정적인 사무를 처리하는 사무실은 활기를 조장하기 위하여 비교적 명쾌한 자극성이 높은 색을 사용하는 것이 필요하다.

〈표 2-11〉 색의 감정과의 관계(색채심리작용표)

속성	감각	상징	색깔	감정
색상	따뜻한 색	적극적, 활동적	적색	용기, 권한, 격정, 분노, 환희, 열성
			황적색	기쁨, 활발, 원기, 쾌락
			황색	희망, 유쾌, 향상, 활동, 광명, 명랑
	중성 색	중용, 평정, 평범	녹색	안식, 평화, 진정, 위안, 관대
			자색	엄숙, 신비, 불안
	차가운 색	냉정, 소극성, 침착성	청록색	안식, 청량, 우울, 순정
			청색	침착, 소극, 비애, 진실
			청자색	신비, 숭고, 고독
명도	밝음	양기, 명랑	백색	순결, 결백, 존경
	중간	침착	회색	침울, 억울
	어두움	음기, 중후	흑색	음침, 불안, 엄격
채도	높음	신선, 발랄	자주색	열렬, 정열
	중간	관대, 온화	핑크색	애정, 부드러움
	낮음	침착, 정숙	다색	침착, 고요

(1) 색채조절의 심리적 효과

색채조절은 〈표 2-11〉과 같이 인간의 감정에 영향을 끼치는 심리적 효과를 가지고 있다. 인간은 색을 보면서 여러 가지 감정을 느끼고, 행동에도 영향을 받는다.

① 색채는 온도감각을 지니고 있다. 적색은 따뜻한 느낌을 주고, 청색은 차가운 느낌을 준다.
② 차이가 큰 색은 오래 바라볼 때 피로감을 준다.
③ 색채는 무게감각을 지니고 있다. 안정적인 사무실 분위기를 만들려면, 무거운 느낌을 주는 어두운 색깔은 아래쪽에 칠하고, 가벼운 느낌을 주는 밝은 색은 위쪽에 칠한다.
④ 색채는 운동성을 지니고 있다. 색깔은 보는 감각에 따라서 움직이는 것 같은 느낌을 주는데, 밝은 색은 활동적이고 팽창감을 느끼게 하며, 적색은 친근감을 느끼게 하고, 또 청색계통의 색깔은 침체감과 소외감을 느끼게 한다.
⑤ 색채는 대조적인 색깔과 비교될 때 더 잘 나타나 보인다.

(2) 실내장소별 적합한 색채

실내장소별로 적합한 색채는 〈표 2-12〉와 같다.

〈표 2-12〉 적합한 색채

구분	용도	색채
일반사무실	천장	백색, 크림색, 연한 녹색
	벽	황색, 황록색, 녹색, 정색
	문 또는 벽 아래부분	다색, 짙은 녹색
	북쪽사무실	난색 계통
	남북쪽 사무실	한색 계통
회의실	강한 색채를 띤 밝은 중간색	
접대실	보색을 피하고 중간색	
복도	사무실보다 밝은 연한색 계통	

2.6 OA증후군

2.6.1 OA증후군

OA증후군은 사무자동화로 인하여 사무작업형태가 수작업에서 컴퓨터를 이용하는 작업형태로 바뀜에 따라 이에 대응하지 못하는 개인의 과잉반응이나 기피현상으로 모니터의 계속적인 주시로 인한 눈의 피로, 각종 기기에서 발생하는 소음에 의한 신경피로 및 정신집중방해, 고정·반복동작으로 인한 어깨·목·허리·팔 등 신체 각 부위의 피로도 가중 등으로 나타난다.

2.6.2 예방대책

산업안전공단이 제시한 예방관리지침은 다음과 같다.

① 작업장 주변환경과 화면간의 명암의 차이가 크지 않도록 한다.
② 주변환경 조도는 300~500럭스를 유지한다.
③ 작업자의 시야 내에 빛이 직접 들어오지 않도록 한다.
④ 빛의 반사로 인한 화면상의 눈부심이 발생하지 않도록 한다.
⑤ 다른 작업과 교대작업을 통하여 단말기 작업시간을 짧게 한다.
⑥ 자율성이 없는 작업의 경우 1시간 연속작업에 10분간 휴식한다.
⑦ 자율성이 많은 작업의 경우 2시간 작업 후 10~15분간 휴식한다.
⑧ 의자의 높이는 바닥면에서 앉는 면까지 30~40cm가 되어야 한다.
⑨ 작업대의 높이는 50~70cm가 되도록 한다.
⑩ 등받이가 있는 의자를 사용한다.
⑪ 팔꿈치의 각도는 90° 이상으로 유지한다.
⑫ 손등과 팔은 수평을 유지한다.
⑬ 건강진단을 실시하고 건강장애요인이나 예방대책에 관한 교육을 실시한다.

2.7 사무환경 개선의 주안점

먼저 사무실 천정의 높이는 사무환경에 있어서 중요한 고려 요소가 되어야한다.

사무직 근로자들이 명확하게 인식은 못한다 해도 천정의 높이가 낮을 경우는 일하는 사람은 무의식중에 압박감을 받기 때문에 적정 높이가 필요하다.

최근 OA기기의 보급이 확산되면서 각종 배선이 바닥에 깔리고 있고 이를 처리하기 위해 이중바닥(Access Floor)을 설치하는 추세가 확산되고 있는데 이중바닥을 설치할 경우에는 천정높이를 염두에 두어야 한다. 그동안 여러 가지 측면에서 조사한 결과 사무실의 천정 높이는 2.6m 이상은 확보되어야 한다는 것이 전문가들의 의견이다.

(1) 소음은 업무집중도 해쳐

사무실에서 생산성은 결국 업무에 집중할 수 있는 환경과 직결된다. 그러나 사무실 안에서는 직원들끼리 대화, 전화기, OA기기 등으로부터 소음이 발생하는 것은 필연적인데 업무집중도를 가장 크게 해치는 요인이 바로 이 같은 소음이다. 실내소음을 대폭적으로 완화하기 위해선 각 개인 책상 간에 낮은 칸막이를 설치하고 OA기기도 칸막이를 통해 차폐하는게 일반적인 방법이다. 그러나 칸막이가 지나치게 높거나 많을 경우 오히려 소음이 증폭돼 웅웅거릴 수 있으므로 파티션 레이아웃시 이같은 점을 고려해야 한다.

(2) 회의실은 정숙, 기밀성 요구

회의실의 경우 공유공간이다 보니까 사무환경 개선에서 크게 중시하지 않는 경향이 있으니 회의실은 기업에 있어서 집단적 지적 생산활동을 받쳐주기 위한 중요한 공간이다. 이와 함께 회의실은 기업의 대내외적인 얼굴로서의 기능도 갖고 있다. 회의실은 설비·넓이 등은 이용목적, 이용자 등에 따라 독립된 방으로부터 칸막이로 이루어진 코너에 이르기까지 다양한 경우가 있을 수 있으나 기업의 성격과 업무 성격에 따라 달라질 수밖에 없다. 바람직한 회의실의 요건으로는 우선 조용할 것과 쾌적성, 기밀성, 기능성 등이 거론될 수 있지만 최종적으로는 각 기업 업무에 걸맞은 공간을 설정해야 한다. 다만 정보통신 기능이 발전함에 따라 각종 화상회의나 오디오, 비디오 시스템 등을 이용하는 경우가 증가할 것에 적극적으로 대비해야 한다. 회의실 공간 이용의 극대화를 위해 대회의실을 이동식칸막이 등으로 분할해서 사용하는 방법 등도 바람직하다.

(3) 공조는 신체건강에 직접 영향

사무실의 쾌적함을 유지하는 공조는 다른 몇 가지 항목과 마찬가지로 집무자의 신체건강에 직접 영향을 미치는 것으로 기온은 17℃~28℃, 습도는 40%~70%라는 실내공기조화 기준이 있다. 그러나 공조에 대해서는 이런 법적규제에 적합한 온도라 할지라도 실제 사무실에선 지적생산 활동을 하기에는 너무 덥고 혹은 춥다고 느끼는 경우도 있다. 이 때문에 오피스를 인간생활의 장으로 파악한 이상 단순히 건강에 지장을 가져오지 않게 하는 것에 그치지 않고 보다 쾌적한 환경을 창조하도록 노력해야 할 것이다. 여기에 금연 문제도 간과할 수 없는 사항이다. 배출시설을 갖추어야 할 필요가 있고, 흡연구역에 대한 배려도 뒤따라야 할 것이다.

(4) 일반작업 500Lux가 적정

조명의 문제는 장시간 사무실에 근무하는 사람들의 건강에 직결되는 요소이다. 정보화가 급속하게 진전됨에 따라 오피스도 정보의 생산, 유통, 처리 등의 양이 증대되고 있고 또한 그것들의 대부분이 문자나 세세하게 도표화 되고 있다. 게다가 정보들이 전산화 되면서 컴퓨터 화면을 들여다 봐야하는 시간이 점점 늘고 있다. 이 때문에 충분한 조도가 확보되어 있지 않을 경우에는 건강면의 영향은 물론 작업상의 지장도 염려된다. 책상면의 조도는 다소 차이는 있으나 일반적인 작업은 500Lx전후, 집중을 요구하는 세밀한 작업의 경우는 1000Lx 전후를 표준으로 사용한다. 그러나 그때에는 책상면의 조도와 주위, 특히 통상 오피스 공간에는 어둡게 될 수 있는 벽면의 조도차가 과대해지면 눈이 피로해지고 심리적으로도 악영향을 준다는 연구 보고가 있다.

이 때문에 책상과 맞닿아 있는 벽면의 조도에 관해서는 최종적으로 책상 면의 조도와의 관계속에서 결정될 수밖에 없는데 통상 100Lx~500Lx 범위의 조도가 필요하다. 현재 대부분의 사무실에서는 천정에 형광등을 노출시킨 직접조명 방식인데 이러한 조명은 광원이 직접시야에 들어오기 쉬워 피로의 원인이 된다. 방재 대책으로는 업무 내용에 따라 확산패널, 프리즘 패널, 루바 등으로 눈부심을 억제하고 경우에 따라서는 간접조명이 꼭 필요한 곳도 있다.

(5) 휴식공간 확보는 필수적

사무직 근로자들은 사무실에 대한 불만중의 하나로 사무실이 무미건조해서 기분 전환을 꾀할 장소가 없다는 점을 꼽는다. 따라서 개인의 공간이 좁고 여유가 적은 경우일수록 휴식공간의 확보가 필요하다는게 전문가들의 의견이다. 휴식공간의 설치는 육체적인 피로를 완화하고 정신적인 피로를 줄임으로써 새로운 활력을 넣을 수 있기 때문이다. 최근 일부 기업들을 중심으로 설치하고 있는 이 같은 휴식공간은 집무공간에서 가까운 곳이 가장 좋으나 공간의 여유가 없을 때에는 복도의 일부를 활용하는 방안도 강구해 봄직하다. 또 이 같은 휴식공간의 설치에는 직원들의 휴식 시간대와 의자·테이블·급수시설 등의 설비에 대한 요소를 함께 고려해야 한다. 또한 디자인이나 색채를 편안한 분위기를 낼 수 있도록 유도해야 하고 외부 빛의 도입과 그림 등의 배치, 가구나 내장재에 있어 섬유계 소재가 갖는 따스함, 부드러움 등을 섬세하게 고려할 필요가 있다.

(6) 정전처리 카펫 사용을

그동안 바닥면은 안전이란 측면에서 비교적 관심밖에 있었던 게 사실이다. 그러나 배선이 노출될 경우 큰 위험성이 있기 때문에 정확하게 처리해야 하고 비닐 타일을 깔았을 경우는 미끄러짐에 주의해야 한다. 또 정전기에 의한 신체나 기기에의 영향도 간과해서는 안될 부분이다. 바닥카펫이나 이중 바닥을 설치해 배선 노출을 원천적으로 제거하고 적정한 정전처리를 한 카펫을 까는 것이 가장 바람직한 방법이다.

(7) 의자는 인체공학 고려해야

책상과 의자는 사무실에서 일하는 사람들이 직접 장시간 접촉하는 가구로 그 기능에 따라 눈, 허리 등 신체의 구조에 직접적인 영향을 주게 된다. 따라서 이들 집기를 선택하는데 있어서 직원들의 체형과 업무형태를 최대한 고려하도록 노력해야 한다. 특히, 의자의 경우는 사용하는 사람의 작업 자세를 결정하기 때문에 반드시 언제공학적인 요소가 배려되어야 하고 자리의 높이, 앉은 면의 각도, 등의 각도, 책상과 거리를 간단하게 조정할 수 있는 제품을 선택하는 것이 중요하다. 기본적으로 안전성이 높아야 하는 것은 물론이다.

또 OA기기를 활용하는데 사용하는 책상이나 의자는 통상의 사무실작업에서 요구되는것 이상으로 피로나 스트레스를 가져올 수 있으므로 이 같은 요소를 적절히 조절할 수 있도록 고려돼야 한다.

⑻ 최적의 수납공간 필요

수납공간의 활용은 사무환경 개선에 있어 필수적으로 고려돼야 할 사항이다. 정보화의 진전과 더불어 처리되어야 할 정보량이 증가되면서 사무실에서 서류가 범람할 수 있다. 이 같은 상황을 해결하는 방법으로는 파일링시스템 또는 자료를 컴퓨터 디스크에 보관하는 방법 등이 활용되고 있다. 정보의 보전방법을 이용하고 정보의 이용자가 정보에 대해 접근할 수 있는 범위를 설정하는 등 정보관리방법에 대응할 수 있는 최적의 수납공간 채용이 필요하다. 예를 들면 벽면 수납가구 설치는 한정된 실내를 최대한으로 활용할 수 있도록 해야 하고 사무실의 미관도 함께 배려되어야 한다.

⑼ 경영혁신 측면에서 접근을

새로운 사무환경을 조성하기 위해서 위에서 열거한 사항들을 총체적인 시각에서 접근할 수 있는 계획을 세워야 한다. 그러나 무엇보다 중요한 것은 사무환경에 대한 최고경영자의 사고전환이다. 사무환경 개선이 단순한 사무실개조가 아니라 경영혁신이라는 측면에서 접근해야만 성공할 수 있기 때문이다. 사실 많은 돈을 들여 사무환경을 개선했다고 하는 업체에 막상 가보면 사무환경에 대한 개념자체가 잘못되어 있다는 것을 확인할 수 있는 경우가 많다. 어떤 사무실에 가보면 직원들 사이에 칸막이는 설치되었으나 몸을 돌리기만 하여도 옆자리 사람과 부딪치게 되어 있고 사장실을 들어가 보면 각종 화초로 화원을 방불케 하고 공간이 너무 넓어 허전함을 주기도 한다. 단순히 집기를 바꾸고 칸막이를 설치했다고 사무환경개선이 되는 것이 아니다. 중간관리자나 임원들이 많아 서류한 장 결재받는데 하루고 이틀이 걸리면 사무환경을 아무리 개선해 봤자 소용없다. 좁은 공간에서 칸막이는 직원들의 행동과 의사소통을 방해하고 프라이버시도 보장되지 않는다.

사무환경 개선은 일차적으로 사무실의 생산성과 관련 있지만 여기에 국한되는 것이 아니라 기업이미지, 직원의 복지문제, 경영상의 원가절감 등 기업경영에 필요한 모든 요소와 연관성이 있다는 것을 명심해야 한다. 앞서 말한 것처럼 경영혁신과 연계되어야 한다는 것이다.

⑩ 쾌적한 업무공간이 사무생산성 향상

경제·사회구조가 급변하면서 사무환경개선에 대한 인식이 근본적으로 바뀌고 있으며 변화를 이끌고 있는 핵심에는 정보화가 있다. 사내뿐만 아니라 외부에서의 업무도 컴퓨터 네트워크에 연결되면서 시간과 공간의 개념 또한 바뀌고 있다. 변화하는 사무환경을 대표하는 사무실인 모빌오피스와 소호(SOHO : Small Office Home Office)는 새로운 사무실의 개념이다.

우리나라는 90년대 들어 민간 중심으로 조직된 사무환경개선추진협회가 발족하여 활동하면서 사무환경개선에 투입된 비용은 투자라는 인식이 확산 되었으며 최근에는 수준급 지식오피스를 구축한 기업이 상당수에 달한다. 그러나 아직 많은 사무실이 70~80년대식 사무환경 수준을 벗어나지 못하고 있는 실정이다. 쾌적하고 효율적인 사무환경개선은 기업의 사무생산성을 높일 수 있을 뿐만 아니라 사무공간을 모두 활용할 수 있어 기업의 활력과 비가격경쟁력을 높이는데 보탬이 된다. 우리경제의 최대과제는 기업에 활력을 불어넣는 일이다. 기업의 활력은 이를 구성하고 있는 종업원들에 의해 좌우된다.

아무리 좋은 경영 아이디어를 제시한다고 하더라도 근로자들이 이를 뒷받침해 주지 않으면 기업의 활력은 유지될 수 없고 그렇게 되면 그 기업은 생명력을 지닐 수 없게 된다. '업은 곧 사람'이라는 말은 여기에서 생긴 것이다. 사무실의 비능률적 비인간적인 열악한 사무환경을 개선하고 효율적인 사무기기의 배치 등이 사무생산성을 향상시키고 이것이 곧 기업의 국제경쟁력과 연결된다는 인식이다.

국내에서도 사무환경개선운동을 전개하면서 설문조사를 실시한 결과 사무환경이 일의 능률을 저해한다고 느끼고 있는 사무직 근로자가 87%, 사무환경이 개선되면 일의 능률이 향상될 것이라고 답한 사무직근로자가 70%로 나타났으며 그동안 사무환경개선을 추진한 결과 기업 경영자의 80.7%, 사무직 근로자의 76.9%가 업무효율이 크게 향상되었다고 평가했다.

⑪ 컴퓨터 관련 직업병 급증

지난해 800여 명이 넘는 근로자들이 컴퓨터 과다 사용 및 단순 반복 작업으로 인해 몸이 저리고 마비되는 증상, 요통 등 근골격계 병을 얻은 것으로 나타났다.

노동부는 지난해 산업재해율이 0.73%로 1999년 대비 0.01%포인트 감소했지만, 재해

자수와 사망자수는 오히려 1999년 대비 각각 1만3571명, 237명이 증가했다고 발표했다.

특히 정보화 및 공정자동화로 앉아서 근무하는 시간이 늘어남에 따라 경견완장해(어깨 팔 다리 등의 마비증세)와 직업성 요통 등 컴퓨터 관련 근골격계 질환 환자들이 급증한 것으로 나타났다.

경견완장해 판정을 받은 근로자는 394명으로 99년 161명에 비해 144.7% 포인트 증가했고, 과중한 업무로 인해 직업성 요통판정을 받은 근로자는 421명으로 1999년 183명보다 130.1% 포인트 증가했다.

한편, 노동부는 경경완장해, 직업성 요통 등 직업관련성 질환이 급증추세를 보임에 따라 대책 마련에 착수, 근골격계 질환 예방 전담반을 설치했으며 전국 6개 지방청에 산업의학전문의 채용을 추진할 계획이다.

한편 지난해 근로자 1만 명당 업무상 재해를 당한 근로자수는 3.60으로 1999년 대비 0.07포인트 감소했지만, 진폐 등 직업병자는 933명으로 1999년 1,174명 대비 20.5% 포인트 감소한 것으로 나타났다.

문서관리

3.1 문서의 개요

3.1.1 공문서의 개념

(1) 행정상 공문서의 개념

문서는 일반적으로 사람의 의사나 사물의 형태·관계 등을 문자·기호·숫자 등을 활용하여 종이 등 매체에 기록·표기한 것을 말하는데, 행정기관의 의사도 문서의 형태로 표시된다.

행정상 공문서라 함은 행정기관 또는 공무원이 직무상 작성하고 처리한 문서 및 행정기관이 접수한 문서를 말한다.

「사무관리규정」에는 '공문서라 함은 행정기관 내부 또는 상호간이나 대외적으로 공무상 작성 또는 시행되는 문서(도면·사진·디스크·테이프·필름·슬라이드·전자문서 등의 특수매체기록을 포함한다.) 및 행정기관이 접수한 모든 문서를 말한다'라고 규정하고 있다.

한편 「민원사무처리에 관한 법률 시행령」에는 행정기관의 장이 ① 출력매수의 제한조치, ② 위·변조방지조치, ③ 출력한 문서의 진위확인조치 등을 취하여 민원인에게 통지한 전자문서를 민원인이 출력한 경우 이를 공문서로 인정하고 있다.

(2) 법률상의 공문서의 개념

① **형법상의 공문서**

형법에서 말하는 공문서라 함은 공무소 또는 공무원이 그 명의로써 권한 내에서 소정의 형식에 따라 작성한 문서를 말하며, 공문서위조·변조, 허위공문서 등의 작성 및 행사 등 공문서에 관한 죄를 규정하여 공문서의 진정성을 보호하고 있는 데, 일반적으로 공문서에 관한 죄는 사문서에 관한 죄보다 무겁게 처벌되고 있다.

② **민사소송법상의 공문서**

민사소송법은 '문서의 작성방식과 취지에 의하여 공무원이 직무상 작성한 것으로 인정한 때에는 이를 진정한 공문서로 추정한다.'라고 규정하여 증거능력을 부여하고 있다.

3.1.2 문서의 필요성

오늘날 사무자동화의 발전은 컴퓨터에서 작성한 문서를 출력하여 사용하지 않고, 문서를 컴퓨터에서 직접 상대방 컴퓨터로 송수신하고 전자결재까지 하는 세상을 창출해냈다. 그러나 여전히 문서는 의사소통수단의 기본매체로 자리하고 있으며, '모든 사무는 문서에서 시작해서 문서로 끝난다.'라고 말할 정도로 사무활동에서 차지하는 문서의 비중이 매우 크다.

문서는 주로 다음과 같은 이유에 의해서 작성하게 된다.

① 내용이 복잡하여 문서 없이는 곤란할 때
② 내용을 분명히 나타내야 할 때
③ 사무처리의 증거자료로서 문서가 필요할 때
④ 구두(말 혹은 대화)로써는 사무처리가 불충분할 때
　· 말은 감성적이고 정확하지 못하기 때문에 의사전달에 오류가 생길 수 있다.
⑤ 사무처리의 형식이나 관례, 혹은 체제상 문서의 형식이 필요할 때
　· 모든 업무를 체계적이고 책임이 분명한 절차를 밟아 집행할 수 있다.
⑥ 사무처리의 결과나 기록을 일정기간 보존해야 할 때
　· 말이나 기억은 잊혀 지거나 착각할 수 있지만, 문서에 의한 기록은 반영구적이다. 그리고 누구나 필요한 때에는 절차를 밟아 몇 년이 지나도 언제나 열람할 수 있으므로 기업의 역사자료이자 사전과 같은 참고자료가 될 수 있다.

그러나 전달하고자 하는 내용이 간단한 경우에는 구두나 전화, 혹은 게시판 등의 수단을 이용하는 것이 효과적이다. 정식으로 처리한다는 이유로 또는 증거자료로 남길 필요가 없는 사항을 문서화하여 비능률을 초래하지 않도록 해야 한다.

또한 반드시 문서를 작성해야할 사항을 귀찮다거나 바쁘다는 이유로 소홀히 한 경우, 중요한 내용이 문서로 남지 않음으로써 후에 업무수행에 지장을 초래할 수도 있으므로 문서작성에 신중을 기해야 한다.

3.1.3 문서의 기능

문서는 원활한 경영활동을 보조하고 촉진해 주며, 의사의 기록·구체화, 의사전달, 의사보존, 자료제공, 사무의 연결·조정 기능을 한다.

(1) 의사의 기록·구체화 기능

문서는 사람의 의사를 구체적으로 표현하는 기능을 갖는다. 사람이 가지고 있는 주관적인 의사는 문자·숫자·기호 등을 활용하여 종이나 다른 매체에 표시하여 문서화하여 그 내용이 구체화된다.

이 기능은 문서의 기안에서부터 결재까지 문서가 성립하는 과정에서 나타나는 것이다.

(2) 의사전달의 기능

문서는 자기의 의사를 타인에게 전달하는 기능을 갖는다. 문서에 의한 의사전달은 전화나 구두로 전달하는 것보다 좀 더 정확하고 변함없는 내용을 전달할 수 있다. 이것은 의사를 공간적으로 확산하는 기능으로서 문서의 발송·도달 등 유통과정에서 나타난다.

(3) 의사보존의 기능

문서는 의사를 오랫동안 보존하는 기능을 갖는다. 문서로써 전달된 의사는 지속적으로 보존할 수 있고 역사자료로써 가치를 갖기도 한다. 이는 의사표시를 시간적으로 확산시키는 역할을 한다.

(4) 자료제공의 기능

보관·보존된 문서는 필요한 경우 언제든 참고자료 내지 증거자료로 제공되어 행정활동을 지원·촉진시킨다.

(5) 사무의 연결·조정 기능

문서의 기안·결재 및 협조과정 등을 통해 조직내외의 사무처리 및 정보순환이 이루어져 업무의 연결·조정기능을 수행하게 된다.

3.1.4 문서처리의 원칙

(1) 즉일처리의 원칙

문서는 그 내용이나 성질에 따라 처리기간과 방법이 다르다. 그러나 효율적인 업무수행을 위해서는 바로 그날로 처리하는 것이 좋다. 모든 문서는 처리기간을 명확히 하고 기간준수를 위해 노력해야 한다.

(2) 책임처리의 원칙

문서는 여러 단계를 거쳐 처리된다. 그러므로 사무분장에 정해진 대로 각자가 자신의 직무범위 내에서 책임을 갖고 관계규정에 따라 신속하고 정확하게 처리해야 한다. 문서처리 담당자는 당해 문서처리에 있어서 어느 직급의 결재권자에게까지 결재를 받을 것인가 또는 내용에 따라 타부서와의 관련성 등을 고려하여 필요한 조치를 해야 한다.

(3) 법령적합의 원칙

문서는 법령의 규정에 따라 일정한 형식적·절차적 요건을 갖추어야 하고 권한 있는 자에 의해 작성·처리되어야 한다. 따라서 중요한 요건을 빠뜨림으로써 문서의 신뢰성을 저해시키거나 법령위반 등의 문제로 문서의 효력에 영향을 미치는 일이 발생되지 않도록 해야 한다.

(4) 전자처리의 원칙

문서는 전자처리가 원칙이다. 즉 문서의 기안·검토·협조·결재·등록·시행·분류·편철·보관·보존·이관·접수·배부·공람·검색·활용 등 문서의 모든 처리절차가 전자문서시스템 또는 업무관리시스템에서 전자적으로 처리되도록 해야 한다.

3.1.5 문서의 종류

(1) 작성주체에 의한 구분

(a) 공문서

공문서와 사문서의 구분은 주로 그 작성자에 의해서 구분된다. 공문서란 공적인 목적을 위하여 공무소 또는 공무원이 직무상 권한 내에서 작성 또는 접수한 문서이다. 다시 말하면, 공문서란 행정기관 내부 또는 상호간이나 대외적으로 공무상작성 또는 시행되는 문서나 행정기관에서 접수한 모든 문서를 말한다.

공문서는 일반문서·도면·사진·디스크·테이프·도표·필름·슬라이드·전자문서 등의 특수매체 기록을 포함하며 문서의 성질에 따라 법규문서, 지시문서, 공고문서, 비치문서 그리고 민원문서 및 일반문서로 구분한다. 전자문서란 컴퓨터 등 정보처리 능력을 가진 장치에 의하여 전자적인 형태로 작성, 송·수신 또는 저장된 문서를 말한다.

(b) 사문서

사문서는 개인이 사적인 목적을 위하여 작성한 문서를 말한다. 그러나 이러한 사문서 중에서도 허가, 신청 등과 같이 행정기관에 제출하여 접수가 된 것은 공문서가 된다. 따라서 공문서에 관한 제 규정에 따라 취급되어야 하며, 그 문서를 제출한 사람도 접수된 문서를 임의로 회수해 갈 수 없다. 다시 말해서 사문서란 개인의 사사로운 의사 또는 심경을 표시하는 문서를 말하는 것으로 추천장·안내장·소개장·초청장 등이 이에 속한다.

(2) 문서의 성질에 의한 분류

「사무관리규정」은 공문서를 그 성질에 따라 법규문서·지시문서·공고문서·비치문서·민원문서 및 일반문서로 구분하고 있다.

(a) 법규문서

주로 법규사항을 규정하는 문서로서 헌법·법률·대통령령·총리령·부령·조례 및 규칙 등을 말한다.

(b) **지시문서**

행정기관이 그 하급기관 또는 소속공무원에 대하여 일정한 사항을 지시하는 문서로서 훈령·지시·예규 및 일일명령 등을 말한다. 행정법에서는 지시문서를 행정규칙 또는 행정명령이란 용어로 사용하고 있다.

① **훈령** : 상급기관이 하급기관에 대하여 상당히 장기간에 걸쳐 그 권한의 행사를 일반적으로 지시하기 위해 발하는 명령을 말한다.
② **지시** : 상급기관이 직권 또는 하급기관의 문의에 의하여 하급기관에 개별적·구체적으로 발하는 명령이다.
③ **예규** : 행정사무의 통일을 기하기 위하여 반복적인 행정사무의 처리기준을 제시하는 법규문서 이외의 문서를 말한다.
④ **일일명령** : 당직·출장·시간외 근무·휴가 등 일일업무에 관한 명령을 말한다.

(c) **공고문서**

행정기관이 일정한 사항을 일반에게 알리기 위한 문서로서 고시·공고 등을 말한다.

① **고시** : 법령이 정하는 바에 따라 일정한 사항을 일반에게 알리는 문서를 말한다. 일단 고시된 사항은 폐지가 없는 한 효력이 계속된다.
② **공고** : 일정한 사항을 일반에게 알리는 문서로 그 내용의 효력이 단기적이거나 일시적인 문서를 말한다.

(d) **비치문서**

행정기관이 일정한 사항을 기록하여 행정기관 내부에 비치하면서 업무에 활용하는 문서로서 비치대장·비치카드 등을 말한다.

(e) **민원문서**

민원인이 행정기관에 허가·인가·기타 처분 등 특정한 행위를 요구하는 문서 및 그에 대한 처리문서를 말한다.

(f) 일반문서

위 각 문서에 속하지 아니하는 모든 문서를 말한다. 다만, 일반문서 중 특수한 것으로서 회보 및 보고서가 있다.

① **회보** : 행정기관의 장이 소속공무원 또는 하급기관에 업무연락이나 통보 등의 일정한 사항을 알리기 위한 경우에 사용한다. 이것은 행정기관 단위로 회보사항을 일괄 수록하여 문서과 등에서 발행한다.
② **보고서** : 특정사안에 관한 현황이나 연구·검토결과 등을 보고하거나 건의하고자 할 때 작성하는 문서를 말한다.

(3) 유통대상에 의한 구분

■ **유통되지 않는 문서 : 내부결재문서**

행정기관이 내부적으로 계획 수립, 처리방침 결정, 업무보고, 소관사항 검토 등을 위하여 결재를 받는 문서를 말한다. 내부적으로 결재를 받는 문서이므로 발신하지 않는다.

■ **유통대상 문서**

(a) **대내문서**

대내문서란 조직체의 내부에서 지시·명령하거나 협조하기 위하여 또는 보고·통지하기 위하여 오고가는 문서를 말하는 것으로, 회사 내에서 유통되는 문서라는 뜻에서 사내문서라고도 한다. 대내문서에는 각종 지시서·통지서·보고서·연락서·의사록·장표 등이 있다.

① **품의서** : 소관업무의 수행과 관리를 위하여 계획된 중요한 사항에 관하여 상사에게 상신하여 결재를 얻는 문서
② **보고서** : 상사의 지시와 요구 또는 자의에 의하여 특정문제에 관련된 사항을 상사에게 보고하는 문서
③ **지시서** : 상사가 부하직원에게 업무운영상의 방침과 계획에 관한 지침을 내리거나 기타 업무통제를 목적으로 작성하는 문서

④ **협조전** : 특정업무에 대하여 최고 의사결정권자가 결재하고 지정한 사항에 관하여 관련 부서간 의견교환과 협조를 얻는데 사용하는 문서

⑤ **업무연구서** : 중요시책의 입안을 위하여 개인 또는 팀이 연구결과를 신고하는 문서

⑥ **업무연락서** : 부서간의 업무에 관한 협조, 의뢰 및 통보를 위하여 또는 부서간의 정보제공과 협조의 수단으로 사용되는 문서

⑦ **회보** : 업무상의 유의사항, 참고사항, 조언사항, 공지사항 또는 상벌사항 등을 주지시키기 위하여 작성하는 문서

⑧ **전언통신문** : 긴급사항으로 정식 문서전달의 시간적인 여유가 없을 때 전화나 인편, 기타 통신수단으로 수발되는 문서

⑨ **전문** : 지급을 요하며 보안이 필요한 경우 무선으로 송수신하는 문서

⑩ **명령서** : 당직이나 출장 등의 복무에 관한 문서

⑪ **인사발령문서** : 직원의 개인 신상 변동에 관한 사항을 명령하는 문서

⑫ **장표** : 해당사항을 기입해 넣을 것을 예정해서 빈칸을 만들어 놓은 서식류를 총칭하여 말하는 것으로, 장부·전표·표가 있다. 그리고 기입해 넣는 것은 사람이 손으로 기입하는 것만을 뜻하는 것이 아니고 사람이 기계나 기구를 조작하여 기입하거나 기계가 자동으로 써넣는 일정한 형식의 사무용지 등도 모두 장표에 속한다.

· **장부** : 거래내용을 계속해서 기입해 넣을 수 있도록 빈 칸이 마련된 것으로 대장, 처리부, 그리고 각종 명부 등이 포함된다. 장부에는 회계원장, 인사관리대장, 물품발송대장 등이 있다.

· **전표** : 서식이 간단·명확한 것으로 빈칸에 거래내용을 기입하여 한장씩 따로 떼어서 사용할 수 있도록 한 것이다. 외부로 유통되는 납품서, 청구서 등과 사내에서 쓰이는 입출금전표, 대체전표, 입출고전표, 매입 및 매출전표 등이 포함된다.

· **표** : 여러 가지 정보를 한 눈에 훑어볼 수 있도록 일정한 기준에 따라 집계한 것으로 정산표, 일계표, 월계표, 손익계산서, 상품재고장, 회계재무재표, 기타 통계표 등이 있다.

· **기타** : 이외에도 각종 사무용 카드, 주문서, 계산서, 지출결의서, 기안용지, 부전지, 메모지 등의 서식류가 있다.

(b) 대외문서

대외문서란 국민이나 단체 및 다른 행정기관 간에 또는 조직체 외부의 거래처나 기타의 외부 대상자 사이에서 오고 가는 문서를 말한다.

① **의례문서** : 인사장·안내장·초대장 등
② **거래문서** : 주문서·청구서·송품장·검수증·영수증·신청서통지서·조회서 등

(c) 발신자와 수신자 명의가 같은 문서

행정기관의 장 또는 합의제 행정기관이 자신의 명의로 발송하고 자신의 명의로 수신하는 문서를 말한다.

(4) 처리단계에 의한 분류

① **접수문서** : 외부로부터 접수된 문서로서 문서주관과(문서과, 총무과 등)나 처리과에서 접수절차를 거쳐 접수한 문서
② **배포문서** : 접수문서를 문서주관과가 배포절차에 의해서 처리과로 배포하는 문서
③ **기안문서** : 결재문서라고도 하며, 사전에 결재권자의 결재를 얻기 위하여 기안서식에 따라 사무처리 초안을 기재한 문서
④ **합의문서** : 기안문서 중 그 내용과 관계되는 다른 부서와의 협조를 얻기 위하여 합의하는 문서
⑤ **완결문서** : 기안하고 결재하여 시행목적에 따라 완결된 문서
⑥ **시행문서** : 발송문서라고도 하며, 기안문서의 내용을 시행하기 위하여 규정된 서식에 의해 작성한 문서
⑦ **이첩문서** : 배포문서 중 그 취지와 내용이 다른 기관의 소관사항인 문서를 그 기관으로 다시 알리기 위해 기안되어진 문서
⑧ **공람문서** : 배포문서 중 별도의 처리절차를 필요로 하지 않고 단순히 상급자에게 보고 또는 열람에 붙인 문서
⑨ **보관문서** : 일처리가 끝난 완결문서로써 보관되어야 하는 문서
⑩ **보존문서** : 자료로서의 가치가 있으므로 일정기간 동안 보존을 필요로 하는 문서
⑪ **폐기문서** : 보존기간이 끝나서 자료로서의 가치가 상실된 문서로 폐기 처분되어야

하는 문서

⑫ **미처리문서** : 접수문서나 배포문서로써 어떠한 처리도 하지 않은 문서

⑬ **미완결문서** : 기안문서로서 결재에 이르지 않았거나 결재는 받았지만 시행되지 않았거나 또는 시행은 되었어도 사안의 처리가 완결되지 않은 문서

⑭ **마이크로필름** : 지면이 아닌 마이크로필름에 중요한 내용의 문서나 영구보존의 필요성이 있는 문서를 담아놓은 문서

(5) 내용에 의한 분류

① **비밀문서** : 극비·비밀·대외비 등의 비밀을 요구하는 문서

② **공개문서** : 비밀의 성격이 없는 문서

③ **일반문서** : 통보, 지시, 명령규정, 신청 등 일반사무의 처리에 사용되는 문서

④ **특별문서** : 특별한 용건과 양식으로 작성되는 문서

3.1.6 문서의 작성형식

〈표 3-1〉 공문서의 종류별 작성형식

문서 종류		작성 형식
법규 문서		조문 형식, 누년 일련번호 사용 (예 : 법률 제1234호)
지시문서	훈령·예규	조문 형식 또는 시행문 형식, 누년 일련번호 사용(예 : 훈령 제5호)
	지시	시행문 형식, 연도표시 일련번호 사용(예 : 지시 제2008-5호)
	일일명령	시행문 형식 또는 회보 형식, 연도별 일련번호 사용
공고문서	고시·공고	연도표시 일련번호 사용 (예 : 고시 제2008-5호)
민원 문서		시행문 형식 또는 서식형식, 등록번호 사용 (예 : 지식제도과-12⑶
일반문서	일반문서	
	회보	회보 형식, 연도별 일련번호 사용 (예 : 회보 제5호)
	보고서	일반기안문 또는 간이기안문 형식, 등록번호 사용

Reference

■ **누년 일련번호, 연도별 일련번호, 연도표시 일련번호**

1. **누년 일련번호**

   연도 구분과 관계없이 누년 연속되는 일련번호를 말한다. 즉, 연도가 바뀌어도 연도에 관계없이 계속 문서가 작성되는 순서에 따라 일련번호를 매기는 방법이며, 주로 법규문서에서 사용된다.

   예 대통령령 제14385호
   　　법 률 제2434호
   　　교육부령 제875호

2. **연도별 일련번호**

   연도별로 구분하여 매년 새로 시작되는 일련번호로서 연도표시가 없는 번호를 말한다. 즉 매년 문서가 작성된 순서대로 번호를 매기는 방법이다.

   예　　**총무　제23호**
   　　　　　└──▶ 문서번호 : 금년 들어 23번째 작성한 문서
   　　　　└──▶ 기관번호

3. **연도표시 일련번호**

   연도표시와 연도별 일련번호를 붙임표(-)로 이은 번호를 말한다.

   예 장관지시 제1992-5호
   　　총무처공고 제1995-4호

※ 해당 번호를 읽을 때는?

   해당 번호를 읽을 때는 단위는 무시하고 숫자만 읽는다.

   예 83215 → 팔삼이일오

3.1.7 문서의 성립과 효력발생

(1) 문서의 성립

(a) 성립요건

① 행정기관의 적법한 권한 내에서 작성되어야 한다.

② 행정기관의 의사표시가 명확하게 표현되어야 한다.

③ 위법·부당하거나 시행 불가능한 내용이 아니어야 한다.

④ 법령에 규정된 절차 및 형식을 갖추어야 한다.

(b) 성립시기

문서는 당해 문서에 대한 서명(전자문자서명·전자이미지서명 및 행정전자서명을 포함한다)에 의한 결재가 있음으로써 성립한다. 그리고 여기서 말하는 결재권자란 행정기관의 장 및 위임전결규정에 의하여 행정기관의 장으로부터 결재권을 위임받은 자, 그리고 대결하는 자를 말한다.

이때 보조기관의 서명 또는 날인은 결재권자의 판단을 바르게 하기 위한 검토 또는 수정을 위한 것일 뿐이며, 사인이 작성한 문서는 행정기관의 정당한 접수기능을 가진 자가 접수하여 공문서화 된다.

용/어/정/리

- **서명** : 기안자·검토자·협조자·결재권자 또는 발신명의인이 공문서(전자문서 제외)상에 자필로 자기의 성명을 다른 사람이 알아볼 수 있도록 한글로 표시하는 것
- **전자문자서명** : 기안자·검토자·협조자·결재권자 또는 발신명의인이 전자문서상에 전자적 결합으로 자동 생성된 자기의 성명을 전자적인 문자 형태로 표시하는 것
- **전자이미지서명** : 전자문서를 기안자·검토자·협조자·결재권자 또는 발신명의인이 전자문서상에 전자적인 이미지 형태로 된 자기의 성명을 표시하는 것
- **행정전자서명** : 기안자·검토자·협조자·결재권자 또는 발신명의인의 신원과 전자문서의 변경여부를 확인할 수 있도록 당해 전자문서에 첨부되거나 논리적으로 결합된 전자적 형태의 정보로서 인증을 받은 것
  - **행정전자서명의 인증** : 행정안전부장관이 수행하되, 「전자정부법 시행령」 제11조의 규정에 의한 인증관리센터가 그 기능을 수행
  - **행정전자서명의 효력** : 인증을 받은 행정전자서명이 있는 경우에는 「사무관리규정」 제3조제8호의 규정에 의한 서명이 있는 것으로 보며, 당해 전자문서는 행정전자서명이 된 후에 그 내용이 변경되지 아니하였다고 추정

(2) 문서의 효력발생

(a) 효력발생에 대한 입법주의

① 표백주의

문서가 성립한 때 즉 결재로서 문서의 작성이 끝난 때에 효력이 발생한다는 견해이다. 이는 내부결재문서와 같이 상대방 없는 문서의 경우에는 합당하나, 상대방이

있는 경우에는 해당 문서의 작성에 관해 전혀 알지도 못하는데 효력이 생기게 되어 문서발송 지연 등 발신자의 귀책사유로 인한 불이익도 감수해야 하는 부당함이 발생한다.

② **발신주의**

성립한 문서가 상대방에게 발신된 때 효력이 발생한다는 견해이다. 이는 신속한 거래에 적합하며, 특히 다수의 자에게 동일한 통지를 해야 할 경우에 획일적으로 효력을 발생하게 할 수 있다는 장점이 있지만, 문서의 효력발생 시기가 발신자의 의사에 좌우되고, 상대방이 아직 알지 못하는 상황에서 효력이 발생한다는 단점이 있다.

③ **도달주의**

문서가 상대방에게 도달해야 효력이 생긴다는 견해이며 수신주의라고도 한다. 여기서 도달이라 함은 문서가 상대방의 지배범위 내에 들어가 사회통념상 그 문서의 내용을 알 수 있는 상태가 되었다고 인정되는 것을 의미한다. 이는 쌍방의 이익을 가장 잘 조화시키는 견해라고 볼 수 있다. 민법상의 의사표시와 「사무관리규정」 상의 문서의 효력발생시기는 도달주의를 원칙으로 하고 있다.

④ **요지주의**

상대방이 문서의 내용을 안 때에 효력이 발생한다는 견해이다. 이는 상대방의 부주의나 고의 등으로 인한 부지(不知)의 경우 발신자가 불이익을 감수해야 하는 폐단이 발생하고, 지나치게 상대방의 입장에 치우친 것으로 타당한 견해라고 보기 어렵다.

(b) **문서의 효력발생시기**

① **일반 원칙**

「사무관리규정」은 문서가 수신자에게 도달됨으로써 그 효력을 발생하고, 전자문서의 경우에는 수신자의 컴퓨터 파일에 기록됨으로써 그 효력이 발생된다고 하고 있어 도달주의를 원칙으로 하고 있다.

 용/어/정/리

· **전자문서** : 컴퓨터 등 정보처리능력을 가진 장치에 의하여 전자적인 형태로 작성, 송·수신 또는 저장된 문서

---

② 공고문서의 효력발생

고시, 공고 등 공고문서의 경우에는 해당 고시나 공고에 특별한 규정이 있는 경우를 제외하고는 그 고시 또는 공고가 있은 후 5일이 경과한 날부터 효력을 발생한다. 여기서 5일의 경과기간은 일반에게 그 내용을 알리는데 필요한 최소한의 주지기간으로 볼 수 있기 때문에 공고문서에 효력발생시기를 명시하는 때에는 최소한 5일 이상의 주지기간을 주어야 할 것이다.

 용/어/정/리

· **행정절차법**

제15조 (송달의 효력발생) ③제14조제4항의 경우에는 다른 법령등에 특별한 규정이 있는 경우를 제외하고는 공고일부터 14일이 경과한 때에 그 효력이 발생한다. 다만, 긴급히 시행해야 할 특별한 사유가 있어 효력발생시기를 달리 정하여 공고한 경우에는 그에 의한다

제14조 (송달) ④다음 각호의 1에 해당하는 경우에는 송달받을 자가 알기 쉽도록 관보 · 공보 · 게시판 · 일간신문중 하나 이상에 공고하고 인터넷에도 공고해야 한다.

1. 송달받을 자의 주소등을 통상의 방법으로 확인할 수 없는 경우

2. 송달이 불가능한 경우

③ 민원문서의 접수·처리

민원문서를 정보통신망을 이용하여 접수·처리한 경우에는 당해 민원사항을 규정한 법령에서 정한 절차에 따라 접수·처리된 것으로 본다.

④ 법규문서

법규문서 중 법률, 대통령령, 총리령, 부령, 조례 및 규칙은 법령에 특별한 규정이 없는 한 공포한 날로부터 20일이 경과하여 효력을 발생한다.

3.2 문서관리의 의의

3.2.1 문서관리의 정의

문서란 모든 매체 상에 기록된 정보를 말하며, 정보는 전달 가능한 형태로 된 지식을 의미한다. 그리고 관리란 사무를 관할 처리한다는 의미이므로 문서관리에서 말하는 관리는 업무의 조직화를 의미한다.

그러므로 문서관리란 문서의 작성처리·유통·정리·보관·이관·보존·대여·열람·폐기 등의 일련의 과정을 통해서 경영의사를 효과적이고 효율적으로 달성할 수 있도록 능률적으로 운영해 가는 경영활동을 말한다.

3.2.2 문서관리의 체제

문서관리는 경영활동이 능률적이 되도록 촉진해 주는 기능을 한다. 문서관리의 과정은 크게 의사의 형성·전달과정과 의사의 보존과정으로 대별할 수 있다.

① **의사의 형성·전달과정** : 문서의 수발·배부·작성·처리 등에 관한 관리
② **의사의 보존과정** : 내용의 처리가 완료된 문서의 보관·이관·보존·대여·열람·폐기 등에 관한 관리

문서를 작성할 때에는 전달하고자 하는 의사를 정확히 표현할 수 있도록 주의를 기울이고, 문서를 유통시킬 때는 문서가 한 장소에서 오래 지체되어 지장을 초래함이 없이 문서가 신속하고 원활하게 흐를 수 있도록 해야 한다. 문서를 보관할 때는 언제 어느 때든지 필요한 서류를 즉시 찾아낼 수 있도록 적절한 분류법을 선택하여 보관하고, 보존기간이 끝나고 이용가치가 없어진 문서는 폐기할 수 있어야 하겠다. [그림 3-1]은 문서사무의 흐름을 설명한 것이다.

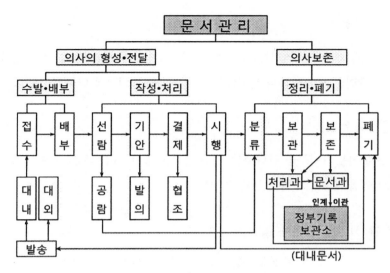

[그림 3-1] 문서관리의 흐름도

3.2.3 문서관리의 원칙

(1) 표준화의 원칙

표준화란 사무처리의 여러 방법들 중에서 가장 합리적이고 타당하며 신속·정확한 것을 기준으로 정하는 것이다. 문서사무는 표준화에 의해 통일성과 객관성을 유지할 수 있게 되며, 같은 내용의 문서사무는 누가, 언제 처리하더라도 같은 방법이 적용되게 된다.

① **서식관리의 표준화** : 사무용지의 크기·지질의 통일, 서식설계 및 사용의 표준화
② **운행관리의 표준화** : 문서의 접수·배부·선결·기안·결재·작성·시행등 문서운행의 전반적인 과정의 표준화
③ **보존관리의 표준화** : 문서의 분류·정리·보관·이용·검색·이관·보존 및 폐기 등 문서의 보존관리에 관한 표준화

문서사무의 표준화는 보다 세부적이고 구체적인 부문에까지 확대되는 추세를 보이고 있으며, 간단한 문안 또는 문장의 세세한 구절에 이르기까지 표준화를 시도하는 기관들이 늘고 있다.

(2) 간소화의 원칙

간소화란 문서사무를 처리하는 과정에서 중복되는 것이나 불필요한 것을 없애고 꼭 필요한 절차나 방법만을 채택하여 시행함으로써 문서처리 시간을 단축시키는 것을 말한다.

(3) 전문화의 원칙

전문화란 문서관리업무를 담당하는 전문 인력을 배치하여 숙련도의 향상과 더불어 문서사무의 능률을 증대시키자는 것을 말한다.

(4) 기계화·자동화의 원칙

사무자동화의 발전으로 문서사무를 기계화·자동화시킴으로써 많은 양의 사무를 보다 더 정확하고 신속하게 처리할 수 있게 되었다.

(5) 경제성의 원칙

문서사무는 경영활동을 촉진시키는 보조역할을 하는 위치이므로, 경제성이란 최소의 사무비용으로 최대의 사무능률을 올리자는 것을 말한다.

3.2.4 문서관리의 목적과 목표

(1) 문서관리의 목적

처리가 완결된 문서를 정리하고 보관하는 것은 직무수행상 차후에 참조하고 활용하기 위해서이다. 그러므로 체계적인 분류를 통해서 안전한 방법으로 보관해야 하며, 나날이 증가하는 문서를 정기적으로 일정량을 폐기해야 문서의 무한한 증가를 억제할 수 있다.

그러나 모든 문서를 한없이 보관하고 있다면 사무실에서 문서가 차지하는 공간은 계속해서 늘어날 것이며, 필요한 문서를 신속·정확하게 찾아내는데 어려움이 따를 수도 있다. 그러므로 그 문서가 장래에 쓰일 것인가를 제대로 판단하여 일정기간 보존하는 것과 필요한 서류를 즉시 찾아낼 수 있는 검색시스템을 갖추는 것이 중요하다고 하겠다.

(2) 문서관리의 목표(사무관리의 원칙)

(a) 신속성

신속성은 문서처리를 빠르게 하자는 것으로, 다음의 사항들이 고려되어야 한다.

① 문서의 유통경로와 처리과정을 단축할 수 있도록 설계한다.
② 문서의 경유처를 최대한 줄이고, 어느 한 곳에서 문서가 정체되는 시간을 단축시키기 위해서 정체의 원인을 파악한 후 제거해야 한다.
③ 문서의 처리기간을 사전에 정하여 주어진 시간 내에 문서가 처리될 수 있도록 사전점검을 한다.
④ 신속히 처리할 수 있는 방안을 평소 업무를 통하여 개선 보완한다.

(b) 정확성

정확성은 문서를 착오 없이 올바르게 처리하는 과정이다.

① 옮겨 적거나 다시 기재하는 것을 줄이고, 되도록이면 복사해서 사용한다.
② 사람이 처리하기에 분량이나 규모가 큰 경우에는 자동화된 사무기기를 이용한다.
③ 배부, 인계인수, 결재 등의 근거를 남겨둔다.

(c) 용이성

문서를 취급하는 주체가 사람이므로 인간공학적인 측면에서 사무자동화시스템을 도입하여 업무를 간편히 처리할 수 있도록 설계한다.

① 장기간의 업무로 인한 신체적·정신적인 피로를 경감시키는 방안으로 적당히 휴식을 취한다.
② 반복적이고 계속되는 업무는 유사 관련 자료를 참고하여 사무의 절차와 방법을 간소화시킨다.
③ 불필요한 동작이나 작업부분은 미리 없애고, 필요한 동작이라 하더라도 작업경제의 원칙을 지키도록 한다.
④ 사무를 격이나 형식에 구애받아서 필요이상으로 어렵게 하지 말고, 같은 성과인 경우에는 언제나 쉬운 방법을 우선시킨다.

(d) 경제성

문서처리의 모든 부문에서 원가관리의식을 갖고 일처리를 한다.

① 사무를 처리하는 인원 및 사무관리비는 절감할 수 있는 방안으로 집중관리 및 집중
   처리방법을 강구하도록 한다.
② 평소에 기계나 기구의 관리를 잘하여 불필요한 보수비용의 발생을 막는다.
③ 사무원가 관리를 실시하여 사무비용이 낮은 상태를 유지한다.
④ 사무량 측정 등의 방법을 도입하여 불필요한 인원이나 예산을 절감한다.

문서의 구성체계

4.1 문서작성의 형식요건

4.1.1 용지의 규격

(1) 규격 표준화의 필요성

용지의 규격 표준화는 문서, 서식 등에 사용되는 용지의 크기를 통일한다는 것을 말한다. 규격을 표준화하여 문서의 작성·처리·편철·보관·보존뿐만 아니라 프린터, 복사기, 팩스 등 각종 사무자동화기기의 활용을 쉽게 할 수 있다.

(2) 용지의 기본규격

용지의 규격, 지질 및 중량을 표준화하여 문서의 작성·편철·보관·보존이 쉬워진다.

① **기본규격**

문서작성에 쓰이는 용지의 크기는 특별한 사유가 있는 경우를 제외하고는 A4(가로 210mm×세로 297mm)로 하고 있다.

② **장부 및 대장의 규격**

장부 및 대장의 기본규격은 다음과 같이 하고, 특수한 것은 그 용도에 적합한 규격을 사용할 수 있다.

<blockquote>
예 1종 : 210mm×297mm (A^4)

2종 : 192mm×257mm (B^5)

3종 : 257mm×364mm (B^4)
</blockquote>

③ **특수규격**

기본규격으로 정하기 곤란한 것은 서식용지 규격 중에서 적정규격을 선택 사용하면 된다. 다만, 증표류 등 기타 특별한 사유가 있는 경우에는 그에 적합한 규격의 용지를 사용할 수 있다.

〈표 4-1〉 서식용지의 규격

A열		B열	
A0	841mm×1,189mm	B0	1,030mm×1,456mm
A1	594×841	B1	728×1,030
A2	420×594	B2	515×728
A3	297×420	B3	364×515
A4	210×297	B4	257×364
A5	148×210	B5	182×257
A6	105×148	B6	128×182
A7	74×105	B7	91×128
A8	52×74	B8	64×91
A9	37×52	B9	45×64
A10	26×37	B10	32×45

· A열은 국제표준규격(ISO규격)을, B열은 일본공업규격(JIS)을 한국산업표준(KS)으로 채택
· A0의 면적은 1㎡, B0의 면적은 1.5㎡인데 각각 긴 변을 절반으로 절단하여 0~10까지 규격 설정

4.1.2 용지의 여백

문서의 용지에 여백을 두면 시각적인 피로감을 줄이고, 문서를 수정할 경우 이를 활용할 수 있을 뿐만 아니라 문서를 편철할 때 그 내용을 보호하면서 편철을 쉽게 할 수 있다.

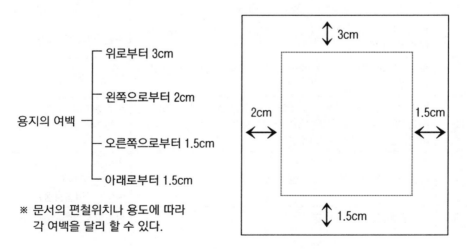

용지의 여백
┌ 위로부터 3cm
├ 왼쪽으로부터 2cm
├ 오른쪽으로부터 1.5cm
└ 아래로부터 1.5cm

※ 문서의 편철위치나 용도에 따라 각 여백을 달리 할 수 있다.

[그림 4-1] 용지의 여백(단위:cm)

4.1.3 용지 및 글자의 색깔

(1) 용지

특별한 사유가 있는 경우를 제외하고는 흰색으로 한다.

(2) 글자

검은색 또는 푸른색으로 한다. 단, 도표작성, 내용수정 또는 주의환기 등 특별한 표시가
필요한 때에는 다른 색깔로 할 수 있다. 그러나 황색계통이나 보라색, 담홍색 등은 복사 및
모사전송에 의한 문서발송시 글자가 잘 나타나지 않으므로 사용하지 않는 것이 좋다.

4.1.4 용지의 지질 및 중량

용지의 지질 및 중량은 서식용지의 사용용도별 지질·중량기준과 그 문서의 보존기간,
활용빈도, 사무자동화기기의 사용 등을 고려하여 결정한다.

〈표 4-2〉 서식용지의 사용용도별 지질·중량기준

순번	서 식 용 지 의 용 도	지질 및 중량
1	비치카드, 상장, 통지서(엽서), 임용장, 휴대 또는 게시하는 각종 증서 등	보존용지(1종) 120g/m²
2	보존기간이 20년 이상인 문서의 서식, 보존기간이 10년 이상인 기안용지, 회계장부 및 특수대장	보존용지(1종) 70g/m²
3	보존기간이 10년 이상인 문서의 서식(제2호의 서식 제외), 보존기간이 5년 이하인 문서의 서식, 일반대장(보존기간 10년 미만) 및 회의 안건·보고서 등	보존용지(2종) 70g/m² 또는 일반용지 60g/m² (재활용품)
4	각종 민원신청서 및 신고서·통지서	일반용지60g/m²(재활용품) 또는 신문용지 54g/m²(재활용품)
5	행정간행물(보존기간 10년 이상)	보존용지(2종) 70g/m²

4.2 문서작성의 요령

4.2.1 문장표현의 원칙

문장은 읽기 쉽고 누구라도 이해하기 쉽도록 작성해야 한다. 다시 말해서, 작성된 문서의 내용이 읽는 이에 따라 또는 해석여하에 따라 그 의미가 달라지지 않도록 해야 한다.

그러기 위해서는 어려운 표현을 피하고, 이해하기 쉬운 글자와 용어를 사용해야 하며, 의미를 충분히 살리면서도 간결한 문장을 작성해야 한다. 보기 좋고 이해하기 쉬운 문서를 작성하기 위해서는 다음과 같은 점에 유의해야 한다.

① **긍정문으로 작성한다.**

부정형이나 의문형은 이해를 어렵게 한다.

② **문장은 짧고 간결하게 작성한다.**

문맥이 복잡하면 이해도가 낮아지므로 문장을 짧고 간결하게 만든다.

③ **필요한 것을 빠뜨리지 않도록 한다.**

내용, 설명, 기록 등 필요한 사항을 빠뜨리지 않게 주의해서 작성한다.

④ **정확한 표현과 문장을 사용한다.**

문장 자체는 간단하지만 명료하지 못함으로 인해서 애매하거나 모호한 표현이 될 수 있다. 애매한 표현은 상대방을 납득시키지 못할 뿐만 아니라 오해를 불러일으킬 수도 있다. 그러므로 전달하고자 하는 의미를 정확히 표현한 짧은 문장을 사용한다.

⑤ **객관적인 표현을 사용한다.**

사실과 의견, 추측과 인용을 명확히 구분하고 주관적인 표현을 피한다.

⑥ **적절한 경어를 사용한다.**

읽는 사람의 격에 맞는 적절한 경어와 단어를 사용하여, 상대방에게 호감을 줄 수 있도록 해야 한다.

⑦ **과격한 용어와 중복된 어구를 피한다.**

읽는 사람의 마음을 상하게 할 수 있는 과격한 용어는 피하고 완곡한 용어를 사용한다. 그리고 하나의 문서에 같은 어구를 중복해서 사용하지 말고, 같은 의미를 지닌 다른 어구를 사용한다.

⑧ **간단한 표제를 붙인다.**

문서의 내용을 일목요연하게 파악할 수 있도록 간단한 표제를 붙인다.

⑨ **한자는 상용한자의 범위 내에서 사용한다.**

일상적으로 사용되지 않는 한자는 피하고, 그에 알맞은 다른 말로 대체하여 사용한다. 한자의 오자가 없도록 하며, 한자를 효과적으로 사용하기 위해서는 한자의 비율을 적당히 조정한다.

⑩ **문장부호를 정확히 사용한다.**

경우에 따라 달리 쓰이는 문장부호 각각의 사용법을 익혀 적절한 문장부호를 사용하도록 한다.

⑪ **문제점과 결론을 먼저 쓴다.**

읽는 사람이 가장 먼저 알고 싶은 것은 문제의 결론이므로 문서나 보고서에서 결론을 가장 먼저 쓴다.

⑫ **내용을 명확하게 작성한다.**

6하 원칙을 사용하여 내용을 명확히 한다.

⑬ **행을 적당히 나눈다.**

한 단락이 너무 길면 보기에도 안 좋고 이해를 어렵게 한다. 그러므로 내용을 보면서 적절히 단락을 나누어준다. 대개 한 단락은 4~5행이 보기에 적당하다.

⑭ **외형을 보기 좋게 꾸민다.**

어떤 종류의 용지를 사용했는지, 어떤 식으로 구성요소들이 매치되었는지 또는 어떤 글씨체와 글자크기를 사용했는지 등의 외형적인 요소가 문서의 내용만큼이나 중요하게 회사의 첫 이미지를 결정한다.

⑮ **실질적인 내용을 담는다.**

문장표현에서 되도록 기교를 피한다. 상대방이 이해하기 쉽도록 우회적인 표현이나 현혹적인 문구는 되도록 쓰지 않는다.

4.2.2 문서작성의 유의점

(1) 용어의 표현

문서를 작성하고자 할 때 특별한 사유가 있는 경우를 제외하고는 아래의 일반원칙에 따른다.

(a) 문안

문서는 「국어기본법」에 따른 어문규범에 맞게 한글로 작성하되, 쉽고 간명하게 표현하고, 뜻을 정확하게 전달하기 위하여 필요한 경우에는 괄호 안에 한자 그 밖의 외국어를 넣어 쓸 수 있으며, 특별한 사유가 있는 경우를 제외하고는 가로로 쓴다. 표준말과 순화된 행정용어를 사용하며, 특수계층의 언어나 방언의 사용을 금지한다. 상대방에게 호감을 주는 글자를 사용하고, 상사나 거래처의 이름은 정중하고 정확히 쓰도록 유의한다.

용/어/정/리

• **어문규범** : 한글 맞춤법, 표준어 규정, 외래어 표기법, 로마자 표기법 등 국어의 올바른 사용법에 대하여 문화체육관광부장관이 정하는 규범

(b) 숫자

아라비아 숫자로 쓴다. 숫자의 기울기는 45° 정도로 한다. 다 쓴 다음에는 반드시 착오가 없는지를 검토한다. 문서 및 유가증권에 금액을 표시할 때는 아라비아 숫자로 쓰며, 천 단위마다 콤마(,)를 표시한다. 숫자 다음에는 괄호를 하고 다음과 같이 한글로 기재한다.

금 *2,823,984* 원(금이백팔십이만삼천구백팔십사원)

(c) 날짜

숫자로 표기하되 연·월·일의 글자는 생략하고 그 자리에 온점을 찍어 표시한다.

2008. 12. 15.

본문에서 연·월·일을 표기할 때는 '2008. ∨3. ∨20.'과 같이 1타씩만 띄워 주면 되지만, 여러 개의 연·월·일을 같이 써야 할 경우에는 '월수'와 '일수'를 맞추어 찍는다.

> **본문 속의 연·월·일**
>
> (1) 마감일자 : 20__. X 9. ∨30.
> (2) 전형일자 : 20__. ∨11. X 4.
> (3) 발표일자 : 20__. ∨11. ∨15.

(d) 시간

시·분표기는 24시각제에 따라 숫자로 하되, 시·분의 글자는 생략하고 그 사이에 쌍점(:)을 찍어 구분한다.

> 오후 3시 20분 → 15:20

(e) 연호

연호는 단기와 서기로 구분된다. 공문거에서는 서기 연호를 쓰되 '서기' 표시는 않는다.

(f) 특히 정확한 사용을 요하는 용어

① 이상과 이하는 제시한 그 숫자를 포함한다.
　　[예] 시속 60 이하로 한다. → 시속 60km가 포함된다는 뜻
② 미만과 초과는 제시한 그 숫자를 포함하지 않는다.
　　[예] 35제 미만 → 34세까지로 제한한다는 뜻
③ 외는 제시한 숫자까지 포함한다.
　　[예] 민세희 외 6명 → 사람 수가 모두 7명이라는 뜻
④ 이전, 이후, 이래 등은 표시한 일시를 포함한다.
　　[예] 8월 25일 이전까지만 받습니다. → 8월 25일까지 받는다는 뜻
⑤ 전과 후는 표시된 일시를 포함하지 않는다.
　　[예] 7월 20일 전에 완납하시오. → 7월 19일까지 완납하라는 뜻

(2) 기입요령

① 전표를 기표(起票)할 때는 지표자료가 남아 있지 않는 것이 보통이므로 주의해서 적는다.

② 연·월·일은 효력발생 시점과 유효기간을 확인하는 기준이 되므로 빠뜨리지 않고 작성한다.

③ 숫자와 글자는 모두 밑 부분이 양식의 아래 구획선에 닿도록 쓰고, 글자의 크기는 난의 2/3 정도의 크기가 적당하다. 이는 잘못 쓴 경우 수정해야 할 여백이 필요하기 때문이다.

(3) 날인

문서가 완전하게 작성되면 작성자가 장표의 작성내용에 책임을 진다는 뜻으로 날인을 하게 된다. 내부문서의 경우에는 담당자의 날인만으로 되지만 대외적인 문서인 경우에는 기관인 또는 대표자의 직인을 찍어야 한다.

기관의 직인은 보통 30~40mm의 크기로 한다. 다만, 발신자가 연명인 경우에는 쌍방 도장의 크기에 따라 발신자간의 간격을 조절한다. 날인 후의 우측여백은 연명일 경우 2~3자 정도, 회사 직인일 경우 4~5자 정도를 두며, 개인의 사인은 여백이 없게 하는 것이 보통이다.

4.2.3 항목의 구분

(1) 항목의 표시

문서의 내용을 2 이상의 항목으로 구분하여 작성하고자 할 때에는 다음 구분에 의하여 표시하되, 필요한 경우 부분적으로 □, ○, -, · 등과 같은 특수한 기호로 표시할 수 있다.

(2) 표시위치 및 띄우기

① 첫째 항목부호는 제목의 첫 글자와 같은 위치에서 시작한다.

② 첫째 항목 다음 항목부터는 바로 앞 항목의 위치로부터 2타(한글은 1자, 영문·숫자는 2자)씩 오른쪽에서 시작한다.

〈표 4-3〉 항목의 구분

구분	항목 기호	비고
첫째 항목	1., 2., 3., 4., …	
둘째 항목	가., 나., 다., 라., …	
셋째 항목	1), 2), 3), 4), …	
넷째 항목	가), 나), 다), 라), …	둘째, 넷째, 여섯째, 여덟째 항목의 경우,
다섯째 항목	(1), (2), (3), (4), …	하., 하) (하), ⓗ 이상 계속되는 때에는 거.,
여섯째 항목	(가), (나), (다), (라), …	거), (거), ㉑, 너., 너), (너), ㉑…로 표시
일곱째 항목	①, ②, ③, ④, …	
여덟째 항목	㉮, ㉯, ㉰, ㉱, …	

③ 항목부호와 그 항목의 내용사이에는 1타를 띄운다.

④ 하나의 항목만 있을 경우에는 항목구분을 생략한다.

4.2.4 문서의 수정과 간인

(1) 문서의 수정

(a) 종이문서의 경우

문서의 일부분을 삭제 또는 수정할 때는 원안의 글자를 알 수 있도록 당해 글자의 중앙에 가로로 두선을 그어 삭제 또는 수정하고, 삭제 또는 수정한 자가 그 곳에 서명 또는 날인을 해야 한다. 다만, 전자문서를 본문의 규정에 따라 수정할 수 없을 때는 수정한 내용대로 재작성하여 결재를 받아 시행하되, 수정 전의 전자문서는 기안자·검토자 또는 결재권자가 보존할 필요가 있다고 인정하는 경우에는 이를 보존해야 한다.

〔예〕 문서수정의 예

응시번호	성명	주민등록번호	주소	
200	민세희	730904-2456926	종로구 구기동	
201	하영빈 ~~하영빈~~	751024-1536284	서초구 서초동	3자 정정 ㉑

문서의 중요한 내용을 삭제 또는 수정한 때에는 문서의 여백에 삭제 또는 수정한 자수를 표시하고 서명 또는 날인해야 한다. 다만, 시행문을 정정한 때에는 문서의 여백에 정정한 자수를 표시하고 관인을 찍어야 한다.

(b) 전자문서의 경우

수정한 내용대로 재작성하여 결재를 받아 시행하되, 수정전의 문서는 기안자·검토자 또는 결재권자가 보존할 필요가 있다고 인정하는 경우에는 이를 보존해야 한다.

(2) 문서의 간인

① 간인은 2장 이상으로 이루어지는 중요한문서의 앞장의 뒷면과 뒷장의 앞면에 걸쳐서 찍는 도장 또는 그 행위를 의미한다. 이는 결재 받은 문서의 변조가능성을 예방하기 위해 실시한다.

② 간인한 문서를 시행하는 때에는 관인관리자가 그 시행문에 관인으로 간인해야 한다.

③ 다음에 해당하는 2장 이상으로 이루어지는 문서에는 행정안전부장이 정하는 바에 따라 관인관리자가 관인으로 문서에 간인해야 한다. 다만, 민원서류 기타 필요하다고 인정되는 문서는 간인에 갈음하여 천공방식으로 할 수 있다.

- 전후관계를 명백히 할 필요가 있는 문서
- 사실 또는 법률관계의 증명에 관계되는 문서
- 허가·인가 및 등록에 관계되는 문서

④ 전자문서의 관인은 행정안전부령이 정하는 면표시 또는 발급번호 기재 등의 방법으로 할 수 있다.

4.2.5 문서의 '끝' 표시

(1) 본문이 끝났을 경우

1자(2타) 띄우고 '끝' 표시

예 …… 주시기 바랍니다. ∨∨끝.

⑵ 첨부물이 있는 경우

붙임 표시문 끝에 1자(2타) 띄우고 '끝' 표시

⑩ 붙임 1. 서식승인 목록 1부.

　　　　2. 승인서식 2부. ∨∨끝.

⑶ 본문 또는 붙임 표시문이 오른쪽 한계선에서 끝났을 경우

다음 줄의 왼쪽 기본선에서 1자 띄우고 '끝' 표시

⑩ (본문 내용) ……………………………… 주시기 바랍니다.

　　∨∨끝.

⑷ 연명부 등의 서식을 작성하는 경우

① **서식의 마지막 칸까지 작성되는 경우** : 서식의 칸 밖 아래 왼쪽 기본선에서 1자 띄우고 '끝' 표시

응시번호	성 명	생년월일	주　　소
10	김영빈	1980. 3. 8.	서울시 종로구 ○○로 12(○○동 41)
21	박재훈	1982. 5. 1.	부산시 서구 ○○로 5(○○동 32)

∨∨끝.

② **기재사항이 서식 중간에서 끝나는 경우** : ⓐ 기재사항의 다음줄에 '이하빈칸' 표시

응시번호	성 명	생년월일	주　　소
10	김재훈	1980. 3. 8.	서울시 종로구 구기로 12(○○동 41)
		이하빈칸	

③ **기재사항이 서식의 중간에서 끝난 경우** : ⓑ 기재사항의 마지막 다음 칸에 '이하빈칸' 표시

응시번호	성 명	주민등록번호	주소
200	민세희	730904-2450726	서울특별시 종로구 구기동 23-4
201	하영빈	751120-1450623	서울특별시 서초구 서초동 34-6
202	김재훈	740515-2450723	이하빈칸

④ 표 안의 공란 처리법

응시번호	성 명	성적	소 속
200	민세희	467	홍보실 홍보과
201	하영빈	–	총무처 인사과
202	김재플	810	–
203	강치환	669	기획실 예산과
			끝.

※ 공란이 숫자일 경우에는 숫자의 마지막 칸에 맞추어 적고, 한글일 경우에는 중간에 적는다.

4.2.6 부기

(1) 추신

일반적으로 본문에서 빠뜨린 것을 보충하기 위해 쓰거나 본문 내용 중의 일부를 재강조하기 위해 쓰기도 한다. 추신은 본문과 구별하기 위해 본문이 끝나는 곳에서 2~3행 띄어서 쓴다.

(2) 첨부

① 문서에 서식·금전·유가증권·참고서류 기타의 물품이 첨부되는 때에는 본문이 끝난 다음 줄에 '붙임'의 표시를 하고 첨부물의 명칭과 수량을 쓰되, 첨부물이 2가지 이상 인 때에는 항목을 구분하여 표시한다.

② 기안문에 첨부되는 계산서·통계표·도표 기타 작성상의 책임을 밝힐 필요가 있다고 인정되는 첨부물에는 그 문서의 여백에 작성자가 서명 또는 날인해야 한다.

  예 첨부물이 한 가지일 때

```
(본문)……………………………… 주시기 바랍니다.
붙임∨∨○○○계획서 1부.∨∨끝.
```

  예 첨부물이 두 가지 이상일 때

```
(본문)……………………………… 주시기 바랍니다.
붙임∨∨1.∨○○○계획서 1부.
       2.∨○○○서류 1부.∨∨끝.
```

〔예〕 첨부물의 제목이 한 줄을 넘을 경우

> (본문)······························· 주시기 바랍니다.
> 붙임∨∨2011학년도 각 학과별 재학생의 주거현황과 2010학년도
>   휴학생 및 제적생 현황 보고∨∨끝.

4.2.7 문서의 면표시

(1) 문건별 면표시

① 문건별 면수 - 전후관계를 명백히 할 필요가 있는 중요한 문서가 2장 이상으로 이루어진 때에는 문서의 아래 중앙에 전체 면의 수와 그 면의 일련번호를 붙임표(-)로 이어 기입한다. 여기서 중요한 문서란 다음과 같다.
   - 사실 또는 법률관계의 증명에 관계되는 문서
   - 허가·인가·등록 등에 관계되는 문서
   - 기타 권리, 의무관계 문서
② 첨부물의 면 표시는 각 첨부물별로 따로 하며, 전체 면의 수는 생략하고 일련번호만을 기입한다.

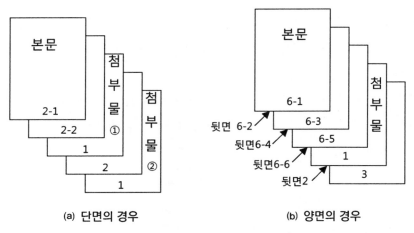

(a) 단면의 경우   (b) 양면의 경우

[그림 4-2] 문건별 문서의 면표시

(2) 문서철별 면표시

① 문서철별 면표시는 당해 문서철의 첫번째 면에서 시작한 그 면의 일련번호를 우측 하단에 표기한다.

② 문서철별 면수는 표지와 색인목록을 제외한 본문(첨부물 포함)부터 시작하여 면수를 부여한다.

③ 동일한 문서철을 2권 이상으로 나누어 편철한 경우 2권 이하의 문서철별 면수는 전권 마지막 면수 다음의 일련번호로 시작하며, 이 경우에도 표지와 색인목록은 면수 부여 대상에서 제외한다.

④ 문서철별 면수는 최초에 연필로 표시한 후, 기록물 정리가 끝나면 잉크 등으로 표시한다.

4.2.8 로고·상징 등 표시

① 기안문 및 시행문에는 가능한 한 행정기관의 로고·상징·마크 또는 홍보문구 등을 표시하여 행정기관의 이미지를 높일 수 있도록 해야 한다.

② 로고는 왼쪽 상단(2cm×2cm 범위 내에서 시작부분은 왼쪽기본선이며, 높이부분은 행정기관명임)에, 상징은 오른쪽 상단(2cm×2cm 범위 내에서 끝나는 부분은 오른쪽 한계선이며, 높이부분은 행정기관명임)에, 홍보문구는 행정기관명 바로 위에 표시한다.

문서의 기안과 시행

5.1 기안문서

5.1.1 문서의 기안

기안이라 함은 행정기관의 의사를 결정하기 위하여 문안을 작성하는 것을 말한다. 기안은 주로 상급자의 지시사항이나 접수한 문서를 처리하기 위하여 행하여지기도 하고, 법령·훈령·예규 등을 근거로 하거나 또는 순수한 자기발안(自己發案)으로 기안이 이루어지기도 한다.

기안문서는 그 기안내용과 관련이 있는 타부서의 의견이나 협조를 얻은 다음에 최종결재권자의 결재를 받아서 처리하게 된다. 그리고 외부로 발신하기 위해 작성되는 기안문서는 기관내부에서 최종결재권자의 결재를 받은 다음에 시행문의 형식으로 발신하게 된다.

5.1.2 기안문의 작성원칙

(1) 기안문의 작성순서

기안문은 문서의 내용이 명확하게 전달될 수 있도록 정확하고 간결하며 알기 쉽게 표현되어야 한다. 좋은 기안문을 작성하기 위한 순서는 다음과 같다.

① **목적파악** : 작성하는 목적을 정확히 파악한다. 즉 작성이유 또는 그 문서의 기대효과, 결재권자의 의도 및 지시내용, 그리고 접수문서의 내용 등을 말한다.

② **정보수집과 선택** : 관계법령·행정관례·참고문헌 등을 찾아보고 작성목적에 따라 필요한 내용을 선택한다.

③ **초안** : 수집하고 선택한 정보를 가지고 기안의 목적에 맞게 초안하고, 검토한다.

④ **본안** : 다음 사항을 고려하여 본안을 작성한다.
  • 기안문의 중점적인 내용을 분명하게 하여 문장을 구성하도록 한다.
  • 상대방의 입장에서 이해하기 쉽게 표현한다.

⑤ **확인** : 작성 후에는 반드시 작성된 기안문을 정독하여 잘못된 부분이나 불필요한 부분이 없는가를 확인한다. 그리고 읽는 사람의 입장에서 전달하고자 하는 내용이

쉽게 이해되는가를 확인할 필요가 있다.

(2) 기안문 작성전 고려사항

① 기안자는 안건에 관련된 문제를 파악하고 관계규정 및 과거 행정선례를 숙지하고 있어야 한다.

② 또한 기안하는 목적과 필요성을 파악하고 자료를 수집·분석하며 필요한 경우에는 설문조사, 실태조사, 회의 등을 통하여 의견을 청취한다.

③ 복잡한 기안의 경우에는 초안을 작성하여 논리의 일관성을 해치는 내용이나 빠지는 사항이 없도록 검토한 다음 작성한다.

④ 기안자는 당해 업무에 대한 책임의식을 가지고 기안하고 당해 기관과 수신자와의 관계 및 입장을 고려해야 한다.

(3) 기안문의 작성시 유의사항

기안문의 내용은 그 조직체의 의사를 상대방에게 전달하는 것이 대부분이므로 문서의 구성이나 문장 표현에 신중을 기해야 한다. 문서의 올바른 작성은 정확한 의사의 소통을 위하여 필요할 뿐만 아니라 문서 자체의 품격을 높이며, 그 조직체의 대외적인 권위와 신뢰를 높여준다.

따라서 당해 업무에 대한 책임의식을 가지고 수신자와의 관계를 고려하여 작성한다. 특히, 문서 작성시 어문규범과 법령제명 띄어쓰기 기준 및 예시 등을 잘 지켜야 한다. 문서의 구성은 법령이나 규칙에 정해진 서식에 따라 형식을 갖추면 될 것이나, 문장의 표현은 일정한 형식이 없으므로 다음과 같은 사항에 유의하여 작성하여야 한다.

(a) 정확성(바른 글)

① **내용, 설명, 기록이 틀리지 않도록 한다.**

문서의 내용이 정확하여야 함은 물론이고 오자, 탈자 또는 계수착오가 없어야 한다. 상대방에게 전달하려고 하는 내용이 바르게 표현되어 있지 않으면 당연히 그 내용이 정확하게 전달될 수 없는 것이다.

② **필요한 내용이 빠지지 않도록 한다.**

예를 들어 회의개최를 통보하는 문서에 개최일시, 장소, 참석범위 등은 포함되어 있으나, 회의주제를 빠뜨렸다면 참석자들이 사전준비를 하지 못하여 효율적인 회의가 되지 못할 것이다.

③ **문장부호를 정확하게 사용한다.**

문장부호란 문장 각 부분 사이의 논리적 관계를 분명히 하거나 글의 정확한 의미를 전달하기 위하여 표기법의 보조수단으로 쓰이는 부호를 말한다. 문장부호는 문맥을 명확히 함으로써, 문장을 읽는 사람으로 하여금 뜻을 정확히 파악하도록 해 준다.

(b) **명확성(구체성이 있는 글)**

① **6하 원칙을 적용하여 내용을 구체적으로 작성한다.**

무엇을·무엇 때문에·언제·누가·어디서·어떻게의 6하 원칙(5W1H)을 적용하면 대체로 내용이 구체화될 수 있다. 그리고, 여기에다 소요경비, 예산, 효과 등이 어느 정도인지(HOW MUCH)를 추가하여 5W2H로 작성하면 명확하여진다. 더 나아가 얼마나 기간이 소요될 것인지(HOW LONG)를 추가하여 5W3H로 작성하면 더욱 더 명확하여진다.

② **구체적이며 개별적인 표현을 쓴다.**

추상적이고 일반적인 용어보다는 구체적이고 개별적인 용어를 쓴다. 즉, '생산이 증가했다'고 하는 것보다는 '생산이 25%가 더 증가했다'로 하고, '발병했다'보다는 '독감에 걸렸다'고 하는 것이 보다 구체적인 표현이다.

③ **적극적인 표현을 쓴다.**

'목표가 달성되도록 노력하겠다'보다는 '노력하여 목표를 달성하겠다'하는 것이 훨씬 적극적이며 강력한 표현이다.

④ **애매한 표현이나 과장된 표현을 피한다.**

한계가 분명하지 아니한 표현, 즉, 구체적인 사례가 없이 막연하게 '중대한 과실', '경미한 사항'이라고 표현하거나, '가능하면' 등의 모호한 표현, 그리고, 'A과 직원과 B과 직원의 반수'와 같이 수식이 어느 말에 걸리는지 불분명한 표현은 좋지 않다.

| 예 | 「광복절행사에 직원 3명을 참석토록 하시기 바랍니다.」 |

> ※ 의문사항
> 1. 직원 3명의 성별 및 직급 불분명
> 2. 각 과에서 3명인지, 국 전체에서 3명인지 불분명
> 3. 직원 3명이 참석자인지, 행사지원요원인지 불분명

(c) 신속성(이해가 빠른 글)

① **문장은 짧게 끊어서 개조식으로 쓴다.**

내용을 개조식으로 항목을 구분하여 열거하는 형식을 취하면 뜻도 간명하여질 수 있고, 상대방에게 강조하는 사항을 시각적으로 돋보이게 할 수 있다. 또한 문자의 길이가 짧아야 간결한 문서를 작성할 수 있다.

② **복잡한 내용일 때는 먼저 결론을 내린 후 이유를 설명하는 것이 좋다.**

③ **한 문장 한 뜻의 짧은 글로 표현한다.**

'무엇을 어떻게 한다' 또는 '무엇이 어떠하다'는 식으로 짧게 표현한다.

(d) 용이성(쉬운 글)

① **읽기 쉽고 알기 쉬운 말을 쓴다.**

추상적이고 개념적인 어구를 피하고 쉬운 용어를 사용함으로써 상대방이 쉽게 이해할 수 있도록 한다. 쉽게 표현하려면 우선 문장화하고자 하는 내용 자체를 잘 알아야 한다. 내용을 잘 알아야 표현도 자유롭게 또 쉽게 할 수 있다.

② **어구의 표현을 간략하게 한다.**

예를 들면, '검사를 실시한다'보다는 '검사한다'로 '……에 해당한다고 할 수 있으므로'보다는 '……에 해당하므로'의 표현을 사용한다. 물론, 법률적인 판단 또는 해석 등을 하는 경우 어구의 표현을 간략히 하는 것보다는 구체적으로 할 필요가 있는 경우가 있는데, 이 경우에는 이에 따라야 한다.

③ **한자나 어려운 전문용어는 피한다.**

한자 또는 전문용어를 쓸 필요가 있을 때에는 한글 다음에 ( )를 하여 한자를 쓰거나 용어의 해설을 붙인다.

④ **받는 사람의 이해력과 독해력을 고려하여 쓴다.**

⑤ **다루기 쉽게 1건 1매주의(1매 BEST)로 한다.**

불필요한 정보의 제시나 장황한 설명을 피하고, 상대방에서 온 문서에 있는 내용을 회신 문서에 다시 되풀이하지 않는다.

⑥ **은어나 비어와 같은 용어는 가급적 쓰지 말아야 한다.**

(e) 성실성(호감가는 글)

① **성실성은 문서를 성의있고 진실되게 작성함으로서 상대방에게 호감과 친근감을 심어 줄 수 있게 한다는 것이다.**

성의있게 작성된 문서는 상대방으로 하여금 그 조직에 대해 호감과 신뢰를 가지게 할 것이며, 호의적이고 긍정적인 행동을 하도록 할 것이다.

② **문장은 과장하지 말고 진실하게 표현한다.**

내용은 사실 그대로 정직하게 나타내야 한다.

③ **적절한 경어를 사용한다.**

평상시 대화에서 일상적으로 쓰는 정도가 적당하다. 지나친 경어와 겸양어의 사용은 오히려 상대방에게 불쾌감을 줄 수도 있으므로 적절하게 사용한다.

④ **상대방을 무시하는 표현이나 감정적·위압적인 과격한 표현을 쓰지 않는다.**

아직도 일부 기관에서는 하급기관에 보내는 문서에 '…할 것' 또는 '…하기 바람' 등과 같은 권위적인 표현을 쓰고 있는데, 이러한 표현은 조직 상하간의 관계를 경직시켜 원활한 의사소통에 지장을 초래하기 쉽다. 따라서, 비록 조직구조상 지휘·감독 관계에 있다 하더라도 상호간에 의견을 존중하는 의미에서 평상시의 대화에서와 같이 '…하시기 바랍니다.' 또는 '…을 통보합니다.'와 같은 부드러운 표현을 쓰는 것이 바람직하다.

(f) 경제성(효율적으로 작성하는 글)

① **용지의 지질과 규격을 표준화**

수많은 사람들이 많은 기안문을 작성할 때 지질이나 규격이 다르면 표준화된 경우에 비해 많은 시간과 노력이 든다.

② **서식을 통일한다.**

규정된 서식이 있을 경우에는 반드시 이를 사용한다.

③ **표준문장을 사용한다.**

회사에서 사용하는 문서는 같은 성격의 내용이 많다. 그러므로 유형별로 미리 표준문장을 몇개씩 작성해 두고, 그때그때마다 필요한 사항만을 덧붙이면 훌륭한 문서가 만들어진다. 더 나아가서 기업에서 많이 쓰는 문장을 모아 분류·정리하고, 각각의 구절마다 부호 또는 번호를 붙여 두었다가 필요할 때 그 부호 또는 번호를 조합해서 문장을 형성해 가는 방법이 있다.

④ **지속적으로 많이 사용되는 문자는 부호화하여 활용한다.**

〈흔글〉의 경우 상용구 등록·활용(Alt+I 글쇠)도 한 방법이 된다.

〈표 5-1〉 좋은 문서 체크리스트

종 류	내 용
정확성	1. 정확한 자료의 수집을 하고 있는가? 2. 자료의 출처는 정확한가? 3. 자료의 선택·정리는 좋은가? 4. 용어는 적적하며, 틀리기 쉬운 표현은 없는가? 5. 문법적으로 잘못된 부분은 없는가? 6. 지나친 수식이나 과장은 없는가? 7. 객관적인 기술로 되어 있는가?
간결성	1. 한 문장 한 뜻의 짧은 글인가? 2. 결론이 먼저 쓰여져 있는가? 3. 단락을 나누어 개조식으로 되어 있는가? 4. 행바꿈, 단락 나눔 등은 적당한가?
경제성	1. 5W2H(5W3H)로 쓰여져 쉽게 이해되는가? 2. 요약문은 1매로 모아지는가? 3. 도표 등을 사용하여 읽기 쉽게, 이해하기 쉽게 하고 있는가? 4. 서식화하고 있는가?

(4) 기안자의 자격

① 기안자의 범위에 관하여는 아무런 제한이 없다. 공무원이면 누구든지 기안자가 된다.

② 「사무관리규정」에 의하여 분장을 받은 업무에 대하여 그 업무를 담당하는 자는 직급 등에 관계없이 기안할 수 있다.

③ 또한 결재권자는 공람한 접수문서의 처리담당자를 따로 지정할 수 있으므로 이 경우 지정된 자도 기안자가 된다.

(5) 기안의 요인

기안은 주로 다음과 같은 경우에 이루어진다.

① **내부공람** : 타 기관으로 부터 수신한 문서에 대해 그 내용을 설명하거나 요약해 상사와 관련자에게 공람해야 할 필요가 있을 때.

② **내부보고** : 간단한 내용의 상황보고, 결과보고, 또는 출장복명과 같은 사항으로서 상사나 상급기관에 보고할 필요가 있을 때.

③ **내부결재** : 어떤 일을 처리할 경우 문서로서 처리방안에 대한 상사의 의사결정을 받아야 할 때.

④ **발신** : 문제의 처리내용을 외부 또는 내부에 발신할 필요가 있을 때.

⑤ **권한 또는 의무의 이행** : 법령이나 훈령·예규 등에 의해 직무상 권한 또는 의무(정기보고나 수시 보고사항 등)를 이행할 필요가 있을 때 등.

5.1.3 기안의 방법

문서의 기안은 관계서식이 따로 있는 경우를 제외하고는 「사무관리규정」 및 「사무관리규정시행규칙」에서 정하는 기안문 서식에 따라 하도록 하고 있으며, 일반기안과 일괄기안으로 나눈다.

(1) 일반기안

(a) 개념

일반기안이라 함은 가장 일반적인 형태로 어떤 하나의 안건을 처리하기 위하여 정해진 기안서식에 문안을 작성하는 것을 말한다. 기안문 서식은 일반기안문, 전자기안문, 간이기안문의 3가지가 있다.

① **일반기안문** : 내부결재문서, 대내문서, 대외문서 등 모든 문서에 사용한다. 그리고 종이문서와 전자문서에 모두 사용한다.

② **전자기안문** : 내부결재문서, 대내문서, 대외문서 등 모든 문서에 사용한다. 그리고 전자문서에만 사용한다.

③ **간이기안문** : 내부결재문서에만 사용하고 시행문으로 변환하여 시행할 수 없다. 그리고 종이문서와 전자문서에 모두 사용한다.

(b) 기안문의 구성

일반문서 중에서 기안문과 시행문은 다음과 같이 두문, 본문, 결문으로 구성된다. 문서의 구성요소는 빠져서는 안 되는 주요소와 필요한 경우에만 선택해서 사용하는 부요소로 구성된다.

〈표 5-2〉 문서의 요소별 구분

요소별 구분	구 성 요 소
주요소	두문 : 행정기관명, 수신자 본문 : 제목, 내용, 붙임(전자문서인 경우, 제목과 내용으로 할 수 있음) 결문 : 발신명의, 기안자, 검토자, 협조자, 결재권자의 직급 및 서명, 생산등록번호와 시행일자, 접수등록번호와 접수일자, 행정기관의 우편번호·주소·홈페이지 주소·전화번호·모사전송번호, 공무원의 공식 전자우편주소 및 공개구분
부요소	두문 : 경유, 참조, 관인·서명생략 표시 본문 : 부기(첨부) 결문 : 전결·대결 표시, 수신자, 면수표시

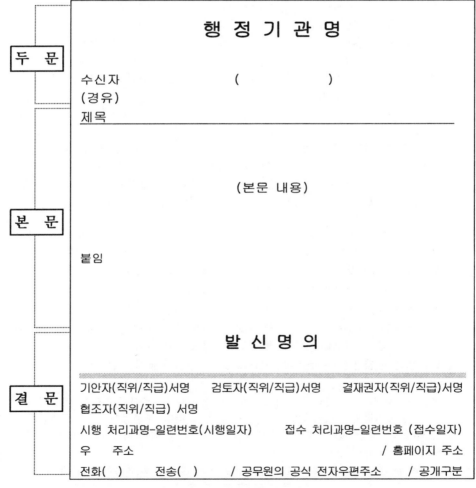

[그림 5-1] 일반기안문의 구성

(c) 일반기안문의 작성요령

──── 〈 작 성 요 령 〉 ────

1. **행정기관명** : 그 문서를 기안한 부서가 속한 행정기관명을 기재한다.

2. **수신자 (　　)** : 수신자명 또는 수신자기호를 먼저 쓰고, 이어서 괄호 안에는 처리할 자(보조기관 또는 보좌기관을 말한다)의 직위를 쓰되, 처리할 자의 직위가 분명하지 아니한 경우에는 ○○업무담당과장 등으로 쓰며, 수신자가 많아 본문의 내용을 기재할 란이 줄어들어 본문의 내용을 첫 장에서 파악하기 곤란한 경우는 두문의 수신자란에 "수신자 참조"라고 쓰고, 결문의 발신명의 밑의 왼쪽 기본선에 맞추어 수신자란을 설치하여 수신자명 또는 수신자기호를 표시한다.

3. **(경유)** : 경유문서인 경우에 (경유)란에 '이 문서는 경유기관의 장은 ○○○(또는 제1차 경유기관의 장은 ○○○, 제2차 경유기관의 장은 ○○○)이고, 최종 수신기관의 장은 ○○○ 이다.'라고 표시하고, 경유기관의 장은 제목란에 '경유문서의 이송'이라고 표시하여 순차적으로 이송해야 한다.

4. **제목** : 그 문서의 내용을 쉽게 알 수 있도록 간단하고, 명확하게 기재한다.

5. **발신명의** : 합의제 행정기관 또는 행정기관의 장의 명의를 기재하고, 보조기관 또는 보좌기관 상호간에 발신하는 문서는 그 보조기관 또는 보조기관의 명의를 기재한다.

6. **기안자·검토자·협조자·결재권자의 직위/직급** : 직위가 있는 경우에는 직위를 온전하게 쓰고, 직위가 없는 경우에는 직급을 온전하게 쓴다. 다만, 기관장과 부기관장의 직위는 간략하게 쓴다.

7. **시행 처리과명-일련번호 (시행일자) 접수 처리과명-일련번호 (접수일자)** : 처리과명(처리과가 없는 행정기관은 10자 이내의 행정기관명의 약칭)을 기재하고, 일련번호는 연도별 일련번호를 기재하며, 시행일자와 접수일자란에는 연월일을 각각 온점(.)을 찍어 숫자로 기재한다. 다만, 민원문서인 경우로서 필요한 경우에는 시행일자와 접수일자란에 시·분까지 기재한다.

8. **우 주소** : 우편번호를 기재한 다음, 행정기관이 위치한 도로명 및 건물번호 다음에 괄호하여 주소를 기재하고, 사무실이 위치한 층수와 호수를 괄호안에 기재한다.
　〈예〉우110-034 서울특별시 종로구 효자로 39(창성동 117) (2층 208호)

9. **홈페이지 주소** : 행정기관의 홈페이지 주소를 기재한다.
　〈예〉www.mopas.go.kr

10. **전화(　)·전송(　)** : 전화번호와 모사전송번호를 각각 기재하되, (　)안에는 지역번호를 기재한다. 기관 내부문서의 경우는 구내 전화번호를 기재한다.

11. **공무원의 공식 전자우편주소** : 행정기관에서 공무원에게 부여한 전자우편주소를 기재한다.

12. **공개구분** : 공개, 부분공개, 비공개로 구분하여 표시한다. 부분공개 또는 비공개인 경우에는 「공공기록물 관리에 관한 법률 시행규칙」에 따라 '부분공개(　)' 또는 '비공개(　)'로 표시하고, 「공공기관의 정보공개에 관한 법률」 제9조제1항 각 호의 번호 중 해당 번호를 괄호 안에 표시한다.

13. **관인생략 등 표시** : 발신명의의 오른쪽에 관인생략 또는 서명생략을 표시한다.

행복한 국민, 안전한 사회! 행정안전부가 함께 한다

행정안전부

수신자   수신자 참조

(경유)

제목   **「사무관리규정」 일부개정령안 입법예고 알림**

　　「사무관리규정」 일부개정령안에 대한 입법예고가 2008. 8. 1. 자로 관보, 행정안전부 홈페이지(www.mopas.go.kr)를 통해 실시되었음을 알려드립니다.

　　붙임 「사무관리규정」 일부개정령안. 끝.

행정안전부장관

수신자 나, 다

행정사무관 **최**○○　　　　서기관 **박**○○　　　　지식제도과장　　　전결 08/01
　　　　　　　　　　　　　　　　　　　　　　　　　　　　　　　　이○○

협조자

시행 지식제도과-283　　　　　　　　　　접수

우 110-760 서울시 종로구 세종로 55(세종로 1가 77-6)　　　/http://www.mopas.go.kr

전화 (02)2100-3428　　전송 (02)2100-4259　　/mspark0@mopas.go.kr　　/ 대국민공개

[그림 5-2] 일반기안문의 예

(2) 전자기안문

(a) 전자기안문의 구성

전자기안문인 경우에는 두문·본문·결문 및 붙임으로 구성하거나 표제부나 본문부로 구성할 수 있으며, 표제부와 본문부로 구성하는 경우에는 표제부는 두문, 본문의 제목 및 결문으로 구성한다.

① 표제부

두 문

행 정 기 관 명

수신자   (   )
(경유)

본 문

제목 _____

※ 본 서식은 표제부이다.
   본문 내용은 본문부(별도 화일)를 이용하시기 바랍니다.

   본문 내용에 대한 의견이 있는 경우에만 아래에 기재한다.
   1. 의견내용
   2. 의견을 표시한 자의 소속, 직위(직급) 및 성명

발 신 명 의

결 문

기안자(직위/직급)서명   검토자(직위/직급)   서명결재권자(직위/직급)서명
협조자(직위/직급) 서명
시행 처리과명-일련번호 (시행일자)   접수 처리과명-일련번호 (접수일자)
우   주 소   / 홈페이지 주소
전화 (   )   전송 (   ) / 공무원의 공식 전자우편주소 / 공개구분

[그림 5-3] 전자기안문의 표제부 구성

② 본문부

전자기안문의 본문부는 제목·내용 및 붙임으로 나뉘며, 공문의 실질적인 내용만으로
구성된다.

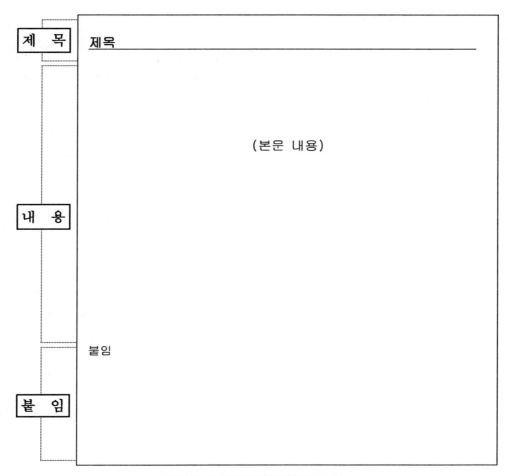

[그림 5-4] 전자기안문의 본문부 구성

⑶ 간이기안문

이 서식은 보고서·계획서·검토서 등 내부적으로 결재하는 문서에 한하여 사용하며, 시행문으로 변환하여 사용할 수 없다.

ⓐ 간이기안문의 구성

왼쪽 상단에 문서등록 표시(등록번호, 등록일자, 결재일자 및 공개구분), 오른쪽 상단에 결재란 표시(기안자, 검토자, 협조자, 결재권자), 제목·요약설명문·작성기관 표시로 구성한다. 작성일자는 작성기관의 윗부분에 표시한다.

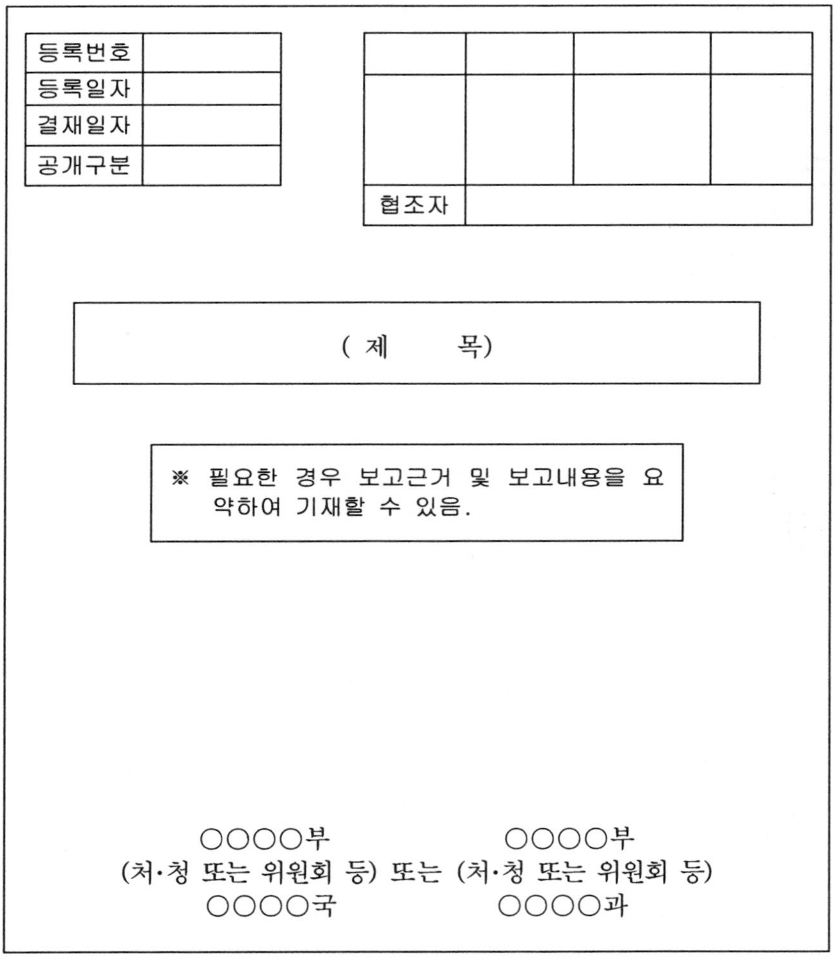

등록번호	
등록일자	
결재일자	
공개구분	

협조자			

(제   목)

※ 필요한 경우 보고근거 및 보고내용을 요약하여 기재할 수 있음.

○○○○부
(처·청 또는 위원회 등) 또는 (처·청 또는 위원회 등)
○○○○국   ○○○○과

○○○○부

[그림 5-5] 간이기안문의 구성

(b) 간이기안문 작성요령

─────── 〈 작 성 요 령 〉 ───────

1. **등록번호란** : 처리과 기관코드〈처리과명(처리과가 없는 행정기관은 10자 이내의 행정기관명의 약칭)을 말한다〉와 연도별 일련번호를 기재한다.

2. **공개구분란** : 공개, 부분공개, 비공개로 구분하여 표시한다. 부분공개 또는 비공개인 경우에는 「공공기록물 관리에 관한 법률 시행규칙」 제18조에 따라 '부분공개( )' 또는 '비공개( )'로 표시하고, 「공공기관의 정보공개에 관한 법률」 제9조제1항 각 호의 번호 중 해당 번호를 괄호 안에 표시한다.

3. **기안자, 검토자, 협조자, 결재권자의 직위/직급** : 직위가 있는 경우에는 직위를 온전하게 쓰고, 직위가 없는 경우에는 직급을 온전하게 쓴다. 다만, 기관장과 부기관장의 직위는 간략하게 쓴다.

4. **발의자(★), 보고자(◎)표시** : 해당 직위 또는 직급의 앞 또는 위에 한다.

5. **전결 및 서명표시 위치** : 「사무관리규정」 제16조제2항 및 「사무관리규정시행규칙」 제19조제1항의 규정에 의하여 결재권이 위임된 사항을 전결하는 경우에는 행정기관의 장의 결재란을 설치하지 아니하고 전결하는 자의 서명란에 '전결' 표시를 한 후 서명한다.

6. **전결·대결 및 서명표시 위치** : 「사무관리규정」 제16조제3항 및 「사무관리규정시행규칙」 제19조제2항의 규정에 의하여 위임전결사항을 대결하는 경우에는 행정기관의 장의 결재란을 설치하지 아니하고 전결하는 자의 서명란에 '전결'표시를 한 후 대결하는 자의 서명란에 '대결' 표시를 하고 서명하며, 위임전결사항이 아닌 사항을 대결한 경우에는 행정기관의 장의 결재란을 설치하지 아니하고 대결하는 자의 서명란에 '대결' 표시를 하고 서명한다.

7. **보조기관 또는 보좌기관의 전결사항이 아닌 결재사항인 경우** : 검토자는 해당란에 서명을 하고, 보조기관 또는 보좌기관은 그 보조기관 또는 보좌기관의 직위를 쓰고, 해당란에 서명한다.

8. **크기 및 결재란 수** : 조정하여 사용할 수 있다.

※ "4. 발의자, 보고자 표시"의 경우 전자문서로 결재하거나 결재권자에게 직접 보고하지 아니하는 경우에는 보고자 표시를 생략한다.

등록번호	지식제도과-840	행정사무관	서기관	지식제도과장	제도정책관
결재일자	2008. 9. 22.				전결 09/22
결재일자	2008. 9. 22.	박○○	박○○	이○○	김○○
공개구분	대국민공개				
		협조자			

사무관리실무편람 발간 계획

2008. 9.

행 정 안 전 부
지 식 제 도 과

[그림 5-6] 간이기안문의 예

(4) 일괄기안(전자문서)

(a) 개념

일괄기안이라 함은 서로 관련성이 있는 2개 이상의 안건을 동시에 일괄하여 기안하는 것을 말한다. 일괄기안은 전자문서에 한한다.

(b) 작성

① **작성방법**
- 일괄기안은 각각의 기안문에 작성한다. 이 경우 각각의 기안문에는 두문, 본문 및 결문(또는 두문, 본문, 결문 및 붙임)에 들어갈 각각의 구성요소가 모두 포함되어야 한다.
- 각각의 기안문에는 제1안·제2안·제3안·제4안 등의 용어를 쓰지 않는다.
- 전자문서시스템에서 일괄기안은 한 번의 지정(확인)으로 각각의 기안문에 기안자·검토자·협조자·결재권자의 정보가 동시에 생성되도록 해야 한다.

② 제목은 각 안의 내용 및 성격에 따라 다르게 설정할 수 있다.

(c) 시행방법

① 특별한 사유가 있는 경우를 제외하고는 각각 다른 생산등록번호를 사용하여 같은 일시에 시행해야 한다.

② 발송할 것을 전제로 하는 기안문이 제1안 내부결재의 내용과 동일한 경우에는 내부결재 안건을 별도로 작성할 필요없이 생략할 수 있다.

③ 대내외로 발송할 문서의 경우, 각각의 기안문에 발신명의를 모두 표시해야 한다. 기안문과 시행문이 통합된 서식을 사용하게 됨에 따라 발신명의를 생략하게 되면, 발신명의 없이 그대로 시행되어 형식상 흠이 있는 공문서가 되기 때문이다.

행정안전부

수신자 내부결재

(경유)

제목 「사무관리규정」 개정내용 설명회 개최

　　　금번 「사무관리규정」 및 같은 규정 시행규칙의 전면개정에 따라 각급 행정기관의 교육수요에 대비하고 개정내용을 학계 등에 전파하기 위하여 (사)○○협회 소속 사무관리분야 교수 또는 행정학 교수대상으로 붙임과 같이 설명회를 개최하고자 한다.

붙임 「사무관리규정」 개정내용 설명회 개최 계획 1부.　끝.

　　　　　　　　　　　　　　　　　　　　　　　　　　　　　　　전결 09/08
행정사무관　정○○　　　지식제도과장　이○○　　　제도정책관　강○○
협조자

시행　지식제도과-902　　　　　　　접수

우 110-760 서울시 종로구 세종로 55(세종로1가77-6) (11층 1104호)　/www.mopas.go.kr

전화 (02)2100-3428　　전송 (02)2100-4259　　/abc1234@mopas.go.kr　/공개

[그림 5-7] 전자문서 일괄기안의 제1안의 예

행정안전부

수신자　(사)○○협회장
(경유)
제목「사무관리규정」개정내용 설명회 개최 계획 통보

　　1. 금번「사무관리규정」의 전면 개정에 따라 개정내용에 대한 설명회를 갖고자 붙임과 같이 개최 계획을 통보하오니,

　　2. (사)○○협회 소속 사무관리분야 교수 또는 행정학 교수들이 설명회에 많이 참석하도록 협조하여 주시기 바랍니다.

붙임　사무관리 개정내용 설명회 개최 계획 1부.　끝.

행정안전부장관

행정사무관　**정**○○　　　　　　　　　　　전결 09/08
　　　　　　　　　　　　　　　　　　지식제도과장　**이**○○
협조자
시행 지식제도과-904　　　　　　　　접수
우 110-760 서울시 종로구 세종로 55 (세종로1가 77-6) (11층 1104호) /www.mopas.go.kr
전화 (02)2100-3428　전송 (02)2100-4259　　/abc1234@mopas.go.kr　/공개

[그림 5-8] 전자문서 일괄기안의 제2안의 예

행정안전부

수신자 정부청사관리소장(관리총괄과장)

(경유)

제목 회의장소 사용 및 통신장비 설치협조

　　　　사무관리 개정내용에 대한 설명회를 다음과 같이 개최하오니 회의장소 사용 및 통신장비 설치 등을 요청하오니 협조하여 주시기 바랍니다.

　　1. 회의장소 사용
　　　가. 2003. 9. 19. (금) 11:00 ~ 18:00 정부중앙청사 회의실(8층 810호)
　　　나. 회의참석자 책상 및 의자 : 35명
　　　다. 배석자 의자 : 5명

　　2. 통시장비 설치
　　　가. 파워포인트 강의 준비 : 빔 프로젝트, 스크린, 랜 포트 등
　　　나. PC에 부착할 수 있는 소형 스피커
　　　다. 마이크시설 등

붙임 사무관리(기록물관리) 개정내용 설명회 개최계획. 1부. 끝.

행정안전부장관

전결 09/08
행정사무관 정○○　　　　　　　　　　　지식제도과장 이○○
협조자
시행 지식제도과-904　　　　　　접수
우 110-760 서울시 종로구 세종로 55 (세종로1가 77-6) (11층 1104호) /www.mopas.go.kr
전화 (02)2100-3428 전송 (02)2100-4259　/abc1234@mopas.go.kr　/공개

[그림 5-9] 전자문서 일괄기안의 제3안의 예

(5) 공동기안

(a) 개념

공동기안이라 함은 2이상의 행정기관의 장의 결재를 받아 공동 명의로 시행하기 위하여 문안을 작성하는 것을 말한다.

(b) 작성 및 시행방법

① 공동기안 문서는 그 문서처리를 주관하는 기관에서 기안하여 먼저 그 기관의 장의 결재를 받은 후 관계 행정기관의 장의 결재를 받는다.

② 공동기안은 특히 관계기관간의 긴밀한 사전 협의가 요구되므로 관계기관의 장의 결재를 받기 전에 그 기관의 해당 보조기관 등과 충분한 사전협의가 있어야 한다.

(3) 관계기관의 장의 결재를 받는 형식

① **관계기관이 2개 기관인 경우** : 결재란을 나누어 주관기관의 자체 결재절차를 마친 다음 관계기관의 장의 결재를 받는다.

　[예] 행정안전부와 외교통상부가 공동기안 하는 경우

　　〈일반기안문의 결재 표시〉

　　• 주관기관을 위에 관계기관을 아래에 표시

행정안전부장관	9/3 **김행정**
외교통상부장관	9/4 **박외교**

　　• 또는 주관기관을 먼저(왼쪽), 관계기관을 뒤(오른쪽)에 표시

행정안전부장관	9/3 **김행정**	외교통상부장관	9/4 **박외교**

　　〈간이기안문의 경우〉

　　• 주관기관을 먼저(왼쪽), 관계기관을 뒤(오른쪽)에 표시

행정안전부장관	외교통상부장관
9/3 **김행정**	9/4 **박외교**

② 관계기관이 3이상인 경우 : 별지에 기안용지의 결재란에 준하여 필요한 수만큼 결재란을 만들어 첨부하여 결재를 받는다.

예		
행정안전부장관	김행정	9/3
교육과학기술부장관	이교과	9/4
경찰청장	최경찰	9/4
소방방재청장	강소방	9/5

또는

행정안전부장관	교육과학기술부장관	경찰청장	소방방재청장
김행정 9/3	이교과 9/4	최경찰 9/4	강소방 9/5

(4) 공동기안문서는 당해 문서의 처리를 주관하는 행정기관의 문서(기록물)등록대장에 등록하고 그 등록번호를 부여하는 등 주관기관의 문서처리절차에 따른다.

(5) 공동기안문의 발신명의 표시

① 당해 문서처리를 주관하는 행정기관 장의 명의를 맨 위에 표시하고, 관계 행정기관 장의 명의를 그 밑에 표시한다.

② 관계행정기관의 장이 동일 직위일 때에는 「정부조직법」에 의한 부·처·청의 순위에 따라 표시하고, 동일 직급이 아닌 때에는 상위 직급 행정기관장의 명의부터 표시한다.

예
행정안전부장관인
교육과학기술부장관
경찰청장
소방방재청장청장

※ 문서처리를 주관하는 행정기관의 발신명의에만 관인 날인

(6) 수정기안

(a) 개념

수정기안은 수신한 문서 그 자체에 간단한 수정을 하거나 필요한 사항을 추가하여 기안에 갈음하는 방법이다.

(b) 작성 및 시행방법

① 수신문서의 내용을 알 수 있도록 수정하는 글자의 중앙에 가로로 선을 긋고 그 위의 여백에 수신한 문서와 다른 색깔의 글자로 수정 또는 기입한다. 이 경우 수신한 문서의 관인에도 중앙에 가로로 선을 긋는다.

② 수정기안 사항을 사전에 모두 수정 또는 기입한 후에 기안자·검토자·협조자 및 결재권자의 직위(직급) 및 서명란을 수정하여 그 위의 여백에 결재를 받거나 적당한 여백에 간이결재인을 찍어 결재를 받는다.

③ 문서 시행은 수정기안문을 복사한 후 관인을 날인하여 행한다.

(c) 수정기안의 활용

종전에는 상급기관의 일상적인 업무에 대한 경미한 내용의 문서를 일부 수정하여 하급기관에 통보할 때 사용되기도 하였다. 하지만 수정기안을 하게 되면 발신한 행정기관의 결재정보 및 관인정보와 수신한 행정기관의 공람정보, 결재정보 및 관인정보 등이 혼합되어 혼동을 줄 우려가 있기 때문에 수정기안보다는 별도의 기안문을 작성·시행하는 것이 좋다.

(7) 서식에 의한 처리

생산등록번호란·접수등록번호란·수신자란 등이 설계된 서식으로 작성한 문서는 별도의 기안문을 작성하지 아니하고 간이결재인을 찍어 이에 결재함으로써 기안에 갈음할 수 있다.

〔예〕 간이결재인

※ 결재란 수는 적절하게 조정하여 사용하고, 위 칸은 기안자·검토자·결재권자의 직위(직급)를 표시, 아래 칸에는 서명 표시

(8) 협조문에 의한 기안

주로 내부적인 연락사항이나 요청사항들을 다수의 수신부서에 일제히 그 내용을 전달하고자 할 때에는 협조문 용지를 사용하여 기안할 수 있다.

5.2 기안문서의 작성방법

기안문서의 구성요소별 작성방법은 다음과 같다.

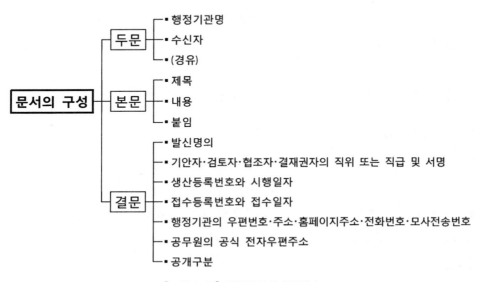

[그림 5-10] 기안문서의 구성요소

5.2.1 두문

(1) 행정기관명

① 발신기관명은 해당 문서를 생산한 기관의 명칭을 말한다. 내부결재문서, 대내문서, 대외문서를 막론하고 기안자가 소속된 기관의 명칭을 쓴다.

〔예〕 한 낱말로 구성된 발신기관명

예 두 낱말로 구성된 발신기관명

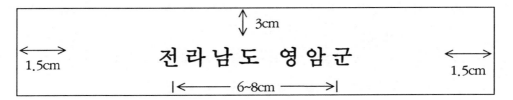

예 재단법인·사단법인 등과 같은 말이 들어있는 발신기관명

② 기관명은 용지의 위에서 3cm를 띄우고, 글자의 길이는 최소한 6~8cm 이내로 정중앙에 위치시킨다. 그리고 글자사이의 간격을 고르게 하며, 확대문자 등을 사용하여 강조할 수 있다.

(2) 수신자(   )

(a) 문서의 두문 중 수신자란의 표시방법

① 독임제기관의 장 또는 합의제기관의 장의 권한인 경우에는 수신자란에 당해 기관의 장의 직위(수신자명)를 쓰거나 수신자기호를 먼저 쓰고, 이어서 ( )안에는 처리할 보조기관 또는 보좌기관의 직위가 분명한 경우에는 그 직위를 쓰되, 그 직위가 분명하지 않는 경우에는 ○○업무담당과장 등으로 표시한다.

　예1　수신자　행정안전부장관(○○○○과장)

　예2　　수신자　가47(정보공개업무담당과장)

② 합의제기관의 권한인 경우에는 수신자란에 당해 기관의 명칭을 표시하거나 수신자기호를 표시한다.

　예1　수신자　방송통신위원회(○○○○과장)

　예2　수신자　가04(○○○○과장)

③ 민원회신문서에는 수신자란에 먼저 민원인의 성명을 쓰고, 이어서 (   )안에는 우편번호와 주소를 쓰되, 전자문서시스템에서 우편번호는 검색이 쉽게 해야 한다.

예 수신자 최○○ 귀하(우110-035 서울시 종로구 ○○로 34)

④ 수신자가 많아 본문의 내용을 기재할 난이 줄어들어 본문의 내용을 첫 장에서 파악하기 곤란한 경우에는 두문의 수신자란에 '수신자 참조'라고 쓰고, 결문의 발신명의 밑의 왼쪽기본선에 맞추어 수신자란을 설치하여 수신자명 또는 수신자기호를 표시한다.

예 (두문) 수신자 수신자 참조(문서관리업무담당과장)

(결문) 수신자 가, 나, 다, 법원행정처장, 국회사무처장, ……

⑤ 내부결재문서는 수신자란에 '내부결재'라고 표시한다.

예 수신자 내부결재

(b) 수신자기호의 제정

수신자기호를 제정하는 목적은 수신기관의 약호를 기호 또는 숫자로 정하여 기재를 간소화하여 문서처리를 능률적으로 하기 위함이다.

⟨표 5-3⟩ 수신자기호의 제정

제정권자	제정 대상기관
행정안전부장관	• 중앙행정기관(합의제행정기관 포함) • 특별시·광역시·도 및 특별자치도 • 특별시·광역시·도 및 특별자치도 교육청 • 「공공기관의 운영에 관한 법률」에 따른 공공기관 중 행정안전부장관이 필요하다고 인정하는 공공기관 등
상급기관의 장	각급 행정기관의 소속기관
당해 행정기관장	행정기관내의 보조기관·보좌기관

(c) 수신자기호와 기관번호(행정표준코드)의 연계

행정기관의 장은 행정기관간의 전자문서의 원활한 유통을 위하여 수신자기호와 기관번호(행정표준코드)를 연계하고, 기관번호의 생성·폐지·변경 등의 이력이 관리되도록 해야 하며, 그 기관번호를 정부디렉토리시스템에 반영해야 한다.

⑶ (경유)

① 수신처에 앞서 경유할 기관이 있는 때는 그 기관명을 기재한다. 조직계통상 지휘·감독 관계에 있는 하급기관이 상급기관에 보낼 때에 그 중간에 위치한 상급기관을

거쳐서 보낼 경우 그 직근 상급기관이 경유기관이 된다.

② 경유문서인 경우에 (경유)란에 '이 문서는 경유기관의 장은 ○○○(또는 제1차 경유기관의 장은 ○○○, 제2차 경유기관의 장은 ○○○)이고, 최종 수신기관의 장은 ○○○이다.'라고 표시한다.

③ 경유기관의 장은 제목란에 '경유문서의 이송'이라고 표시하여 순차적으로 이송해야 한다.

5.2.2 본문

(1) 제목

① 제목은 본문의 내용을 간단하게 한마디로 표현한 것으로 잘 선택된 제목은 문서의 전체내용을 파악할 수 있게 한다.

② 제목은 1행의 길이를 넘지 않는 것이 좋으며, 대개 제목의 끝에 그 문서가 뜻하는 바를 한마디로 줄인 결구를 덧붙인다. 예를 들어, 청탁·조회·질의·보고·회보·의뢰·통지·소개·독촉·안내 등이 그것이다.

③ 회보를 제외하고는 한 건의 사안은 가급적 한 장의 문서로 작성하구 내용이나 성질이 다른 문서는 1건으로 작성하는 것보다 분리하여 작성하는 것이 문서의 분류, 수발, 보관, 보존 등 문서관리에 쉽다.

④ 만일 제목내용이 길어서 한줄을 넘길 때는 둘째줄부터는 제목 내용의 첫 글자와 수직으로 맞추어서 찍는다.

(2) 내용

(a) 내용의 구성

① 전문

용건을 말하기 전에 의례적으로 하는 인사말이다. 그러나 꼭 필요한 부분은 아니며, 일이 바쁘거나 사내문서인 경우에는 대부분 전문을 생략한다.

② 주문

전문이 끝나면 행을 바꾸어 주문을 시작한다. 주문은 가장 중요한 부분이며, 용건은 정확·간결·명료하게 표현해야 한다.

③ **말문**

말문은 주문의 내용을 마무리하는 인사말 또는 앞으로의 지원과 협력을 부탁하는 인사말 등이 주로 쓰인다. 그러나 사내 업무연락문서 등에서는 말문의 형식을 따로 갖추지 않고 '이상', '끝' 등을 쓰기도 한다.

(b) 수신자

① 수신기관이 두 군데 이상인 경우에는 문서 말미에 수신자란을 따로 만들어서 나란히 기입한다. 이 때 수신자의 명칭을 일일이 쓰지 않고, 사전에 제정된 수신자 기호를 쓰기도 한다.

② 수신자는 발신명의 란에서 한줄 비우고 다음 줄의 왼쪽 기본 선에서부터 찍는다. '수신자'를 찍은 후 2타를 띄우고 수신기관 들을 적어준다. 만일 수신기관이 한 줄을 넘을 경우 둘째 줄 부터는 수신자 내용의 첫 글자에 맞추어 찍는다.

　예 수신자가 한 줄인 경우

<div align="center">서 울 특 별 시 교 육 감</div>수신자 X 사전 1-137, 사학 1-29.

　예 수신자가 두 줄 이상인 경우

<div align="center">서 울 특 별 시 교 육 감</div>수신자 X 전국 대학교, 전국 전문대학, 전국 고등학교, 전국 중학교, 　　　　전국 초등학교.

(c) 발신방법의 지정

① 결재권자가 전신 또는 정보통신망에 의하여 시행할 문서를 결재함에 있어서, 그 내용이 비밀사항이거나 비밀사항이 아니라도 누설될 경우 국가안전보장, 질서유지, 경제안정, 기타 국가이익을 해할 우려가 있는 사항은 그 발신방법을 '암호' 또는 '음어'로 지정해야 한다.

② 결재권자가 이와 같이 발신방법을 지정하는 때에는 기안문 본문의 마지막에 '암호' 또는 '음어' 표시를 해야 한다.

5.2.3 결문

(1) 발신명의

① 독임제기관의 장 또는 합의제기관의 장의 권한인 경우에는 당해 기관의 장의 명의로 발신한다.

　예　○○○○부장관, ○○시장, ○○군수, ○○위원회위원장 등

② 법령에 의하여 행정권한이 위임 또는 위탁된 경우에는 그 위임 또는 위탁받은 자(수임자 또는 수탁자)의 명의로 발신한다.

③ 행정기관 내 보조기관 및 보좌기관 상호간에 발신하는 문서(대내문서)는 기관장으로부터 위임 또는 위탁받은 사항을 발신하는 경우 등에 한하여 보조기관(국장, 과장 등)또는 보좌기관의 명의로 발신한다. 이때 직접 서명하거나 서명 표시 인을 찍어 발신하게 된다.

　예　○○과장, ○○담당관, ○○실장 등

④ 해당 부서 내부에서 문서의 처리가 끝나는 내부결재의 경우에는 발신명의를 작성하지 않는다.

⑤ 발신명의는 용지 가로 폭의 중앙에 명의 란의 글자간격을 고르게 띄어 중앙 배치하되 최단 8cm, 최장 12cm의 범위 내에서 작성한다.

　예　한 낱말의 발신명의

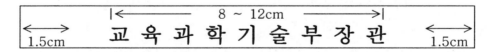

```
        |←——————  8 ~ 12cm  ——————→|
←——→    교 육 과 학 기 술 부 장 관    ←——→
1.5cm                                1.5cm
```

　예　두 낱말의 발신명의

```
┌─────────────────────────────────────────┐
│                                         │
│        대 한 상 공 회 의 소  회 장        │
│                                         │
└─────────────────────────────────────────┘
```

例 세 낱말의 발신명의

> # 대한상공회의소 회장 ○○○

(2) 기안자·검토자·협조자·결재권자

① 문서를 수신한 기관이 당해 문서의 내용에 관하여 발신기관에 의문사항이 있을 때 질의하거나 당해 업무에 관하여 협의할 때에 쉽게 활용할 수 있도록 한 것이다.

② 직위가 있는 경우에는 직위를 온전하게 쓰고, 직위가 없는 경우에는 직급을 온전하게 쓴다. 다만 기관장과 부기관장의 직위는 간략하게 쓴다.

③ '기안자·검토자 및 결재권자'의 용어는 표시하지 아니하고, 기안자·검토자 및 결재권자의 직위/직급을 쓰고 서명한다.

例

> *사원 ○○○   과장 ○○○   팀장 ○○○   처장 ○○○

■ 기안자

① 기안한 자는 문서처리인의 기안자란에 성명을 적고 서명(전자이미지 서명 또는 전자문자서명을 포함한다)한다.

② 처리과의 업무분장상 여러 가지의 단위업무를 총괄하는 책임자가 있는 경우, 그 소관업무를 분담하고 있는 자가 기안한 때에는 총괄책임자의 검토를 거쳐야 하며, 총괄책임자가 기안한 때에는 업무분담자의 의견을 들은 후 검토·결재 등을 받아야 한다. 다만 총괄책임자 또는 업무분담자의 출장 등 부득이한 사유로 검토를 받을 수 없는 경우에는 이를 생략할 수 있으며, 검토자의 서명란에 출장 등의 사유를 명시해야 한다.

③ 기안문의 해당 직위 또는 직급의 앞 또는 위에 발의자는 ★표시를, 보고자는 ◎표시를 한다. 다만, 전자문서인 경우에는 발의자는 해당란에 ★표시를 하거나 발의자가 누구인지를 검색할 수 있도록 기안자·검토자 또는 결재권자의 직위 또는 직급란에 발의자 항목을 추가할 수 있다. 전자문서로 결재하거나 결재권자에게 직접 보고하지 아니하는 경우에는 보고자의 표시를 생략한다.

■ 검토자·협조자

(a) 검토자

① 기안문은 결재권자의 결재를 받기 전에 보조기관 또는 보좌기관의 검토를 받아야 한다. 다만, 보조기관 또는 보좌기관의 출장 등의 사유로 검토를 받을 수 없는 등 부득이한 경우에는 이를 생략할 수 있으며, 이 경우 검토자의 서명란에 출장 등의 사유를 명시해야 한다.

② 보조기관의 검토과정은 당해 문서를 처리해야 할 보조기관의 직명(과장, 국장, 차관 등)을 맨 아래의 낮은 직급으로부터 위로 상위직급의 순으로 적고, 오른쪽 빈칸에 서명을 받는다. 보조기관이란 결재권자를 보좌하는 직속 하급자를 말한다. 행정기관의 장은 결재권자의 결재에 이르기까지 검토자의 수가 2인을 넘지 않도록 노력해야 한다.

(b) 검토자의 검토사항

─── 〈 검 토 사 항 〉 ───

1. 형식면
   • 법령의 형식요건을 구비하고 있는가?
   • 소관사항임에 틀림없는가?
   • 결재권자의 표시는 적정한가?
   • 협조부서의 합의는 거쳤는가?
   • 사무의 절차는 잘못이 없는가?
   • 수신자 및 발신자 등의 표시는 착오가 없는가?

2. 내용면
   가. 법률적 검토
   • 허가·인가·승인 등에 대한 법정요건은 무엇이며 그 요건을 충족하고 있는가?
   • 의결기관의 의결사항은 아닌가 또는 의결을 거쳤는가?
   • 법정의 경유기관은 거쳤는가?
   • 법정의 기한, 조건 등이 붙어 있지 않은가 또는 그 기한, 조건 등을 충족하고 있는가?
   • 시효와의 관계는 어떤가?
   • 법령·예규·지시 등에 위배되지 않는가?
   나. 행정적 검토
   • 공공복지와의 관계는 어떤가?
   • 재량의 적부범위는 적합한가?
   • 여론에 대한 영향은 어떤가?
   • 관례나 선례는 어떻게 되어 있는가?

> * 처리는 지연되지 아니 하였는가?
> * 경과조치가 필요한 사항이 아닌가?
> * 필요한 사항이 빠져 있지 않은가?
> 다. 경제적 검토
> * 과다한 경비투입을 요하는 사항이 아닌가?
> * 예산상의 조치가 필요한 것이 아닌가?
> * 경비를 보다 절약할 수 있는 다른 대안은 없는가?

(c) 협조자

① 기안문의 내용이 다른 보조기관이나 보좌기관 또는 다른 기관의 업무와 관련이 있을 경우에는 그 기관의 협조를 받는다. 다만, 기안문에 직접 관계기관의 장의 협조서명을 받고자 할 때에는 관계기관의 장의 서명을 받기 전에 관련 업무를 담당하는 보조기관 또는 보좌기관과 미리 협의해야 한다. 보조기관간의 협조의 경우에도 협조부서의 업무담당자를 거치는 것이 타당한 순서이다.

② 협조자의 경우에는 '협조자'의 용어를 표시한 다음, 이어서 직위/직급을 쓰고 서명한다.

③ 기안문의 검토 및 협조의 일반적인 절차는 다음과 같다.

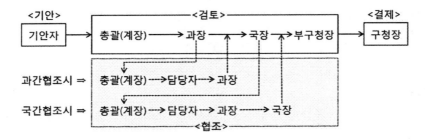

[그림 5-11] 기안문의 검토 및 협조 절차

(d) 보조기관과 보좌기관의 차이점

① **보조기관** : 행정기관의 의사 또는 판단의 결정이나 표시를 보조하여 행정기관의 목
적달성에 공헌하는 기관.

　예 국장, 과장

② **보좌기관** : 행정기관이 그 기능을 원활하게 수행할 수 있도록 그 기관장이나 보조
기관을 보좌하여 행정기관의 목적달성에 공헌하는 기관.

　예 심의관

(e) 다른 의견이 있을 때

① 기안문의 내용에 대하여 검토 또는 협조과정에서 기안자·검토자·협조자 상호간에
의견이 다를 경우 가능한 한 의견을 조정하여 합의하도록 노력하여야 하며, 합의가
가능한 때에는 수정하거나 재작성하면 되므로 의견의 표시는 불필요한 것이다.

② 기안문을 검토 또는 결재함에 있어서 기안내용의 일부를 수정 또는 변경하고자 하
는 때에는 원래의 기안문에 수정·변경사항을 기재하여 그대로 검토·결재를 함으로
써 불필요하게 같은 문서를 여러 번 작성하지 않도록 한다.

③ 기안문의 내용에 대하여 검토 또는 협조한 자가 다른 의견을 표시한 때에는 당해 문
서 본문의 마지막 또는 별지에 그 의견을 표시하여 결재권자가 결재를 함에 있어 또
는 향후 그 업무를 담당하는 자로 하여금 참고하도록 한다. 표시방법은 해당 직위
또는 직급 다음에 '(의견있음)'이라고 표시하고 해당 서명란에 서명하여야 한다. 다
만, 전자기안문인 경우에는 다른 의견을 표제부에 표시한다.

```
------------------------------------------------------------------------------------------
----------------------------------------------(본  문)-----------------------------------------
----------------.  끝.
(본문내용에 대한 의견있음)
1. 의견내용
2. 의견을 표시한 자의 소속, 직위(직급) 및 성명
```

〈본문의 마지막에 다른 의견을 표시한 경우〉

```
본문내용에 대한 의견있음
1. 의견내용
2. 의견을 표시한 자의 소속, 직위(직급) 및 성명
```

〈별지에 다른 의견을 표시한 경우〉

```
1. 의견내용
2. 의견을 표시한 자의 소속, 직위(직급) 및 성명
```

〈전자기안문에 다른 의견을 표시한 경우〉

(3) 결재권자

(a) 전결

① 전결이란 정규의 결재권자로부터 사전에 위임받은 자(보조기관, 보좌기관)가 위임 사항에 대하여 결재권자를 대신하여 결재하는 제도를 말한다.

② 각급기관의 장은 사무의 내용에 따라 그 보조기관·보좌기관 또는 당해 업무담당 공무원으로 하여금 위임전결하게 할 수 있으며, 행정기관의 경우 그 위임전결사항은 당해 기관의 장이 훈령 또는 지방자치단체의 규칙으로 정하여 시행한다. 행정기관 이외의 기관에서는 기관장이 당해 기관에 적합한 위임전결규정을 별도로 제정하여 시행할 수 있다.

③ 전결은 보조기관이 기관장을 대신하여 결재한다는 점에서는 대결과 동일하지만, 기관장의 부재에 관계없이 권한의 위임에 의거하여 평상시에 결재를 행한다는 점이 다르다. 이는 최고의사결정권자의 업무 부담을 줄이고, 사무의 신속성을 위하여 일상의 반복적이고 경미한 사항을 사전에 위임받은 자가 행하는 제도이다.

④ 상부 또는 타 기관으로부터 위임받는 업무일 때는 사전에 당해 기관장의 승인을 받아야 한다.

⑤ 위임된 사항을 전결하는 경우에는 행정기관의 장의 결재란을 설치하지 않고 전결하는 자의 서명란에 '전결'표시를 한 후 서명해야 한다.

⑥ 결재권자의 서명란에 서명일자를 표시할 수 있다.

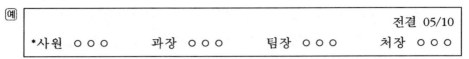

예

| | | | 전결 05/10 |
| *사원 ○○○ | 과장 ○○○ | 팀장 ○○○ | 처장 ○○○ |

(b) 대결

① 결재권자가 휴가나 출장 기타의 이유로 결재할 수 없을 때는 그 직무를 대리하는 자가 대결할 수 있다. 그러나 내용이 중요한 문서에 대하여는 결재권자에게 사후에 보고해야 한다.

② 대결은 특별한 경우를 제외하고는 정규 결재권자의 결재와 동일한 효력을 가지기 때문에 대결한 사항에 관해 차후 수정할 수 없다.

③ 위임전결사항이 아닌 사항을 대결하는 경우에는 행정기관의 장의 결재란을 설치하지 아니하고 대결하는 자의 서명란에 '대결'표시를 하고 서명해야 한다.

예

| | | | 대결 |
| *사원 ○○○ | 과장 ○○○ | 팀장 ○○○ | 처장 ○○○ |

④ 위임장전결 사항을 대결하는 경우에는 행정기관의 장의 결재란을 설치하지 아니하고 전결하는 자의 서명란에 '전결'표시를 한 후 대결하는 자의 서명란에 '대결'표시를 하고 서명해야 한다.

예

| | | 대결 | 전결 |
| *사원 ○○○ | 과장 ○○○ | 팀장 ○○○ | 처장 ○○○ |

(c) 시행번호 · 접수번호

① 처리과명(처리과가 없는 행정기관은 10자 이내의 행정기관명의 약칭)을 기재하고, 일련번호는 연도별 일련번호를 기재한다.

② 생산등록번호와 접수등록번호는 각각 처리과 기관코드와 연도별 등록일련번호로 구성되며, 처리과기관코드에 갈음하여 처리과명을 표기한다.

③ 시행일자와 접수일자란에는 연월일을 각각 온점(.)을 찍어 숫자로 기재한다.

④ 다만, 민원문서인 경우로서 필요한 경우에는 시행일자와 접수일자 란에 시·분까지 기재한다.

⑤ 시행일자는 문서를 시행한 날짜 즉, 문서가 효력을 발생하는 날짜를 적게 된다. 내부결재 공문서인 경우에는 최종결재가 되는 날로부터 효력을 발생하게 된다. 그러나 시행문서의 경우에는 발송하는 날짜를 기입하지만, 효력은 도달주의를 채택하고 있으므로 상대방에게 도달한 때부터 발생한다.

⑥ 연·월·일은 마침표(.)를 찍어 표시하며, 연도는 생략해서 표시하면 안 된다(예 2006 → '06). 그러나 시행일자 이외의 연도는 생략이 가능하다.

예
```
시행 기획관리팀-107 (20 . 9. 4.)   접수        -      (20  .   .   .)
```

(d) 우편번호·주소

우편번호를 기재한 다음, 행정기관이 위치한 도로명 및 건물번호 다음에 괄호하여 주소를 기재하고, 사무실이 위치한 층수와 호수를 괄호 안에 기재한다.

예
```
우 110-034 서울특별시 종로구 효자로 39(창성동 117) (2층 208호)
```

(e) 홈페이지주소

행정기관의 홈페이지 주소를 기재한다.

예
```
우 534-700 전라남도 무안군 삼향읍 오룡길 1        /www.jeonnam.go.kr
```

(f) 전화·전송번호

① 문서내용을 주관하는 해당부서 또는 해당기관의 전화번호와 모사전송 번호를 각각 기재한다. ( ) 안에는 지역번호를 기재하고 국번과 번호사이는 붙임표(-)를 사용하며 붙임표 앞과 뒤에는 여백을 두지 않는다.

② 기관내부문서인 경우에는 구내 전화번호를 기재한다.

(g) 공무원의 공식 전자우편주소

행정기관에서 공무원에게 부여한 전자우편주소를 기재한다.

(h) 공개구분

① 공개·부분공개·비공개로 구분하여 표시한다.

② 부분공개·비공개인 경우에는 '부분공개( )' 또는 '비공개( )'로 표시하고 괄호안에는 공개여부 구분번호를 추가로 기입해야 한다.

③ 공개여부의 판단자는 기안자, 검토자, 결재권자 모두가 해당되나, 최종적인 판단자는 결재권자로 보는 것이 타당하다. 그리고 행정기관이 아닌 일반업체에 보내는 시행문에는 공개여부를 생략하는 것이 타당하고, 기안문에는 공개여부를 표시한다.

④ 공개 : 비공개, 부분비공개를 제외한 모든 문서가 공개대상이다.

⑤ 부분공개 - 문서가 공공기관의 정보공개에 관한 법률에 해당하는 부분과 공개가 가능한 부분이 혼합되어 있는 경우에는 공개 가능한 부분을 공개한다.

⑥ 비공개 - 공공기관의 정보공개에 관한 법률에 해당하는 부분을 비공개한다.

예

전화 (0(2) 754-3325   전송 (0(2) 754-3327   /pch@db.go.kr   /공개

〈표 5-4〉 기록물 공개여부 구분번호

구분번호	대상기록물	분류근거
1	법률 또는 명령에 의하며 비밀로 유지되거나 비공개사항으로 규정된 정보	공공기관의정보공개에관한 법률 제7조제1항제1호
2	공개될 경우 국가안보·국방·통일·외교관계 등 국익을 해할 우려가 있는 정보	위 법률 제7조제1항제2호
3	공개될 경우 국민의 생명·신체·재산 등 공공안전 및 이익을 해할 우려가 있는 정보	위 법률 제7조제1항제3흐
4	수사·재판·범죄예방 등의 관련 정보로서 공개될 경우 직무수행이 곤란하거나 형사피고인의 공정한 재판받을 권리를 침해할 우려가 있는 정보	위 법률 제7조제1항제4호
5	감사·감독·검사·시험·규제·입찰계약·기술개발·인사관리·의사결정 또는 내부검토과정에 있는 사항으로서 공개될 경우 업무수행 등에 지장을 초래할 우려가 있는 정보	위 법률 제7조제1항제5호
6	이름·주민등록번호 등에 의해 특정인을 식별할 수 있는 개인에 관한 정보	위 법률 제7조제1항제6흐
7	법인·단체 또는 개인의 영업상 비밀에 관한 정보로서 공개될 경우 법인 등의 정당한 이익을 해할 우려가 있는 정보	위 법률 제7조제1항제7호
8	공개될 경우 부동산투기·매점매석 등으로 특정인에게 이익 또는 불이익을 줄 우려가 있는 정보	위 법률 제7조제1항제8호
9	1호 내지 8호에 해당하지 않는 공개기록물	

(i) 관인생략표시

발신명의의 오른쪽에 관인생략 또는 저명생략을 표시한다. 시행문을 발송할 때 사용한다.

5.3 문서의 결재

5.3.1 결재의 의의

문서가 성립되기 위해서는 결재가 반드시 필요하므로 문서는 당해 행정기관장의 결재를 받아야 한다. 다만 보조기관 또는 보좌기관의 명의로 발신하는 문서는 그 보조기관 또는 보좌기관의 결재를 받아야 한다.

이 때 결재권자(기관장)는 부하직원이 제출한 안건을 승인하거나 부결하게 되는데 이 과정을 결재라 한다. 그리고 승인의 표시로 결재란에 서명(공문서를 기안·검토·협조·결재 또는 시행하기 위하여 기안자·검토자·협조자·결재권자 또는 발신명의인이 공문서 상에 자필로 자기의 성명을 한글로 표시하는 것을 말한다)을 하게 된다. 만일 보조기관이 출장이나 휴가로 문서를 검토할 수 없을 때에는 '출장', '휴가' 등의 사유를 기재하고, 그 다음의 보조기관의 검토를 받도록 한다. 다시 말하면 결재란 기관의 의사를 결정할 권한이 있는 자가 기관의 의사를 결정하는 표시로서, 보조기관의 공람을 거쳐 결재권자가 최종적으로 기관의 의사를 확정하는 행위이다.

따라서 전결·대결권자가 아닌 각급 보조기관의 서명행위는 엄격한 의미에서 결재라고 볼 수 없고, 결재를 얻기 위한 검토행위라고 할 수 있다. 그러므로 각급 보조기관의 결재없이도 결재권자의 결재가 있으면 기안문은 확정되는 것이다.

5.3.2 결재제도의 장·단점

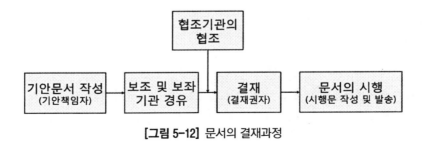

[그림 5-12] 문서의 결재과정

(1) 장점

① 의사결정에서 현장(업무의 발단기능)의 의견을 반영시킬 수 있는 기회가 된다.
② 하위직 구성원들의 창의성을 발휘할 수 있는 기회가 되며, 직무에 관한 일종의 훈련으로도 볼 수 있다.
③ 결재권자의 부족한 경험이나 지식을 보완할 수 있다.
④ 하위직 구성원들이 가지고 있는 여러 정보를 조직을 위해 활용할 수 있다.

(2) 단점

① 문서처리가 모두 최종결재권자의 결정에 의거하여 이루어지므로 기관의 장으로서의 본연의 임무(외부 기관과의 관계, 주요 사업에 관한 계획 수립, 부처간 업무조정 등)를 소홀히 할 우려가 있다.
② 결재가 여러 단계를 거치게 되므로 의사결정이 늦어져 사업추진이 지연될 수 있다.
③ 모든 업무가 상위직의 결정에 의존하게 되므로 하위직은 피동적으로 업무를 처리하게 된다.

5.3.3 결재의 종류 및 방법

결재방법은 최고책임자(결재권자)가 결재표시를 어떤 방법으로 하느냐 하는 문제와 결재의 제도적인 문제의 두가지로 살펴본다. 결재의 표시방법에 있어서는 정부의 현행 규정이나 사회통념상 제한을 하고 있지 않으므로 서명 또는 도장 중 어느것으로 하여도 무방할 것이다.

최근에는 전자결재제도를 실행하는 곳도 있으나 기존의 관념에서 벗어나 새로운 결재 제도를 도입할 필요가 있다.

또한 결재권자가 결재를 행함에 있어서 기안문이 2매 이상으로 이루어진 문서로서 중요하다고 인정되는 문서는 결재인으로 간인을 해야 하고, 이와 같이 결재인으로 간인을 한 결재문서를 시행할 경우에는 시행자의 관인을 찍어 시행하되, 시행문 서상에도 문서통제관이 관인으로 간인을 해야 한다. 결재방법에는 결재·전결·대결 등이 있다.

(1) 좁은 의미의 결재

결재(좁은 의미)는 법령의 규정에 의하여 소관사항에 대한 행정기관의 의사를 결정할 권한을 가진 자(주로 행정기관의 장)가 직접 그 의사를 결정하는 행위를 말한다.

(2) 전결

전결이라 함은 행정기관의 장으로부터 사무의 내용에 따라 결재권을 위임받은 자가 행하는 결재를 말하며, 그 위임전결사항은 당해 기관의 장이 훈령(위임전결규정) 또는 지방자치단체의 규칙(사무전결처리규칙)으로 정한다.

행정기관의 장은 사무의 내용에 따라 그 보조기관·보좌기관 또는 당해 업무담당 공무원으로 하여금 위임전결하게 하여 담당공무원의 능력향상과 업무처리의 신속성을 기해 행정의 생산성을 높일 수 있도록 하였다.

(3) 대결

결재권자가 휴가와 출장 기타의 사유로 상당기간 부재중이거나 긴급한 문서의 경우 결재권자의 사정에 의하여 결재를 받을 수 없는 때에는 그 직무를 대리하는 자가 행하는 결재를 말한다. 그러나 대결한 문서 중 그 내용이 중요한 문서에 대하여는 결재권자에게 사후에 보고해야 한다. 즉 이것은 결재권자가 부재시 직무대리권자가 행하는 결재이며, 기안용지의 보조기관 중 대결할 자의 란에 대결을 표시하고 결재권자의 란에 서명한다.

5.3.4 결재의 효과

문서는 다른 법령에 특별한 규정이 있는 경우를 제외하고는 당해 문서에 대한 결재권자
의 서명(전자문자서명·전자이미지서명 또는 행정전자서명을 포함)에 의한 결재가 있음
으로써 성립한다. 따라서 결재는 문서가 성립하기 위한 최종 적이며 절대적인 요건이다.

5.3.5 대결문서의 사후보고

대결한 문서 중 그 내용이 중요한 문서에 대하여는 결재권자에게 사후에 보고(구두보
고, 메모보고 등)해야 하며, 이 경우 본래 결재권자가 보고를 받았다는 뜻으로 서명을 할
필요가 없다. 결재방법 중 후결이나 후열제도는 폐지되었으므로 후결 또는 후열을 받아
서는 안 된다.

미래정보통신연구소

수신자 국제통상(주) (총무처장)
(경유)
제 목 견적서 정정 의뢰의 건

－

　　　1. 귀사의 번영을 기원하며, 평소의 성원에 깊은 감사를 드립니다.
　　　2. 지난 5월 15일부로 송부해 주신 ◇◇을 견적서를 검토한 결과, 견적서의 계산이 잘못되었음을 발견했습니다.
　　　3. 이에 귀사가 보내주신 견적서를 정정하여 송부하오니, 다시 한번 견적서를 보내주시기 바랍니다.
　　　4. 다시 한 번 귀사의 무궁한 발전을 기원한다.

붙임　　견적서 i부. 끝.

미래정보통신연구소장

사원　　　　　　주임　　　　　과장　　　　　　소장
협조자
시행 구매과- (20 _ . 　. 　.) 　　　　접수
우 135-100 서울 강남구 청담동 323　　　　　　/www.fici.co.kr
전화 (02)722-4214　　　전송 (02)722-4210　　/ojt@fici.co.kr　/공개

[그림 5-13] 일반기안문 (결재처리 전)

행 정 안 전 부

수신자 건설교통부 (연수과장)

(경유)

제 목 관리자과정 연수일정 및 연수과목
_____

　　1. 귀 기관의 무궁한 번영을 기원한다.

　　2. 금번 저희 행정안전부 교육연구과에서 실지하는 제10차 관리자과정 연수를 위한 계획서를 붙임과 같이 알려드리오니 참고하시기 바랍니다.

　　3. 참가를 희망하시는 분들은 7월 20일까지 참가희망서 서식을 작성하여 7월 20일까지 송부해주시기 바랍니다.

　　4. 다시 한 번 귀 기관의 무궁한 발전을 기원합니다.

붙임　　1. 제10차 관리자과정 연수 계획서 1부.

　　　　2. 참가희망서 1부. 끝.

행 정 자 치 부 장 관

_____

전결 7/2

사원　김하늘　　　　　　　과장　송승헌　　　　　국장　연정훈

협조자

시행 교육연구과-167 (20 . 7. 1.)　　　　접수

우 135-100 서울 종로구 세종로 77　　　　　　　　www.mogaha.go.kr

전화 (02)722-4214 전송　　(02)722-4210　　/sky@mogaha.go.kr　　/공개

[그림 5-14] 일반기안문 (결재처리 후)

5.4 품의제도

5.4.1 품의제도의 의의

품의제도란 업무담당자가 어떤 문제를 처리함에 있어서 단독으로 처리할 권한이 없는 경우에 권한이 있는 상사에게 말이나 글로써 제안하여 가부의 결정을 받는 사무조직상의 과정과 절차를 말한다. 그리고 품의 과정에서 통일된 의사를 결정하기 위하여 문서로서 구체적인 원안을 준비하는 과정을 문서기안이라 한다.

5.4.2 품의의 과정과 내용

(1) 제1단계 : 기안

품의가 필요한 업무가 발생한 경우, 해당 부서의 기안책임자가 그 해결책이 기재된 일정양식의 품의서를 작성한다. 동시에 관련 부서에 대해 그 안이 지지되도록 사전협의가 충분히 이루어져야 한다.

(2) 제2단계 : 회의

품의서가 관련 부서에 회람되어 검토되는 과정을 협조라고 하며, 이 과정에서는 각 부서의 동의를 책임자가 품의서에 서명과 날인으로써 표시하게 된다.

(3) 제3단계 : 결재

품의서는 규정상의 최고책임자에 의해 결제(승인)절차를 거침으로써 제안에 대한 가부결정을 받는다.

(4) 제4단계 : 기록

결재된 품의서는 공식문서 내지 공식증거로서 기안 당해 부서 등에서 보관하게 된다. 그리하여 품의서의 안대로 실시, 집행, 행동되며 사후관리와 결과보고가 후속된다.

5.4.3 품의제도의 특색

(1) 최고경영층의 개별적 승인절차

예를 들면, 1년간의 총예산이 결정되어도 그것은 곧 예산지출의 실행을 인가하는 것이 아니다. 개개의 자본지출은 그때마다 자본사정을 고려하며 그 타당성을 재검토하기 위해 일정액 이상의 자본적 지출은 최고경영층의 개별적 승인을 받는 절차로서 품의가 행해진다.

(2) 각 부문 관리자의 합의절차

품의제도는 각 부문 부서장들의 합의를 얻는 절차이다.

(3) 성문화된 제안제도

품의제도는 일정 양식에 의해 성문화된 일종의 제안제도이며 사업보고제도이다.

(4) 상향식 집단의사결정 시스템

품의제도는 조직에 있어서 상향식의 집단적 의사결정 시스템이다. 상향식 경영이란 중요한 문제에 대해 최고경영층에 최종결정권이 유보되나 문제의 발견, 문제해결안의 작성은 모두 하위의 경영층에서 행하는 하의상달이 존중되는 경영방식을 뜻한다.

(5) 직능적 권한의 강화기능

품의제도는 그 품의과정에서 소속 각 직능부서장의 심사를 받아 실시되지만, 그 심사과정에서 수정을 가하거나 때로는 실시가 취소될 수도 있으므로 각 직능 부문의 직능적 권한이 강화되는 기능을 하게 된다.

품 의 서

귀하

결　　재				품　　의	
No.				No.	
20　　년　　월　　일				20　　년　　월　　일	
인가	조건부 인가	보류	부결	제출자 :	

제　목

[그림 5-15] 품의서 양식

품 의 서

귀하

결 재				품 의
No.				No.
20 년 월 일				20 년 월 일
인가	조건부 인가	보류	부결	제출자 :

제 목   ○○○○년도 임원회의 개최일에 관한 건

위 건을 다음과 같이 입안하여 보내오니 허락하여 주십시오.
-다 음-

분 기	전년도회의개최일	00년도회의개최일 안
1/4 분기	○○년 ○월 ○일	○○년 ○월 ○일
2/4 분기	○○년 ○월 ○일	○○년 ○월 ○일
3/4 분기	○○년 ○월 ○일	○○년 ○월 ○일
4/4 분기	○○년 ○월 ○일	○○년 ○월 ○일

끝.

[그림 5-16] 품의서의 예

문서의 취급 및 관리

6.1 문서의 등록

행정업무 추진과정에서 생산·접수·입수된 모든 종류의 기록물을 등록해야 한다. 전자문서시스템에 의하여 기록물을 기록물등록대장에 등록해야 한다. 종이문서는 도면·카드·시청각기록물 첨부물까지 전자문서시스템에 전산으로 등록해야 한다. 2004.1.1.부터 새로운 전자문서시스템에서는 한번의 등록으로 생산·색인목록·보유목록의 작성, 기록물철등록부의 작성 등이 자동적으로 처리되도록 하였다.

6.1.1 문서등록요령

(1) 행정기관이 생산(접수)한 문서는 당해 문서에 대한 결재(접수)가 끝난 즉시 결재(접수)일자순에 따라 반드시 각 처리과별로 전자문서시스템 또는 업무관리시스템에 의하여 기록물등록대장에 등록하고 생산(접수)등록번호를 부여해야 한다.

〈표 6-1〉 기록물등록대장

기록물등록대장

(처리과기관코드 :   연도 :   )

기본등록사항													
등록구분	생산(접수)등록일자	생산(접수)등록번호	첨부번호	제목	쪽수	결재권자	기안자(업무담당자)	시행일자	수신자(발신자)	문서과배부번호	생산기관등록번호	전자기록물여부	분류기호

분류등록사항				시청각기록물추가등록사항	
특수기록물	공개여부	공개제한부분표시	특수목록	내용요약	기록물형태

⑵ 문서의 등록번호는 처리과별로 문서(기록물)등록대장에 생산문서·접수문서를 통합하여 등록된 순서에 따라 일련번호를 부여·관리한다.

① **시스템상 등록번호** : 처리과 기관코드와 연도별 등록일련번호로 구성

> $\underline{1\ 3\ 1\ 1\ 3\ 3\ 4}$ — $\underline{1\ 3\ 5}$
> (처리과 기관코드) (연도별 등록일련번호)

② **문서상 등록번호** : 처리과명과 연도별 등록일련번호로 구성

> $\underline{지\ 식\ 제\ 도\ 과}$ — $\underline{1\ 3\ 5}$

③ 처리과명이 없는 행정기관은 행정기관명을 표시하되, 10자가 넘는 경우에는 10자 이내의 행정기관명의 약칭을 표시

> $\underline{○\ ○\ 출\ 장\ 소}$ — $5\ 5$
> (○○국도유지건설사무소○○출장소의 약칭)

⑶ 내부결재문서는 문서(기록물)등록대장의 수신자란에 '내부결재'라고 표시한다.

⑷ 문서등록의 표시가 없는 결재문서는 문서의 표지 왼쪽 상단에 문서등록(생산등록번호)의 표시를 한 후 등록한다.

⑸ 일반문서에 첨부된 녹음테이프, 큰 도면 등 기록물종류나 규격이 달라 함께 관리가 곤란한 첨부물은 별도로 등록한다(생산등록번호의 표시).

가. 문서, 카드·도면류 등의 기록물

등록번호	
등록일자	
처 리 과	

나. 사진·필름·테이프·디스켓 등 소형 규격의 기록물

등록	(등록번호)
	(등록일자)

6.1.2 등록대상문서

등록대상문서는 다음 각 사항을 들 수 있다.

① 공문서, 조사·연구·검토서, 회의록, 시청각기록

- 당해 부서에서 기안하여 결재를 받은 모든 문서
- 기안문형식 외의 방법으로 작성하여 결재권자의 결재를 받은 문서
- 접수한 모든 문서

② 대통령과 국무총리 및 중앙행정기관의 장 등 주요직위자의 업무노트·일정표

③ 결재 또는 검토과정에서 반려 또는 수정된 주요원본문서

④ 공공기관의 주요행사·사업에 관한 시청각기록물

⑤ 주요업무와 관련된 보존가치가 있는 모든 기록물

⑥ 본문과 형태나 규격이 다른 기록물(VTR, CD-ROM, 녹음테이프, 첨부도면 등)이 첨부된 경우 본건에 첨부물번호를 추가하여 함께 등록한다.

6.1.3 등록시기

문서의 등록은 다음과 같은 사유가 발생했을 때 등록한다.

① 결재 또는 보고 종료시, 수정 또는 반려시, 접수시

② 사진·필름 등은 보존기록물로 선정시

③ 녹음·비디오 등 시청각기록물은 편집 등 작품 완성시

6.1.4 등록번호의 표기

(1) 생산문서의 생산등록번호의 표기방법

생산문서의 생산등록번호의 표기는 다음과 같은 방법으로 한다.

① **기안문·시행문 등** : 생산등록번호란 또는 문서번호란에 생산등록번호를 표기한다.

② **카드·도면·보고서류** : 좌측상단에 표시를 하여 생산등록 번호를 표기한다. 카드류는 연필로 등록번호를 기입하고, 이첩받은 경우 전기관의 번호를 지우고 새 등록번호를 기입한다.

③ **사진 또는 필름류** : 사진 뒷면이나 당해 사진·필름 등을 넣은 봉투 또는 당해 사진·필름 등을 부착한 종이의 좌측 상단의 여백에 표시를 하여 생산등록번호를 표기한다.

④ **테이프·디스크·디스켓류** : 당해 기록물과 그 보존용기에 표시를 하여 생산등록번호를 표기한다.

⑤ 기타 기록물의 재질 또는 규격상 기록물 자체에 생산등록 번호를 표기하기 곤란한 기록물 : 당해 기록물을 넣은 봉투 또는 보존용기에 표시를 하여 생산등록번호를 표기한다.

(2) 접수문서의 접수등록번호의 표기 방법

접수문서의 접수등록번호의 표시는 다음과 같은 방법으로 한다.

① **시행문 서식 또는 접수인에 의하여 접수된 기록물** : 접수번호란에 생산등록번호를 표기한다.

② **시행문 서식 또는 접수인에 의하여 접수된 기록물 외의 접수기록물** : 우측 상단의 여백에 표시를 하여 생산등록번호를 표기한다. 접수한 기록물은 처리과의 접수번호가 접수등록번호(처리과 기관코드 + 연도별 등록일련번호)이다.

6.1.5 첨부물의 분리등록방법

첨부물의 분리등록은 다음과 같은 방법으로 한다.

① 일반문서에 첨부된 녹음테이프나 큰 도면 등 기록물종류나 규격이 달라 함께 관리가 곤란한 첨부물은 첨부물 별도로 등록한다.

② 첨부물 분리등록 시 등록번호는 본문과 동일한 등록번호에 첨부 일련번호를 추가로 부여한다. 예를 들면, '국무회의록' 문건에 첨부된 발언록 테이프는 녹음테이프만 떼어내 첨부 등록하고, '농지전용허가서'에 첨부된 지적도변은 도변만 따로 떼어내 첨부 등록한다. 이를 구성요소별로 살펴보면, 처리과 기관코드 + 연도별등록일련번호 + 첨부일련번호로 구성된다(6010509-35-1).

6.1.6 등록사항의 삭제 또는 수정방법

등록사항의 삭제 및 수정은 다음과 같은 방법으로 한다.

① 기본등록사항을 삭제하고자 하는 때에는 기록물관리책임자의 확인하에 기록물 등록대장 중 당해 기록물철에 편철된 것으로 표기된 분류번호로 먼저 수정하고, 수정일자 및 조치사항을 전자적으로 관리해야 한다.
② 기본등록사항(기록물배부대장의 경우에는 접수사항을 말한다)을 삭제 또는 수정하고자 하는 때에는 ①의 방법에 따라 당해 등록사항 전체를 삭제한 후 수정된 내용으로 등록한다.
③ 기본등록사항(기록물배부대장의 경우에는 접수사항을 말한다) 외의 등록사항을 삭제 또는 수정하고자 하는 때에는 삭제일자 또는 수정일자 및 조치사항을 전자적으로 관리해야 하며, 등록사항만을 수정된 내용으로 등록한다.

6.1.7 등록시 유의사항

새로운 전자문서 시스템에서는 기록물 등록 시 사전에 분류·편철 정보를 지정하지 않으면 기록물을 생산 또는 접수시 기록물등록대장에 등록할 수 없다. 단위업무 별·보존기간별로 기록물철을 사전에 분류·편철한 다음에 결재를 올리거나 접수된 문서를 등록할 수 있다.

생산문서 또는 접수문서에 대해 사전에 단위업무별·보존기간별로 기록물철을 사전에 분류·편철해야만 전자문서 시스템상에서 결재를 올리거나 접수를 할 수 있으므로 유의해야 한다. 이렇게 전자문서시스템을 설계한 이유는 기록물의 유실방지 및 기록물 보존관리의 효율화를 위한 것이다. 그리고 분류 및 편철은 종전의 분류기호 및 보존기간을 지정하는 것과 동일한 기능으로 전자문서 시스템에서 해당기록물의 단위업무 및 기록물철을 지정하는 작업이다.

6.1.8 등록순서

문서의 등록은 생산문서와 접수문서가 동일한 방법으로 등록을 하는데, 생산문서의 등록순서는 기안 → 분류 및 편철 → 검토 및 협조 → 결재 → 등록의 순으로 이루어지고, 접수문서의 등록순서는 접수(접수자) → 담당자 지정 → 분류 및 편철 → 공람의 순으로 이루어진다.

6.1.9 등록파일의 관리

등록된 파일은 다음과 같은 방법으로 관리한다.

① 기록물등록파일은 매년 기록물관리기관으로 제출한다.
② 한번의 전자등록으로 기록물등록대장, 생산기록물목록, 기록물철 색인목록, 이관 기록물목록, 보존기록물목록이 자동 처리된다.
③ 기록물 한 건이라도 멸실된 경우 매년 제출한 전산등록파일을 통해 전산추적이 가능하므로 기록물 등록파일은 임의로 삭제 또는 수정이 불가하며, 삭제 또는 수정시 본래의 내용도 남아있게 해야 한다.

6.2 문서의 시행

6.2.1 문서시행의 의의

(1) 문서시행의 의의

문서시행이라 함은 내부적으로 성립한 행정기관의 의사를 외부로 표시하는 단계로서 문서의 효력을 발생하게 하는 절차를 말한다.

⑵ 문서시행의 방법

문서시행의 방법으로는 다음과 같은 방법으로 한다.

① 일반적으로 문서발송의 방법이 있다. 주로 인편에 의한 발송, 우편에 의한 발송, 모사전송에 의한 발송, 정보통신에 의한 발송방법이 있다.

② 단순사항을 전자게시판 또는 홈페이지에 게시하는 방법도 시행방법의 하나이다. 전자게시행정기관의 장이 소속공무원 또는 소속기관에 단순업무에 관한 지시, 단순한 자료요구, 업무연락, 통보, 공지사항, 일일명령 등의 시행문을 전자문서 시스템의 전자게시판 또는 행정기관의 홈페이지 등에 게시한 때에는 문서를 시행한 것으로 본다.

③ 전자우편주소와 홈페이지주소를 이용한 방법도 시행방법이다. 2004. 1. 1.부터는 전자문서의 경우 공무원의 공식전자우편주소를 이용한 발송, 행정기관의 홈페이지를 이용한 발송의 방법도 문서의 발송방법으로 인정한다. 이 경우는 행정기관 외의 자에게 발송하는 경우에 한한다.

④ 관보게재방법도 시행방법의 하나이다. 관보로 게재할 때에는 본문의 마지막에 '이 내용에 관한 시행문은 따로 보내지 아니함'이라고 쓴다.

⑤ 관보 또는 신문 등에 공고·고시하는 방법도 시행방법의 하나이다.

⑥ 증명서를 교부하는 방법도 시행방법의 하나이다. 주민등록법·호적법 등 개별 법령에 의하여 각종 증명서를 교부하는 것이 그 예이다.

6.2.2 시행문의 작성

2004.1.1.부터 기안문과 시행문이 하나의 서식으로 통합됨에 따라 별도의 시행문을 작성하지 않는다. 다만 결재가 끝난 이후에 종이문서의 경우에는 기안문을 복사하여 관인을 찍으면 시행문이 되고, 전자문서의 경우에는 전자문서 시스템에서 전자이미지관인을 찍으면 시행문이 된다.

별도의 기안문 및 시행문을 작성하지 아니하고 서식 자체를 기안문 및 시행문으로 갈음할 수 있도록 설계된 서식도 시행문 작성방법은 동일하다. 시행문의 작성대상문서와 제외문서는 다음과 같다.

(1) 대상문서

인편, 우편, 모사전송, 정보통신망, 전자문서 시스템의 전자게시판, 공무원의 공식 전자우편주소, 행정기관의 홈페이지, 관보에 의한 방법으로 발송하는 문서는 시행문을 작성해야 한다.

(2) 제외문서

전신·전신타자·전화로 발신하는 문서는 시행문을 작성하지 않으나 시행문 작성 형식으로 발신한다.

(3) 시행문의 서식

일반기안문 및 전자기안문의 서식과 동일한 서식이다.

(4) 문서접수란

수신자가 행정기관이 아닌 경우와 기타 특별한 사유가 있는 때에는 문서접수 란을 설치하지 아니할 수 있다.

(5) 기안문 및 시행문 서식이 아닌 서식

기안문 및 시행문 서식이 아닌 서식으로 작성한 문서를 시행문을 따로 작성하지 아니하고 당해 문서의 발신명의 란에 관인(전자이미지관인 포함)을 찍거나 행정기관의 장이 서명(전자문자서명 및 행정전자서명 제외)하여 시행할 수 있다.

6.2.3 관인 날인 또는 서명

(1) 관인 또는 서명의 표시

① 행정기관의 장 또는 합의제기관의 명의로 발신하는 문서

시행문, 고시·공고문서, 임용장·상장 및 각종 증명서에 속하는 문서에는 관인(전자이미지관인 포함)을 찍거나 행정기관의 장이 서명한다. 다만 서명의 경우 전자이미지서명은 가능하나 전자문자서명 및 행정전자서명은 제외한다. 그리고 행정기관의 장이 직접 결재한 문서는 관인날인 대신 행정기관의 장이 시행문, 상장 등에 직접 서명하여 시행하거나 교부할 수 있다.

관인은 그 기관 또는 직위 명칭의 '끝'자가 인영의 가운데 오도록 찍는다. 다만, 등·초본 등 민원서류를 발급하는 직인의 경우에는 발급기관장 표시의 오른쪽 여백에 찍을 수 있다.

② **보조기관 또는 보좌기관의 명의로 발신하는 문서**

발신명의 표시의 마지막 글자 위에 보조기관 또는 보좌기관이 서명(전자문자서명·전자이미지서명 및 행정전자서명 제외)하여 시행하되, 필요한 경우에는 소속 공무원으로 하여금 발신명의자의 서명표시인을 찍어 시행하게 할 수 있다. 다만, 전자문서는 서명표시인을 사용하지 않고 전자이미지서명 또는 전자문자서명이 자동생성 되도록 하여 시행한다.

(2) 관인 또는 서명의 생략

■ **생략을 표시하지 않는 문서**

① 전신·전신타자·전화로 발신하는 문서
② 관보·신문 등에 게재하는 문서

■ **생략을 표시하는 문서**

(a) **대상문서 : 기안자가 경미한 내용의 문서라고 결정한 문서**

① 일일명령 등 단순업무처리에 관한 지시문서
② 행정기관간 또는 보조(보좌)기관간 단순한 자료요구·업무연락·통보 등을 위한 문서

(b) **표시방법 : 기안문 및 시행문의 발신명의의 오른쪽에 표시**

① **관인날인 생략의 표시** : 행정기관장 또는 합의제기관 명의의 문서

② **서명날인 생략의 표시** : 보조(보좌)기관 상호간 발신문서

(3) 관인 인영의 인쇄·사용

관인을 찍어야 할 문서로서 다수의 수신자에게 동시에 발신·교부하는 경우 관인날인 대신에 관인 인영을 그 문서에 인쇄하여 사용할 수 있다.

① 관인의 인영을 인쇄하고자 하는 경우 해당 부서의 장은 관인관리 부서장의 협의를 거쳐 당해 기관장의 승인을 얻어야 한다.

② 관인의 인영을 인쇄할 경우 업무수행에 지장이 없다고 인정되면 문서의 크기·용도에 따라 인영크기를 적절하게 축소 인쇄하여 사용할 수 있다.

③ 관인 인영을 인쇄하여 사용하는 때에는 처리과의 장은 다른 법령에 특별한 규정이 있는 경우를 제외하고는 관인인쇄용지관리대장을 비치하고 그 사용내역을 기록·유지한다.

〈표 6-2〉 관인인쇄용지관리대장

관인인쇄용지관리대장

인쇄문서명					
관 인 명			인쇄관인규격		
일 자	인쇄량 (매)	사용량 (매)	사 용 내 역	잔여량 (매)	확인 (서명)

6.2.4 문서의 발송

(1) 발신(발송) 원칙

① 문서는 직접 처리해야 할 행정기관에 발신한다. 다만, 필요한 경우에는 행정조직상의 계통에 따라 발신한다.

② **경유문서의 발신**
- **하급기관에서 상급기관에 발신** : 하급기관에서 직근 상급기관외의 상급기관 (당해 하급기관에 대한 지휘·감독권을 갖는 기관)에 발신하는 문서 중 필요하다고 인정되는 문서는 그 직근 상급기관을 경유하여 발신한다.
- **상급기관에서 하급기관에 발신** : 상급기관에서 직근 하급기관외의 하급기관(당해 상급기관이 지휘·감독권을 갖는 기관)에 문서를 발신하는 경우에도 필요하다고 인정되는 문서는 그 직근 하급기관을 경유하여 발신한다.

③ 문서는 정보통신망을 이용하여 발신한다. 다만, 업무의 성격 기타 특별한 사정이 있는 경우에는 인편·우편·모사전송·전신·전신타자·전화 등으로 발신할 수 있다.

④ 문서는 처리과에서 발송한다. 다만, 인편 또는 우편으로 발송하는 경우에는 문서과의 지원을 받아 발송할 수 있다.

용/어/정/리

- **처리과** : 문서의 수발 및 사무처리를 주관하는 과·담당관 또는 계
- **문서과** : 행정기관내의 공문서 분류·배부·수발업무지원 및 보존 등 문서에 관한 사무를 주관하는 과·담당관 또는 계

---

(2) 발신(발송) 방법

(a) 일반 사항

① 종이문서는 복사하여 발송하고, 전자문서는 전자문서시스템 또는 업무관리시스템상에서 발송하되, 전자문서 중 정보통신망을 이용하여 발송할 수 없는 문서는 이를 출력하여 발송할 수 있다.

② 처리과의 문서수발업무 담당자(문서과의 지원을 받는 경우에는 문서과의 문서수발업무 담당자) 또는 기안자는 발송할 문서와 문서(기록물)등록대장의 기재사항을 확인한 후 관인을 날인하여 발송한다.

③ 관인을 찍어 시행하는 문서는 관인관리자가 관인을 찍은 후 처리과에서 발송하고, 전자이미지관인을 찍어 시행하는 문서는 처리과의 문서수발업무 담당자 또는 기안자가 전자이미지관인을 찍은 후 발송한다.

④ 내용이 중요한 문서는 인편·등기우편 기타 발송사실을 증명할 수 있는 특수한 방법으로 발송하고, 우편 발송하는 때에는 행정안전부장관이 정하는 행정사무용 봉투에 넣어 발송한다.

⑤ 인편에 의하여 문서를 발송하는 때에는 기안문의 적당한 여백에 수신기관의 수령자의 소속과 수령일자를 표시하고 서명(전자문자서명·전자이미지서명 및 행정전자서명 제외) 또는 날인을 받아야 한다.

⑥ 모사전송 또는 전신 등의 방법으로 발신하는 경우 통신보안에 필요한 조치를 해야 하고, 모사전송으로 발신한 시행문은 기안문과 함께 보존해야 한다.

⑦ 전자문서는 공무원의 공식 전자우편주소(행정기관이 공무원에게 부여한 전자우편주소)를 이용하여 행정기관 외의 자에게 발송할 수 있다. 다만, 문서의 위·변조 방지 등 보안문제로 인하여 현실적으로 실용화하기에는 한계가 있다.

(b) **특수 사항 : 암호 또는 음어송신**

① 전신 또는 정보통신망으로 시행할 문서의 내용이 비밀사항이거나 비밀은 아니라도 누설되면 국가안전보장·질서유지·경제안정 기타 국익을 해할 우려가 있는 사항이 포함된 경우에는 결재권자가 그 발신방법을 기안문 본문의 마지막에 '암호' 또는 '음어'로 지정한다.

② 암호 또는 음어로 송신해야 할 문서 중 비밀로 분류된 문서는 송수신자간에 서로 응답이 있는 경우에 한하여 송신해야 하며, 이 경우 송신문의 제목 또는 본문의 '끝' 표시 또는 '이하빈칸' 표시 다음에 따옴표(" ")를 하고 그 안에 비밀등급을 표시한다.

(3) 문서발송의 일반절차

행정기관의 장은 공문서를 수발함에 있어 문서의 보안유지와 분실·훼손 및 도난방지를 위하여 적절한 조치를 강구하여야 한다.

문서발송의 일반적 절차는 다음과 같다.

(a) 전자결재문서를 정보통신망을 통하여 발송하는 경우

(b) 일반결재문서(종이문서결재)를 시행하는 경우

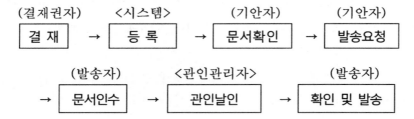

(4) 문서의 게시

(a) 대상 문서

경미한 내용의 문서(행정기관장이 소속공무원 또는 소속기관에 단순업무에 관한 지시, 단순한 자료요구·업무연락·통보, 공지사항, 일일명령 등의 시행문)

(b) 시행 방법

전자문서시스템 게시판 또는 행정기관 홈페이지 등에 게시한다. 보조기관·보좌기관 간에 발신하는 경미한 내용의 문서에도 적용된다.

(5) 관보 게재·공포

(a) 대상 문서

① 법령공포의 통지

② 대통령 및 국무총리의 훈령과 지시사항의 통지

③ 각급 기관에 대한 인사발령 통지

④ 기타 영 제10조에 해당하는 내용으로서 관보에 공문대체의 뜻을 기재하여 게재한 사항

 용/어/정/리

• 관보규정

　제10조 : ① 대통령 지시사항, ② 국무총리 지시사항, ③ 정부의 행정지침으로서 각 행정기관에 공지시킬 필요가 있다고 인정되는 사항, ④ 기타 행정안전부장관이 관보에 게재할 필요가 있다고 인정하는 사항

(b) 시행 방법

대상문서를 관보로 게재하면서 본문의 마지막에 '이 내용에 관한 시행문은 따로 보내지 아니함'이라고 표시한다.

① **공고·고시**

　일정한 사항을 일반에게 알리기 위해 신문 등에 공고·고시한다. 해당 문서에 특별한 규정이 있는 경우를 제외하고 공고·고시 후 5일이 경과한 날부터 효력 발생한다(공고 초일은 산입하지 않음).

② **증명서 교부**

　주민등록법 등 개별 법령에 의한 각종 증명서 교부한다.

6.3 문서의 접수 및 처리

6.3.1 문서의 접수

(1) 문서과

① 문서과에서 직접 받은 문서는 지체 없이 처리과에 배부하여 접수하게 하되, 배부정보는 문서(기록물)배부대장에 기록한다.

② 문서배부시 접수일시(접수등록번호는 기재하지 아니함)를 기재한 후 처리과로 보낸다.

※ 접수란이 없는 문서는 두문의 오른쪽 여백에 접수인을 찍어 기재함.

(2) 처리과

① 문서는 처리과에서 접수한다. 처리과에서 직접 받은 문서와 문서과로부터 받은 문서를 문서(기록물)등록대장에 등록한다.

② 접수문서의 접수란에 접수등록번호와 접수일시(문서과에서 받은 문서는 문서과가 기재)를 기재한다. 전자문서는 접수등록번호와 접수일시가 자동으로 표시되도록 한다.

③ 접수란이 없는 문서는 두문의 오른쪽 여백에 접수인을 찍어 기재한다.

〈접수인〉

접 수	─ (. . . :)

※ 접수란의 크기는 적절하게 조정하여 사용하고, 접수등록번호는 처리과명- 일련번호를 기재함.

※ 접수일자는 괄호 안에는 기재하되, 민원문서 등 필요한 경우에는 시·분까지 기재함.

예 2008. 11. 14. 또는 2008. 11. 14. 14:25

182

④ 처리과의 문서수발업무 담당자는 접수된 문서를 처리담당자에게 인계하고, 처리담당자는 필요한 경우 해당 문서에 대한 공람을 거쳐 업무처리를 한다.

⑶ 2 이상의 보조(보좌)기관 관련문서

① 문서과에서 관련문서를 받게 되면 그 관련성의 정도가 가장 높다고 판단되는 보조기관 또는 보좌기관에 보내야 한다.

② 관련문서를 처리과에서 직접 접수한 경우 당해 문서와 관련성의 정도가 가장 높다고 판단되는 보조(보좌)기관에 보내야 한다.

③ 당해 문서와 관련성의 정도가 가장 높은 처리과가 문서를 접수하게 되면 당해 문서를 복사하여 관련 보조(보좌)기관에 처리과의 장(처리과가 소속된 보조(보좌)기관 포함)의 명의로 이송해야 한다.

⑷ 감열기록방식의 모사전송기로 수신한 문서

감열기록방식의 모사전송기(FAX)에 의하여 수신한 문서는 장기보존이 어렵기 때문에 보존기간이 3년 이상인 문서는 복사하여 접수해야 한다. 이 경우 모사전송기로 수신한 문서는 폐기한다.

감열기록방식은 특수처리된 열감응용지의 표면을 가열하면 변색되는 점을 활용하여 문자·도형을 기록하는 방법으로 일반적으로 롤형 용지를 사용한다. 감열지에 기록된 내용은 용지에 따라 1~5년 정도 밖에 보존되지 않기 때문에 감열지로 된 문서는 보존기간에 상관없이 일반용지로 복사하여 사용하는 것이 좋다.

⑸ 당직근무자가 받은 문서

다음 근무시간 시작 후 지체 없이 문서과에 인계해야 한다.
㉑ 금요일 19:00 수령 → 월요일 출근시간 직후 문서과에 인계

⑹ 민원문서

민원문서의 접수·처리는 민원사무처리에 관한 법령이 정하는 바에 따른다.

(7) 행정기관외의 자로부터의 문서접수

(a) 정보통신망을 이용한 문서접수

① 행정기관의 장은 정보통신망을 이용하여 행정기관외의 자로부터 문서를 접수할 수 있도록 필요한 조치를 할 수 있다.

② 정보통신망을 이용하여 받은 문서는 일반적인 접수절차를 거쳐 처리해야 한다. 다만, 발신자의 주소·성명 등이 불분명한 경우에는 접수하지 아니할 수 있다.

(b) 홈페이지 또는 전자우편을 이용한 문서접수

행정기관의 홈페이지 또는 공무원의 공식 전자우편주소를 이용하여 행정기관외의 자로부터 문서를 받아 처리과에서 접수할 수 있다.

(8) 접수문서의 영수표시

(a) 우편접수 문서 : 공문서 영수증 송부

우편으로 발송한 문서를 접수한 경우에 발송자의 요구가 있는 때에는 공문서영수증을 보내 주어야 한다.

〈표 6-3〉 공문서 영수증

일련 번호	받음					
	문서번호	시행일자	제　　목	부 수	붙임물	접수일자
년　　　월　　　일 받은 사람 : 소속　　　직급　　　성명　　　서명(인)						

(b) 인편에 의한 접수문서

인편에 의하여 문서를 접수한 때에는 수신기관의 수령자가 서명(전자문자서명·전자이미지서명 및 행정전자서명 제외) 또는 날인하여 영수의 표시를 해야 한다.

6.3.2 문서의 반송 및 이송

(1) 문서의 반송

(a) 행정기관내의 반송

① 처리과는 문서과로부터 그 소관에 속하지 아니하는 문서를 인계받은 때에는 지체 없이 문서과에 반송해야 한다.

② 문서과는 당해 문서를 즉시 재배부하되, 문서과의 장이 지정하는 처리과로 보내야 한다.

(b) 행정기관간의 반송

행정기관의 장은 접수한 문서에 형식상의 흠이 있는 때에는 그 문서의 생산등록번호·시행일자·제목과 반송사유를 명시하여 발신 행정기관의 장에게 반송할 수 있다.

(2) 문서의 이송

(a) 행정기관내의 이송

처리과에서 직접 접수한 문서가 그 소관에 속하지 아니하는 경우에는 이를 지체 없이 문서과에 보내어 해당 처리과에 배부하도록 요청해야 한다.

(b) 행정기관간의 이송

행정기관의 장은 접수한 문서가 다른 기관의 소관사항인 경우에는 이를 지체 없이 소관기관의 장에게 이송해야 한다.

6.3.3 경유문서의 처리요령

(1) 경유문서의 접수

경유문서의 접수절차도 일반문서의 접수절차와 동일하다.

(a) 문서과에서 받은 경유문서

① 수령한 경유문서를 기록물배부대장에 기재한다.
② 문서접수 란에 접수일시(접수등록번호는 기재하지 아니함)를 기재한다(문서접수란이 없는 문서는 두문의 오른쪽 여백 또는 뒷면에 문서접수인을 찍어 기재한다).
③ 처리과에 보낸다.

(b) 처리과에서 접수한 경유문서

① 문서과로부터 받은 경유문서의 문서접수 란에 접수등록번호를 기재한다.
② 처리과에서 직접 받은 경유문서는 문서접수 란에 접수일자와 접수등록번호를 기재한다. 단, 문서접수 란이 없는 문서는 두문의 오른쪽 여백 또는 뒷면에 의한 문서접수인을 찍어 기재한다.
③ 기록물등록대장에 접수한다.

(2) 경유문서의 결재 및 처리

경유문서의 결재처리는 다음과 같은 방법으로 한다.

① 경유기관은 접수한 경유문서에 대한 검토를 마친 후 다른 경유기관의 장 또는 최종수신자에게 경유문서를 첨부한 결재권자의 결재를 받아 경유기관의 장의 명의로 발송해야 한다.
② 경유기관의 의견이 있는 때에는 그 의견을 본문에 표시하거나 첨부하여 보내야한다.
③ 경유기관의 의견이 없는 경우에도 경유문서를 이송한다는 내용으로 결재권자의 결재를 받아 경유기관의 장의 명의로 발송하는 문서에 경유문서를 첨부하여 이송해야 한다.

(3) 경유문서의 반송 및 보완

경유문서의 반송과 보완은 다음과 같은 방법으로 한다.

① 경유기관의 장은 경유문서를 최종적으로 처리할 권한이 있는 자가 아니므로 검토과정에서 형식상·내용상 흠이 있더라도 이를 이유로 하여 발신행정기관의 장에게 반송할 수 없다.

② 경유문서에 대하여 수정 또는 보완요구를 할 수 없다 위에서 설명한 바와 같이 경유기관의 장은 경유문서에 대한 검토를 하고, 이에 대한 의견이 있는 경우에는 이를 첨부하여 경유절차를 밟아 보내야 한다.

⑷ **경유문서의 표시 예**

효 자 동

수신자   종로구청장(○○과장)

(경유)   이 문서는 제1차 경유기관의 장은 종로구청장이고, 제2차 경유기관의 장은 서울특별시장이며, 최종 수신기관의 장은 행정안전부장관이다.

제 목 ○○○○○○

(본문 내용)

효 자 동 장 ⑩

[그림 6-1] 경유문서(최초로 보낸 기관)

종 로 구

수신자   서울특별시장(○○과장)

(경유)   이 문서는 제1차 경유기관의 장은 종로구청장이고, 제2차 경유기관의 장은 서울특별시장이며, 최종 수신기관의 장은 행정안전부장관이다.

제 목 경유문서의 이송

(본문 내용)

붙임   1. 시행문(효자동 경유문서) 1부.
        2. 의견서 1부(있는 경우에만 첨부). 끝.

종 로 구 청 장 ⑩

[그림 6-2] 경유문서(1차 경유기관)

서울특별시

수신자　행정안전부장관(○○과장)

(경유)　이 문서는 제1차 경유기관의 장은 종로구청장이고, 제2차 경유기관의 장은 서울특별시장이며, 최종 수신기관의 장은 행정안전부장관이다.

제　목　경유문서의 이송
　　　　(본문 내용)

붙임　1. 시행문(효자동 경유문서) 1부.
　　　2. 시행문(종로구 경유문서) 1부.
　　　3. 의견서 1부(있는 경우에만 첨부).　끝.

서울특별시장[인]

[그림 6-3] 경유문서(2차 경유기관)

6.3.4 문서의 공람

(1) 공람의 방법

처리과에서 접수된 문서가 처리담당자에게 인계되면, 처리담당자는 당해 문서가 공람대상에 해당될 경우 공람할 자의 범위를 정하여 공람하게 할 수 있다.

(2) 공람대상문서

접수문서는 접수등록번호와 접수일시를 기재하고 공람하지 않는 것이 원칙이나, 다음에 해당하는 문서는 공람할 자의 범위를 정하여 행정계통에 따라 순차적으로 공람하게 하거나 병렬적으로 공람하게 할 수 있다.

① 결재권자로부터 처리지침을 받아야 할 필요가 있는 문서
② 민원문서
③ 행정기관간 또는 행정기관내 보조(보좌)기관간 업무협조에 관한 문서
④ 접수문서 처리를 위하여 소관사항 등 형식적인 면 또는 법률·예산 등 내용적인 면

에서 검토가 필요한 문서

⑤ 그 밖에 공무원의 신상(身上), 교육훈련 등과 관련하여 공무원이 개별적으로 또는 전체적으로 알아야 할 필요가 있는 문서

(3) 공람의 표시

① **종이문서의 공람표시** : 접수문서의 적당한 여백에 공람자의 직위 또는 직급을 표시하고 서명을 한다.

囫1 [수평 공람] (직위/직급 및 서명을 한 줄로)

지방행정주사 **김삿갓** 총무과장 **홍갑순** 총무국장 **홍길동**

囫2 [수평 공람] (직위/직급 밑에 서명)

지방행정주사	총무과장	총무국장
김삿갓	**홍갑순**	**홍길동**

囫3 [수직 공람] (직위/직급 다음에 서명)

총무국장	**홍길동**
총무과장	**김삿갓**
지방행정주사	**홍갑순**
지방행정주사보	**박천국**

② **전자문서의 공람표시** : 전자문서시스템 또는 업무관리시스템상에서 공람하였다는 기록(공람자의 직위 또는 직급, 성명 및 공람일시 등)이 자동으로 표시되도록 한다.

(4) 결재권자의 지시

공람을 하는 결재권자는 문서의 처리기한 및 처리방법을 지시할 수 있으며 필요하다고 인정하는 때에는 그 처리담당자를 따로 지정할 수 있다.

6.4 전자문서

6.4.1 전자문서의 개념

전자문서란 전산망을 활용하여 작성·시행 또는 접수·처리되는 문서를 말한다. 여기서 전신망은 전기통신설비·전자계산조직 및 그 이용기술을 활용하여 정보를 처리·보관하거나 전송하는 정보통신 체제를 뜻한다.(사무관리규정 제3조)

전자문서는 컴퓨터 등의 정보처리능력을 가진 장치에 의하여 처리·전송·저장될 수 있는 형태의 자료 또는 정보를 말한다. 기업내에서 사용하는 전자문서의 종류는 워드프로세서 파일이나 스프레드시트 파일에서부터도면·그래프·동영상 파일에 이르기까지 다양하게 존재한다.

6.4.2 전자문서의 기능

(1) 시스템 관리 기능

시스템 관리 기능은 시스템에 관련된 전체적인 관리를 할 수 있도록 지원하는 기능으로써 데이터베이스 및 저장 데이터를 관리한다. 그리고 사용자관리와 자료에 대한 보안관리의 기능도 한다.

(2) 다양한 정보입력 기능

다양한 정보입력 기능은 사용자가 데이터를 수정 편집할 수 있는 응용프로그램 만큼 다양한 문서정보 입략을 쉽게 하는 기능이다. 따라서 사용자는 단순히 원하는 응용프로그램을 사용하여 문서정보를 작성·저장하기만 하면 문서정보의 관리가 쉽게 된다.

(3) 문서의 프로파일 기능

문서의 속성정보를 입력 또는 검색하기 위한 사용자 인터페이스인 프로파일은 기업에서 적용하고자 하는 문서정보의 관리표준을 구현해 준다. 프로파일이 포함하고 있는 각각의 항목은 문서의 속성정보 입력 및 다양한조건의 문서검색에 이용된다.

프로파일의 구성은 관리하고자 하는 문서 또는 자료의 속성, 업무의 처리방법 등에 따라 쉽게 구성할 수 있는 기능을 제공한다. 그리고 사용자의 요구사항을 만족하여 주며 용도별, 사용자별, 부서별, 그룹별 등 다양하게 문서정보를 관리 및 검색할 수 있게 한다.

(4) 전자문서 저장소 기능

단 한번의 조회로 분산되어 있는 문서 저장소의 정보들을 쉽고 안전하게정보에 접근하도록 검색하는 기능을 의미한다.

(5) 문서의 검색 기능

문서의 감색 기능에는 조건검색 기능, 내용검색 기능, 복수서버 감색 기능, 그리고 인터넷/인트라넷 검색 기능 등이 있다.

(a) 조건검색 기능

조건검색 기능은 어떠한 조건으로도 문서 검색이 가능하도록 하는 기능이다. 즉 문서명, 문서작성자, 문서종류, 작성날짜 등 하나 혹은 여러 조건의 조합으로 검색할 수 있다.

(b) 내용검색 기능

내용검색 기능은 별도의 키워드를 입력하여 관리하지 않아도 문서내용상의 어떤 키워드로도 검색이 가능한 기능을 말한다. 어떤 응용프로그램으로 작성된 문서인지를 모르더라도 원하는 주제어로 검색이 가능하며 이 기능만으로도 문서정보 검색 시스템의 구축이 가능하다.

(c) 복수서버 검색 기능

복수서버 검색 기능은 LAN/WAN상에서 여러 서버나 원격지 서버에 위치한 문서도 손쉽게 접근하여 검색할 수 있는 기능을 말한다.

(d) 인터넷/인트라넷 검색 기능

인터넷/인트라넷 검색 기능은 인터넷 상에서 전자문서 정보시스템의 문서를 웹 브라우저에 맞게 수정된 프로파일 폼을 이용하여 검색하도록 하는 기능이다.

(6) 문서의 보안관리 기능

문서의 보안관리 기능은 중요한 문서의 보안을 위하여 문서접근 권한을 다양하게 구분할 수 있고, 문서작성자는 문서작성 종료시 사용자별 혹은 그룹별로 접근권한을 다르게 줄 수 있는 기능이다. 기업 내에서 부서별, 직급별, 프로젝트별로 문서의 접근권한을 미리 지정하여 적용하는 것도 가능하다.

(7) 문서이력 관리 기능

문서이력 관리 기능은 문서보안의 관리를 위한 방안으로써, 모든 문서의 생성에서부터 수정·삭제까지 문서의 이력 추적을 가능하게 하는 기능이다. 문서에 대한 접근권한이 없는 사용자의 접근시도도 이력으로 남게 된다.

(8) 문서관리체계 지원 기능

사용자가 특정 업무관련 파일들을 분류하여 폴더로 관리할 수 있는 폴더기능을 제공하며, 2차원적인 버전관리로 문서의 여러 수정판을 관리하여주는 버전관리 기능도 제공하여 준다. 특히 문서정보 관리 시스템에서 문서변경에 의한 문서의 버전관리에 강력한 기능을 발휘하는 시스템도 있다.

(9) 문서의 보기 기능

자료를 생성한 원래의 응용프로그램이 필요 없어도 되며, 등록된 자료의 종류에 관계없이 보기 및 출력이 가능한 기능을 제공한다.

(10) 문서의 보관 및 백업 기능

(a) Shadow 문서 기능

Shadow 문서 기능을 사용하여 로컬서버의 부하를 줄여줄 수 있다. 즉 클라이언트가 작성 한 문서는 사용자가 지정 한 기간만큼 클라이언트 PC에도 저장되어 있으므로, 해당 문서를 불러올 때는 서버를 경유하지 않고 자기 클라이언트에서 데이터를 불러오기 때문에 그만큼 부하가 줄어든다.

(b) Back up 기능

Back up기능은 문서작성 후 저장할 때 미리 지정해 둔 문서유형의 문서보관방법에 따라 문서의 보관방법을 지정하는 기능이다. 문서마다 지정된 일정 기간이 경과하면 지정한 보관방법에 따라 문서가 보관되거나 자동으로 서버에서 삭제할 수 있다. 또한 일정 기간이 지난 문서는 자동으로 Back up시스템에 보관할 수도 있다.

⑪ 모빌 기능

모빌기능은 네트워크에 연결된 문서들을 사용할 수 있게 하는 기능이다. 노트북 사용자가 포함이 되면 파일의 수에 제한 없이 네트워크상에 있는 문서들을 노트북으로 반출할 수 있다. 노트북 사용자가 다시 네트워크에 연결하고자 하면, 시스템은 네트워크로부터 반출했던 문서들의 반입을 요구한다.

6.4.3 전자문서의 관리

(1) 전자문서의 일반

(a) 전자문서의 효력

전자문서는 다른 법률에 특별한 규정이 있는 경우를 제외하고는 전자적 형태로 되어 있다는 이유 때문에 문서로서의 효력이 부인되지 아니한다. 즉 전자문서는 기존의 종이문서와 동일하게 법적 효력을 인정받고 있다.

(b) 전자문서의 증거능력

전자문서도 종이문서와 같아 증거능력을 갖는 것으로 보고 재판 및 기타법적 절차에서 증거능력이 있는 것으로 간주한다.

(2) 전자서명

'전자서명'이란 전자문서를 작성한 자의 신원과 전자문서의 변경 여부를 확인할 수 있도록 비대칭암호화 방식을 이용하여, 전자서명 생성키로 생성한 정보로서 당해 전자문서에 고유한 것을 말한다. 여기서 전자서명 생성키란 전자서명을 생성하기 위하여 이용하는 전자적 정보를 의미한다.

그리고 비대칭암호화 방식은 정보를 암호화하기 위하여 사용하는 키와 암호화된 정보를 복원하기 위해서 사용하는 키가 서로 다른 암호화 방식을 말한다. 공인 인증기관이 인증한 전자서명은 관계법률이 정하는 서명 또는 기명날인으로 간주한다.

(3) 전자문서의 보관

전자문서가 다음의 요건을 갖춘 경우에는 그 전자문서의 보관으로 관계법령이 정하는 문서의 보관에 갈음할 수 있다.

① 전자문서의 내용을 열람할 수 있을 것
② 전자문서가 작성 및 송·수신된 때의 형태 또는 그와 같이 재현될 수 있는 형태로 보존되어 있을 것.
③ 전자문서의 작성자, 수신자 및 송·수신일시에 관한 사항이 포함되어 있는 경우에는 그 부분이 보존되어 있을 것.

(4) 송·수신시기 및 장소

(a) 송신시기

전자문서는 작성자외의 자 또는 작성자의 대리인외의 자가 관리하는 컴퓨터 등에 입력된 때를 송신한 것으로 간주한다.

(b) 수신시기

전자문서는 다음의 해당하는 때를 수신된 것으로 본다.

① 수신자가 전자문서를 수신할 컴퓨터 등을 지정한 경우에는 지정한 컴퓨터 등에 입력된 때를 수신시기로 본다. 단 지정한 컴퓨터 등이 아닌 컴퓨터 등에 입력된 경우에는 수신자가 이를 출력한 때를 수신시기로 간주한다.
② 수신자가 전자문서를 수신할 컴퓨터 등을 지정하지 아니한 경우에는 수신자가 관리하는 컴퓨터 등에 입력된 때를 수신시기로 본다.

(c) 송·수신장소

전자문서는 각각 작성자와 수신자의 영업장 소재지에서 송·수신된 것으로 본다. 영업장이 2이상인 경우에는 해당 전자거래와 가장 관련이 많은 영업장 소재지에서 송·수신된 것으로 보고, 해당 전자거래와 관련이 있는 영업장이 없는 경우에는 주된 영업장 소재지에서 송·수신된 것으로 본다. 단 작성자 또는 수신자가 영업장을 가지고 있지 아니한 경우에는 그의 주된 거주지에서 송·수신된 것으로 간주한다.

(d) 작성자가 송신한 것으로 보는 경우

작성자의 대리인 또는 작성자를 대신하여 자동으로 전자문서를 송·수신하도록 구성된 컴퓨터프로그램과 기타 전자적 수단에 의하여 송신된 전자문서는 작성자가 송신한 것으로 본다.

(5) 수신한 전자문서의 독립성

수신한 전자문서는 각 문서마다 독립된 것으로 본다. 단 수신자가 소정의 확인절차에 따르거나 상당한 주의로 동일한 전자문서가 반복되어 송신된 것임을 알 수 있었을 경우에는 독립성을 인정하지 않는다.

(6) 수신확인

① 작성자가 수신자에게 송신한 전자문서에 대하여 수신확인통지를 요구하면서 통지방법을 지정하지 아니한 경우에, 수신자는 작성자가 충분히 알 수 있는 방법으로 수신사실을 통지해야 한다.

② 작성자가 수신확인을 효력발생 조건으로 하여 전자문서를 송신한 경우에는 수신확인통지가 작성자에게 도달하기 전까지는 그 전자문서가 송신되지 아니한 것으로 본다.

③ 작성자가 수신확인을 효력발생 조건으로 명시하지 아니하고 수신확인통지를 요구한 경우, 상당한 기간 내에 작성자가 수신확인통지를 받지 못한 때에는 작성자가 그 전자문서의 송신을 철회할 수 있다. 전자문서의 표준 및 유통

6.4.4 전자문서표준의 제정 및 고시

(1) 전자문서표준의 제정

행정안전부장관은 전자문서시스템 기능의 규격표준, 전자문서시스템간 전자문서의 유통표준, 전자문서 시스템과 행정정보시스템간 전자문서 또는 행정정보의 유통표준을 정해야 한다. 다만 산업표준화법에 의한 한국산업규격이 제정되어 있는 사항에 대하여 는 그 규격에 따른다.

(2) 전자문서의 표준고시

행정안전부장관은 위의 사항에 의하여 규격표준·유통표준 등을 정한 경우에는 이를 관보에 고시하고, 인터넷에 게시해야 한다. 그 표준을 변경하는 경우에도 또한 같다.

(3) 인증받은 전자문서시스템 사용의 의무화

행정기관의 장은 특별한 사유가 없는 행정안전부장관이 제정·고시하고, 전문기관이 표준에 적합하다고 인증을 한 전자문서시스템을 사용해야 한다.

(4) 전문기관의 지정

전자문서의 전문기관을 지정·운영해야 하는데, 전자문서시스템에 대한 인증은 행정 안전부장관이 지정하는 전문기관이 행하고, 행정안전부장관은 전자문서시스템에 대한 인증을 행하는 전문기관을 지정하는 경우에는 인증을 실시할 수 있는 시설과 인증실적 등을 고려하여 지정해야 한다.

6.4.5 정부 전자문서유통지원센터

(1) 센터 설치 및 기능수행

행정안전부장관은 행정기관간 전자문서의 원활한 유통을 지원하기 위하여 행정안전 부에 정부 전자문서유통지원센터를 두되, 전자정부지원센터가 그 기능을 수행한다. 다 만 행정안전부장관은 전자문서 유통관리의 안정성 및 용이성 등을 위하여 필요한 경우에는 센터업무의 일부를 다른 행정기관으로 하여금 수행하게 할 수 있다.

(2) 센터의 업무

정부 전자문서유통지원센터는 다음 업무를 수행한다.

① 전자문서 또는 행정정보의 원활한 유통을 위한 지원 및 규격표준·유통표준 등을 운영한다.
② 전자문서시스템 및 행정정보시스템의 전자적 주소 등을 배포 및 관리한다.
③ 전자문서 또는 행정정보의 효율적인 유통을 위한 프로그램을 개발·보급한다.
④ 전자문서 또는 행정정보의 유통 시 발생하는 장애의 복구를 위해서 지원해 준다.

(3) 센터운영에 필요한 사항

정부 전자문서유통지원센터 운영은 다음과 같은 사항이 필요하다

① 센터를 관리하는 자는 센터의 시스템이 정상적으로 가동되도록 관리해야 하며, 유통되는 전자문서 및 행정정보가 위조·변조·훼손 또는 유출되지 아니하도록 적절한 보호대책을 강구해야 한다.
② 센터의 관리자는 원활한 전자문서유통을 지원하기 위하여 필요한 경우 테스트문서를 발송하여 센터를 이용하는 자간 정상적 문서유통 여부를 확인해야 한다.
③ 센터의 관리자는 전자문서 유통상의 장애가 발생하거나 시스템간 문제가 발생 하는 경우에는 센터 이용자에게 전자문서시스템 등의 관련정보를 요청할 수 있다.
④ 행정안전부장관은 센터업무의 일부를 수행하는 행정기관에 대하여 기술적인 지원을 할 수 있다.
⑤ 센터의 관리자와 센터업무의 일부를 수행하는 행정기관의 전자문서 유통지원 업무를 담당하는 자의 역할 및 센터의 이용절차 등에 관하여 필요한 세부사항은 행정안전부장관이 정한다.

문서의 정리와 보관

7.1 문서의 정리

7.1.1 문서의 정리

문서의 정리란 불필요한 것의 발췌에서 시작되며 문서정리의 목적은 문서를 찾아내는 시간을 단축하는 것이다. 그렇게 하여 필요한 때에 손쉽게 발견하고 용무가 끝나면 제자리에 보관하게 된다. 그러므로 불필요한 것을 버리고 검색의 범위를 줄이는 것이 필요하다.

위와 같이 문서와 자료를 필요로 할 때 이용하기 쉬운 상태로 정리하기 위해서는 일정한 기준에 따라 문서나 자료를 분류할 필요가 있다. 문서정리의 절차는 문서의 구분, 문서의 분류, 문서의 보관, 문서의 이관, 문서의 보존, 문서의 폐기 순서이다.

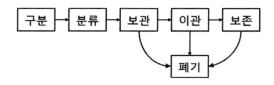

[그림 7-1] 문서정리의 절차

업무부문에서 다루고 있는 정보의 Life Cycle도 매우 짧아지고 있다. [그림 7-1]는 업무부문에서 보관되어 있는 문서의 이용도를 나타낸 것이다. 문서는 작성되어서 6개월이 지나면 10%밖에 이용되지 않는다. 그리고 1년이 경과하면 1%밖에 활용되지 않는다.

1년 후에는 1%밖에 이용되지 않는다고 버릴 수도 없다. 적어도 1%는 사용한다. 다만 이용하는 1%가 어느 문서인지를 알 수 없다. 전부 버리면 불안해진다. 그래서 문서를 전체적으로 소유하게 된다.

그러므로 필요 이외의 문서를 만들지 않는 것이 요구된다. 다음에 한번 만든 문서는 '버리는 기준'을 만들어서 기준에 따라 대담하게 버리고, 버린 것을 '아까워하지 않는다'는 의연한 태도를 취해야 한다. 문서의 정리란 불필요한 것의 발췌에서 시작되며 문서정리의 목적은 문서를 찾아내는 시간의 단축에 있다.

위와 같이 문서와 자료를 필요로 할 때 이용하기 쉬운 상태로 정리하기 위해서는 일정한 기준에 따라 문서나 자료를·분류할 필요가 있다.

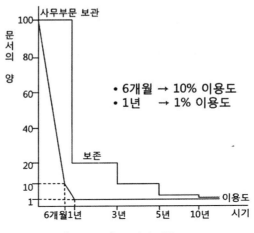

[그림 7-2] 문서의 이용도

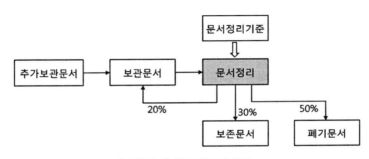

[그림 7-3] 문서정리의 흐름

7.1.2 문서정리의 목적

① 문서를 체계적으로 관리하여 언제든지 필요한 문서를 신속한 검색을 통해 쉽게 색출해 낼 수 있다.

② 일정한 기준에 의해 문서가 관리되므로, 담당자가 아니더라도 필요한 정보를 쉽게 찾을 수 있게 된다.

③ 불필요한 문서를 적시에 폐기하여 보관·보존문서의 관리를 효율화시킬 수 있게 된다.

④ 의사결정에 필요한 정보를 효과적으로 이용할 수 있게 된다.

⑤ 문서가 체계적으로 정리됨으로써 결과적으로 사무환경이 개선되고, 문서관리에 드는 비용을 절감할 수 있게 된다.

7.1.3 문서의 정리대상

문서는 크게 타 기관과 관련된 수·발신문서와 사내에서 유통되는 문서로 분류할 수 있다. 타 기관과 관련된 수·발신문서는 편지, 전보, 계약서, 보고서, 지원 서, 카탈로그, 가격명세표, 안내책자, 신문, 잡지 등이 있고, 사내유통문서로는 메모나 업무관련서류 등이 있다. 이러한 자료들 중에서 일시적으로 사용되어 보존 가치가 없는 문서는 보관대상에서 제외된다.

문서의 정리대상은 다음과 같다.

① **일반문서** : 수·발신문서의 비본, 의사록, 조사서, 품의서, 보고서, 증서 등
② **장표서** : 장부, 전표 등
③ **도면서** : 설계도면, 청사진 등
④ **자료서** : 정기간행물, 카탈로그, 팜플렛 스크랩 등
⑤ **도서서** : 사전, 참고도서, 육법전서(헌법·형법·민법·상법·형사소송법·민사 소송법) 등
⑥ **기타서** : 중요문서가 수록된 마이크로필름, 광디스크 등

7.1.4 문서의 정리시기

공공기관은 매년 3월 31일까지 행정안전부령이 정하는 바에 따라 전년도에 완 결된 기록물을 정리해야 한다. 그리고 기록물을 정리한 때는 그 결과와 기록물 등록대장 및 기록물철등록부에 등록되어 있는 내용이 일치되도록 해야 한다. 공공기관의 장은 필요하다고 인정되는 경우 부서별 또는 처리과별로 기록물 정리 일정을 달리하여 실시할 수 있다.

(1) 기록물의 정리는 다음 각 호의 사항을 포함하여 실시한다.
① 기록물등록대장 및 기록물철등록부에 등록되지 아니한 기록물이 있는지 여부를 확인하여 누락기록물을 추가로 등록한다.
② 기록물등록대장의 등록사항과 실제 기록물상태가 일치되는지 여부를 확인 한 후 미비사항을 보완한다.

③ 특수목록 해당여부를 확인하여 기록물등록대장 및 기록물철등록부에 필요 한 특수
목록을 추가로 기입한다.

④ 대통령관련 기록물, 특수규격기록물, 비밀기록물, 개별관리기록물, 저작권보호대
상기록물 등에 해당되는지 여부를 확인하여 기록물등록대장의 특수기록물란에 해당
항목을 모두 표시한다.

⑤ 생산등록번호 또는 접수등록번호가 표시되지 아니한 기록물이 있는지 여부를 확인
하여 누락된 기록물의 생산등록번호 또는 접수등록번호를 표기한다.

⑥ 기록물등록대장상의 쪽수와 실제기록물의 쪽수가 일치되는지 여부를 확인 한 후
기록물철 단위의 면표시를 최종적으로 확정·표기한다.

⑦ 기록물철별로 보존기간 책정 등의 보존분류를 실시한 후 기록물철등록부에 그 결
과를 기입한다.

⑧ 기록물철안에 남아있는 철침 등 이물질을 제거한다.

⑨ 기록물철의 색인목록과 실제 편철상태가 일치하는지 여부를 확인한 후 색인목록을
전산출력의 색인목록으로 교체한다.

⑩ 기록물분류기준표에 누락 또는 변경된 단위업무가 있는지 여부를 확인하여 기록물
분류기준표의 변경신청을 한다.

⑪ 기록물철을 생산연도별·보존기간별로 구분하여 보존상자에 담는다. 이 경우 생산
연도는 당해 기록물철의 종료연도를 기준으로 한다.

⑫ 비치활용이 종료된 카드류를 보존봉투에 담아 이관할 수 있도록 편철·정리한다.

⑬ 기타 전문관리기관의 장이 정하는 기록물의 정리에 관한 사항을 행한다.

(2) 공공기관의 장은 필요하다고 인정되는 경우 부서별 또는 처리과별로 기록 물 정리
일정을 달리하여 실시할 수 있다.

(3) 제1항 제3호의 규정에 의한 특수목록의 기입 및 제7호의 규정에 의한 기록물 철별
보존분류(보존장소·비치종결일자 및 비치사유에 한한다)는 이를 자료관 또는 특
수자료관의 장이 할 수 있다.

7.1.5 문서정리의 순서

내용의 처리가 완결되어 철을 해도 좋은 문서는 다음의 5가지 정리단계를 거친다.

(1) 검사

문서가 수신되면 문서접수절차에 의해 '문서처리인'의 해당란(접수일자·접수 시간·접수번호·처리과명)을 기록하고, '문서처리인'이 없는 문서(기안·시행문서 이외의 문서, 영문서 등)의 경우에는 '접수인'을 날인한다.

그리고 주로 영문서에서는 당해 문서의 내용처리가 완결되면 철해도 좋다는 표시로 담당자가 자기의 이니셜(initial)을 문서의 왼쪽 위 여백에 기입한다. 문서를 철해도 되는지 검사하는 과정에서 아직 미결된 문서는 담당자에게 돌려보내도록 한다.

(2) 주제결정

당해 문서를 어떤 제목으로 철할 것인가를 결정한다. 대개 발신기관명이나 발신인 성명, 또는 토의된 주제나 지역적 위치 등으로 주제를 결정한다.

(3) 주제표시

결정한 주제에 다른 사람도 알 수 있도록 컬러펜으로 밑줄을 그어준다. 만일 마땅한 주제가 없다면, 문서의 오른쪽 위의 여백에 제목을 따로 기재하고 밑줄을 그어준다.

주제를 결정하는 과정에서 해당 문서가 다른 주제로도 요구될 것 같을 경우에 는 주된 주제의 폴더에 원본을 넣어 두고, 관계가 적은 주제의 폴더에는 복사본 또는 상호참조표를 넣어 둔다. 상호참조를 위한 제목에는 밑줄 을 그어주고 옆에 X 표시를 한다.

(4) 분류

주제를 결정한 뒤 체계적인 문서분류법에 의해 문서를 가나다순으로 배열하는 것을 분류라고 한다.

(5) 저장

분류된 문서를 저장하기 위해서 서류함 외부의 색인표를 보고 적절한 서랍을 연다. 그리고 가이드와 폴더의 표제를 보고 해당 폴더를 찾아 올바른 위치에 넣어 준다.

7.2 파일링시스템

규모가 확대되고 경영활동이 복잡·다양·전문화된 가운데 문서란 원시적인 미디어가 되고 말았다. 그러나 문서는 아직도 여전히 질과 양적인 면에서 정보미디어의 큰 영역을 차지하고 있다. 이와 같은 문서를 정리·보관하는 목적은 경영활동에 필요한 정보로서 십분 활용하여 조직의 목표달성을 이룩하는 데 있다.

7.2.1 파일링시스템

일반적으로 문서가 작성되어서 내용의 처리가 완결되면 차후 그 자료가 필요 할 때 언제든지 즉각적으로 활용하기 위해서 체계적으로 문서를 분류·정리하고 보관하게 된다. 이러한 문서의 정리·보관, 그리고 폐기에 이르는 일련의 기술적 인 제도를 파일링시스템이라고 한다.

(1) 파일링시스템의 효과

파일링시스템을 도입하여 얻게 되는 효과는 다음과 같다.

① 불필요한 문서를 버릴 수 있게 한다.
② 문서관리 방법이 표준화·정형화됨으로써 문서가 사유화되지 않는다. 즉, 문서가 체계적으로 분류·보관되고 있다면, 담당직원이 자리에 없더라도 필요한 문서를 신속히 검색하여 색출해 낼 수 있으므로 경영의사활동을 중단함이 없이 효율적인 일처리를 가능하게 한다는 것이다. 그리고 귀중한 문서와 가치가 없는 문서가 뒤섞여 문서의 관리를 어렵게 하는 일이 생기지 않게 된다.

③ 해당 기관내의 모든 문서들을 체계적인 분류방법으로 통일시킴으로써 검색이 쉬워진다.

④ 각각의 문서마다 정해져 있는 보존기간까지 일괄적으로 보관·보존하고, 문서가 이용가치가 없어졌을 때 폐기를 가능하게 한다.

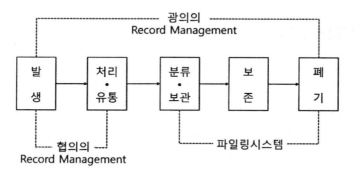

[그림 7-4] 기록의 Life Cycle

사무환경에서 파일링시스템이 도입되어야 할 이유를 살펴보면 다음과 같다.

① 불필요한 서류의 과다보관으로 인한 관리비용 증가
② 서류 축적량의 증가로 인한 여유 공간의 부족
③ 중요한 정보의 사물화, 사장화로 인한 정보 활용 가치의 저하
④ 담당자 부재 시 서류검색의 곤란
⑤ 비체계적인 보관·이관·보존·폐기절차로 인한 비효율적인 문서관리
⑥ 장표 규격과 용지 질의 다양화로 인한 문서철의 비표준화
⑦ 악화된 사무환경

(2) 파일링시스템의 목적

문서관리의 방법이 표준화가 되지 못한 곳에서는 문서가 사물화되거나 개인의 경험과 습관에 따라 문서를 관리하게 된다. 그러므로 담당자가 부재중이면 필요한 문서를 찾을 수 없고 필요한 문서와 불필요한 문서가 구분되지 않아서 이용하기가 어렵게 된다.

정보를 효과적으로 이용할 수 있는 상태로 관리하고 경영활동의 효율화라는 측면에서 볼 때, 파일링시스템의 목적은 다음과 같다.

(1) 문서의 유효한 활용

문서의 사물화를 방지하고 공유함으로써 지정된 장소에 보관하여 누구라도 손쉽게 이용할 수 있도록 한다.

(2) 검색시간의 절감

문서를 필요할 때에 빨리, 손쉽게 꺼낼 수 있도록 모든 문서의 분류와 Location화를 기하여 신속한 검색을 하도록 한다.

(3) 중요한 문서의 안전한 보관

대상문서와 취급기준의 명확화를 통하여 기록의 산만이나 파손을 방지하고 기밀을 유지하도록 한다.

(4) 사무의 공간의 유효한 활용

불필요한 문서가 사무실 내에 쌓여 있지 않으므로 공간 활용을 유효하게 할 수 있다.

(5) 사무자동화기기 도입의 선행 작업

업무의 효율화와 경영정보의 효율적인 지용을 위하여 기업은 사무자동화를 추진하고 있으나, 선행단계로서 반드시 해야 할 과정 중의 하나가 바로 파일링시스템의 정비이다.

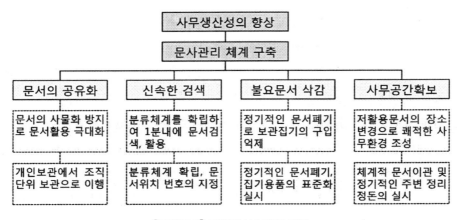

[그림 7-5] 파일링시스템의 목표

(3) 파일링시스템의 조건

① **정확성** : 파일링 방법의 비표준화·비정확성은 시간과 노력의 낭비를 초래한다.
② **경제성** : 완벽한 시스템이라 하더라도 성과에 비해 많은 경비가 소요된다면 실현가
능성이 적어진다.
③ **융통성** : 조건의 변화에 따른 확장과 축소가 쉬워야 한다.
④ **용이성** : 복잡한 분류는 파일링을 어렵게 한다.

(4) 파일링 절차

① 내용의 처리가 완결된 문서를 파일링 할 수 있도록 준비한다.
② 준비된 문서를 해당폴더에 넣는다.
③ 규정에 따라 색인을 붙인다.
④ 필요에 따라 마이크로필름 또는 광디스크에 수록한다.
⑤ 문서의 이용 요청이 있을 때는 신속하게 검색해서 제공하고, 이용이 끝난 문서는 다
시 제자리에 놓는다.

이와 같이 파일링의 기본절차가 파일링 대상문서의 구분, 분류, 보관, 이관, 존, 폐기로
이어지는 일련의 과정은 다음과 같다.

① **대상문서의 구분** : 여러 문서 중에서 파일링해야 할 문서를 가려내어 파일 대상문서
임을 구분한다.
② **문서의 분류** : 파일링해서 보관, 관리해야 할 문서는 일정한 문서 분류기준법에 따
라 일관성이 유지되도록 분류한다.
③ **보관** : 분류한 파일은 문서관리규정에 따라 일정기간동안 처리과(주무과)의 서류함
에 보관한다.
④ **인계·이관** : 이용가치가 떨어진 문서를 보관단계에서 보존단계로 옮기는 것을 말한
다. 따라서 보관문서 중에서 계속해서 보존해야 할 것들은 이를 인계·이관하여 보
존하도록 한다.
⑤ **보존** : 보존해야 할 파일은 각각 정해진 문서보존기간동안 문서과에서 보존·관리한다.
⑥ **폐기** : 더 이상 보관 또는 보존할 가치가 없는 문서는 폐기한다.

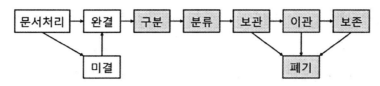

[그림 7-6] 파일링 절차

7.2.2 파일링시스템의 용구

대부분의 종이서류는 파일캐비닛이나 오픈선반에 보관하게 되고, 마그네틱테이프나 마이크로필름 등은 특별히 설계된 용구에 보관하게 된다. 그리고 서류를 보관하게 될 서랍에 쓰이는 도구로는 서랍밖에 붙이는 서랍라벨, 가이드, 폴더, 폴더라벨 등이 있다.

(1) 파일캐비닛

문서를 넣어 두는 서류함을 말하며, 2단식·3단식·4단식 등이 있다. 그 이외에도 가로직립식 캐비닛용 파일상자, 서랍보관용 파일상자, 수동이동식 파일장비기구, 회전식 보관기구, 단순수직식 파일링캐비닛, 수직식 서랍한눈파악식 파일링캐비닛, 수직적개방식 파일보관선반, 책꽂이식 파일보관선반, 수평식 파일보관대, 자동화된 파일 보관체제함 등이 있다.

용기류에는 문서를 넣어 둘 수 있는 상자로 '결재함'이라고도 불리는 서류함이 있는데, 보통 미결과 기결로 구분하여 사용한다. 그리고 파일을 일렬로 세운 서류선반(서무용 서고, 보관고)이 있는데, 선반에 라벨을 붙여 사용하는 것이 보통이다.

[그림 7-7] 파일 캐비닛

(2) 서랍 라벨

서랍 밖의 라벨에는 서랍 안에 어떤 내용물들이 들어 있는지를 알 수 있도록 적절한 명칭이 붙여져 있다. 라벨에 기록된 표제는 그 서랍 안에 보관된 자료들의 범위를 알려 준다.

예를 들어 서랍 안에 '대림무역'으로 시작하여 '백제상사'로 끝난 자료들이 들어있다고 가정할 경우, 서랍라벨에는 '다'라고 기재하는 경우와 '다~바'로 기재 하는 두 가지 경우가 있을 수 있다. 전자를 개방식, 후자를 폐쇄식 표제 기입법이 라고 부른다.

(3) 가이드

① 가이드는 폴더들을 그룹별로 구분하여 각 그룹별 폴더의 제일 앞에 끼워서 세워 두는 두꺼운 표식판을 말한다. 가이드는 필요한 자료를 쉽게 찾을 수 있게 하며 폴더가 구부러지거나 처지는 것을 막아주는 역할도 한다. 가이드는 보통 아래 혹은 옆쪽에 구멍을 내어 파일 용구함의 쇠막대기 등에 끼워서 빠지지 않도록 한다.

② 가이드는 제1가이드(대분류 가이드, 주제목 가이드), 제2가이드(중분류 가이 드, 부제목 가이드), 대출가이드 등이 있다. 보통 폴더 5~15개마다 1장의 제2가이드를 세운다.

③ 가이드의 돌출된 윗쪽 끝부분을 탭 또는 컷이라고 한다. 이 때 1/3컷이라고 하면 컷 부분이 가이드 전체 길이의 1/3을 차지한다고 하는 의미이며, 첫 번째 1/3컷을 첫 번째 위치, 두 번째 1/3컷을 두 번째 위치에 있다고 한다.

④ 가이드에 기재될 표제는 그 가이드 뒤에 위치하게 될 자료들이 어떤 것인지를 알게 해 준다. 표제는 작고 길다란 종이 위에 인쇄 또는 타자되어 금속 혹은 플라스틱 홀더안에 끼워진다. 표제는 빠르고 쉽게 읽을 수 있도록 간단히 기입한다.

(4) 폴더

① 두꺼운 종이를 겹쳐서 그 사이에 문서를 넣을 수 있도록 한 것으로 '파일철' 이라고도 한다. 보통 두꺼운 재질 또는 비닐로 만들어져 있고, 내용상 관계가 있는 문서를 한 건으로 통합시켜 파일한다. 폴더는 관련가이드의 뒤에 배치하며, 최근 문서가 위에 오도록 철한다.

② 서류의 항목을 쉽게 찾을 수 있도록 커버 뒷면에 돌출 부분을 만들어 두는 데, 이를

'귀(cut)'라고 부른다. '귀'가 나와 있는 위치나 크기가 여러 가지로 되어 있어서 필요한 것을 선택하는 것이 좋다. 폴더의 접지부분은 2~4개가 있는데, 문서가 늘어남에 따라 알맞게 접어서 사용한다.

③ 폴더를 취급할 때의 유의사항은 다음과 같다.

- 폴더 1개당 보관문서는 80내지 100매 정도로 제한하고, 그 이상일 경우 에는 분철시킨다. 폴더는 두꺼운 종이로 되어 있지만 너무 많은 문서를 철하게 되면 휘어져서 취급하기가 곤란해진다.

- 폴더의 표제부분을 견출부 또는 조견표라고 부르는데, 검색할 때는 견출 부에 의지하므로 손상이 가지 않도록 주의한다.

- 1통의 문서가 여러 매수로 되어 있을 때는 풀이나 스테이플러로 왼쪽 윗부분을 철한다. 클립은 벗겨지기가 쉽고, 핀은 손을 찌르거나 다른 문서가 같이 따라 나오기도 하므로 사용하지 않는 것이 좋다.

⑸ 폴더 라벨

폴더의 '귀'에 붙여서 폴더명을 기입하는 종이이다. 폴더에 넣어둔 서류의 이름이나 제목명을 써서 붙이고 가이드별로 통일된 색깔의 것을 붙인다.

① 라벨을 타자하는 요령은 다음과 같다.

- 첫 번째 줄을 모두 대문자로 찍기도 하고 중요단어의 첫 글자만 대문자로 찍기도 하는데, 어느 것을 택하든 끝까지 일관성을 유지하면 된다.

- 대개 block style을 선호하지만, 표제가 한 줄을 넘을 경우에는 명료성을 위해 3타 들여서 찍는다.

7.3 문서의 분류

문서의 분류란 잡다한 것 중에서 공통의 성질을 발견하고 그룹말로 모으는 것이다. 그목적은 혼돈상태에 있는 것에 일정한 질서를 주는데 있는 것이다. 분류에는 다음과 같은 일련의 절차가 있다.

① 우선 공통의 성질끼리 모은다.
② 공통 요소 간에 우선순위를 정한다.
③ 순서에 따라 분류를 체계화시킨다.
④ 이해하기 쉽게 표를 만든다.

7.3.1 문서의 분류원칙

(1) 종합의 원칙

문서분류의 대원칙으로서 세분하는 것이 목적은 아니고 묶기 위하여 분류한다는 것이다.

(2) 점진의 원칙

세분은 순차적으로 대분류·중분류·소분류와 같아 묶을 수 있는 것은 묶고, 간단한 것으로부터 복잡한 것으로, 일반으로부터 특수로 분류를 진행해야 한다.

(3) 일반성의 원칙

분류의 목적에 따라서 분류하는 기준은 확실하게 정한다. 동일한 분류에 있어서 처음에는 용도로 분류하다가 나중에는 형태나 색깔을 기준으로 분류하는 것처럼 일관성이 결여되어서는 안 된다.

(4) 상호배재의 원칙

분류의 세분항목은 명료하고 애매한 점이 없도록 정의되어 있어야 하고, 세분항목에 중복이 있어서는 안 된다.

(5) 병렬의 원칙

분류의 결과 비슷한 것이나 관계가 있는 것은 가까운 곳에 배열되도록 분류가 되어야 한다.

7.3.2 문서의 분류방법

내용의 처리가 완결된 문서 중에서 보관대상 문서는 크게 4가지(명칭별, 주제별, 지역별, 번호별) 방법에 의해 분류되어 보관하게 된다. 이 4가지 분류방법은 필요한 정보를 쉽고도 효율적인 방법으로 신속히 찾아낼 수 있도록 자료를 체계 화하여 저장할 수 있게 한다.

(1) 명칭별 분류법

명칭별 분류법은 거래처별로 회사명칭이나 고객명칭을 가나다순으로 통합하여 정리하는 방법이다. 이 분류법은 단순하고 빠른 장점이 있다. 한글 혹은 영문 알파벳순으로 정리될 것을 고려해서 거래처가 혼동되기 쉬운 명칭일 때는 어느 것을 기준으로 할 것인가를 분류 시에 신중히 고려해야 한다.

명칭별 분류법의 특징은 다음과 같다.

① 동일한 개인 혹은 회사에 관한 문서가 한 곳에 집중된다.
② 가이드나 폴더의 배열방식이 단순하다.
③ 잡건의 처리가 쉽다.
④ 가나다순으로 배열된 것이므로 색인이 불필요하다.

(2) 주제별 분류법

주제별 분류법은 문서를 주제별로 파일링하여 관리하는 방법이다. 문서가 주제별로 구분된 뒤 다시 가나다순으로 폴더의 위치가 자리잡게 된다. 주제별 분류법에서는 품목, 물건, 사업활동이나 기능의 명칭이 표제가 된다.

주제별 분류를 전사적으로 실시하거나 통일된 문서정리를 위해서는 미리 주제결정방식과 용어분류 기준표를 만들어 통일을 기해야 하며, 업무분류에 따른 문서분류표를 작성해야 한다. 왜냐하면 주제는 문서의 내용에 따라 결정이 되는데, 분류하는 사람에 따라 주제의 표시가 달라질 수 있기 때문이다.

- **주제별 분류법이 이용되는 경우**
① 개인성명 또는 조직명으로 언급되지 않은 문서를 파일할 때

② 문서가 차후에 개인성명보다는 주제에 의하여 요청될 것 같을 때

③ 조직활동 또는 상품에 관한 기록인 경우

④ 문서가 세세한 소분류로 구분될 경우

■ **주제별 분류법의 특징**

① 같은 종류의 주제나 활동에 관련된 정보들이 종류별로 한 곳에 모여 있으므로 어떤 주제나 활동에 관한 발생사실을 한꺼번에 일목요연하게 파악할 수 있다.

② 서류가 많아져도 무한하게 확장할 수 있다.

③ 적절한 주제를 찾아 분류하기가 어렵기 때문에 어떤 관점으로도 찾을 수 있도록 상호참조표를 작성해야 한다.

④ 잡건의 취급이 어렵다.

■ **주제별 분류법의 종류**

(a) 복합 주제 분류법

복합 주제 파일링법은 파일할 서류가 적을 때 사용하는 방법이다. 폴더의 표제가 개인명이나 회사명으로 된 것과 주제로 된 것을 한꺼번에 같이 배치시키는 것이다

(b) 가나다식 주제 분류법

가나다식 주제 파일링 법은 백과사전식 배열법과 사전식 배열법의 두 종류가 있다.

① 백과사전식 배열법 - 백과사전식 배열법은 주된 주제들을 가나다순으로 배열하고, 그 주제를 다시 여러개의 항목으로 분류하고 또 그 분류된 항목을 소항목으로 세분하여 배열하는 방법을 말한다.

② 사전식 배열법 - 사전식 배열법은 소규모의 회사에서 이용되는 것으로, 사전이나 전화번호부에 나와 있는 단어들처럼 단순히 가나다순으로 배열한 방법이다.

(3) 숫자식(업무기능별) 주제 분류법

업무기능별 분류법은 십진분류방법에 의해 분류한 번호와 주제에 의해 파일링하는 방법을 말한다. 정부기관을 비롯한 거의 대부분의 대조직체에서는 이 분류법을 많이 사용하고 있으며, 파일의 확장이 쉽다.

이 방법은 대분류·중분류·소분류로 나누고 듀이(Dewey)의 10진 분류방식을 이용한다. 이것은 한 주제가 10개의 하위주제를 가지도록 분류하는 방법으로, 우선 1차의 대분류를 10개로 분류하고, 2차의 중분류는 1차로 분류한 주제 10개를 다시 각각 10개씩 분류하게 된다. 3차의 소분류는 2차로 분류된 10개의 각각을 10개씩 분류하여 모두 1,000개가 된다.

이 때 특히 유의할 것은 분류한 10개중 1개는 반드시 나머지 9개 주제에 총괄적인 뜻이 있는 '총괄' 또는 '총기' 명칭의 항으로 둔다는 것이다 업무특성상 표준 번호를 더 세분해야 할 필요가 있을 때는, 붙임표(-)나 소수점(.) 등을 사용한다.

〈표 7-1〉 10진식 문서분류법

대분류 (제1차 분류)		중분류 (제2차 분류)		소분류 (제3차 분류)	
기호	주제	기호	주제	기호	주제
000	총괄(총기)	200	인사총괄(총기)	210	인사총무총괄(총기)
100	총무	210	인사 총무 →	211	인사 계획
200	인사 →	220	급여	212	채용
300	경리	230	복무	213	전직·전보
400	구매	240	노무	214	고과
500	창고	250	교육훈련	215	휴직·복직
600	생산	260	위생	216	상벌
700	판매	270	안전	217	퇴직
800	(여분)	280	후생	218	(여분)
900	(여분)	290	보험	219	(여분)

(3) 지역별 분류법

지역별 분류법은 여러 지역에 걸쳐 사업장을 갖춘 기업에 유용한 방법이다. 이 분류법은 우선 문서를 거래처의 지역이나 범위에 따라 분류한 다음 다시 가나다순으로 배열하는 것이다. 즉 국가, 지역, 거래처 명칭의 순서로 분류하고 정리하면 된다. 지역별 분류법은 다음과 같은 특징을 갖는다.

① 특정 장소별로 문서가 한 데 모아진다.

② 잡건의 처리가 쉽다.

③ 거래처의 명칭과 함께 지역의 명칭도 알아야 한다.

⑷ 번호별 분류법

파일의 표제에 단어 대신 번호를 기업하여 번호순으로 정리하는 것이다. 이 방법은 파일링의 확장이 수월하고 업무내용보다는 번호로 참조되는 경우에 효과적이다. 예를 들어, 같은 이름을 가진 사람들이 여러명이 될 경우 업무처리에 혼선이 생길 수 있다 그러나 이들 각자에게 번호를 부여하여 업무처리를 하게 되면 아무 문제없이 보다 신속하게 업무처리를 할 수 있게 되는 것이다.

⒜ 번호별 분류법이 이용되는 경우

① 상당히 장기간에 걸쳐 부정기적인 시기에 빈번히 사용되는 경우

　　예 병원 → 의료보험차드 번호로 분류

② 광범위한 상호참조를 해야 하는 특정사건, 계약

③ 명칭보다 번호를 기준으로 하는 업무

　　예 회계과 → 영수증 번호로 분류

　　　　보험회사 → 보험증서번호로 분류

④ 정보를 이용하거나 검색할 때 번호를 사용하여 보안성이나 비밀성 이 유지될 수 있는 경우

⑤ 빠른 속도로 보관 대상물들이 늘어나는 경우 등

⒝ 번호별 분류법의 특징

① 문서를 구별하든가 부를 때에 번호를 사용하므로 기밀유지가 가능하다.

② 새로운 파일을 만들어야 할 경우, 순서에 의해 번호를 추가로 배분하여 파일링을 계속해 나가면 되므로 파일링의 번호를 확대시키는 것이 쉽다.

③ 문서가 일련번호에 의해 보관, 보존되어 있어 찾기가 매우 쉽다.

④ 기존의 어떤 고유번호(주민등록번호, 전화번호, 청구번호, 자동차운전면허번호 송장번호 등)를 파일번호로 사용할 수 있다.

⑤ 카드색인이 그대로 거래처의 목록표가 되고, 파일의 위치를 찾아 준다. 그리고 파

일링된 사람의 기타 중요한 정보(주소 전화번호 등)를 신속히 파악해 줌으로써 업무처리의 효율성을 높여 준다.

⑥ 간접적인 방법이다.

⑦ 인건비, 비용이 많이 든다.

(5) 기타 분류법

(a) 혼합식 분류법

이 방법은 편의에 따라 문서를 주제별·명칭별·형식별 등의 여러 방법으로 혼합시켜 분류해서 배열하는 방법이다.

(b) 형식별 분류법

보고서·품의서·회의록·규정 등과 같이 문서의 항식별로 정리하는 방법이다. 정리 단위로서는 대분류나 안내명으로 쓰는 편이 편리한 때가 많다.

(c) 표제별 분류법

문서의 표제에 따라 분류·정리하는 방식이다. 즉 주문서나 견적서 등의 전표나 상품별 매상월보(賣上月報) 등의 보고서에 사용할 수 있는 방법으로 동일한 표제의 것을 하나의 그룹으로 정리하는 방법이다.

(d) 프로젝트별 분류법(일건별 정리)

어떤 구체적인 행사나 프로젝트별로 일의 발생에서부터 완결까지의 전 과정과 관련된 문서를 하나의 파일로 정리하는 것이다. 즉 계약, 소송, 정기행사 등이 있을 때 그것의 계획 단계에서부터 그것이 완전히 마무리될 때까지의 모든 관련서류를 하나로 철하는 것이다.

(6) 영문 Alphabetic Indexing

영문 Alphabetic Indexing System은 어순이 우리말과 다르므로 다소 복잡하다. Alphabetic Indexing을 하기 위해서는 25가지의 규칙이 적용되며 이 규칙은 2그룹으로 구분해서 사용된다. 첫째 그룹은 개인명, 둘째 그룹은 회사명, 교육기관이나 호텔 또는 정부와 같은 특수기관이다.

(a) 인명

① ALPHABETIC ORDER(알파벳 순서로)

- Indexing을 할 때는 가장 중요한 단위 순으로 비교한다. 중요한 단위는 first unit, second unit, third unit, fourth unit, ……의 순이다.
- 첫 글자가 같을 때는 그 다음 글자의 알파벳 순서에 따르고, 첫 단어가 같을 때는 그 다음 단어의 순서에 따라 색인한다. 즉 비교할 대상이 있을 때는 우선 first unit을 비교하고, first unit이 같은 경우에는 second unit을, second unit도 같은 경우에는 Third unit을 비교하여 알파벳순으로 색인한다.

NAME	UNIT1	UNIT2	UNIT3
Anderson	Anderson		
Anderson Dress Shop	Anderson	Dress	Shop
Anderson Shoe Place	Anderson	Shoe	Place
Anderson Shoe Store	Anderson	Shoe	Store
Andrews	Andrews		
Bennett	Bennett		

② NOTHING COMES BEFORE SOMETHING(없는 것이 있는 것보다 먼저)

- 한 글자로 구성된 이름은 같은 글자로 시작하는 단어로 된 이름보다 먼저 온다.
- 한 단어로 구성된 이름은 같은 단어에 또 다른 단어들이 합쳐진 단어보다 먼저 온다.

NAME	UNIT1	UNIT2	UNIT3
C	C		
Caroline	Caroline		
Caroline Auto	Caroline	Auto	
Caroline Auto School	Caroline	Auto	School

③ LAST NAME FIRST(성이 먼저)

- last name(성), first name(given name) 또는 initial, middle name 또는 initial의 순으로 배열한다.

NAME	UNIT1	UNIT2	UNIT3
J. H. Arthur	Arthur	J.	H.
Anne G. Brown	Brown	Anne	G.
Harry Brown	Brown	Harry	
J. George Clark	Clark	J.	George
James M. Clark	Clark	James	M

④ **PREFIXES(접두사)**

- 분리된 단위로서가 아닌 이름의 한 부분으로서의 접두사에 주의해야 한다.
- 접두사를 포함하는 이름(예 : d', D', Da, de, De, Del, Des, Di, Du, Fitz, La, Le, M', Mac, O', St., Van, Van de, Van der, Von, and Von der)의 자간이나 구두점, 또는 대문자의 형태에 대해서는 무시하고 순서를 정한다.
- 'St.'는 'Saint'로 순서를 정한다.

NAME	UNIT1	UNIT2	UNIT3
Thomas A. D' Angelo	D' Angelo	Thomas	
Thomas C. De Angelo	De Angelo	Thomas	
Thomas R. Deangelo	Deangelo	Thomas	
Samuel McCarty	McCarty	Samuel	
Sam O' Hara	O' Hara	Sam	
Robert VanDerkamp	VanDerkamp	Robert	
Helen E. Van Nortwick	Van Nortwick	Helen	

⑤ **HYPHENATED INDIVIDUAL NAMES(하이픈으로 연결된 개인명)**

- 하이픈은 무시하고 한 단어로 취급한다.

NAME	UNIT1	UNIT2	UNIT3
John Eric-Williams	Eric-Williams	John	
Ann-Marie Rindberg	Rindberg	Ann-Marie	
Arthur Maxwell Rindberg	Rindberg	Arthur	Maxwell

⑥ **TITLES(직함 : 칭호·학위·작위·경칭 등)**

- 직함은 무시한다.
- 직함이 개인명의 유일한 한 부분으로서 사용되었다면, first unit에 써 준다.
- 결혼한 여성이 남편의 이름을 사용하고 있고, 그녀의 first name을 모르는 상태라면 남편의 이름을 그대로 써 준다. 그리고 마지막에 'Mrs.'라는 title을 써준다.

NAME	UNIT1	UNIT2	UNIT3
Captain Smith	Captain	Smith	
Captain Margaret Ludwig	Ludwig	Margaret	
Congressman D. H. Smith	Smith	D.	H.
Mr. Andrew Snyder	Snyder	Andrew	
Mrs. Andrew Snyder (그녀의 이름을 모를 때)	Snyder	Andrew	Mrs.
Mrs. Andrew Snyder (그녀의 first name이 Mary일 때)	Snyder	Mary	

⑦ **SENIORITY TERMS AND OTHER DESIGNVATION FOLLOWING THE NAME (이름 뒤에 붙는 칭호)**

- 이름 뒤에 붙는 칭호(예 : Sr., Jr., II, III, CPA, M.D., Ph.D., ……)는 무시한다. 그러나 두 사람의 이름이 같을 경우에는 참조한다.

NAME	UNIT1	UNIT2	UNIT3
Pamela Katz, D.D.S.	Katz	Pamela	
Dr. Morris L. Marshall, Jr.	Marshall	Morris	L.
Donald Waddell, Jr.	Waddell	Donald	
Donald R. Waddell, III	Waddell	Donald	R.

⑧ **ABBREVIATED NAMES AND NICKNAMES(축약된 이름이나 애칭)**

- 축약된 이름은 원래 이름으로 순서를 정해준다.
- 원래 이름을 모르는 경우에는 애칭을 그대로 사용한다.

NAME	UNIT1	UNIT2	UNIT3
John (Johnny) Battin	Battin	John	
Geo. H. Leonard	Leonard	George	H.
Billy K. Reid	Reid	Billy	K.
William L. Reid (Billy)	Reid	William	L.
Patricia H. Stevens (Tricia)	Stevens	Patricia	H.
Patrick G. Stevens (Pat)	Stevens	Patrick	G.

(b) 회사명과 특수기관

⑨ **FIRST WORD FIRST(쓰인 순서 그대로)**

- 회사명은 쓰인 순서 그대로 쓴다.
- 회사명에 개인의 이름을 사용한 경우에 개인명은 last name, first name, middle name 순으로 쓴다.

NAME	UNIT1	UNIT2	UNIT3	UNIT4
C. S. Clinton Company	Clinton	C.	S.	Company
Charles Clinton Company	Clinton	Charles	Company	
Clinton Construction Company	Clinton	Construction	Company	
Peter Kerns Learning Center	Kerns	Peter	Learning	Center
Martin Pharmacy	Martin	Pharmacy		

- 회사명에 title을 포함하고 있는 경우에 하나의 unit로 취급한다.
- 축약된 title은 완전히 풀어서 순서를 정한다. 단, Mr., Mrs., Ms.는 있는 그대로 쓴다.

NAME	UNIT1	UNIT2	UNIT3	UNIT4
Coach Kerr Sporting Goods	Coach	Kerr	Sporting	Goods
Mr. Seafood Fish Factory	Mr.	Seafood	Fish	Factory
Mrs. Townsend Bakery	Mrs.	Townsend	Bakery	

⑩ **ARTICLES, CONJUNCTIONS, AND PREPOSITION(관사, 연결사, 전치사)**

- 회사명에 사용된 관사, 연결사, 전치사(a, an, and, &, for, in, of, or, the)는 무시한다.
- 외국어의 관사(El, La, Le, Les, Los)와 고언(古言 : Thee, Thy, Ye)은 하나의 unit로 취급한다.

NAME	UNIT1	UNIT2	UNIT3	UNIT4
Clocks of Yesterday	Clocks	Yesterday		
La Boutique	La	Boutique		
The Paul David Company	David	Paul	Company	
Ye Olde Clock Shoppe	Ye	Olde	Clock	Shoppe

⑪ **ABBREVIATIONS(축약어)**

- 축약어는 완전히 풀어서 쓴다.

NAME	UNIT1	UNIT2	UNIT3	UNIT4
Eastern Mfg. Co. International Foods, Ltd. Miller Bros. Salvage Corp. Jas. Miller, Inc.	Eastern International Miller Miller	Manufacturing Foods Brothers James	Company Limited Salvage Incorporated	Corporation

⑫ **SINGLE LETTERS(하나로 된 글자)**

- single letters는 각각을 하나의 unit로 취급한다.

NAME	UNIT1	UNIT2	UNIT3	UNIT4	UNIT5	UNIT6
M & S Office Supplies SSGE Television Station UVX Electronics	M S U	S S V	Office G X	Supplies E Electronics	Television	Station

⑬ **HYPHENATED FIRM NAMES(하이픈으로 연결된 회사명)**

- 하이픈으로 연결된 회사명은 한 unit로 취급한다.

NAME	UNIT1	UNIT2	UNIT3	UNIT4
A-Z Rent-All Hobson Drive-In Lewis-McKenzie Dept. Store Louis McKenzie Dept. Store	A-Z Hobson Lewis-McKenzie McKenzie	Rent-All Drive-In Department Louis	Store Department	Store

⑭ **ONE OR TWO WORDS(한 단어 혹은 두 단어로 이루어진 명칭)**

- 한 단어나 두 단어 혹은 하이픈으로 연결된 명칭은 하나의 unit로 취급한다.

NAME	UNIT1	UNIT2	UNIT3
Aero-Space Co	Aero-Space	Company	
Aero Space, Inc	Aero Space	Incorporated	
Hill Crest Shoe Shop	Hill Crest	Shoe	Shop
Hill-Crest Wedding Store	Hill-Crest	Wedding	Store
North-West Air Line	North-West	Air Line	
Northwest Airlines	Northwest	Airlines	
North West Amusement Park	North West	Amusement	Park

⑮ **POSSESSIVES AND CONTRACTIONS(소유격과 단축형)**

- 소유격과 단축형의 apostrophe(')는 있는 그대로 단어와 붙여서 쓴다.

NAME	UNIT1	UNIT2	UNIT3	UNIT4
Don't Tarry Convenience Store Ellen's Needlecraft Boutique OT's Sub Shop Laura Underwood's Woodworking Shop	Don't Ellen's O Underwood's	Tarry Needlecraft T's Laura	Convenience Boutique Sub Woodworking	Store Shop Shop

⑯ **NUMBERS(숫자)**

- 숫자는 낱말로 풀어서 쓴다.

- 가능하면 짧게 쓴다.

NAME	UNIT1	UNIT2	UNIT3
A-1 Rental Cadet Troop 104 8th Street Cafe 1576 Gift Shop 5 Cities Realty 9 to 6 Temporaries	A-One Cadet Eighth Fifteen hundred seventy-six Five Nine	Rental Troop Street Gift Cities Six	 One hundred four Cafe Shop Realty Temporaries

⑰ **PARTS OF GEOGRAPHIC NAMES(지명)**

- 지명은 각각 분리된 unit로 취급한다.

NAME	UNIT1	UNIT2	UNIT3	UNIT4
New Mexico Bottling Co. Santa Monica Civic Assn. Truckee River Inn West Virginia Construction Co. Winston-Salem Paper Company	New Santa Truckee West Winston-Salem	Mexico Monica River Virginia Paper	Bottling Civic Inn Construction Company	Company Association Company

⑱ **ADDRESSES(주소)**

- 주소를 쓰는 순서는 다음과 같다.

- city 또는 town

- state

- street name : 거리명이 숫자로 된 경우에는 완전한 철자로 풀어쓴다.

223

- direction (north, south, northwest, southwest)
- house number 또는 building number 숫자가 적은 것이 앞에 온다.

NAME	UNIT1	UNIT2	UNIT3	UNIT4	UNIT5	UNIT6
Q-Mart Denver, Colorado	Q-Mart	Denver	Colorado			
Q-Mart Honolulu, Hawaii	Q-Mart	Honolulu	Hawaii			
Q-Mart 2083 Central Avenue	Q-Mart	Lincoln	Nebraska	Central	Avenue	2083
Lincoln, Nebraska Q-Mart 2100 Maryland Avenue	Q-Mart	Lincoln	Nebraska	Maryland	Avenue	2100
Lincoln Nebraska Q-Mart 3267 Maryland Avenue	Q-Mart	Lincoln	Nebraska	Maryland	Avenue	3267

⑲ **BANKS AND OTHER FINANCIAL INSTITUTIONS (은행과 기타 금융기관)**

- 은행과 기타 금융기관은 쓰여 있는 순서 그대로 한다.

NAME	UNIT1	UNIT2	UNIT3	UNIT4
First National Bank of Richmond	First	National	Bank	Richmond
National Mortgage Co.	National	Mortgage	Company	
New Jersey Trust & Savings	New	Jersey	Trust	Savings
Ohio National Bank, Columbus	Ohio	National	Bank	Columbus

⑳ **HOTELS AND MOTELS(호텔과 모텔)**

- 호텔과 모텔의 이름을 먼저 쓴다.
- 그 뒤에 hotel, motel을 쓴다.

NAME	UNIT1	UNIT2	UNIT3	UNIT4
Hotel Jamestown	Jamestown	Hotel		
Jamestown Inn at the Wharf	Jamestown	Inn	Wharf	
Motel 7 of the Atlantic	Seven	Atlantic	Motel	
Surf and Sea Motel	Surf	Sea	Motel	
Tropical Island Royal Hotel	Tropical	Island	Royal	Hotel

㉑ **HOSPITALS AND RELIGIOUS INSTITUTIONS(병원과 종교기관)**

- 병원과 종교기관은 쓰인 순서 그대로 한다.

NAME	UNIT1	UNIT3	UNIT4
Congregation Beth El	Congregation	Beth	El
Holy Cross Church	Holy	Cross	Church
Memorial Community Hospital	Memorial	Community	Hospital
Mercy Hospital and Home	Mercy	Hospital	Home
St. John's Hospital	Saint	John's	Hospital

㉒ EDUCATIONAL INSTITUTIONS(교육기관)

- 교육기관의 이름을 먼저 쓴다.

- 그 뒤에 university, college, high school, elementary school, 또는 library를 쓴다.

NAME	UNIT1	UNIT2	UNIT3	UNIT4
Georgia State University	Georgia	State	University	
University of Georgia	Georgia	University		
MacDowell Elementary School	MacDowell	Elementary	School	
Jane Murphy Memorial Library	Murphy	Jane	Memorial	Library
School for the Visually Handicapped	Visually	Handicapped	School	

㉓ FEDERAL GOVERNMENT NAMES(연방정부명)

- unit1은 'United', unit2는 'States', 그리고 unit3은 'government'이다.

- Department 뒤에 bureau, division, commission, board 또는 다른 subdivision 이 온다.

NAME	UNIT1	UNIT2	UNIT3	UNIT4
Civil Service Commission	Civil	Service	Commission	
Department of Labor, Bureau of Training	Labor	Department	Training	Bureau
Department of Trans portation, Coast Guard	Transportation	Department	Coast	Guard

㉔ STATE AND LOCAL GOVERNMENT NAMES(주와 지방정부명)

- 해당되는 주, 군, 도시, 시내의 이름을 먼저 쓰고, 그 뒤에 state, county, city, town 이라는 단어를 쓴다.

- state, county 등의 단어가 없더라도 하나의 unit로 간주하여 써 준다.

- 그 뒤에 department, bureau, division, board 또는 다른 subdivision을 쓴다.

NAME	UNIT1	UNIT2	UNIT3	UNIT4	UNIT5
State of New York, Board of Regents	New	York	State	Regents	Board
Parks Department, Ontario County	Ontario	County	Parks	Department	
Fire Department, Tampa	Tampa	City	Fire	Department	
State Education Dept., Tennessee	Tennessee	State	Education	Department	

㉕ **FOREIGN GOVERNMENT NAMES(외국정부명)**

- 외국 정부명은 국가명, 국가분류(예 : Dominion, Republic, Kingdom 또는 다른 표현), 부서명의 순으로 한다.

NAME	UNIT1	UNIT2	UNIT3	UNIT4
Dominion of Canada, Dept. of Education	Canada	Dominion	Education	Department
Republic of France, Dept. of State	France	Republic	State	Department

7.4 문서의 보관

7.4.1 문서보관의 의의

일반적으로 '보관'과 '보존'이라는 용어가 비슷하게 사용되어지고 있으나, 사무 관리에서는 각각 다른 뜻으로 분류하여 사용하고 있다. 문서의 '보관'이라 함은 문서를 처리하여 완결한 날이 속하는 연도의 말일까지 처리과에서 문서를 보관하는 것 또는 보존이나 폐기시키기 전까지 관리하는 것을 말한다. 이때 보관대상문서는 처리·완결된 정보들 중에서 보관가치가 있는 정보를 말한다.

그러므로 문서의 보존기간 기산일 전까지는 당해 문서를 처리과에서 보관하여 야 하며, 그 다음 연도의 1월 1일부터는 보존단계가 시작되는 것이다.

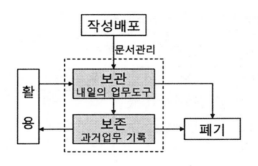

[그림 7-8] 문서관리의 형태

7.4.2 문서보관의 방법

① 문서는 보통 파일 캐비닛에 보관하고, 서류함 외부에는 서류함 번호와 문서철의 분
류번호를 기재한다.

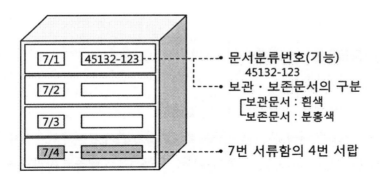

[그림 7-9] 서류함 외부 표시의 예

② 서류함 내의 문서철 배열방법은 다음과 같다.

- 문서분류 번호순으로 문서철을 배열하고, 원하는 문서철을 잘 찾을 수 있도록
  일직선 또는 대각선으로 배열한다.
- 서류함의 안쪽 앞부분에는 문서철 색인표를 비치한다.
- 활용빈도가 높은 보관문서는 서류함의 윗단에 보관하고, 보존문서는 아래 단에
  보존한다.

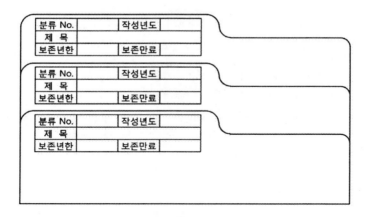

[그림 7-10] 서류함 내부 표시의 예

③ 1건 철로 완결되지 않은 미결문서는 문서철에 1건으로 임시 철하여 완결될 때까지 지정된 서류함에 보관한다. 미결문서의 문서철 표지에는 단위업무별로 기재하여 색출이 쉽도록 해야 한다.

7.4.3 보관문서의 관리방식

(1) 집중관리

집중관리란 한 조직 내에 있는 모든 문서의 보관과 보존을 문서 주관부서에서 일괄 전담하는 체제를 말하며, 이 문서 주관부서에서는 각 부서에서 내용의 처리가 완결된 문서를 집중 관리하게 된다. 집중관리방식은 다음과 같은 장·단점이 있다.

(a) 장점

① 어떤 한 사안에 관련된 모든 자료를 통일적으로 한 장소에서 관리하기 때문에 어떤 문제에 대해서도 종합된 정보를 제공받을 수 있다.
② 집중보관이 잘되면 전문직원이 배치되어 작업의 생산성과 숙련도를 높일 수 있다.
③ 각 부서의 사무처리 진도를 비교·판단하여 전체적인 조정과 통제가 가능해진다.
④ 각 부서에는 문서보관과 보존을 위한 여러 설비가 필요치 않게 되므로 경비와 사무인원 및 공간의 절약을 기할 수 있다.

⑤ 사무처리의 전문화와 기계화를 쉽게 한다.

(b) 단점

① 실무자는 사무처리에 필요한 자료를 문서주관과에 가서 절차를 밟아야 만 열람할 수 있으므로 노력과 시간이 많이 소요된다.

② 집중관리는 주도면밀한 연구와 전문적인 기술이 필요하다. 그러므로, 철저하지 못한 관리는 오히려 비능률을 초래하게 된다.

(2) 분산관리

분산관리는 내용의 처리가 완결된 문서를 각 부서(처리과)에서 일괄 하여 보관하고 보존하는 체제를 말한다.

(a) 장점

실무자 가까이에서 문서를 보관하고 있으므로, 신속하고 쉽게 필요한 문서를 색출해낼 수 있다.

(b) 단점

① 통일적인 관리가 곤란하다.

② 담당직원의 부재시 문서열람이 지체되고, 분실의 위험성도 있다.

③ 관리에 수반되는 노력과 장소, 그리고 기구의 낭비를 초래한다.

④ 문서의 폐기와 색출시 많은 시간이 소요된다.

⑤ 정보에 대한 보안이나 안정성이 결여될 수 있다.

⑥ 업무량의 과다를 초래할 수 있다.

(3) 절충식관리

절충식관리는 한 조직 내에서 집중관리와 분산관리를 절충하는 관리방식이다. 이 관리방법은 보관과 보존기능을 구분하는 것으로 예를 들면, '보관' 단계에서는 각 과·계 단위로 문서를 분산관리하고, '보존'단계에서는 문서주관 부서에서 문서를 집중관리 할 수도 있다. 그리고 보존 자체도 보존기한에 따라 구 분하여 단기보존문서는 각 해당 부서에서 관리하도록 하고, 중요문서나 영구보존 문서는 집중관리 할 수도 있다. 이러한 방식은 정부나 대기업에서 주로 활용되고 있다.

7.5 기타자료정리

7.5.1 명함의 정리

(1) 명함의 정리방법

① 명함을 크기, 두께, 글씨방향(종서·횡서), 한자, 한글, 영문 등을 기준으로 하여 일 괄적으로 분류한다.
② 명함은 깨끗하게 소중히 취급한다.
③ 명함 뒤에는 받은 일시와 그 사람의 특정, 상황 등을 메모하여, 해당가이드의 뒤에 꽂아둔다.
④ 주소·연락처·직함·회사명 등이 바뀐 명함은 즉시 수정한다.
⑤ 언제라도 필요할 때 사용할 수 있도록 항상 최근의 명함을 구비해 놓는다.
⑥ 1년에 1회 정도는 정기적으로 불필요하다고 생각되는 명함을 폐기한다.

(2) 명함의 분류방법

① **성명을 기준으로 한 분류** : 성명을 가나다순으로 분류하는 방법으로 명함이 많지 않은 경우에 효과적이다.
② **회사명을 기준으로 한 분류** : 회사명을 가나다순으로 분류하고, 그 다음에 성명을 가나다순으로 배열한다. 그리고 각각의 회사명마다 앞에 회사명을 쓴 컬러카드를 꽂아 두면 찾기가 쉽다. 또 하나의 방법은 위의 컬러카드에 그 회사에 속한 개인의 이름을 적어 두는 것이다 이것은 회사명은 외우고 있는데, 개인명을 잊었을 때 쉽게 찾아 볼 수 있는 방법이다.

(3) 명함의 정리용구

명함의 정리용구에는 명함정리상자, 명함첩, 회전식 명함 정리구 등이 있다.

(a) 명함정리상자

케이스속에 분류된 가이드를 세우고, 그 뒤쪽에 명함을 카드식으로 정리하는 것이다. 가이드에는 상호명·단체명·성명·업종명 등에 따라 분류하여 가나다순으로 명함을 세워 놓는다. 하나의 구역에는 1~10매 정도를 넣을 수 있다.

명함정리상자에는 명함을 **빽빽**하게 끼우지 말고 여유를 남겨 두어야 해당 명 함을 찾기가 쉽다. 그러므로 명함이 많아지면 또 다른 상자를 사용하도록 한다. 명함정리상자는 명함을 찾고 나서 일일이 꺼내보아야 되는 번거로움이 있으므로, 회전식 병함 정리구를 사용하면 편리하다.

[그림 7-11] 명함정리상자

(b) 명함첩

투명한 비닐포켓에 끼워 넣는 방식으로, 가나다순의 색인이 필요하다. 끼워 넣고 빼기가 불편하다는 단점이 있으나, 한 눈에 수십장의 명함을 파악할 수 있고 명함의 교환이 쉽다는 장점이 있다.

[그림 7-12] 명함첩

(c) 장부식 명함정리첩

명함의 네 귀퉁이를 장식고정 붙임부분 안쪽에 끼운다. 가나다순의 색인을 만들어야 하며, 명함수가 적을 때 사용하면 좋다. 보기 좋게 만드느라 시간이 걸린다는 단점이 있으나, 일단 정리가 된 후에는 깔끔하다는 느낌을 준다.

[그림 7-13] 장부식 명합정리첩

7.5.2 스크랩 정리

(1) 스크랩의 방법

① 스크랩할 기사에 붉은 색으로 선을 긋고, 중요대목에 밑줄을 긋는다.
② 신문은 다음 날 또는 3~4일 후, 잡지는 다음 호가 온 후에 스크랩을 한다.
③ 신문의 앞, 뒤를 모두 스크랩해야 할 경우에 한 면은 복사를 해서 사용한다.
④ 스크랩한 기사에는 발간사항(신문명, 잡지명 / 연월일 / 호 / 페이지)과 건명을 기재한다.
⑤ 오려낸 기사는 한 장에 한 건씩 스크랩한다.
⑥ 오려낸 기사를 정리할 때는 문서정리 방법을 참고로 한다.

(2) 스크랩의 정리용구

① **스크랩북** : 스크랩할 기사는 주제별로 분류하고, 주제별로 한 권씩 스크랩북을 준비하여 날짜순으로 붙여 나간다. 스크랩북은 보통 제본이 되어 있으므로, 관련기사를 덧붙이거나 분류를 고쳐야 할 때 불편하다는 단점이 있다.

② **문서정리식 정리방법** : 오려낸 것이 수효가 많고 분류가 복잡할 때는 대지에 붙여서 파일에 철하거나 폴더에 넣어서 파일박스에 정리하는 것이 편하다. 분류는 주제별로 하고, 적어도 3개월에 한 번씩은 잘라낸 기사를 점검하고 일반 서류와 같이 보존과 폐기절차를 밟는다.

(3) 신문의 비치

신문은 최근 3~4일 분은 종류별로 걸이대에 걸어 비치해 둔다.

[그림 7-14] 걸이대(hanging frame)

7.5.3 카탈로그·팜플릿·도서·잡지 정리

(1) 카탈로그·팜플릿

카탈로그와 팜플릿은 상품별(자사 상품, 라이벌사 상품, 외국 상품, 관련 상품 등)로 분류하여 보관하되, 오래된 것은 폐기하고 최신의 것만 보관한다.

카탈로그는 관계 부서인(印)과 수납 날짜인을 찍고, 크기가 다양하므로 행잉폴더(hanging folder)에 넣어 서랍에 걸어둔다. 행잉폴더는 무거운 것을 넣어도 구부러지거나 처지지 않는다.

일련번호가 있는 팜플릿은 잡지와 마찬가지로 취급하고, 각 호마다 독립한 표제가 있어서 체제가 정비되어 있다면 단행본으로 처리해도 좋다. 개별팜플릿은 저자별, 주제별로 정리해도 좋다.

[그림 7-15] 걸이식 파일(Hanging File)

(2) 도서·잡지

도서·잡지가 도착되면 접수인을 찍고 도서대장에 도서명, 저자명, 출판사명, 규격, 가격, 발행날짜 등을 기록한다.

잡지는 잡지대장에 수납일을 메모해 두어 누락되지 않았는가를 확인하고, 반년이나 1년분을 정리하여 합본한다. 그리고 회사가 구입한 도서·잡지는 추후 '회 람'의 부전지를 붙여 사내직원들에게 회람시키고, 집무실과 응접실에는 최신호의 잡지만을 꽂아둔다.

7.5.4 도면·전산서류 정리

(1) 도면 정리의 방법

① 우선 도면의 번호를 확인한다.

② 도면의 분류는 제품별, 거래처별 등으로 한다.

③ 개개의 도면을 별도로 정리하지 않고, 도면들을 상호 관련시켜 정리한다.

(2) 도면 정리용구

① **두루마리로 말 수 있는 것** : 롤 랩(roll map) 보관 용구나 도면용 상자 또는 도면용 각통을 이용한다.

② **두루마리로 말 수 없는 것** : 작은 크기의 도면은 행잉폴더나 서랍에 세워서 보관하고, 큰 크기의 도면은 행잉타입의 특수부속품에 도면을 끼워서 달아매거나 서랍에 차곡차곡 재어 놓는다.

③ **접는 것이 가능한 것** : 도면을 접어서 폴더에 넣어 파일 캐비닛에 세워 보관하거나 바인더를 사용하여 선반에 가지런히 세워 놓는다.

④ **마이크로필름으로 된 도면** : 펀치 카드용 캐비닛, 롤필름용 캐비닛, 마이크로피시용 캐비닛 등을 이용하고, 그 외에도 목적과 장소에 따라 도면용 각 봉투를 선택해서 사용한다.

(a) 도면통   (b) 도면걸이대   (c) 도면캐비닛

[그림 7-16] 도면 정리용구

(3) 전산서류의 정리방법

전산서류는 행잉폴더에 삽입하여 캐비닛에 가지런히 걸어 놓거나, 레터바인더 에 넣어 표지를 붙여 선반에 가지런히 놓는다.

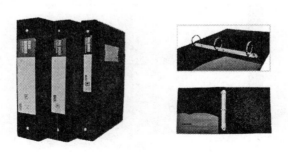

[그림 7-17] 레터바인더

CHAPTER **8**

문서의 보존 및 폐기

8.1 기록물의 정리

공공기관의 투명하고 책임 있는 행정의 구현과 공공기록물의 안전한 보존 및 효율적 활용을 위하여 공공기록물의 관리에 필요한 사항을 정하기 위하여 제정된 「공공기록물 관리에 관한 법률」은 공공기관이 업무와 관련하여 생산 또는 접수한 기록물과 개인 또는 단체가 생산 및 취득한 기록정보 자료(공공기관이 소유관리하고 있는 기록정보 포함)중 국가적으로 보존할 가치가 있다고 인정되는 기록정보 자료 등 공공기록물에 대하여 적용하도록 되어 있다.

8.1.1 기록물의 이해

(1) 기록물의 정의

기록물에는 육아일기·다이어리·편지·가계부·가족사진 등 일상생활 속에서 흔히 접할 수 있는 것에서부터 공적인 업무활동 과정을 남기는 공문서까지 포함되는 개념으로 전자를 사기록, 후자를 공기록이라고 한다. 기록물은 종이·사진·전자파일 등 모든 형태를 말한다. 즉 기록은 생활주변에서 일어나는 일들로 쉽게 접할 수 있기 때문에 기록은 당연히 존재하는 것이다. 공공기관에서 정해진 서식과 절차에 따라 작성된 기록뿐만 아니라 달력 한 귀퉁이에 적어 놓은 것도 기록이고, 노트를 빼곡하게 채우는 것도 기록이다. 「공공기록물 관리에 관한 법률」에서는 공공기관이 업무와 관련하여 생산 또는 접수한

 용/어/정/리

- **공공기관** : 공공기관이라 함은 국가기관·지방자치단체 그밖에 대통령이 정하는 기관을 말한다. 여기서 말하는 '그밖에 대통령이 정하는 기관'이라 함은 '정부가 납입자본금의 5할 이상을 출자한 기업체, 「지방공기업법」에 따른 지방공사 및 지방공단, 특별법에 의하여 설립한 법인(지방 「문화진흥법」에 의한 문화원 및 특별법에 의하여 설립된 조합·협회 제외), 「초·중등교육법」 및 「고등교육법」, 그 밖에 다른 법률에 따라 설립된 각급 학교'를 말한다.
- **기록물** : 기록물이라 함은 공공기관이 업무와 관련하여 생산 또는 접수한 문서·도서·대장·카드·도면·시청각물·전자문서 등 모든 형태의 기록정보 자료와 행정박물(행정적·역사적·문화적·예술적 가치가 높은 기록물)을 말한다.

문서·도서·대장·카드·도면·시청각기록물·전자문서 등 모든 형태의 기록물정보자료와 행정박물이라고 정의한다.

(2) 기록물 보존의 중요성

기록관리란 기록을 적법하고 적절하게 생산 및 관리하여 효율적으로 사용하고, 불필요한 기록은 폐기하고 증거적인 가치나 영구보존의 가치가 있는 기록물은 보존하여 국가와 국민이 함께 쉽게 검색하고, 활용할 수 있게 하는데 근본적인 목적이 있다. 기록관리 관련 법령이 담고 있는 정신은 모든 공공기관의 기록관리 업무가 정상적으로 운영되도록 하여 투명한 정부, 합리적인 정부를 지향한다는 것이다. 따라서 기록물관련 법령에서는 전자기록 중심의 기록관리, 기록정보의 지식자원화, 적극적인 기록정보 서비스 제공 등 21세기 변화된 시대적 배경을 수용하면서 미래지향적인 기록관리가 이루어질 수 있도록 그 기반을 구축하였다는데 보다 큰 의의가 있다.

공공기관의 조직목적달성을 위하여 업무수행과정에서 생산된 기록물을 보존 관리하는 일이 왜 중요한가를 살펴보면 다음과 같다.

① **국정의 투명성과 책임행정의 확보를 위해서 중요하다.**

우리는 조선시대의 훌륭한 기록문화를 가지고 있다. 임금과 관료들 의 모든 활동을 사초로 작성하여 보존되어있는 조선왕조실록은 자랑스러운 기록문화의 유산이면서 당시의 역사를 연구하는데 고귀한 자료가 되고 있는 것이다. 그러나 근대에 와서 제반 국정활동에 대한 핵심적인 기록이 부실하여 과거의 경험과 교훈을 제대로 활용하지 못하는 사례가 발생하고 있다.

② **후대 기록유산의 전승을 위해서 중요하다.**

우리는 유네스코 세계기록유산에 등재되어있는 조선왕조실록, 승정원일기, 팔만대장경 등을 가진 훌륭한 기록문화의 전통을 가진 민족이다. 그 기록의 방대함과 정교함은 세계의 으뜸이라는 것이다. 이러한 기록들은 전란 시에도 사력을 다해 지켜온 자랑스러운 기록문화의 유산인 것이다. 그러나 불행하게도 근대에 와서 이러한 기록문화의 전통은 찾아 볼 수 없게 되었다. 다시 말해서 근대에 와서는 제대로 된 기록이 없어 사실상 역사의 공백기를 초래한 결과를 낳고 말았다는 것이다.

③ **국민의 신분·재산의 권익보호를 위해서 중요하다.**

정부기록보존소의 총독부 지적원도는 주인 없는 땅을 찾는데 중요한 증빙자료로 활용되고 있으나 광복이후는 기록보존에 소홀히 하여 사실규명을 해야 할 역사적인 사건을 외국기록에 의존하고 있는 실정이라는 것이다.

④ **행정경험의 축적과 행정생산성 제고를 위하여 중요하다.**

기록보존이 잘되어 있으면 행정경험, 행정지식의 축적 및 전수가 쉽고, 행정의 능률성제고는 물론 국가정책을 일관성 있게 추진할 수 있다는 것이다.

다섯째, 학문발전과 지식정보의 활용을 위해서 중요하다. 실학적 학문은 기록이 잘 보존되어 있을 때 더욱 발전한다는 것이다.

8.1.2 기록물 관리원칙

현행 「공공기록물 관리에 관한 법률」에는 공공기관 및 기록물관리기관의 장은 기록물이 생산부터 활용까지의 전 과정에 걸쳐 진본성·무결성·신뢰성 및 이용가능성이 보장되도록 관리하고 기록물관리 정책 및 절차를 수립·시행하며, 그 결과를 기록물로 남겨 관리하도록 규정하고 있다. 또한 기록물이 전자적으로 생산·관리되도록 중앙기록물관리기관의 장이 정하는 바에 따라 전자기록생산시스템, 기록관리시스템 또는 영구기록관리시스템을 구축·운영하고, 전자적 형태로 생산되지 아니한 기록물을 전자적으로 관리하고 활용하기 위하여 기록물 전자화계획을 수립·시행하도록 그 의무를 규정하고 있다.

 용/어/정/리

- **기록물관리기관의 장** : 기록물관리기관의 장이라 함은 영구기록물관리기관의 경우에는 당해 기관의 장을 말하며, 기록관 또는 특수기록관의 경우에는 기록물관리 부서의 장을 말한다.
- **전자기록생산시스템** : 전자기록생산시스템이라 함은 「사무관리규정」상의 전자문서시스템, 행정정보시스템, 업무관리시스템을 말하며 세부적으로 보면 다음과 같다.
  ① 행정정보시스템 : 행정기관이 행정정보를 생산·수집·가공·저장·검색·제공·송신·수신 및 활용하기 위한 하드웨어·소프트웨어·데이터베이스와 처리절차 등을 통합한 시스템을 말한다.
  ② 전자문서시스템 : 문서의 기안·검토·협조·결재·등록·시행·분류·편철·보관·보존·이관·접수·배부·공람·검색·활용 등 문서의 모든 처리절차가 전자적으로 처리되는 시스템을 말한다.

---

③ 업무관리시스템 : 행정기관이 업무처리의 전 과정을 과제관리카드 및 문서관리카드 등을 이용하여 전자적으로 관리하는 시스템을 말한다.
- **기록관리시스템** : 기록관 또는 특수기록관에서 기록물 관리를 전자적으로 수행하는 시스템을 말한다.
- **영구기록관리시스템** : 중앙기록물관리기관·헌법기관기록물관리기관 또는 지방기록물관리기관에서 영구기록물 관리를 전자적으로 수행하는 시스템을 말한다.

8.1.3 기록물 관리기관

기록물관리기관은 일정한 시설·장비, 그리고 이를 운영하는 전문 인력을 갖추고 기록물관리업무를 수행하는 기관을 말하며, 영구기록물관리기관, 기록관, 특수기록관으로 구분한다.

이중 영구기록물관리기관은 기록물 관리기관 중 영구보존을 위한 시설 및 장비와 전문 인력을 갖추고 기록물관리 업무를 전문적으로 수행하는 기관으로서 이에는 중앙기록물관리기관, 특수기록물관리기관, 지방기록물관리기관, 대통령기록관, 기타 유사한 기능을 수행하는 기관으로서 대통령령이 정하는 공공기관이 있다.

- **기록물관리** : 기록물의 생산·분류·정리·이관·수집·평가·폐기·보존·공개·활용 및 이에 부수되는 제반업무를 말한다.
- **영구기록물관리기관** : 기록물의 영구보존에 필요한 시설 및 장비와 이를 운영하기 위한 전문 인력을 갖추고 기록물을 영구적으로 관리하는 기관을 말하며, 중앙기록물관리기관·헌법기관기록물관리기관·지방기록물관리기관 및 대통령기록관으로 구분한다.

(1) 중앙기록물관리기관(국가기록원)

기록물관리를 총괄·조정하기 위하여 행정안전부 장관 소속하에 중앙기록물관리기관을 두고, 정부기록보존소가 이를 담당한다. 특수기록물기관을 둘 수 있는 기관이 이를 설치·운영하지 아니하는 때에는 중앙기록물관리기관은 당해 기관 및 그 소속기관의 기록물의 관리를 위탁받아 이를 관리할 수 있다. 중앙기록물관리기관은 다음 각호의 업무를 수행한다.

① 기록물관리에 관한 기본정책의 수립 및 제도의 개선
② 기록물관리 표준화정책수립 및 기록물관리 표준화 개발·운영
③ 기록물관리 및 기록물관리 관련 통계의 작성·관리
④ 기록물의 전자적 관리체계 구축 및 표준화
⑤ 기록물관리의 방법 및 보존기술의 연구·보급
⑥ 기록물관리 종사자에 대한 교육·훈련
⑦ 기록물관리에 관한 지도·감독 및 평가
⑧ 다른 기록물관리기관과의 연계 및 협조
⑨ 기록물관리에 관한 교류·협력
⑩ 기타 「공공기록물 관리에 관한 법률」에서 정하는 사항

(2) 특수(헌법기관)기록물 관리기관

국회·대법원·헌법재판소 및 중앙선거관리위원회는 소관 기록물의 영구보존 및 관리를 위하여 영구기록물관리기관을 설치 운영할 수 있으며, 영구기록물관리기관을 설치·운영하지 않을 경우에는 대통령이 정하는 바에 따라 중앙기록물관리기관에 소관 기록물의 관리를 위탁해야 한다. 국회·대법원·헌법재판소 및 중앙선거관리위원회에 설치·운영되는 영구기록물관리기관은 특수기록물관리기관 이라 하며, 그 기능은 다음과 같다.

① 관할 공공기관의 기록물관리에 관한 기본계획의 수립·시행
② 관할 공공기관의 기록물관리·기록물관리관련 통계의 작성·관리
③ 관할 공공기관의 기록물관리에 관한 지도·감독 및 지원
④ 중앙기록물관리기관과의 협조에 의한 기록물의 상호활용 및 보존의 분담
⑤ 관할 공공기관의 기록물관리 종사자에 대한 교육·훈련
⑥ 그 밖에 기록물관리에 관한 사항

(3) 지방기록물 관리기관

특별시장·광역시장·도지사 또는 특별자치도지사는 소관기록물의 영구보존 및 관리를 위하여 영구기록물관리기관을 설치·운영해야 한다. 그리고 특별시·광역시·도교육감 또는 특별자치도교육감, 시장·군수·구청장은 소관기록물의 영구보존 및 관리를 위하여 영구기록물관리기관을 설치·운영할 수 있으며, 기록물관리기관을 설치·운영하지 않을 경우에는 대통령령이 정하는바에 따라 소관기록물을 시·도 기록물관리기관에 이관해야 한다.

지방자치단체의 장은 기록물관리의 효율적 운영을 위하여 필요한 때에는 대통령령이 정하는바에 따라 영구기록물관리기관을 공동으로 설치·운영할 수 있다.

시·도 기록물관리기관, 시·도교육청 기록물관리기관, 시·군·구 기록물관리기관 및 지방자치단체의 장이 공동으로 설치·운영하는 영구기록물관리기관은 주로 다음과 같은 기능을 수행한다.

① 관할 공공기관의 기록물관리에 관한 기본계획의 수립·시행
② 관할 공공기관의 기록물관리, 기록물관리 관련 통계의 작성·관리
③ 관할 공공기관의 기록물관리에 관한 지도·감독 및 지원
④ 관할지방자치단체의 기록물관리에 관한 지도(시·도 기록물관리기관에 한한다)
⑤ 중앙기록물관리기관과의 협조에 의한 기록물의 상호활용 및 보존의 분담
⑥ 관할 공공기관의 기록물관리 종사자에 대한 교육·훈련
⑦ 관할 공공기관 관련 향토자료 등의 수집
⑧ 그 밖에 기록물관리에 관한 사항

(4) 자료관(기록관)

공공기관의 기록물을 효율적으로 관리하기 위하여 대통령령이 정하는 공공기관은 자료관을 설치·운영해야 한다. 자료관은 당해 공공기관의 업무를 총괄하는 기획관리부서 또는 총무부서 등에 설치하여 운영함을 원칙으로 한다. 자료관을 설치·운영해야 하는 공공기관에 특수자료관이 설치·운영되고 있는 경우에는 특수자료관이 자료관의 업무를 수행할 수 있다.

자료관은 다음 각호의 업무를 수행한다.

① 당해 공공기관의 기록물의 수집, 보존 및 활용

② 자료관이 설치되지 아니한 소속 공공기관의 기록물관리

③ 전문관리기관으로의 기록물의 이관

④ 전문관리기관과의 협조에 의한 기록물의 상호 활용 및 보존의 분담

⑤ 당해 공공기관의 기록물에 대한 정보공개 청구의 접수

⑥ 기타 당해 공공기관의 기록물관리에 관한 사항

(5) 특수자료관(특수기록관)

통일·외교·안보·수사·정보 분야의 기록물을 생산하는 공공기관의 장은 소관 기록물을 장기간 관리하고자 하는 경우에는 중앙기록물관리기관의 장과 협의하여 특수기록관을 설치·운영할 수 있다. 특수기록관을 운영할 때에는 규정된 시설·장비와 이를 운영하기 위한 전문 인력을 갖추어야 하며, 특수기록관의 기능은 다음과 같다.

① 관할 공공기관의 기록물관리에 관한 기본계획의 수립·시행

② 당해 공공기관의 기록물의 수집·관리 및 활용

③ 특수기록관이 설치되지 아니한 관할 공공기관의 기록물관리

④ 중앙기록물관리기관으로의 기록물의 이관

⑤ 당해 공공기관의 기록물에 대한 정보공개청구의 접수

⑥ 관할 공공기관의 기록물관리에 대한 지도·감독 및 지원

⑦ 그 밖에 기록물관리에 관한 사항

8.2 기록물의 생산 및 등록

8.2.1 기록물의 생산 의무

공공기관의 장은 역사자료의 보존과 책임 있는 업무수행을 위하여 업무의 입안단계부터 종결단계까지 그 과정 및 결과가 모두 기록물로 남을 수 있도록 필요한 조치를 강구해야 한다. 전문관리기관의 장은 역사자료의 보존을 위하여 필요하다고 인정되는 경우에는

관련 공공기관에 특정사항에 관한 기록물의 생산의무를 부과할 수 있다. 또한 전문관리기관의 장은 역사자료의 보존을 위하여 관련 기록물을 직접 생산할 필요가 있다고 인정되는 경우에는 관련 공공기관 또는 행사 등에 소속공무원을 파견하여 기록하게 할 수 있다.

8.2.2 정리 및 생산현황 통보 개요

(1) 생산현황 통보절차

① 처리과 → 기록관 : 3월 31일
② 기록관 → 영구기록물관리기관 : 5월 31일

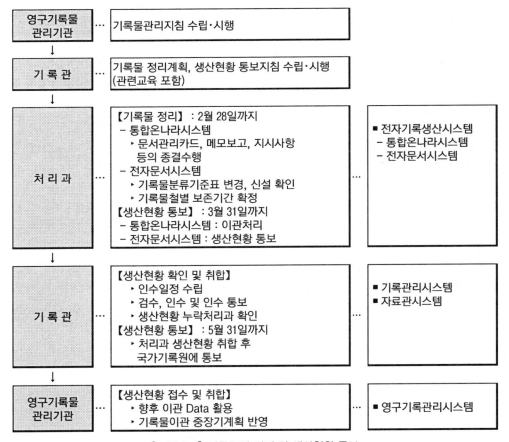

[그림 8-1] 기록물의 정리 및 생산현황 통보

(2) 기록물 정리 전 점검사항

〈표 8-1〉 기록물 정리 전 점검사항

내용	구분
• 통합온나라시스템 정리 　- 생산자(문서관리카드, 메모보고) : 본인 생산문서의 문서카드의 관리정보 수정(열람범위 재조정·공개여부 재분류), 과제가 미분류된 기타 메모보고 중에 실적으로 관리가 필요한 메모보고에 대하여 단위과제 지정 　- 과제카드담당자(단위과제카드) : 내용 및 취지, 과제이력 보완, 열람범위 재조정 　- 진행중인 문서 유무 확인 및 처리(발송 및 담당자 확인)	통합 온나라 시스템
• 전자기록생산시스템의 기록물(문서)등록대장에 등록되지 아니한 기록물이 있는지 여부를 확인하여 추가 등록 　- 대면결재, 민원신청서, 회계기록 등 종이로 생산된 기록물 누락여부 확인 후 누락사항 추가 등록	공통
• 기록물등록대장의 등록사항과 실제 기록물이 일치하는지 여부를 확인한 후 미비사항을 보완	공통
• 대통령관련기록물, 특수규격기록물, 비밀기록물, 개별관리기록물, 저작권보호대상기록물 등 해당여부를 확인하여 기록물(문서)등록대장의 특수기록물란에 해당항목 표시	공통
• 기록물분류기준표에 누락 또는 변경된 단위업무가 있는지 여부를 확인하여 기록물분류기준표의 변경을 국가기록원에 신청	전자문서 시스템
• 기록물철별로 보존기간 책정 등 보존분류 사항을 확인하고, 변경이 필요한 경우 기록물철등록부에 변경사항을 기재 • 결재 진행 중인 기록의 결재 완료, 접수 후 담당자 미확인 또는 미편철 기록의 편철 완료	전자문서 시스템
• 기록물(문서)등록대장상의 쪽수와 실제기록물의 쪽수가 일치되는지 여부를 확인한 후 기록물철 단위의 면표시를 최종적으로 확정·표기	비전자 기록물
• 기록물철 안에 남아있는 철침 등 이물질을 제거	비전자 기록물
• 기록물철의 색인목록과 실제 편철상태가 일치하는지 여부 확인	비전자 기록물

8.3 기록물의 분류

공공기관에서 생산·접수되는 모든 기록물은 단위업무 및 사안별로 나누어 기록물철을 만들고, 기록물철등록부에 등록하여 관리해야 한다. 그리고 기록물건이 생산 및 접수된 경우에는 어느 기록물철에 분류·편철되는지를 지정해야 하며, 분류·편철정보는 기록물등록대장에 등록하여 관리해야 한다.

전자문서시스템에서는 기록물건 생산 또는 접수시 분류·편철될 해당 기록물철을 지정하게 되면, 기록물등록대장에 자동으로 분류 등록되는 방식이다.

8.3.1 기록물 분류 원칙

① 공공기관은 기록물의 보존기간, 공개여부, 비밀여부 및 접근권한 등을 분류하여 관리한다.
② 기록물을 분류할 때에는 정부기능분류체계(BRM)의 단위과제별로 작성하는 것을 원칙으로 하되, BRM을 적용할 수 없는 경우 관할 영구기록물관리기관의 장과 협의하여 별도의 기능분류방식 사용한다.
③ 기록물의 분류 및 편철은 등록과 동시에 실시한다.

8.3.2 기록물의 분류체계 운영 방안

(1) 정부기능분류체계(BRM) 도입기관 : 기록관리기준표 운영

기록물관리기준표는 공공기관의 업무과정을 범정부차원에서 분류한 정부기능분류체계를 정책분야·정책영역·대기능·중기능·소기능·단위과제 등 총 6단계로 구분하고, 단위과제별로 업무설명, 보존기간, 보존기간 책정사유 등의 기록관리 기준 정보를 부여하는 제도이다. 이는 지금까지 사용해온 기록물분류기준표를 대체하는 새로운 분류체계으로 통합온-나라시스템과 기록물관리 시스템을 통해 구현되었다.

⑵ BRM 미도입 기관 : 종전의 분류 체계(기록물분류기준표) 운영

기록물분류기준표는 2004년부터 도입된 분류체계로 각급 기관의 처리과에서 수행하는 각각의 단위업무별로 대기능, 중기능, 소기능, 보존기간, 보존방법, 보존장소, 비치 여부 등을 지정해 놓은 기록물관리지침이다. 현재 전자문서시스템을 사용하고 있는 기관은 이를 사용하고 있으며, 통합온-나라시스템과 기록물관리 시스템 구축이 완료되면 기록물관리기준표로 전환될 것이다 .

〈표 8-2〉 기록관리기준표와 기록물분류기준표의 비교

구 분	기록관리기준표	기록물분류기준표
개념	■ 정부기능분류체계(BRM)상의 단위과제에 보존기간, 보존기간 책정사유, 비치기록물·공개여부 등의 기록관련 기준정보 부여 ■ 단위과제 하위에 과제카드를 생성하여 기록물을 분류할 수 있도록 한 업무기반의 기록물분류체계	■ 출처 및 업무기능의 동일성에 따라 단위업무에 기록물의 보존기간, 보존장소, 보존방법 등의 기록관련 기준정보 부여 ■ 단위업무 하위에 기록물철을 생성하여 관리하도록 한 기록물분류체계
분류단위	■ 정책분야·정책영역·대기능·중기능·소기능·단위과제의 6단계	■ 대·중·소기능·단위업무·기록물철의 5단계
관리기본단위	■ 단위과제	■ 단위업무
적용시스템	■ 통합온나라시스템, 기록관리시스템	■ 전자문서시스템

용/어/정/리

- **비치기록물** : 비치기록물이라 함은 카드·도면·대장 등과 같이 주로 사람·물품 또는 권리관계 등에 관한 사항의 관리나 확인 등에 수시로 사용되어 문서처리과(문서의 수발 및 사무 처리를 주관하는 과·담당관·계)에서 계속 비치·활용해야 하는 기록물을 말한다.
- **정부기능분류체계** : 정부가 수행하는 기능을 범정부적으로 표준화한 기능분류체계와 각 부처의 과제관리를 위한 목적별 분류체계로 구성된 분류체계를 말한다.
- **단위과제** : 정부기능분류체계의 소기능을 유사성, 독자성 등을 고려하여 영역별, 절차별로 세분한 업무를 말한다.

8.3.3 기록관리기준표 운영

① 공공기관은 정부기능분류체계(BRM)에 기반한 기록관리기준표를 작성·운영한다.

② 신설 또는 변경된 단위과제에 대하여 매년 10월 31일까지 관할 영구기록물관리기관과 협의하고, 영구기록물관리기관은 단위과제별 보존기간 검토결과를 매년 12월 31일까지 해당 공공기관에 통보한다.

③ 매년 기록물 정리기간 종료 직후 전년도에 신규로 시행하거나 보존기간이 변경된 단위과제명, 업무설명, 보존기간 등을 관보 또는 당해 기관 홈페이지 등 정보통신망에 고시한다.

④ 비밀 관련 정보가 포함되어 있는 경우 서면으로 작성·제출하고, 영구기록물관리기관으로 제출된 자료의 예고문은 제출일로부터 1월이 경과한 달의 말일에 파기한다.

⑤ 기록관리기준표의 관리항목에는 업무설명, 보존기간, 보존기간 책정사유, 비치기록물 여부, 공개여부, 접근권한 등이 있다.

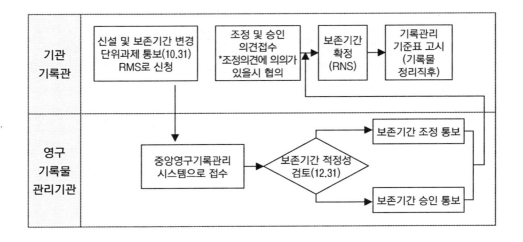

8.3.4 보존기간의 분류

보존기간은 행정업무 참고기간과 증빙자료 유효기간 및 관계법령 의무기간 그리고 사료가치 보존기간 등 4가지로 구분하여 각각의 보존기간을 책정하고, 이 4가지 사항을 고려하여 최종적인 보존기간을 종합적으로 판단한다.

(1) 보존기간의 책정기준

① **행정업무 참고기간** : 처리과의 업무참고에 필요한 보존기간

② **증빙자료 유효기간** : 민원증명, 이해분쟁 및 소송 등의 증거자료로 쓰일 것에 대비해 보존해야 할 기간

③ **관계법령기간 의무기간** : 징계시효·회계법상 시효·민형사상 시효·계약기간·기타 관계법령상의 보존기간

④ **사료가치 보존기간** : 역사자료로서 가치가 높아 영구보존할 필요가 있는지 또는 없는지 판단

⑤ **보존기간 종합판단** : 위 4가지 요소를 종합적으로 고려하여 최종판단한 보존 기간

(2) 보존기간

① 기록물의 보존기간은 영구·준영구·30년·10년·5년·3년·1년으로 구분하고 있는데, 대통령기록물, 수사·재판·정보·보안관련 기록물은 소관 중앙행정기관장이 중앙기록물관리기관의 장과 협의하여 보존기간의 구분 및 책정기준을 달리 정할 수 있다.

② 기록물 보존기간은 단위과제별로 책정한다. 다만 영구기록물관리기관의 장은 특별히 보존기간을 달리 정할 필요가 있다고 인정되는 단위과제에 대하여는 보존기간을 직접 정할 수 있다.

③ 보존기간의 기산일은 단위과제별로 기록물의 처리가 완결된 날이 속하는 다음년도의 1월 1일로 한다. 다만 여러 해에 걸쳐서 진행되는 단위과제의 경우에는 해당과제가 종결된 날이 속하는 다음년도의 1월 1일부터 보존기간을 기산한다.

〈표 8-3〉 기록물의 보존기간별 책정 기준

보존 기간	대상기록물
영구	1. 공공기관의 핵심적인 업무수행을 증명하거나 설명하는 기록물 중 영구 보존이 필요한 기록물 2. 국민이나 기관 및 단체, 조직의 지위, 신분, 재산, 권리, 의무를 증명하는 기록물 중 영구보존이 필요한 기록물 3. 국가나 지역사회의 역사경험을 증명할 수 있는 기록물 중 영구보존이 필요한 기록물 4. 국민의 건강증진, 환경보호를 위하여 필요한 기록물 중 영구보존이 필요한 기록물 5. 국민이나 기관 및 단체, 조직에 중대한 영향을 미치는 주요한 정책, 제도의 결정이나 변경과 관련된 기록물 중 영구보존이 필요한 기록물

	6. 인문·사회·자연 과학의 중요한 연구 성과와 문화예술분야의 성과물로 국민이나 기관 및 단체, 조직에 중대한 영향을 미치는 사항 중 영구보존이 필요한 기록물 7. 공공기관의 조직구조 및 기능의 변화, 권한 및 책무의 변화, 기관장 등 주요직위자의 임면 등과 관련된 기록물 중 영구보존이 필요한 기록물 8. 일정 규모 이상의 국토의 형질이나 자연환경에 영향을 미치는 사업·공사 등과 관련된 기록물 중 영구보존이 필요한 기록물 9. 제17조제1항 각 호의 어느 하나에 해당하는 사항에 관한 기록물 중 영구보존이 필요한 기록물 10. 제18조제1항 각 호의 어느 하나에 해당하는 회의록 중 영구보존이 필요한 기록물 11. 제19조 각 호의 어느 하나에 해당하는 시청각기록물 중 영구보존이 필요한 기록물 12. 국회 또는 국무회의의 심의를 거치는 사항에 관한 기록물중 영구보존이 필요한 기록물 13. 공공기관의 연도별 업무계획과 이에 대한 추진과정, 결과 및 심사분석 관련 기록물, 외부기관의 기관에 대한 평가에 관한 기록물 14. 대통령, 국무총리의 지시사항과 관련된 기록물중 영구보존이 필요한 기록물 15. 정책자료집, 백서, 그 밖에 공공기관의 연혁과 변천사를 규명하는데 유용한 중요 기록물 16. 다수 국민의 관심사항이 되는 주요 사건 또는 사고 및 재해관련 기록물 17. 대통령, 국무총리 관련 기록물과 외국의 원수 및 수상 등의 한국 관련 기록물 18. 토지 등과 같이 장기간 존속되는 물건 또는 재산의 관리, 확인, 증명에 필요한 중요 기록물 19. 장·차관급 중앙행정기관 및 광역자치단체의 장의 공식적인 연설문, 기고문, 인터뷰 자료 및 해당 기관의 공식적인 브리핑 자료 20. 국회와 중앙행정기관 간, 지방의회와 지방자치단체 간 주고받은 공식적인 기록물 21. 외국의 정부기관 혹은 국제기구와의 교류협력, 협상, 교류활동에 관한 주요 기록물 22. 공공기관 소관 업무분야의 통계·결산·전망 등 대외발표 혹은 대외 보고를 위하여 작성한 기록물 23. 영구기록물관리기관의 장 및 제3조 각 호의 어느 하나에 해당하는 공공기관의 장이 정하는 사항에 관한 기록물 24. 다른 법령에 따라 영구 보존하도록 규정된 기록물 25. 그 밖에 역사자료로서의 보존가치가 높다고 인정되는 기록물
준 영구	1. 국민이나 기관 및 단체, 조직의 신분, 재산, 권리, 의무를 증빙하는 기록물 중 관리대상 자체가 사망, 폐지, 그 밖의 사유로 소멸되기 때문에 영구보존할 필요성이 없는 기록물 2. 비치기록물로서 30년 이상 장기보존이 필요하나, 일정기간이 경과하면 관리대상 자체가 사망, 폐지, 그 밖의 사유로 소멸되기 때문에 영구보존의 필요성이 없는 기록물 3. 국민이나 기관 및 단체, 조직의 권리, 신분 증명 및 의무부과, 특정대상 관리 등을 위하여 행정기관이 구축하여 운영하는 행정정보시스템의 데이터셋(dataset) 및 운영시스템의 구축과 관련된 중요한 기록물 4. 토지수용, 「보안업무규정」 제30조에 따른 보호구역 등 국민의 재산권과 관련된 기록물 중 30년 이상 보존할 필요가 있는 기록물 5. 관계 법령에 따라 30년 이상의 기간 동안 민·형사상 책임 또는 시효가 지속되거나, 증명자료로서의 가치가 지속되는 사항에 관한 기록물 6. 그 밖에 역사자료로서의 가치는 낮으나 30년 이상 장기보존 필요하다고 인정되는 기록물

30년	1. 영구·준영구적으로 보존할 필요는 없으나 공공기관의 설치목적을 구현하기 위한 주요업무와 관련된 기록물로서 10년 이상의 기간 동안 업무에 참고하거나 기관의 업무 수행 내용을 증명할 필요가 있는 기록물 2. 장·차관, 광역자치단체장 등 고위직 기관장의 결재를 필요로 하는 일반적인 사항에 관한 기록물 3. 관계 법령에 따라 10년 이상 30년 미만의 기간 동안 민·형사상 또는 행정상의 책임 또는 시효가 지속되거나, 증명자료로서의 가치가 지속되는 사항에 관한 기록물 4. 다른 법령에 따라 10년 이상 30년 미만의 기간 동안 보존하도록 규정한 기록물 5. 그 밖에 10년 이상의 기간 동안 보존할 필요가 있다고 인정되는 기록물
10년	1. 30년 이상 장기간 보존할 필요는 없으나 공공기관의 주요업무에 관한 기록물로 5년 이상의 기간동안 업무에 참고하거나 기관의 업무 수행 내용을 증명할 필요가 있는 기록물 2. 본부·국·실급 부서장의 전결사항으로 공공기관의 주요업무를 제외한 일반적인 사항과 관련된 기록물 3. 관계 법령에 따라 5년 이상 10년 미만의 기간동안 민·형사상 책임 또는 시효가 지속되거나, 증명자료로서의 가치가 지속되는 사항에 관한 기록물 4. 다른 법령에 따라 5년 이상 10년 미만의 기간 동안 보존하도록 규정한 기록물 5. 그 밖에 5년 이상 10년 미만의 기간 동안 보존할 필요가 있다고 인정되는 기록물
5년	1. 처리과 수준의 주요한 업무와 관련된 기록물로서 3년 이상 5년 미만의 기간 동안 업무에 참고하거나 기관의 업무 수행 내용을 증명할 필요가 있는 기록물 2. 기관을 유지하는 일반적인 사항에 관한 예산·회계 관련 기록물(10년 이상 보존대상에 해당하는 주요 사업 관련 단위과제에 포함되는 예산·회계 관련 기록물의 보존기간은 해당 단위과제의 보존기간을 따른다) 3. 관계 법령에 따라 3년 이상 5년 미만의 기간 동안 민사상·형사상 책임 또는 시효가 지속되거나, 증명자료로서의 가치가 지속되는 사항에 관한 기록물 4. 다른 법령에 따라 3년 이상 5년 미만의 기간 동안 보존하도록 규정한 기록물 5. 그 밖에 3년 이상 5년 미만의 기간 동안 보존할 필요가 있다고 인정되는 기록물
3년	1. 처리과 수준의 일상적인 업무를 수행하면서 생산한 기록물로서 1년 이상 3년 미만의 기간 동안 업무에 참고하거나 기관의 업무 수행 내용을 증명할 필요가 있는 기록물 2. 행정업무의 참고 또는 사실의 증명을 위하여 1년 이상 3년 미만의 기간 동안 보존할 필요가 있는 기록물 3. 관계 법령에 따라 1년 이상 3년 미만의 기간 동안 민·형사상 의 책임 또는 시효가 지속되거나, 증명자료로서의 가치가 지속되는 사항에 관한 기록물 4. 다른 법령에 따라 1년 이상 3년 미만의 기간 동안 보존하도록 규정한 기록물 5. 그 밖에 1년 이상 3년 미만의 기간 동안 보존할 필요가 있다고 인정되는 기록물 6. 각종 증명서 발급과 관련된 기록물(다만, 다른 법령에 증명서 발급 관련 기록물의 보존기간이 별도로 규정된 경우에는 해당 법령에 따름) 7. 처리과 수준의 주간·월간·분기별 업무계획 수립과 관련된 기록물
1년	1. 행정적·법적·재정적으로 증명할 가치가 없으며, 역사적으로 보존해야할 필요가 없는 단순하고 일상적인 업무를 수행하면서 생산한 기록물 2. 기관 내 처리과 간에 접수한 일상적인 업무와 관련된 사항을 전파하기 위한 지시공문 3. 행정기관 간의 단순한 자료요구, 업무연락, 통보, 조회 등과 관련된 기록물 4. 상급기관(부서)의 요구에 따라 처리과의 현황, 업무수행 내용 등을 단순히 보고한 기록물(취합부서에서는 해당 단위과제의 보존기간 동안 보존해야 한다.)

(3) 비치기록물 지정

① 업무의 계속적 활용이 필요한 기록물은 기록관리시스템에서 비치기록물로 지정하여 처리과에서 보관할 수 있다.

② 비치기록물의 비치기간이 종료된 경우에는 다음연도 중에 기록관 또는 특수기록관으로 이관한다.

③ 비치기간 경과 후 기록관 또는 특수기록관으로 이관된 기록물중 보존기간 기산일로부터 10년이 경과한 기록물로서 보존기간이 30년 이상인 기록물은 인수한 다음연도 중 영구기록물관리기관으로 이관한다.

8.3.5 분류기준표의 운영

① 정부기능분류체계(BRM)를 도입하지 않은 기관은 종전의 기록물분류기준표를 운영하되 조속히 BRM을 도입하도록 협조·노력한다.

② 직제개정 또는 기능의 신설·폐지 등으로 기록물분류기준표의 변경이 필요한 경우 기록물분류기준표의 변경 처리를 완료한 이후에 기록물 정리를 시행한다.

③ 조직이 변경된 경우 행정표준코드관리시스템(http://code.gcc.go.kr) 사이트에 접속, 기관코드 변경신청을 의뢰하여 표준기관코드를 부여받은 후 자료관시스템에 적용하고 국가기록원 해당부서 담당자에게 분류기준표 변경사항을 통보한다.

- 처리과변경, 소관부서변경, 폐지는 자료관시스템에서 처리 후 국가기록원 해당부서에 시스템화일 통보 또는 양식에 의거 공문으로 신청한다.
- 단위업무의 신설 또는 일부항목변경은 국가기록원 해당부서에 분류기준표 변경신청을 하여 확정된 단위업무를 부여받아 시스템 반영 후 사용한다.

〈표 8-4〉 분류기준표 서식

처리과 기관코드	기능분류번호 2)				기능분류번호 3)					검색어 지정기준			
	대기능	중기능	소기능	단위업무	보존기간	보존방법	보존장소	비치기록물여부	비치기록물이관시기	특수목록위치	제1특수목록	제2특수목록	제3특수목록

(1) 분류기준표 처리 절차

〈표 8-5〉 분류기준표 처리 절차

처리단위	업무명	업무내용 및 처리방법
처리과	변경신청	• 변경사유별로 신청파일작성 후 기록관에 신청
기록관	취합/신청	• 처리과 변경 신청파일 접수/취합 • 통보사항 자료관시스템 적용·배포 후 전문관리 기관으로 통보 • 승인사항 영구기록물관리기관에 신청
영구기록물 관리기관	접수 ↓ 심사 ↓ 반영/통보	• 기록관에서 변경신청된 단위업무를 접수 • 단위업무 변경신청사항에 대한 심사 ↓ • 변경심사 결과를 반영 • 해당 기록관에 변경된 단위업무 통보
기록관	접수/반영	• 영구기록물관리기관의 통보사항 접수 • 변경사항을 자료관시스템에 반영 • 전자문서시스템에 배포
처리과	업무적용	• 기록관에서 변경신청결과 접수 • 접수결과 업무처리에 적용 • 기록물 분류편철

8.3.6 기록물철 작성 및 분류번호의 구성

(1) 기록물철 작성

공공기관은 업무수행과정이 반영되도록 단위과제의 범위 안에서 1개 이상의 기록물철을 만들어 해당 기록물을 편철해야 하며, 처리과의 장은 단위과제별로 기록물철 작성기준을 정하여 기록물이 체계적으로 편철·관리되게 해야 한다. 기록물철을 작성하면 전자기록생산시스템으로 기록물철분류번호를 부여하고, 그 기록물철에 부여된 분류번호를 표기하며, 중앙기록물관리기관의 장이 정하는 등록정보를 생산·관리해야 한다. 전자적 형태로 생산되지 않은 기록물철을 신규로 작성한 경우에는 전자기록생산시스템으로부터 기록물철 표지를 출력하여 그 기록물철의 표지로 사용해야 한다.

기록물철의 등록정보를 수정하고자 하는 경우에는 기록물관리책임자의 확인 하에 조치할 수 있으며 수정일자, 수정내용 및 수정사유 등을 전자적으로 관리해야 한다.

용/어/정/리

- **기록물철** : 2건 이상의 관련기록물을 함께 담아 관리하는 서류철, 카드·도면·사진 등의 보관봉투, 테이프·필름 등의 롤, 개개의 디스켓 또는 디스크, 컴퓨터 파일의 디렉토리 등 기록물 묶음의 기본단위를 말한다.
- **기록물관리책임자** : 기록물의 등록·분류·정리·보관·이관 등의 기록물관리를 위하여 처리과의 장이 지정한다. 기록물관리책임자는 기록물의 생산·발송·접수 등의 등록에 관한 사항, 처리과 기록물분류기준표의 관리에 관한 사항, 단위업무별 기록물철 작성기준의 수립과 기록물철의 등록에 관한 사항, 기록물의 정리·보관 및 이관에 관한 사항, 간행 물 및 일반도서의 등록 및 관리에 관한 사항, 그리고 기타 처리과의 기록물관리에 관한 업무를 수행한다.

(a) 기록물철 작성기준

① 발생·경과·완결 관계로 연결되는 사안별 기록물 단위

② 하나의 주제·과제·행사·회의·사안 관련 기록물 단위

③ 도면·사진 등의 경우 대상이 되는 동일 행사·시설·주제·사업단위

④ 테이프·디스크·디스켓·영화·필름 등 분리 곤란한 매체단위

⑤ 서로 관련 없는 내용을 동일매체에 수록하지 않도록 한다.

(b) 처리과별 기록물철 작성기준의 운영

① 처리과의 장은 단위업무별 기록물철 작성기준을 수립하여 기록물이 체계적으로 편철·관리되게 해야 한다.

② 업무담당자는 단위업무별 기록물철 작성기준에 따라 기록물철을 만들어야 하며, 기록물철 등록부에 등록하여 관리해야 한다. 전자문서의 경우에는 전자문서시스템 상에서 전산적으로 분류·편철해야 하며, 기록물철등록부에도 기록물철 제목 및 보존기간 등을 등록해야 한다.

③ 기록물관리책임자는 사안별 편철 및 기록물철명 작성기준을 제시하여 해당과의 기록물철 작성 및 분류편철 업무가 표준화되도록 해야 하며, 기록물정리시 각 기록물철별로 보존분류사항을 최종적으로 확인해야 한다.

〈표 8-6〉 단위업무별 기록물철 작성기준

단위업무	단위업무별 기록물철 작성기준
정책계획	사안별 최초계획안, 내부검토문서, 타기관협의문서, 반려문서, 수정문서, 최종결재문서, 시행계획, 시행결과, 기타관련기록 수집 편철
징계업무	징계사건별 징계요구서, 사실조사서, 진술서, 회의록, 징계처분결정서, 기타 관련기록물 수집 편철

(2) 기록물철 분류번호의 구성

기록물철의 분류번호는 시스템 구분, 처리과 기관코드, 단위과제 식별번호 및 기록물철 식별번호로 구성된다. 그리고 2권 이상으로 분철된 기록물철은 기록물철의 분류번호 중 기록물철 식별번호 다음에 괄호를 하고 괄호 안에 권·호수를 기입한다.

예) 기록물철 분류번호의 구성

50625 - AA1213 - 23 (2)
처리과기관코드 단위과제식별번호 기록물철 권호수 식별번호

(3) 기록물철의 분류번호표시

전자기록물로 구성되어 있는 기록물철의 분류번호는 해당 전자기록물철의 등록정보로 관리한다. 전자적 형태로 생산되지 않은 기록물은 기록물철의 표지, 보존상자 또는 보존봉투와 색인목록에 그 기록물철의 분류번호를 표시하고, 테이프·디스크·디스켓류의 기록물에 대하여는 본체와 보존상자에 적합한 규격으로 분류번호를 표시하고, 그 기록물철의 분류번호를 표시해야 한다.

각 문건별 분류번호표시는 기록물철을 먼저 기록물철등록부에 등록한 후, 기록물등록대장에 문건별로 어느 기록물철에 편철되었는지 전산으로 선택표기하며, 모든 기록물철과 색인목록에는 반드시 기록물철 분류번호와 연도표시를 한다.

 용/어/정/리

• **전자기록물** : 정보처리 능력을 가진 장치에 의하여 전자적인 형태로 작성하여 송신·수신 또는 저장되는 기록정보자료를 말한다.

8.3.7 기록물의 공개여부 분류

① 공공기관이 공개여부를 재분류하여 소관 기록물관리기관으로 이관하는 경우 기록물의 건단위 또는 쪽단위로 공개여부를 구분하고, 비공개기록물의 경우 비공개사유를 함께 제출한다.
② 기록물관리기관의 장은 소장기록물의 공개여부를 구분하여 관리한다.
③ 비공개기간의 연장이 필요한 공공기관의 장은 연장시기 및 사유 등을 해당 비공개기록물의 보존기간 기산일부터 30년이 지난해의 전년도 말까지 영구기록물 관리기관의 장에게 제출한다.
④ 공개여부 의견조회시 해당공공기관이 비공개의견을 제출하는 경우 그 의견에 비공개사유 및 공개가능시기 등을 포함한다. 이 경우 정보공개청구에 의하여 생산기관의 의견을 조회하는 때에는 그 생산기관은 7일 이내에 의견을 제출 한다.
⑤ 기록물관리기관의 장은 공개하기로 결정된 기록물은 영구기록물관리기관 홈페이지 등을 통하여 해당목록을 제공한다.

8.4 기록물의 편철관리

8.4.1 단위과제별 기록물의 편철

① 공공기관은 단위과제별로 1개 이상의 기록물철 또는 단위과제카드를 만들어 해당 기록물을 편철
② 처리과의 장은 단위과제별 기록물철 작성기준을 마련하여 체계적으로 기록물을 편철관리
③ 전자기록생산시스템으로 기록물철 분류번호를 부여
  • 통합온나라시스템 사용기관 : 기록관리기준표에 따라 단위과제별로 분류
  • 전자문서시스템 사용기관 : 기록물분류기준표에 따라 단위업무별로 기록물철 분류

④ 전자문서시스템의 경우 2권 이상으로 분철된 기록물철은 기록물철 분류번호 중 기록물철 식별번호 다음에 괄호를 하고 괄호안에 권호수를 기입

> 예 시스템구분 + 처리과기관코드 + 단위과제식별번호 및 기록물철식별번호(권호수)

⑤ 비전자기록물은 기록물 분류기준 및 기록물 종류별 관리에 적합한 보존용 파일 및 용기에 넣어 관리

8.4.2 일반문서류의 편철 및 관리

(1) 처리과에서 업무가 진행 중에 있거나 또는 업무에 활용중인 일반문서류는 진행문서 파일에 위에서부터 아래로 발생순서 또는 논리적 순서에 따라 끼워넣어 관리한다.

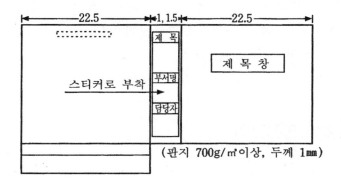

[그림 8-2] 진행문서파일 – 1호 파일(판지파일)

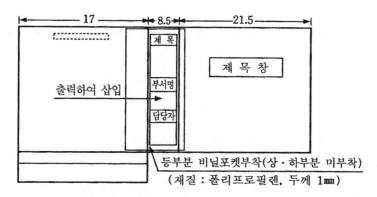

[그림 8-3] 진행문서파일 – 2호 파일(프라스틱파일)

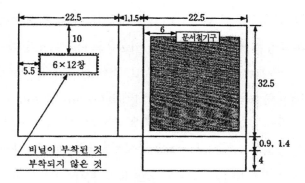

[그림 8-4] 진행문서파일 – 파일 안쪽면

(2) 위의 규정에 의한 편철시 기록물철의 맨 위에는 기록물철 표지를 놓는다.

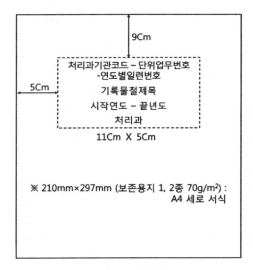

[그림 8-5] 기록물철 표지

(3) 그 다음에는 색인목록을 놓은 다음 문서를 순서대로 배열하는 방법으로 편철한다.

〈표 8-7〉 일반문서류 색인목록

기록물철 제목

분류번호 :   (생산연도 :   )

일련 번호	일 자	등록번호	제 목	보낸기관	받은기관	쪽표시	전자문서 여 부	비고

⑷ 일반문서류의 기록물철당 편철량은 100매 이내로 함을 원칙으로 하며, 편철 해야 할 기록물의 양이 과다한 경우에는 2권 이상으로 나누어 편철하되, 각 기록물철에는 동일한 제목과 분류번호를 부여하고 괄호안에 권호수만 다르게 표시해야 한다.

⑸ **문서철별 면수** : 문서의 면 표시 우측 하단에 표시하고, 당해 문서철의 첫 번째 면에서 시작한 그 면의 일련번호만 기재하며, 표지와 색인목록을 제외한 본문부터 시작하여 면수를 부여한다. 그리고 동일한 문서철을 2권 이상으로 나누어 편철한 경우 2권 이하의 문서철별 면수는 전권 마지막 면수 다음의 일련번호로 시작하며, 이 경우에도 표지와 색인목록은 면수 부여대상에서 제외한다. 문서철별 면수는 최초에 연필로 표시한 후 기록물정리 행사가 끝나면 잉크 등으로 표시한다.

⑹ 처리완결된 일반문서류는 진행문서파일에서 분리하여 보존용 표지를 추가로 씌워 편철용 클립으로 고정시킨 후 보존상자에 단위업무별로 넣어 관리한다.

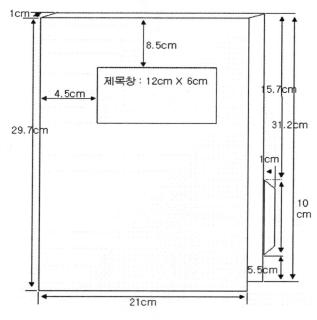

[그림 8-6] 보존용 표지

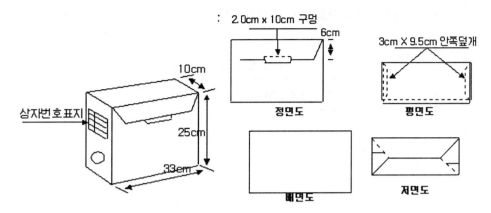

[그림 8-7] 보존상자의 규격

(7) 보존상자의 측면에는 보존상자 표지를 부착해야 한다.

8.4.3 카드·도면류의 편철 및 관리

(1) 처리과에서 비치활용기간이 종료될 때까지 편철하지 않고 카드보관함에 넣어 관리하며, 비치활용이 끝나면 카드류 보존봉투에 넣어 편철한 후 이를 보존상자에 넣어 관리한다.

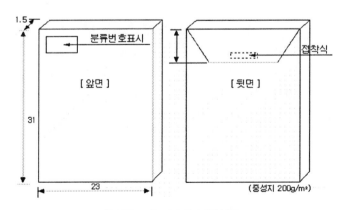

[그림 8-8] 카드류 보존봉투

(2) 도면류는 기록물철단위로 도면류 보존봉투에 편 상태로 넣어 관리한다.

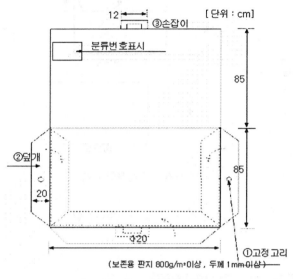

[그림 8-9] 도면류 보존봉투

(3) 보존봉투에 넣을 때는 각 봉투의 맨 위에는 색인목록을 놓고 그 목록순서에 따라 배열하고, 보존봉투 당 카드·도면의 편철량은 30건(매) 이내로 한다.

〈표 8-8〉 도면·카드류 색인목록

도면·카드 종류명

분류번호 :   (생산연도 :   )

일 련 번 호	등록번호	제 목	쪽표시	전자문서 여 부	비 고

8.4.4 사진·필름류의 편철 및 관리

(1) 사진·필름류는 기록물철별로 규격에 적합한 사진·필름류 보존봉투에 넣어 편철한 후 보존상자에 넣어 관리한다.

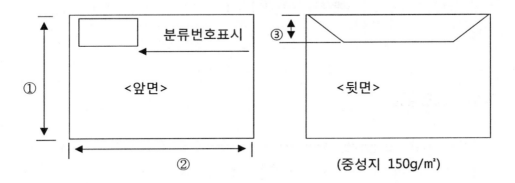

분류번호표시

<앞면>

①

②

③

<뒷면>

(중성지 150g/㎡)

사진·필름크기별 봉투 규격　　　　　　　(단위:cm)

사진·필름 종류	세로①	가로②	덮개③
5″ × 7″ 이하 사진 원판, 35mm, 120mm 필름	15	21	13
8″ × 10″ 이하 사진	27	22	4
8″ × 10″ 이상 사진	동일재질로 크기에 맞추어 제작함		

[그림 8-10] 사진·필름류 보존봉투

(2) 사진·필름류를 편철하는 경우, 맨 위에 색인목록을 놓고 그 목록순서에 따라 기록물을 배열한다.

〈표 8-9〉 사진·필름류 색인목록

기록물철 제목

분류번호 :　　　　　　　　　　　　　　　　　　(생산연도 :　　　　　)

일련 번호	등록번호	제　목	사진설명	사진형태	비　고

8.5 기록물 보존 및 관리

기록물을 안전하게 보존관리하기 위해 시설장비기준에 따라 보존환경을 유지한다. 보존가치가 높은 기록물은 이중 보존한다. 따라서 기록물을 원래의 모습 그대로 장기간 유지하기 위하여 최적의 보존환경에서 잘 보관하거나 훼손된 기록물의 복원 처리하는 것을 말한다.

8.5.1 보존방법

기록물은 전자적 보존관리를 원칙으로 한다.

기록물관리기관이 보존중인 전자적 형태로 생산되지 아니한 기록물 중 보존기간이 준영구 이상인 경우에는 원본과 보존매체를 함께 보존하는 방법, 원본을 그대로 보존하는 방법, 원본은 폐기하고 보존매체만 보존하는 방법으로 분류하여 보존한다.

(1) 전자기록물 관리

공공기관이 생산하는 전자문서는 행정안전부장관이 정하는 표준에 맞도록 생산·관리해야 한다. 전자문서로 생산 또는 접수한 기록물은 처리과 별로 기록물등록대장에 일반문서와 함께 등록·관리하며, 전자문서의 이관은 대통령령의 규정에 의거 등록물 생산현황을 통보하는 때에 당해 기록물 생산현황에 포함된 전자문서의 복사파일을 함께 제출하는 방법으로 한다. 이렇게 수집하여 보존하는 전자문서는 보존기간이 종료된 뒤에도 이를 폐기하지 않고 계속 보존할 수 있다.

전자문서는 컴퓨터 파일로 보존하되, 보존기간이 준영구 이상인 기록물에 대하여는 전문관리기관의 장이 마이크로필름 또는 종이문서 등 육안으로 판독이 가능한 보존매체에 수록하여 중복 보존함을 원칙으로 한다. 전자문서를 관리하는 전문관리기관의 장은 행정안전부장관이 정하는 표준의 전자문서와 호환성이 유지되도록 당해 컴퓨터 파일을 계속적으로 전환·관리해야 한다.

기록물을 전자적으로 안전하고 체계적으로 관리·활용하기 위하여 전자기록물 관리시스템의 기능·규격 및 보존 포맷 등 전자기록물 관리체계를 구축 운영해야 한다.

(2) 준영구 이상 비전자기록물의 보존방법

(a) 원본과 보존매체를 함께 하는 보존하는 방법

① 보존가치가 매우 높아 병행보존이 필요하다고 인정되는 기록물

② 증명자료 또는 업무참고자료로서 열람빈도가 매우 높을 것으로 예상되는 기록물

③ 원본의 형상 또는 재질 등이 특이하여 문화재적 가치가 있을 것으로 예상되는 기록물

④ 그 밖의 원본과 보존매체의 중복보존이 필요하다고 인정되는 기록물

(b) 원본을 그대로 보존하는 방법

① 보존가치가 높으나 열람빈도가 높지 아니할 것으로 예상되는 기록물

② 그 밖에 어느 정도의 기간이 지난 후에 보존방법을 결정하는 것이 타당하다고 인정되는 기록물

(c) 원본은 폐지하고 보존매체만 보존하는 방법

원본을 보존하지 아니하고 내용만 보존하여도 보존목적을 달성할 수 있다고 인정되는 기록물

(3) 기록물의 보존 매체 수록

보존기간이 준영구 이상인 기록물을 수록하는 보존매체의 종류와 규격은 〈표 8-10〉과 같다.

〈표 8-10〉 보존 매체의 종류와 규격

종류	마이크로필름	광디스크
규격	한국산업규격(KS)을 만족하는 안전 필름	한국산업규격(KS) 또는 국제 규격을 만족하는 기관

다음 각호에 해당하는 기록물을 보존매체에 수록하는 경우에는 마이크로필름, 기타 육안으로 판독이 가능한 보존매체를 사용함을 원칙으로 한다.

① 보존 기간이 준영구 이상인 기록물 중 원본을 폐기하고자 하는 기록물

② 원본 기록물의 보존성이 취약하여 대체 보존이 필요하다고 인정되는 기록물

기록물이 수록되는 마이크로필름 또는 광디스크 등에는 당해 보존매체를 생산한 기록물관리기관의 기관코드와 누년일련번호로 구성되는 필름번호 또는 디스크번호를 부여해야 한다.

8.5.2 보존장소

(1) 개요

① 보존기간이 10년 이하인 기록물은 보존기간 종료시까지 관할 기록관 또는 특수기록관에서 보존한다.

② 보존기간이 30년 이상인 기록물은 관할 영구기록물관리기관으로 이관하여 보존해야 한다. 다만 다음의 경우에는 기록관 또는 특수기록관에서 보존할 수 있다

- 비치기록물로서 영구기록물관리기관의 장이 사료적 가치가 높지 않다고 지정한 기록물
- 보존매체에 수록·보존할 경우 원본은 보존하지 않아도 되는 기록물
- 공공기관의 기록물. 다만 국가적 보존가치가 높아 관할 영구기록물관리기 관의 장이 수집·보존이 필요하다고 인정하여 지정한 기록물은 제외한다.

③ 공공기관이 보존 중인 기록물이 사료적 가치가 높아 그 기관의 기록관 또는 특수기록관에서 계속 관리하고자 하는 경우에는 관할 영구기록물관리기관과 협의해야 한다.

(2) 서고관리

① 기록물관리기관은 기록물을 안전하게 보존할 수 있도록 대통령령이 정하는 기준에 적합한 보존시설과 장비를 갖추어야 한다.

② 기록물을 서고에 배치하는 때에는 보존기간이 20년 이하인 경우에는 기록물 형태별·보존기간별·생산연도별로, 보존기간이 준영구 이상인 경우에는 기록물 형태별·보존가치등급별·보존기간별 일련번호로 구성되는 관리번호를 부여하고, 당해 관리번호순으로 기록물철을 배열하여야 한다.

③ 보존기간이 준영구 이상인 기록물은 서고에 입고하기 전에 소독을 실시하여 기록물에 손상을 주는 해충과 미생물을 제거하여야 하고, 연 1회 이상 서고 전체에 대한

살균소독을 실시하여야 한다.

④ 기록물관리기관의 장은 서고별로 관리책임자를 지정하고, 당해 관리책임자에 의하여 서고의 출입과 기록물이 입·출고가 통제되도록 해야 한다.

⑤ 기록물관리기관의 장은 소장 기록물에 대하여 2년마다 정수점검을 해야 하고, 상태에 따라 종이기록물은 10~30년 주기로, 시청각 기록물은 2년~10년 주기로 상태 점검을 해야 한다.

〈표 8-11〉 기록물관리기관의 보존시설 및 장비의 기준 – 종이기록물

구분			자료관	특수자료관	전문관리기관
1. 시설	서고 면적	고정식	1만권당 99m2(장비 및 열람석 면적은 별도임)		
		이동식	고정식 면적의 40%		
2. 장비	공기조화설비			항온·항습설비	항온·항습설비, 공기청정장치
	자기온습도계			서고당 1대	서고당 1대
	소화설비		가스식 휴대용소화기	가스식 자동소화시설	가스식 자동소화시설
	보안장치			폐쇄회로감시장치	폐쇄회로감시장치
	탈산처리장비				설치
	소독처리장비			설치	설치
3. 온·습도 조건	온도(℃)			18~22℃	18~22℃
	습도(%)			40~55% (변화율은 10% 이내)	40~55% (변화율은 10% 이내)
4. 전산장비	주전산기		설치	설치	설치
	광디스크 저장장치			설치	설치
	광디스크 입력장치			설치	설치
	통신장비		설치	설치	설치
	열람장비		설치	설치	설치
5. 마이크로 필름장비	촬영기			설치	설치
	현산기			설치	설치
	판독복사기		설치	설치	설치

〈표 8-12〉 기록물관리기관의 보존시설 및 장비의 기준 – 시청각기록물

구분			자기매체	필름매체
1. 시설	서고 면적	고정식	비디오테이프 1천개당 14.2m²(5단 복식서가 기준)	사진·필름 앨범 1천개당 38.4m² (5단 복식서가 기준) 영화필름 1천캔당 29.5m² (11단 복식서가 기준)
		이동식	고정식 면적의 40%	
2. 장비	환경적응장비		구비	
	공기조화설비		항온·항습설비, 공기청정기	
	자기온습도계		서고당 1대	
	소화설비		가스식 자동소화시설	
	보안장치		폐쇄회로 감시장치	
3. 온·습도 조건	온도(℃)		13~17℃	−2~2℃
	습도(%)		35%~45% (변화율은 10% 이내)	25%~35%(변화율은 10% 이내) 흑백사진·필름·마이크로필름은 자 기매체 온·습도의 기준에 따른다.

8.5.3 대통령 결재문서와 비밀문서의 보존

(1) 대통령 기록물의 보존

대통령과 그 보좌기관이 대통령의 직무수행과 관련하여 생산 또는 접수한 모든 기록물은 중앙기록물 관리기관의 장이 이를 수집하여 보존해야 한다. 누구든지 대통령 관련 기록물을 무단으로 폐기·훼손하거나 보존하고 있는 공공기관 밖으로 반출하여서는 안 된다. 대통령 관련 기록물을 생산 또는 접수한 공공기관의 장은 대통령 관련 기록물의 원활한 수집 및 보존을 위하여 매년 대통령 관련 기록물의 목록을 중앙기록물관리기관의 장에게 통보해야 한다. 중앙기록물관리기관의 장은 대통령의 임기 종료 6월 전부터 임기 종료까지의 기간중에 대통령 관련 기록물을 수집하여 보존하거나 다음 대통령에게 인계되도록 조치해야 한다. 대통령 관련 기록물의 범위는 다음 각호와 같다.

① 대통령이 결재하거나 보고받은 기록물
② 대통령과 그 보좌기관이 생산 또는 접수한 기록물
③ 공공기관이 대통령 또는 그 보좌기관에 제출한 기록물의 원본

④ 대통령 또는 차관급 이상의 대통령의 보좌기관이 참석하는 정책조정을 위한 각종 회의의 회의록

⑤ 대통령의 업무와 관련한 메모, 일정표, 방문객 명단 및 대화록, 연설문

⑥ 원본 등 사료적 가치가 높은 기록물

⑦ 대통령의 영상 또는 육성이 수록된 시청각 기록물

⑧ 대통령 가족의 공적 업무 활동과 관련한 기록물

⑨ 기타 중앙기록물 관리기관의 장이 대통령 관련 기록물로 지정한 기록물

상기의 기록물을 생산 또는 접수한 공공기관의 장은 당해 기록물의 생산 또는 접수일이 속하는 해의 다음 연도 6월 30일까지 대통령 관련 기록물의 목록을 중앙기록물관리기관의 장에게 제출해야 한다. 다만, 대통령의 임기가 종료되는 해의 전년도에 처리한 대통령 관련 기록물의 목록은 대통령의 임기가 종료되는 해의 1월 10일까지 제출해야 한다.

중앙기록물관리기관의 장은 각 공공기관의 장으로부터 받은 대통령 관련 기록물의 목록을 대통령 임기종료 40일 전까지 대통령 당선자가 지명하는 자에게 통보해야 하며 지명된 자는 대통령 임기종료 20일 전까지 대통령 관련 기록물 중 중앙기록물관리기관으로 이관하지 아니하고 차기 대통령과 그 보좌기관이 계속 활용할 필요가 있는 기록물의 목록을 중앙기록물관리기관의 장에게 통보해야 한다.

(2) 비밀기록물의 보존

① 공공기관이 비밀기록물을 생산하는 때에는 중앙기록물관리기관 및 특수기록물관리기관의 장 또는 당해 공공기관의 장이 정한 기록물분류기준표에 의한 보존기간과 「공공기관의 기록물관리에 관한 법률시행령」에 의한 기록물의 보존기간별 분류기준을 참고하여 당해 비밀원본의 보존기간을 비밀보호기간의 책정과 동시에 정해야 한다.

② 공공기관의 장은 비밀기록물의 원본에 대하여 다음의 사유가 발생한 경우에는 사유발생일이 속하는 해의 다음 연도 중에 당해 기록물을 관할 전문관리기관으로 이관해야 한다. 다만, 업무활용 기타 부득이한 사유로 이관이 곤란하다고 인정되는 비밀기록물의 원본에 대하여는 관할 전문관리기관의 장과 협의하여 이관시기를 연장할 수 있으며, 비밀기록물의 원본은 관할 특수자료관으로 이관해야 한다.

• 일반문서로 재분류한 경우

- 예고문에 의하여 비밀보호기간이 만료된 경우
- 생산 후 30년이 경과한 경우

③ 위의 규정에 의하여 전문관리기관 및 특수자료관으로 이관하는 기록물 중 비밀기록물은 건별로 봉투에 넣어 봉인한 후 기록물 이관목록과 함께 이관해야 한다. 전문관리기관 및 특수자료관의 장은 이관 받은 비밀기록물을 건별로 봉투에 넣어 봉인하고 봉투의 접합부분에 비밀기록물 봉인표지를 부착한 상태로 관리하고, 비밀기록물 봉인대장에 기록해야 한다.

④ 전문관리기관의 장은 당해 기관이 관리하는 비밀기록물 중 다음에 해당하는 기록물에 대하여 재분류를 실시할 수 있다.
- 보존기간의 기산일부터 30년이 경과한 비밀기록물, 다만 예고문에 의하여 비밀보호기간이 남아있는 비밀기록물인 경우에는 생산기관과의 협의를 거쳐야 한다.
- 생산기관과 협의하여 재분류를 위임받은 비밀기록물
- 당해 기록물의 생산기관이 폐지되고 그 기능을 승계한 기관이 분명하지 아니한 비밀기록물

⑤ 전문관리기관의 장은 비밀기록물에 대하여 별도의 전용서고를 설치하고 비밀기록물 관리요원을 지정해야 하며, 비밀기록물의 취급과정에서 기밀이 누설 되지 않도록 필요한 보안대책을 수립·시행해야 한다.

⑥ 전문관리기관 및 특수자료관의 장은 이관 받은 비밀기록물의 목록이나 내용을 전산으로 관리하고자 하는 때에는 비밀기록물 전용의 전산장비를 따로 설치·운영해야 한다. 이의 규정에 의하여 비밀기록물을 수록한 전산자료는 정보통신망에 의한 외부연결을 차단하거나 통신보안 조치를 강구하여 정보통신망에 의하여 비밀이 유출되지 않도록 관리해야 한다.

〈표 8-13〉 비밀기록물 봉인대장

일련번호 (봉인번호)	등록번호	처리일자	제목	구분 (개봉/봉인)	일시	사유	담당자	입회자

8.5.4 간행물의 보존관리

(1) 간행물 발간등록

간행물 발간등록번호는 영구기록물관리기관 기호, 발행기관의 기관코드, 등록일련 번호 및 발간유형 구분기호로 구성하며, 영구기록물관리기관 기호 및 발간유형 구분기호는 중앙기록물관리기관의 장이 정한다. 발간등록번호의 표기는 식별이 쉬운 정도의 규격으로 간행물의 앞표지 좌측상단에 기재하는 것을 원칙으로 한다.

(2) 간행물 제출

발간한 간행물은 발간 후 15일이 경과하기 전까지 중앙기록물관리기관, 관할 영구기록물관리기관과 기록관 또는 자료관, 또는 특수기록관에 각 3부씩 9부를 송부한다. 관할 영구기록물관리기관이 아직 설치되지 않은 기관은 중앙기록물관리기관으로만 3부 송부하고, 기록관이 설치되지 않은 기관은 행정자료실로 3부를 송부한다.

(3) 일반도서의 관리

공공기관이 다음 각호에 해당하는 도서를 취득한 때에는 행정안전부령이 정하는 바에 따라 이를 등록, 관리해야 한다.

① 공공기관의 비용으로 구입한 도서
② 공공기관의 비용이 지출된 국외 여행 과정에서 취득한 도서. 다만, 사비(私費)로 구입한 개인용도의 도서는 제외한다.
③ 공공기관이 파견한 장기 국외연수자가 연수결과물로 작성한 논문 또는 보고서
④ 기타 공공기관이 취득한 일반도서 중 업무활용의 가치가 높다고 인정되는 도서

기록물관리기관의 장은 등록된 일반도서에 대하여 등록번호·도서명·저자·소장부서 등이 포함된 일반도서목록을 중앙기록물관리기관의 장이 정하는 바에 따라 전산으로 작성·비치한다. 그리고 처리과 활용이 끝난 일반도서는 관할 기록물관리기관으로 이관해서 공동 활용한다. 기록물관리기관의 장은 일반도서를 수집하거나 수집의무 부과를 위하여 필요하다고 인정되는 경우에는 관할공공기관에 대하여 수집이 필요한 일반도서의

목록을 조사할 수 있다. 또한 기록물관리기관의 장은 2년에 1회 이상 일반도서의 정수점검을 실시해야 하며, 더 이상 보존활용의 가치가 없다고 인정되는 일반도서는 이를 폐기할 수 있다.

(4) 국가기록물 지정·관리

국가기록물은 다음과 같은 방법으로 지정·관리한다.

① 중앙기록물관리기관의 장은 개인 또는 단체가 생산·취득한 기록정보자료 등으로서 국가적으로 영구히 보존할 가치가 있다고 인정되는 민간기록물에 대하여 위원회의 심의를 거쳐 이를 국가지정기록물로 지정·관리한다.

② 민간기록물을 소유 또는 관리하는 자는 중앙기록물관리기관의 장에게 당해 민간기록물을 국가지정기록물로 지정·신청한다.

③ 중앙기록물관리기관의 장은 국가지정기록물의 지정을 위하여 필요하다고 인정되는 경우 소속공무원으로 하여금 관련 민간기록물의 목록 및 내용의 확인, 그 밖에 필요한 조사를 하게 할 수 있다.

④ 중앙기록물관리기관의 장은 국가지정기록물로 지정한 경우 당해 민간기록물을 소유 또는 관리하는 자에게 지정사실을 통보한다.

⑤ 중앙기록물관리기관의 장은 지정된 기록물이 국가지정기록물로서의 보존가치를 상실하였다고 판단되는 경우 또는 국가지정기록물의 소유자 또는 관리자의 신청이 있는 경우 위원회의 심의를 거쳐 해제할 수 있다

(5) 기록물관리 소홀에 대한 처벌

기록물을 관리하는데 있어서 다음과 같은 사유가 발생되었을 때 처벌한다.

① 기록물 무단파기 및 기록물을 국외유출한 자는 7년 이하 징역 또는 1천만원 이하 벌금을 부과한다.

② 기록물 무단은닉, 기록물 무단유출, 중과실로 기록물 멸실, 고의·중과실로 일부 훼손한 자는 3년 이하의 징역 또는 5백만원 이하의 벌금을 부과한다.

③ 기록물 회수가 필요하여 조사할 필요가 있는 경우 조사의 거부·방해·기피한 자 또는 업무 중 알게 된 비밀을 누설한 자는 2년 이하의 징역 또는 3백만원 이하의 벌금

을 부과한다.

④ 국가지정기록물 지정을 위하여 필요한 조사를 거부·방해 또는 기피한 자는 100만 원 이하의 과태료를 부과한다.

8.5.5 폐지(한시)기관의 기록물 관리

(1) 폐지기관의 범위

① 공공기관이 폐지된 경우에 그 사무를 승계하는 기관이 없는 경우

② 국가 또는 지방자치단체의 기관이 폐지되면서 정부산하 공공기관 또는 민간기관으로 전환되는 경우

③ 특별법 등에 의하여 한시적으로 설치·운영되다가 존속기간이 경과하여 활동이 종료되는 위원회 등

 용/어/정/리

- **폐지기관** : 「정부조직법」 및 「지방자치법」, 기타 법령 등에 의거하여 설치된 기관으로 설치 근거 법령에 따라 폐지된 기관
- **한시기관** : 「행정기관의 조직과 정원에 관한 통칙」에 의거하여 설치된 기관으로 존속기간이 경과하여 폐지된 기관 또는 법령 및 훈령 등에 의거 한시적으로 설치되어 폐지된 기관(폐지 예정기관 포함)

(2) 폐지기관의 기록물 이관

① 공공기관이 폐지되는 경우에 그 사무를 승계하는 기관이 없는 경우 당해 기관의 기록물을 소관 영구기록물관리기관으로 지체 없이 이관한다.

② 정부산하 공공기관 또는 민간기관으로 전환되는 경우에는 보존기간 30년 이상인 기록물에 대하여 보존기간의 기산일로부터 10년이 경과한 다음연도 중으로 소관 영구기록물관리기관으로 이관한다.

③ 폐지기관의 업무를 일부 또는 전부를 승계 받는 경우, 승계기관에서 해당 업무에 대한 기록물을 인계받고, 인계받은 기록물의 목록정보를 소관 영구기록물관리기관 및 중앙기록물관리기관으로 통보하여 현황관리가 이루어지도록 해야 한다.

- 2개 기관 이상으로 업무가 나뉘는 경우에는 소관 업무별로 기록물을 인계인수하고 해당 정보를 관리해야 한다.
- 2개 기관 이상으로 업무가 나뉘는 경우중 동일한 업무가 나뉘는 경우에는 소관 영구기록물관리기관으로 당해 기록물을 이관하고, 해당 업무를 승계하는 기관으로 당해 기록물의 정보를 제공하여 업무에 활용할 수 있도록 해야 한다.

④ 공공기관 내에서 한시적으로 운영되는 부서가 폐지되고 업무 승계부서가 없는 경우에는 모든 기록물을 당해 기관의 기록관 또는 특수기록관으로 이관한다.

(3) 폐지기관의 기록물 관리

① 승계기관이 인수받은 기록물은 생산 당시의 기관명으로 편철·정리하여 보존해야 하며, 등록정보의 수정 및 재편철은 불가하다.
② 기록물 인수 종료 후 3개월 이내에 인계인수서 사본과 인수기록물 목록 1부를 관할 영구기록물관리기관에 송부한다.
③ 인수받은 기록물의 정리·분류·편철·정리 등은 본 지침의 해당 분야별 사항을 동일하게 적용한다.

8.5.6 시청각기록물의 보존관리

보존기간이 준영구 이상인 시청각기록물은 보존기간의 기산일부터 5년이 경과하기 전에 관할 전문관리기관으로 이관해야 한다. 다만, 시청각기록물 보존시설 및 장비의 기준에 적합한 서고와 관리장비를 갖춘 공공기관의 경우 또는 부득이한 사유로 이관시기의 연장이 필요하다고 인정되는 때에는 보존기간 기산일부터 9년의 범위 내에서 이관시기를 연장할 수 있다. 시청각기록물을 관리해야 할 전문관리기관이 시청각기록물 관리에 적합한 전용서고와 관리장비를 갖추지 아니한 경우에는 당해 시청각기록물을 중앙기록물 관리기관으로 이관해야 한다.

8.5.7 문서의 마이크로필름 수록

① 기록물이 수록된 마이크로필름의 원본은 시청각기록물전용서고에 보존하고 열람 등에 사용하는 마이크로필름은 복제본을 제작하여 사용함을 원칙으로 한다.

② 보존기간이 준영구 이상인 기록물 중 원본을 폐기하고자 하는 기록물과 원본기록 물의 보존성이 취약하여 대체보존이 필요하다고 인정되는 기록물을 보존 매체에 수록하는 경우에는 마이크로필름 기타 육안으로 판독이 가능한 보존매체를 사용함 을 원칙으로 한다.

③ 기록물이 수록되는 마이크로필름 또는 광디스크 등에는 당해 보존매체를 생산한 기록물관리기관의 기관코드와 누년일련번호로 구성되는 필름번호 또는 디스크번 호를 부여해야 한다.

8.6 기록물 이관

(1) 인계·이관 방법

① 활용가치가 적어진 문서를 보존함 또는 문서(보존)과로 옮기는 작업을 문서의 이관 이라고 한다. 이관은 활용빈도가 적어진 문서들로 인해 사무실공간이 협소해지는 것을 방지해 주며, 보관함 내에 항상 활용가치가 높은 정보나 자료들만을 보관할 수 있게 해줌으로써 활용빈도가 높은 문서들을 원활하게 검색하고 이용할 수 있도록 해준다.

② 공공기관의 기록물 중 기록물분류기준표에 이관대상으로 분류된 기록물은 처리과 에서 보존기간의 기산일부터 2년의 범위내에서 보존한 후 관할 자료관 또는 특수자 료관으로 이관한다. 다만, 자료관 또는 특수자료관이 설치되지 아니하거나 업무에 수시로 참고할 필요가 있는 경우에는 보존기간의 기산일부터 9년의 범위내에서 기 록물의 이관시기를 연장할 수 있다.

③ 자료과의 장은 위의 규정에 의하여 이관받은 기록물중 보존장소가 전문관리기관으 로 지정된 기록물을 보존기간의 기산일부터 9년이 경과한 다음 연도 중에 관할 전

문관리기관으로 이관해야 한다. 다만, 기록물의 적절한 관리를 위하여 필요하다고 인정되는 경우에는 9년이 경과하기 전에 이관할 수 있다.

④ 공공기관은 ②와 ③의 규정에 의하여 기록물을 이관하고자 하는 때에는 행정안전 부령이 정하는 바에 따라 기록물을 보존기간별로 구분하여 보존상자에 넣은 후 이관목록과 함께 제출해야 한다.

⑤ 기록물관리기관의 장은 매년 11월 30일까지 공공기관별 이관일정 및 이관대상 등이 포함된 다음 연도의 기록물 수집계획을 수립·수행해야 한다.

⑥ 비공개로 분류된 기록물로서 30년 경과후에도 특별관리가 필요하다고 인정되는 기록물과 ②의 단서 규정에 의하여 부득이한 사유로 기록물의 이관시기를 연장하고자 하는 때에는 사전에 관할 기록물관리관의 장에게 기록물이관연기신청서를 전산으로 작성·제출하여 협의해야 한다.

처리과기관코드 :   인계자 직급 및 성명 :
이 관 연 도 :   인수자 직급 및 성명 :

기록물철 분류번호	기록물철 제 목	건 수	쪽 수	기록물형태	비 고

(a) 기록물철 단위로 이관하는 기록물

처리과기관코드 :   인계자 직급 및 성명 :
이 관 연 도 :   인수자 직급 및 성명 :

등록 번호	제 목	기록물 형 태	쪽 수	기록물철 분류번호	공 개 구 분	공개제한 쪽 표시	비 고

(b) 기록물건 단위로 이관하는 기록물

[그림 8-12] 이관목록

(처리과기관코드 :   )

일련 번호	분류번호	제목	생산연도	이관희망 연 도	연기사유

(a) 기록물철·기록물건의 이관을 연기하는 경우

[그림 8-13] 기록물이관 연기신청서

8.7 보존문서의 대출·열람

8.7.1 보존문서의 대출

(1) 문서의 대출

보존기간이 준영구 이상인 기록물에 대하여는 서고 외의 지역으로의 반출을 금함을 원칙으로 한다. 그러나 부득이 반출하고자 하는 때에는 당해 서고를 관리 하는 기록물관리기관의 장의 승인을 받은 기록물반출·반입서를 당해 서고관리 책임자에게 제출해야 한다.

제   호

구 분 (반출/반입)	일 자	반출/반입자 인적사항			확 인
		소속기관명	직 급	성 명	
반출기간		사 유			
기 록 물 목 록					
일련번호	분류번호	제 목	기록물형태	수 량	확 인

(a) 기록물철단위로 반출·반입하는 경우

제 호

구 분 (반출/반입)	일 자	반출/반입자 인적사항			확 인
		소속기관명	직 급	성 명	
반출기간		사 유			
기 록 물 목 록					
일련번호	등록번호	제 목	기록물형태	수 량	확 인

(b) 개별관리기록물(건)단위로 반출·반입하는 경우

[그림 8-14] 기록물반출·반입서

(2) 대출관리 시스템

문서의 대출을 위해서는 다음과 같은 사항들에 주의해야 한다.

■ 대출신청서

특정 문서나 파일폴더를 대출하기 위해서는 대출신청서를 작성해야 한다.

NAME OR SUBJECT	TICKLER DATE
Douglas Co., Ltd.	1/15/20
RE	DATE OF
LETTER	
Layout Ideas	1/3/20
BORROWER	DEPT.
James K. Hunt	Sales Promotion
SIGNED	DATE TAKEN
JKH	1/10/20

[그림 8-15] 대출신청서

- 교체물

문서가 대출된 자리에는 대출카드나 대체장과 같은 교체물이 필요하다.

(a) 전체 폴더를 대출할 때

문서 전체를 대출할 때는 대출폴더나 대출가이드와 같은 교체물을 그 자리에 끼워 둔다.

① **대출가이드**
- 대출신청서를 끼울 수 있는 포켓 달린 가이드 : 신청서의 내용을 다시 옮겨 쓸 필요가 없다.
- 대출된 문서가 기록된 누적가이드 : 가이드의 양쪽면에 대출된 문서의 내용을 기록할 수 있도록 설계되어져 있고, 그 동안 그 자료가 누구에 의해 어떻게 활용되어 왔는지를 알 수 있다.

② **대출폴더**
- 몇몇 사무실에서는 대출가이드보다 대출폴더를 더 선호한다. 왜냐하면 문서가 대출된 동안 철해야 하는 새로운 문서를 대출폴더에 임시로 철할 수도 있고, 대출된 자료가 반환되었을 때 원래의 폴더에 임시로 철했던 자료를 넣어 계속 사용할 수 있기 때문이다.
- 운반용폴더 : 문서의 대출시 원래의 폴더는 놔두고, 대출을 위해 별도로 마련한 운반용폴더에 내용물을 넣어 대출하기도 한다. 운반용폴더는 견고한 재질로 만들어져 있고, 다른 폴더와 구별되는 색깔로 되어 있다. 그렇게 하여 문서의 중요성을 부각시키고 분실을 방지하면서 신속한 반환을 촉진시킬 수 있다.

(b) 문서를 한두장 대출할 때

① 대체카드 - 문서를 한두장 대출할 때는 정확히 그 자료가 있던 자리에 대체카드를 삽입해야 한다.
② 대체카드는 대출가이드와 같이 포켓타입과 누적타입이 있다.
③ 대체카드는 특별한 색깔을 사용하며, 서류가 대출되었음을 표시하기 위해서 폴더에 삽입될 정도로 작다.

(c) 통제제도

대출된 문서가 반드시 반환될 수 있도록 독촉 또는 통제를 해야 한다.

① 독촉장과 대출연기신청서

- 대출기한은 대출자의 요구, 문서의 중요도, 그리고 보안의 필요성에 의해서 결정된다. 그러나 대출자가 대출기한을 좀 더 연장하길 원할 경우가 있으므로 다음의 통제제도를 이용한다.
- 독촉장은 대출자에게 반환예정일이 다 되었음을 알려주고, 반환일의 연기를 원할 경우 가능한 한 범위 내에서 연기신청을 할 수 있도록 하게 해주는 제도이다. 대출자가 반환예정일의 연기를 원할 경우 동봉한 대출연기신청서를 작성하여 송부하면 된다.

② 티클러 파일

- 일단 대출된 문서는 예정된 날짜에 정확히 반납될 수 있도록 티클링(tickling the memory)방법을 이용하면 효율적이다. 이 방법은 대출문서의 반환예정일을 쉽게 알 수 있게 해줌으로써 문서가 차질없이 반환되도록 촉구하게 된다.
- 티클러 파일은 월·일의 가이드를 상자의 가운데에 세워두고 각 처리사항을 기입한 카드를 해당 월·일의 가이드가 있는 곳에 끼워서 사용한다. 이것은 문서취급 담당자가 반환예정일을 일일이 기억하지 않더라도 당일 해야 할 일을 알려준다.
- 티클러 파일상자 안에 '월'을 나타내는 표지 12매와 '일'을 나타내는 표지 31매를 넣는다. 그리고 각 일별 안내 표지 뒤에 그 날까지 반환이 예정된 문서의 대출카드를 끼워 둔다. 그렇게 하면 문서대출 담당자는 매일 매일 그날의 대출카드를 꺼내서 해당문서를 반환하도록 연락을 하게 된다.
- 반환 예정일이 연기되면 문서대출카드에 연기된 날짜를 기입하고 연기된 해당일의 표지 뒤에 대출카드를 다시 끼워 둔다. 문서가 회수되어 처리가 끝나면 티클러 파일상자의 반환예정일에 끼워 두었던 문서대출카드를 꺼내서 해당 폴더에 끼워 두어 또 다시 그 문서를 대출할 때 이용할 수 있도록 한다.

8.7.2 보존문서의 열람

① 보존기간이 준영구 이상인 기록물의 열람은 당해 기록물이 수록된 보존매체를 사용해야 하며, 부득이한 사유로 원본을 열람에 제공하는 때에는 기록물관리 담당자가 계속하여 입회해야 한다.

② 정보통신망에 의하여 기록물을 열람하고자 하는 자는 행정안전부령이 정하는 바에 따라 사전에 기록물관리기관의 장으로부터 열람대상 기록물의 범위와 열 람기간이 지정된 식별번호를 부여받아야 한다. 다만, 기록물의 목록만을 열람하는 경우에는 그렇지 않다.

8.7.3 비공개기록물 제한적 열람

① 비공개기록물을 열람하고자 하는 경우 다음과 같이 비공개기록물 열람신청서를 제출한다.
  - 청구인의 이름, 주민등록번호, 소속, 주소 및 연락처
  - 열람청구대상 기록물, 청구목적
  - 열람신청서에 기재한 목적 내 사용에 대한 동의

② 영구기록물관리기관의 장은 청구목적을 증명할 수 있는 관련 자료를 요청할 수 있다.

③ 영구기록물관리기관의 장은 10일 이내에 제한적 열람가능 여부를 결정하여 신청인에게 통지해야 한다. 다만 생산기관 의견조회, 기록물공개심의회 심의 등이 필요한 경우 10일의 범위 내에서 제한적 열람결정을 연장할 수 있다. 이 경우 영구기록물관리기관의 장은 그 사실을 신청인에게 통지한다.

④ 영구기록물관리기관의 결정에 불복하는 경우 신청인은 7일 이내에 재심의 요청서를 제출할 수 있다. 영구기록물관리기관은 7일 이내에 기록물공개심의회에서 재결정한다.

8.8 기록물의 평가 및 폐기

(1) 평가 내용

① 보존기간 경과 기록물에 대한 폐기의 적정여부

② 기록물에 대한 보존기간의 조정

③ 기타 기록물의 평가, 보류 폐기 및 보존관리와 관련하여 필요한 사항

(2) 기록물 평가방법

① 기록물의 폐기결정은 기록관에서 법령의 처리절차에 따라 수행해야 하며, 처리과에서는 일체의 기록물을 폐기할 수 없다.

② 보존기간이 경과한 기록물에 대하여 생산부서 의견조회, 기록물관리전문요원의 심사, 기록물평가심의회의 심의를 거쳐 보존기간 재책정, 폐기 또는 보류로 구분하여 처리한다.

(3) 기록물 평가 절차

① 기록관 및 특수기록관에서 보존기간 경과기록물에 대하여 생산부서에 의견조회를 의뢰한다.

② 의견조회에 대한 회신
- 기록물 생산부서의 장은 보존기간이 만료된 심의대상 기록물에 대한 보존기간 재책정, 보류, 폐기 등에 대한 의견을 기록관 또는 특수기록관에 제출해야 한다.

③ 기록물관리전문요원의 심사
- 기록관 또는 특수기록관의 기록물관리전문요원은 소관부서의 의견을 수렴한 후 해당 기록물에 대한 심사한다.
- 기록물의 보존가치 등을 평가하여 보존기간 재책정, 보류 또는 폐기 등에 대한 의견 작성하여 심의회 개최한다.

④ 기록물평가심의회 구성·개최
- 기록관 또는 특수기록관이 속한 공공기관의 장이 구성·운영한다.
- 기록물의 보존가치 평가에 적합하다고 인정되는 5인 이내의 민간전문가 및 소

속공무원으로 구성하되 2인 이상의 민간전문가를 포함시켜야 한다.

⑤ 통일, 외교, 안보, 수사, 정보 등의 기록물을 생산하는 기관의 경우에는 민간전문가 참여를 1인 이상으로 할 수 있다.

- 기록물평가심의서 등 심의·의결한다.

⑥ 평가심의 결과 처리

- 재책정 보존기간의 반영을 위해 기록물 재정리한다.
- 기록물평가심의회 결과의 기록관리(자료관)시스템 반영
- 폐기 확정된 기록물의 처리

〈표 8-14〉 기록물평가심의서

기록물평가심의서

기록물철분류번호	생산연도	기록물철제목	보존기간만료일	처리과		기록물관리전문요원		심의회의견
				처리의견	사유	평가의견	사유	

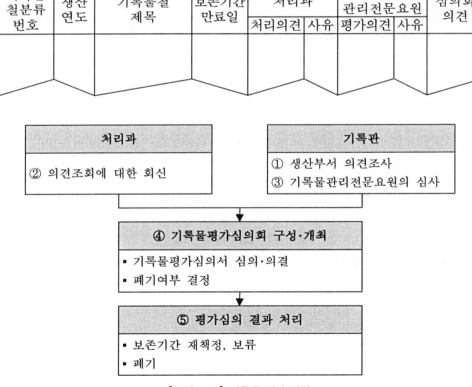

[그림 8-16] 기록물 평가 절차

<기록물 평가 및 폐기시 유의사항>

1. 기록물의 폐기결정 및 처리는 기록물관리기관에서만 실시
2. 처리과에서는 일체의 기록물 폐기 불가
3. 기록물을 처리과에서 폐기한 경우 벌칙조항(법률 제50조)의 무단 파기에 해당하는 것으로 간주할 수 있음
4. 기록물관리전문요원에 의한 기록물 심사
5. 기록물 심사는 반드시 법에서 정한 요건을 충족하는 기록물관리전문요원이 수행해야 함 (법률 제41조, 동법 시행령 제78조)
   ※ 광역시·도 및 특별자치도, 시·도교육청 및 특별자치도교육청 기록물관리기관, 관할 행정구역의 인구수가 15만명 또는 학생수가 7만명 이상인 기초자치단체 또는 지역교육청 기록물관리기관은 유예기간이 종료하여 시행령 제78조의 요건에 해당하는 기록물관리전문요원의 심사를 거쳐야 함.(기록물관리법 시행령 부칙 제5조)
6. 다만, 다음 각 호에 해당하는 기관은 지정된 기간까지 기록관 또는 특수기록관에서 기록물관리업무에 종사하는 일반직공무원·특정직공무원 또는 별정직공무원이 기록물 심사업무를 담당할 수 있음.
   가. 관할 행정구역의 인구수가 15만명 또는 학생수가 7만명 미만인 기초자치단체 또는 지역교육청은 2009년 12월 31일까지
   나. 중앙행정기관의 소속기관에 설치된 기록물관리기관은 2010년 12월 31일까지
   다. 그 밖의 공공기관 기록물관리기관의 경우에는 2011년 말까지

---

(4) 기록물 폐기 방법

① 전자기록물의 폐기는 해당 기록물에 포함되어 있는 모든 정보를 물리적으로 복구할 수 없도록 삭제한다.

② 비전자기록물의 폐기는 소각, 파쇄, 용해 등의 방식으로 처리한다.

③ 기록관 또는 특수기록관의 장은 폐기대상 기록물이 유출되지 않도록 조치한다.

④ 기록물 폐기시행을 기관 외부의 민간업체에 위탁한 경우 기록물의 폐기가 완전히 이루어질 때까지 관련 공무원이 입회하여 감독한다.

CHAPTER **9**

관인관리

9.1 관인의 의의

9.1.1 관인의 개념

관인은 행정기관의 명의로 발송하는 문서에 사용하는 청인과 행정기관의 장 또는 보조기관의 명의로 발송 또는 교부하는 문서에 사용하는 직인을 총칭한다. 국가기관 이외의 조직에서 회사인과 직인으로 사용한다. 이는 사인에 대한 대칭개념으로 공인으로서 의미인 것이다.

지방자치단체의 기관이 사용하는 직인 및 청인은 국가기관의 관인에 대하는 개념으로 공인이라는 용어를 사용하고 있으나 일반적으로 관인이라 하면 공인을 포함한 개념으로 볼 수 있다. 또한 공인이라는 용어는 사인에 대한 개념으로 사용되는 경우가 있는데, 이 경우의 공인은 관인의 일반적인 개념과 비슷하다고 볼 수 있다.

용/어/정/리

- **행정기관** : 합의제 행정기관을 의미함. 기관구성자가 다수인이며, 다수인의 의사의 합치(다수결)에 의하여 결정을 내리고, 책임을 지는 행정기관으로서 국가인권위원회, 방송통신위원회, 공정거래위원회, 금융위원회, 국민권익위원회, 소청심사위원회, 중앙노동위원회 등이 있음.
- **행정기관의 장** : 독임제 행정기관의 장 또는 합의제 행정기관의 장을 의미함.
- **보조기관** : 행정기관의 장으로부터 법령(「행정권한의 위임 및 위탁에 관한 규정」)이 정하는 바에 의하여 사무를 위임받아 그 범위 안에서 행정기관으로서 사무를 수행하는 때의 보조기관을 의미함.

9.1.2 관인의 효력

행정기관의 장 또는 합의제기관의 명의로 발신 또는 교부하는 문서에는 관인을 찍는다. 따라서 관인생략의 대상문서를 제외하고는 관인이 날인되지 아니한 문서는 홈이 있는 문서로서 당해 문서를 시행한 행정기관에 보완을 요청할 수 있다. 또한 이러한 문서를 접수한 행정기관의 장은 형식상의 홈을 이유로 발신행정기관의 장에게 반송할 수 있다.

9.2 관인의 종류

9.2.1 관인

일반적으로 합의제 행정기관은 청인을, 독임제 행정기관은 직인을 비치하여 사용한다. 관인의 종류와 비치기관은 다음과 같다.

〈표 9-1〉 관인의 종류

종류	비치 기관
청 인	• 의결기관·자문기관 기타 합의제기관 (자문기관은 필요한 경우에 한하여 청인을 가질 수 있음.)
직 인	• 위 청인 사용기관외의 각급 행정기관의 장(독임제 행정기관) • 정부조직법 제6조제2항의 규정에 의하여 위임받은 사무를 행정기관으로서 처리하는 보조기관 • 법령에 의하여 합의제기관의 장으로서 사무를 처리하는 경우의 합의제 기관의 장

용/어/정/리

• **의결기관** : 행정에 관한 의사를 결정할 수 있는 권한을 가지는 기관으로서 내부적으로 기관의 의사를 결정할 수 있을 뿐, 그것으로써 외부에 대하여 당해 기관을 대표할 수 없음. 행정심판위원회, 도시계획위원회 등이 있음.
• **자문기관** : 행정관청의 자문에 응하거나 의견을 진술하는 기관으로서 의결권이 없고, 행정관청은 그 의견에 법적으로 구속되지 아니함. 심의회·협의회·조사회·위원회·회의 등의 명칭을 붙임.
• **서 리** : 행정기관의 장이 사망·해임 등의 사유로 궐위된 경우에 새로운 기관장이 정식으로 임명되기 전에 일시 대리자를 지정하여 그로 하여금 권한을 행사하게 하는 것 또는 그 사람을 말함. 서리는 자기 책임하에 자기의 이름으로 당해 기관의 전 권한을 행사함.

9.2.2 특수관인

특수관인도 관인의 범주에 들어간다. 다만, 일반적인 관인과 구분하기 위하여 특수관인이라는 용어를 사용한다. 특수관인은 특별한 기관에서 사용하는 관인과 특별한 용도에 사용하는 관인으로 구분하고, 그 규격·등록 등 관리에 관하여 필요한 사항은 따로 정한다. 특별한 용도에 사용하는 관인은 당해 기관의 관인 외에 따로 비치하여 사용한다.

〈표 9-2〉 특수관인

구분	종류	관련규정(제정권자)
특별한 기관에서 사용하는 관인	• 각급 학교에서 사용하는 관인	「국립및공립각급학교관인 규칙」 (교육과학기술부장관)
	• 군기관에서 사용하는 관인	「국군각기관관인규격규정」 (국방부장관)
	• 검찰기관이 사용하는 관인	「검찰청관인관리규칙」 (법무부장관)
특별한 용도에 사용하는 관인	• 외교통상부 및 재외공관에서 외교문서에 사용하는 관인	「외무관인규칙」 (외교통상부장관)
	• 세입징수관·지출관·회계 기타 재무에 관한 사무를 담당하는 공무원의 직인	「회계관계공무원직인규칙」 (기획재정부장관)
	• 유가증권 기타 특수한 증표발행에 필요한 관인	「사무관리규정」 및 「사무관리 규정 시행규칙」
	• 민원업무 등 특수업무를 처리하기 위한 관인	
	• 분리된 청사에서 사용하는 관인	

9.2.3 철인과 계인

관인은 아니나 관인으로 생각하기 쉬운 것으로 철인과 계인이 있다.

① **철인** : 「공무원증규칙」 제8조의 규정에 의하여 공무원증 발급권자가 공무원임을 증명하기 위하여 공무원증에 찍는 인장을 말함.

② **계인** : 제증명을 발급할 때 제증명 발급대장과 제증명 문서에 걸쳐 찍는 사무용 도장으로 제증명 발급건수를 통제하거나 발급된 제증명 문서의 위·변조 가능성을 예방하기 위하여 사용됨.

9.3 관인날인

관인은 다음과 같은 방법으로 날인한다.

① 행정기관의 장 명의로 발선하는 문서의 시행문과 임용장, 상장 및 각종 증명서에 속하는 문서에는 관인을 찍는다.
② 보조기관 및 보좌기관의 명의로 발신하는 문서의 시행문에는 서명을 한다.
③ 전신·전신타자·전화 또는 전산망으로 발신하는 문서에는 관인을 찍지 아니하며, 경미한 내용의 문서에는 총리령이 정하는바에 따라 관인 찍는 것을 생략할 수 있다.
④ 관인을 찍어야 할 문서로서 다수의 수신자에게 동시에 발신 또는 교부하는 문서에는 관인날인에 갈음하여 관인의 인영을 인쇄하여 사용할 수 있다.

9.4 관인의 규격

9.4.1 관인의 모양

관인의 모양은 행정기관의 장이 정한다. 따라서, 관인의 모양은 정사각형, 직사각형, 마름모, 원형, 타원형, 다각형 등 다양하게 새겨서 사용할 수 있다.
관인의 모양은 1999. 8. 31.까지 정사각형으로 하였으나, 1999. 8. 7. 「사무관리규정」을 개정(1999. 9. 1. 시행)하여 다양한 모양을 가질 수 있도록 하였다.

9.4.2 관인의 크기

관인의 크기는 아래의 규격을 초과할 수 없다. 또한 특수관인은 당해 업무의 특수성을 감안하여 그 모양을 원형 또는 타원형 등으로 할 수 있으며, 그 크기는 용도에 적합한 크기로 만들 수 있다. 〈표 9-3〉 관인의 규격에서 나타나는 길이는 사각형인 경우 한 변의 최대길이를 말하는 것이고, 원 또는 다각형인 경우에는 최대의 지름 또는 대각선을 말한다.

〈표 9-3〉 관인의 규격

구분		한변의 길이
청인	• 국무회의	5.4 cm
	• 기타의 합의제기관	3.6 cm
직인	• 대통령	4.5 cm
	• 국무총리	3.6 cm
	• 기타 행정기관의 장	3.0 cm

※ 위 길이는 사각형인 경우 한 변의 최대 길이, 원 또는 다각형인 경우에는 최대의 지름 또는 대각선을 말함.

9.5 관인의 조각 및 사용

(1) 관인의 재료

관인의 재료는 쉽게 마멸되거나 부식되지 아니하는 재질을 사용해야 한다.

(2) 인영의 내용

① 관인의 인영은 한글 전서체로 하여 가로로 새기되, 그 기관 또는 직위의 명칭에 '인' 또는 '의인'자를 붙인다.

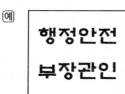

② 민원업무 등 특수업무를 처리하기 위한 관인은 그 업무집행목적에 한하여 사용되는 것임을 그 인영에 명시해야 한다.

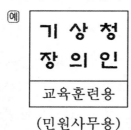

(민원사무용)　　　　　　　　(분리된 청사용)

290

(3) 인영의 색깔

관인 인영의 색깔은 빨간색으로 한다. 다만, 전자문서를 출력하여 시행하거나 모사전송기를 통하여 문서를 접수하는 경우에는 검정색으로 할 수 있다.

(4) 찍는 위치

관인은 그 기관 또는 직위 명칭의 끝자가 인영의 가운데 오도록 찍는다. 다만, 등·초본 등 민원서류를 발급하는 직인의 경우에는 발급기관장 표시의 오른쪽 여백에 찍을 수 있다.

(5) 인영의 인쇄사용

① 대상문서

관인을 찍어야 할 문서로서 다수의 수신자에게 동시에 발신 또는 교부하는 문서에는 관인날인에 갈음하여 관인의 인영을 인쇄하여 사용할 수 있다.

② 인쇄사용 승인

관인의 인영을 인쇄하여 사용하고자 할 때에는 처리과의 장은 인쇄용도·인쇄량·인쇄관인규격 등에 관하여 관인관리 부서장과 협의를 거쳐 기관장의 승인을 얻어야 한다.

③ 축소인쇄

인영을 인쇄할 때에는 당해 관인의 규격대로 인쇄해야 하나, 업무 수행에 지장이 없다고 인정되는 때에는 문서의 크기나 용도에 따라 인영의 크기를 적절히 축소 인쇄하여 사용할 수 있다.

④ 인쇄용지 사용내역 기록·유지

관인의 인영을 인쇄하여 사용하는 처리과의 장은 다른 법령에 특별한 규정이 없는 한 관인인쇄용지관리대장을 비치하여 그 사용내역을 기록·유지하고, 인쇄용지가 용도 외로 잘못 사용되거나 유실되지 않도록 관리해야 한다.

<표 9-4> 관인인쇄용지관리대장

인쇄문서명			
관 인 명		인쇄관인규격	

일 자	인쇄량 (매)	사용량 (매)	사 용 내 역	잔여량 (매)	확 인 (서 명)

9.6 관인의 등록 및 재등록

9.6.1 등록(재등록) 기관

(1) 등록

행정기관은 행정안전부령이 정하는 바에 따라 관인의 인영을 당해 행정기관의 관인대장에, 전자이미지관인의 인영을 당해 행정기관의 전자이미지관인대장에 각각 등록해야 하며, 제3차 소속기관은 직근 상급기관에 등록한다. 관인을 등록하지 않으면 사용하지 못한다.

(2) 재등록

관인이 분실 또는 마멸되거나 갱신할 필요가 있을 때에는 그 사유를 들어 등록기관에 관인을 재등록하여 사용해야 하며, 전자이미지관인을 사용하는 기관은 관인을 재등록한 경우 즉시 사용 중인 전자이미지관인을 삭제하고, 재등록한 관인의 인영을 전자이미지

관인으로 전환하여 사용한다.

또한 전자이미지관인을 사용하는 기관은 사용 중인 전자이미지관인의 인영의 원형이 제대로 표시되지 아니한 경우 전자이미지관인을 재등록하여 사용한다.

(3) 등록(재등록) 사유

관인을 등록 및 재등록해야 할 경우는 다음 사유에 의해 등록한다.

① 행정기관이 신설 또는 분리된 경우
② 기존 기관의 명칭이 변경된 경우
③ 관인이 분실되거나 마멸된 경우
④ 법령에 의하여 권한을 위임받은 경우
⑤ 기타 관인을 다시 새길 필요가 있는 경우

9.6.2 등록(재등록) 방법

(1) 관인

(a) 각급 행정기관

당해 행정기관의 관인대장에 관인을 등록(재등록)하여 보존한다. 이 경우 내부결재를 받아 등록(재등록)한다.

(b) 제3차 소속기관

① **직접 등록하는 경우** : 제3차 소속기관의 관인을 직근 상급기관(제2차 소속기관)에 등록(재등록)하지 않을 경우에는 당해 기관의 관인대장에 등록(재등록)하여 보존한다.
② **직근 상급기관에 등록(재등록)하는 경우** : 제3차 소속기관은 직근 상급기관에 관인 등록(재등록)을 신청하여 직근 상급기관에 등록(재등록)할 수 있다.

관 인 대 장

관인명				
종 류		□ 청인 □ 직인 □ 특수관인	관리부서	
□ 등 록 · □ 재 등 록 관 인	(인영)	등 록 일 (재등록일)	년 월 일	
		새 긴 날	년 월 일	
		새긴사람	주 소 : 성명 및 상호 : 주민등록번호 :	
		최초사용일	년 월 일	
		재 료		
		등록(재등록) 사 유		
		관보공고	년 월 일 공고 제 - 호	
		비 고		
폐 기 관 인	(인영)	등 록 일 (재등록일)	년 월 일	
		폐기일 (분실일)	년 월 일	
		폐기사유	□ 마멸 □ 분실 □ 기타( )	
		폐기방법	□ 소각 □ 이관 □ 기타( )	
		폐기자 (분실자)	소 속 : 직 급 : 성 명 :	
		관보공고	년 월 일 공고 제 - 호	
		비 고		

※ 관인을 최초로 등록한 때에는 □등록란에 ∨표를, 재등록한 때에는 □재등록 란에 ∨표를 한다.
※ 비고란은 관련문서의 등록번호 및 시행일자 등 참고사항을 기록한다.

[그림 9-1] 관인대장

(c) 직근 상급기관(제2차 소속기관)

직근 상급기관이 제3차 소속기관으로부터 등록(재등록)신청서를 접수한 때에는 등록(재등록) 대상기관인지의 여부, 관인의 종류 및 규격 등을 심사한 후 등록(재등록)하되, 그 인영을 관인대장에 등록(재등록)하여 보존한다.

(2) 전자이미지관인

① 각급 행정기관은 전자문서에 사용하기 위하여 전자이미지관인을 가지며, 전자이미지관인은 관인을 전자입력하여 사용해야 한다. 이 경우 행정기관의 장은 전자이미지관인을 위조 또는 부정사용하지 못하도록 필요한 안전장치를 해야 한다.

② 전자이미지관인은 전자이미지관인대장에 의하여 문서과에 등록(재등록)하고, 특별한 사유가 있는 경우를 제외하고는 문서과가 전자이미지관인대장을 관리하며, 정보화담당부서가 전자이미지관인을 컴퓨터 화일로 관리해야 한다.

③ 제3차 소속기관이 직근 상급기관에 전자이미지관인을 등록(재등록)하고자 하는 때에는 「전자이미지관인 등록신청서」에 의하여 등록신청을 해야 한다.

④ 문서과의 장은 전자이미지관인을 등록하는 경우에 일반관인의 인영을 전자이미지관인대장의 해당란에 찍고, 그 찍은 인영을 전자적인 이미지형태로 컴퓨터파일에 등록한 후 이를 출력하여 전자이미지관인대장의 해당란에 붙여야 한다.

⑤ 전자이미지관인을 사용하는 기관은 관인을 재등록한 경우 즉시 사용중인 전자이미지관인을 삭제하고, 재등록한 관인의 인영을 전자이미지관인으로 전환하여 사용한다. 또한 사용중인 전자이미지관인의 인영의 원형이 제대로 표시되지 아니하는 경우에도 전자이미지관인을 재등록하여 사용해야 한다.

행 정 기 관 명

수신자　　　　　（　　　　）

제목　□ 관인등록(재등록) 신청
　　　□ 관인폐기신고
　　　□ 전자이미지관인등록(재등록) 신청

관 인 명		
종 류		□ 청인　　□ 직인　　□ 특수관인
등록(재등록, 폐기)사유		
폐기대상 관인처리	폐기예정일 (분실일)	년　　월　　일
	폐기방법	□ 이관　　□ 기타 (　　　)
	폐기자 (분실자)	소 속 : 직 급 :　　　　성 명 :
비 고		

발 신 명 의 ⑩

기안자(직위/직급) 서명　　검토자(직위/직급) 서명　　결재권자(직위/직급) 서명
협조자(직위/직급) 서명
시행　처리과명-일련번호(시행일자)　　　접수　처리과명-일련번호(접수일자)

우　　　주소　　　　　　　　　/ 홈페이지 주소

전화( )　　　전송( )　　　/ 공무원의 공식 전자우편주소 / 공개구분

[그림 9-2] 전자이미지관인 등록신청서

전자이미지관인대장

관인명		
종 류	□ 청인 □ 직인 □ 특수관인	

□ 등록 · □ 재등록	전자이미지 관인인영	등록일(재등록일) :　년　월　일 최초사용일 :　년　월　일	
	전자이미지관인 등록당시의 일반관인인영	등록(재등록) 사유	
		관리부서	
		비 고	
폐기	전자이미지 관인인영	등록일(재등록일) :　년　월　일 폐 기 일 :　년　월　일	
		폐기사유	
		폐 기 자	소속 :　　직급 :　　성명 :
		비 고	

※ 비 고

전자이미지관인을 등록할 당시의 일반관인의 인영을 해당란에 찍고, 그 찍은 인영을 전자적인 이미지형태로 컴퓨터 화일에 등록하며, 컴퓨터 화일에 등록된 전자이미지 관인을 출력하여 그 전자이미지관인의 인영을 해당란에 붙여야 한다.

[그림 9-3] 전자이미지관인대장

297

9.7 관인의 폐기

(1) 폐기 사유

관인등록기관은 다음과 같은 경우에 당해 관인을 폐기해야 한다.

① 행정기관이 폐지된 경우
② 기관 명칭이 변경된 경우
③ 관인이 분실 또는 마멸된 경우
④ 기타 관인을 폐기할 필요가 있는 경우

(2) 폐기 또는 폐기신고

① **폐기**

관인등록기관(제3차 소속기관 제외)이 관인을 폐기하고자 하는 때에는 관인대장에 관인폐기내역을 기재하고 그 관인을 국가기록원(시·군 및 자치구는 공공기관의 기록물관리기관에 관한 법률의 규정에 의한 지방기록물 관리기관을 말한다)에 관인폐기공고문과 함께 이관해야 한다. 국가기록원 또는 지방기록물관리기관은 폐기된 관인이 잘못 사용되거나 유출되지 아니하도록 해야 한다. 직근 상급기관이 제3차 소속기관으로부터 관인폐기신고를 받은 경우에도 또한 같다.

② **폐기신고**

관인을 폐기하고자 하는 때에는 관인폐기선고서에 폐기대상관인을 첨부하여 관인등록기관(직근 상급기관)에 신고한다.

(3) 폐기관인의 등록

관인등록기관은 관인폐기내용 및 관인폐기 신고내용을 관인대장에 기재한 후 그 관인의 인영을 등록하여 보존한다.

(4) 폐기방법

일반관인은 실제로 소각 등의 방법으로 폐기하지 않고 관인대장에 폐기내역을 기재하고, 그 관인을 국가기록원 또는 지방기록물 관리기관에 관인폐기공고문과 함께 이관하는 것으로 폐기에 갈음한다. 그리고 관인의 분실과 관인의 마멸 등의 폐기 사유에 해당되어 일반관인을 재등록하는 경우와 전자이미지관인의 원형이 제대로 표시되지 아니한 경우에는 즉시 사용 중인 전자이미지관인은 컴퓨터 파일에서 삭제한다.

(5) 폐기대상관인의 보존

폐기대상관인은 실제로 폐기하지 않고 관인대장에 폐기내역을 기재하여 국가기록 원 또는 지방기록물 관리기관에 관인폐기공고문과 함께 이관하여 역사적인 보존물로 영구 보존한다.

9.8 관인의 공고

(1) 공고 사유

관인등록기관은 관인 또는 전자이미지관인을 ①등록, ②재등록, ③폐기한 경우에는 이를 관보에 공고해야 한다. 제2차 소속기관(직근 상급기관)에 등록된 제3차 소속기관의 관인(전자이미지관인)의 경우에는 위와 같은 사유로 직근 상급기관이 공고할 수 있다.

(2) 공고 방법

관인등록기관은 공고 사유가 발생한 때에는 행정안전부장관에게 관보게재를 의뢰하여 공고해야 한다. 다만, 지방자치단체는 조례가 정하는 바(시·도보, 시·군·구보 공고 등)에 의한다.

관인을 폐기하고 재등록을 할 경우에는 재등록공고와 함께 폐기공고를 할 수 있다.

○○○○부 공고 제2008-○○호

관인등록공고

　○○○○부가 신설됨에 따라 ○○○○부의 관인을 「사무관리규정」 제38조의 규정에 의하여 관인대장에 등록하였으므로, 이에 관한 사항을 「사무관리규정」 제40조의 규정에 따라 다음과 같이 공고합니다.

2008.　　.　　.

○○○○부장관

1. 등록 관인의 최초사용 연월일 : 2008.　　.　　.
2. 등록 관인의 명칭 및 인영

　　　　　　　<○○○○부장관인>

[그림 9-4] 관인등록공고

(3) 공고 내용

관인을 관보에 공고하는 때에는 다음 사항을 명시하고, 전자이미지관인의 경우에는 전자이미지관인임을 표시하여 공고해야 한다.

① 관인의 등록·재등록 또는 폐기사유
② 등록·재등록관인의 최초 사용년월일 또는 폐기관인의 폐기년월일
③ 등록·재등록 또는 폐기관인의 관인명 및 인영
④ 공고기관의 장

⑷ 전자이미지관인의 공고

관인등록기관은 전자이미지관인을 등록·재등록한 때에는 전자이미지관인임을 표시하여 공고해야 한다.

○○○○위원회 공고 제2008-○○호

전자이미지관인등록공고

　○○○○위원회가 신설됨에 따라 ○○○○위원회의 전자이미지관인을 「사무관리규정」 제38조의 규정에 의하여 전자이미지관인대장에 등록하였으므로, 이에 관한 사항을 「사무관리규정」 제40조의 규정에 따라 다음과 같이 공고합니다.

2008.　.　.

○○○○위원회위원장

1. 등록 전자이미지관인의 최초사용 연월일 : 2008.　.　.
2. 등록 전자이미지관인의 명칭 및 인영
　　　　＜○○○○위원회의인＞　　　　＜○○○○위원회위원장의인＞

[그림 9-5] 전자이미지관인등록공고

서식관리

10.1 서식의 의의

10.1.1 서식의 개념

서식이란 각종 법령 또는 고시·훈령·예규 등에서 조문형식으로 나열할 수 없는 행정상의 필요사항을 상자형·비상자형 또는 기안(시행)문서형태의 표현기법을 적절히 이용하여 신속성과 정확성 그리고 경제성을 확보할 수 있도록 글씨의 크기, 항목간의 간격, 기재할 여백의 크기 등을 균형 있게 조절하여 사용하기 편리하도록 도안한 일정한 형식의 여백 있는 사무용지를 말한다.

서식은 일명 '양식' 또는 '장표'란 용어로도 통용되고 있으며, '장표'란 용어는 일본에서 '장부'와 '전표'를 줄여서 장표라고 쓰고 있다. 따라서 장표란 일본식 용어는 지양하는 것이 바람직할 것이다.

사무관리 규정에서는 행정기관에서 장기간에 걸쳐서 반복적으로 사용하는 문서로서 정형화할 수 있는 문서는 특별한 사유가 있는 경우를 제외하고는 서식으로 정하여 사용하도록 규정하고 있다.

10.1.2 서식의 종류

서식은 법령서식과 일반서식오로 구분하는데, 법령서식으로는 법률·대통령령·총리령·부령·조례·규칙 등 법령으로 정한 서식을 말하며, 일반서식은 법령서식을 제외한 모든 서식을 말한다.

10.2 서식의 설계

10.2.1 일반 원칙

(1) 용지의 규격

서식설계의 일반원칙으로 다음 사항을 들 수 있다.

① 서식에 사용하는 용지의 크기는 A4규격(210mm × 297mm)을 기본으로 하되, 부득이한 경우에는 따로 정하는 규격용지 중에서 선택하여 사용한다. 다만 중 표류 또는 전산화 등 특별한 사유가 있는 경우에는 그에 적합한 별도 규격용지의 사용이 가능하다.

② 서식은 특별한 사유가 있는 경우를 제외하고는 별도의 기안문 및 시행문을 작성하지 아니하고 서식 자체를 기안문 및 시행문으로 겸용할 수 있도록 문서번호·수신기관·발신기관·시행일·접수결재란 등 문서의 성립요건에 필요한 기본항목을 고려하여 설계해야 한다.

③ 인감증명과 같이 법 규정에 의하여 반드시 도장을 찍도록 정한 경우 이외에는 모든 서식에 서명이나 도장을 선택적으로 사용할 수 있도록 설계해야 한다.

④ 민원서식은 당해 민원사무의 근거법령·처리절차·처리부서·연락처·처리기간·수수료·구비서류 동의 항목을 포함시키는 등 민원인의 편의를 최대한 고려하여 작성해야 하고, 구비서류는 필요 최소한의 종류와 부수만을 요구해야 한다.

⑤ 서식은 글씨의 크기, 항목간의 간격, 기재할 여백의 크기 등을 균형 있게 조절하여 기입항목의 식별이 쉽도록 설계해야 한다.

⑥ 서식은 누구나 쉽게 이해할 수 있는 용어를 사용하여 설계해야 하며, 불필요하거나 활용도가 낮은 항목을 넣어서는 안 된다.

⑦ 서식에는 기능한 한 행정기관의 로고, 상징, 마크 또는 홍보문구 등을 표시하여 행정기관의 이미지가 재고될 수 있도록 한다.

⑧ 전자문서의 서식에 대하여는 전자정부법 시행령 제24조의 규정이 정하는 바에 의한다.

용/어/정/리

제4조(전자문서의 서식)

① 행정기관의 장은 법 제16조제2항의 규정에 의하여 전자문서의 서식을 마련하는 경우에는 기존 서식을 활용하되 가능한 한 도표나 선분 등을 사용하지 아니해야 하며, 수수료·구비서류·처리 절차 및 처리기간 등 인터넷을 통하여 안내할 수 있는 부분을 포함하지 아니하는 것으로 한다.

② 행정기관의 장은 제1항의 규정에 의한 전자문서의 서식에 불구하고 전자민원창구에서 직접 내용을 기입하도록 하는 서식을 따로 사용할 수 있다.

③ 행정기관의 장이 제1항 또는 제2항의 규정에 의한 전자문서의 서식을 당해 행정기관의 전자민원창구에서 제공하는 경우에는 당해 서식이 관계 법률·대통령령·총리령·부령·조례·규칙 등(이하 "법령"이라 한다)에서 정한 종이문서의 서식에 갈음하여 사용할 수 있다는 사실을 당해 서식의 아랫부분에 명시해야 한다.

④ 행정기관의 장은 제1항 또는 제2항의 규정에 의한 전자문서의 서식에서 필요로 하는 사항으로서 사진·도면 등은 이를 민원인으로 하여금 전자적 이미지 정보로 변환하여 제출하게 할 수 있다.

⑤ 제4항의 규정에 의한 전자적 이미지 정보의 형태·규격·해상도 그밖에 필요한 사항은 관계 법령에서 정한 기준을 따르되, 관계 법령에서 정하지 아니한 사항은 행정기관의 장이 따로 정하거나 일반적으로 통용되는 표준을 따른다.

⑥ 행정기관의 장은 제1항 또는 제2항의 규정에 의한 전자문서의 서식을 민원인의 이용에 제공하고자 하는 경우에는 미리 동 서식을 제공하는 인터넷주소를 사무관리규정 제74조의 규정에 의한 서식승인기관에 통보해야 하며, 이 경우 통보로써 승인을 얻은 것으로 본다.

10.2.2 서식설계의 기준

(1) 표제란

① **서식명** : 다른 서식과 혼동을 일으키지 않도록 서식의 내용을 확실히 알 수 있는 명칭을 붙인다. 그리고 서식명 위치는 서식의 윗부분 가운데에 둠을 원칙으로 한다.

② **수신자명** : 수신자가 일정한 경우에는 이를 명시한다. 그리고 수신자명 위치는 서식의 윗부분 왼쪽에 둠을 원칙으로 한다.

③ **발행일자** : 시행문서 성격의 서식은 발행일자와 함께 등록번호를 명시한다. 그리고 발행일자 위치는 서식의 윗부분 또는 아랫부분 오른쪽에 둠을 원칙으로 한다.

④ **발행번호** : 각종 증명서 등의 서식에는 발행번호를 둔다.

⑤ **발신명의** : 발신명의 다음에는 성명을 표시하지 않음을 원칙으로 한다. 그리고 발신명의 위치는 서식의 아랫부분 가운데에 둠을 원칙으로 한다.

(2) 본 란

(a) 항목란

구비서류를 따로 받지 아니하도록 그 내용을 기입할 수 있는 항목을 두고, 항목의 일련번호는 왼쪽에서 오른쪽으로, 위에서 아래로 정한다. 그리고 항목은 서식의 내용을 쉽고 일관성 있게 파악할 수 있도록 배열하고, 다른 서식에 옮겨 적어야 하는 항목은 그 서식에 따라 배열해야 한다.

검토·분류·선별의 대상 및 기준이 되는 항목의 위치는 왼쪽에서 철하는 경우에는 오른쪽, 위에서 철하는 경우에 아랫부분, 카드의 경우에는 윗부분에 위치한다.

또한 민원서식은 다음과 같이 배열해야 한다.

① 인적사항 : 서식명 바로 아랫부분
② 구비서류의 종류 및 부수 : 왼쪽 아랫부분
③ 처리기간 : 오른쪽 윗부분
④ 수수료 : 오른쪽 아랫부분
⑤ 업무흐름표 : 아래부분 또는 뒷쪽
⑥ 전자신청가능 여부 : 오른쪽 윗부분 여백에 전자신청가능 여부를 표시한다.

그리고 행정편의와 단순한 관행상의 이유만으로 민원서식에 날인란을 두지 아니 하되, 필요한 경우에는 서명 또는 손도장으로 갈음한다. 또한 주소변경시 법령에 신고규정이 없는 허가증·인가증·자격증·신고필증 등의 서식에는 주소란을 두지 않으며, 오른쪽 상단에 전자적 신청이 가능한 경우에는 이를 표시한다.

(b) 기입란

기입란의 넓이는 타자의 경우는 9mm, 필기의 경우는 10mm, 다기능사무기기의 경우는 8.5mm로 한다. 그리고 길이는 해당란에 기입할 내용에 따라 정하고, 기입란명은 기입할 내용을 확실히 알 수 있는 명칭을 붙인다.

(c) 금액 및 숫자란

계산이 필요한 숫자란은 계산의 순서를 고려하여 상하 또는 좌우로 배열하고 계산부호를 붙인다.

(3) 부가란

(a) 기재상 주의사항

주의사항은 서식의 윗부분에 기입하되, 부득이한 경우에는 앞면 윗부분에 주의사항에 대한 안내문구를 표시하고 별지 또는 뒷면에 그 내용을 기입한다.

(b) 비고란

기재할 내용이 있는 경우만 둔다.

(c) 공지사항

공지할 필요가 있는 사항은 서식의 아랫부분에 둠을 원칙으로 한다.

(4) 행정기관명·발신명의·결재란 등

이 난은 보고서식 등 기안(시행)문 형식을 필요로 하는 경우에 추가로 설치한다.

(a) 행정기관명

그 문서를 기안한 부서가 속한 행정기관명을 가장 윗부분 가운데에 둔다.

(b) 발신명의

본문의 아랫부분 가운데에 둔다.

(c) 결재란 등

공문서의 발신명의의 아래에 다음 사항을 설치한다.

① 기안자·검토자·협조자 및 결재권자의 직위(직급) 및 서명
② 우편번호, 주소, 홈페이지주소
③ 전화번호, 모사전송번호, 공무원의 공식전자우편주소, 공개구분

10.2.3 서식제원의 표시

(1) 서식용지의 규격 등 표시

서식에는 서식의 아래 한계선 오른쪽 밑에 용지의 규격·지질 및 단위당 중량을 표시하되, 다음의 예시와 같이 용지의 규격 다음에 괄호하여 지질 및 단위당 중량을 표시해야 한다.

예 210㎜ × 297㎜(일반용지60g/㎡(재활용품))

(2) 지질 및 단위당 중량의 결정기준

서식용지의 지질 및 단위당 중량은 다음과 같은 조건과 〈표 10-1〉의 서식용지의 사용용도별 지질·중량기준을 참작하여 정한다.

① 서식의 사용목적
② 보존기간 및 보존방법
③ 기재방법
④ 복사방법 및 매수
⑤ 사용빈도
⑥ 사무자동화기기 활용여부 등

〈표 10-1〉 서식용지의 사용용도별 지질·중량기준

서식용지의 용도	지질 및 중량
비치카드·상장·통지서(엽서)·임용장, 휴대 또는 게시하는 각종 증서 등	보존용지(1종) 120g/㎡
보존기간이 20년 이상인 문서의 서식, 보존기간이 10년 이상인 기안용지·회계장부 및 특수대장	보존용지(1종) 70g/㎡
보존기간이 10년 이상인 문서의 서식(제2호 서식 제외), 보존기간이 5년 이하인 문서의 서식, 일반대장(보존기간 10년 미만) 및 회의안건·보고서 등	보존용지(2종) 70g/㎡ 또는 일반용지 60g/㎡ (재활용품)
각종 민원신청서 및 신고서·통지서	일반용지 60g/㎡ (재활용품) 또는 신문용지 54g/㎡(재활용품)
행정간행물(보존기간 10년 이상)	보존용지(2종) 70g/㎡

<표 10-2> 서식설계시 유의사항

구분	주요 내용
법령 조항과 서식표시 일치	• 승인요청 서식과 관련 법령 제·개정 조항과의 일치 여부
사진 규격	• 행정서류용 사진규격 개선사항 준수 여부 2.5cm×3cm(증명판) / 3cm×4cm(반명함판) / 3.5cm×4.5cm(여권용)
서식제원 표시	• 서식용지의 규격·지질 및 단위당 중량표시 여부 – 서식의 아래 한계선 오른쪽 밑에 표시 　예 210mm×297mm(일반용지 60g/㎡(재활용품))
법령제명 표시	• 법령제명 띄워쓰기와 낫표(「 」) 표시 여부
주민등록번호 관련 사항	• 법령서식 등에서의 주민등록번호 사용개선사항 준수 여부 – 각종 명부, 공고문·통지서, 허가증 등 각종 통보, 증명 관련 서식 등 외부 노출서식 ⇒ 원칙적으로 삭제 – 행정정보공동이용을 위한 공무원 확인사항 및 신원조회 등 꼭 필요한 경우가 아니면 삭제하거나 생년월일 등으로 대체 　‣ 서식에 주민등록번호 외에 다른 식별요소가 있는 경우 　　⇒ 주민등록번호 기재란 삭제, '성명 + 생년월일 + 다른 식별 요소'로 표시 　‣ 서식에 주민등록번호 외에 다른 식별요소가 없는 경우 　　⇒ 생년월일로 대체, '성명 + 주소 + 생년월일(남/녀)' 표시 　※ 식별요소란 그 사람을 특정할 수 있는 운전면허, 여권, 국민 건강보험, 납세, 사건, 인·허가번호 등을 의미
구비서류 확인	• 행정정보공동이용으로 담당자 확인 사항에 대한 구비서류 제출 요구 여부 (2008. 12. 현재 공동이용 대상정보 70종)
서명 또는 날인 사항	• 법령에 의하여 서식에 날인하도록 정한 경우를 제외하고는 서명이나 날인을 선택적으로 할 수 있도록 설계했는지 여부
서식명 및 발신 기관장 글자 크기	• 서식명 : 휴먼명조 16P (진하게) • 발신기관장 : 휴먼명조 15P (진하게) 　예　　**시장·군수·구청장**　　인
수신기관장 표시	• 신청서 등의 서식에 수신기관장 표시 여부 – 서식 좌측 하단에 표시 　예 시장·군수·구청장 귀하 (휴먼명조 13P, 진하게)
행정기관 로고 등 표시 여부	• 행정기관의 로고·상징·마크 또는 홍보문구 표시 여부

10.2.4 서식의 제정

행정기관에서 장기간에 걸쳐 반복적으로 사용하는 문서로서 정형화할 수 있는 문서는 특별한 사유가 있는 경우를 제외하고는 서식으로 정하여 사용한다.

(1) 법령으로 정하는 서식

법령으로 정하는 서식은 국민의 권리·의무와 직접 관련되는 사항을 정하는 서식, 인가·허가 및 승인 등 민원에 관계되는 서식, 행정기관에서 공통적으로 사용 되는 서식 중 중요한 서식 등을 법령으로 정한다.

(2) 법령으로 정하지 않는 서식

법령에서 고시 등으로 정하도록 한 경우와 기타 특별한 사유가 있는 경우에는 그 서식을 고시·훈령 또는 예규 등으로 정할 수 있다.

10.3 서식의 승인 및 관리

10.3.1 서식의 승인

① 중앙행정기관이 법령으로 서식을 제정 또는 개정하고자 하는 경우에는 행정안전부장관의 승인을 받아야 한다.
② 중앙행정기관의 소속기관이 서식을 제정하거나 개정하려는 경우에는 소관 중앙행정기관의 장의 승인을 받아야 한다.
③ 승인된 서식에 대하여 업무의 전산화 등으로 승인된 서식을 그대로 사용할 수 없는 경우와 단순히 지구수정이나 활자크기·종이류 등을 변경하고자 할 경우에는 서식 제정의 근본목적을 침해하지 아니하는 범위 안에서 기재항목 또는 형식 등을 변경하거나 자구수정, 활자크기 또는 종이류 등을 변경하여 사용한다.

④ 서식제정기관은 서식을 폐지한 경우 지체없이 그 사실을 서식승인기관에 통보 해야 한다.

⑤ 중앙행정기관의 장이 고시·훈령 또는 예규 등으로 서식을 제정 또는 개정하려는 경우 서식의 표시에 관하여 서식의 한계선 오른쪽 밑에 용지의 규격·지질 및 단위당 중량을 표시한다.

(2) 서식승인의 신청

서식의 제정 또는 개정의 승인신청을 하는 때에는 서식승인신청서에 서식초안 1부를 첨부한다. 이 경우 서식초안은 특별한 사유가 없는 경우 전산기기에 의하여 작성한다. 그리고 2 이상의 기관에 관계되는 서식은 관계기관간의 사전협의를 거친다. 또한 서식의 승인신청은 해당법령의 입법예고와 동시에 한다.

(3) 승인서식의 통보

서식승인기관이 서식을 승인한 때에는 승인서식목록, 당해 서식 및 서식제원표를 첨부하여 당해 서식의 승인신청기관에 통보한다.

용/어/정/리

• 중앙행정기관의 장이 고시·훈령·예규 등으로 서식을 제·개정하는 경우와 지방자치단체 또는 지방교육행정기관의 장이 서식을 제·개정하는 경우
  ‣ 서식제원표시 : 서식아래 한계선 오른쪽 밑에 용지의 규격·지질·단위당 중량 표시
  ‣ 서식심사신청 : 서식심사 신청부서는 심사신청서식목록, 서식초안, 서식제원표 각 2부를 업무관장부서에 제출
  ‣ 서식심사통보 : 서식심사부서는 심사서식목록, 당해 서식, 서식제원표를 첨부하여 서식심사 신청부서에 통보

10.3.2 서식의 관리

(1) 서식의 전산관리

행정기관장은 부득이한 경우를 제외하고는 서식을 전산기기에 의하여 관리하고 이를 사용자에게 제공해야 한다. 그리고 행정기관장이 관리하는 서식 중 국민편의를 위하여 필요하다고 인정되는 서식은 디스크 등에 수록하여 행정안전부장관에게 통보해야 한다.

(2) 서식의 변경사용

승인서식에 대하여 업무의 전산화 등으로 승인된 서식을 그대로 사용할 수 없는 경우와 단순히 자구수정이나 활자크기·종이류 등을 변경하고자 할 경우에는 서식제정의 근본목적을 침해하지 않는 범위에서 기재항목·형식, 자구(字句), 활자크기·종이류 등을 변경하여 사용할 수 있다. 이 경우 서식승인기관에 사후 통보로 승인에 갈음할 수 있다.

(3) 서식의 폐지

서식제정기관이 서식을 폐지한 때에는 지체없이 그 사실을 서식승인기관에 통보해야 한다.

〈표 10-3〉 서식제원

서 식 제 원

서 식 명		별지호수	별지 제 호서식
근거법규		주무부처 및 보조기관	○○(부·처·청) ○○국 ○○과
용지의 규격	가로 mm, 세로 mm	사용처	
지질 및 중량	g/㎡	보존기간	

활 자	구 분	크 기		활용기간	
		인 쇄	전산기기		
	제 목	P		인쇄구분	☐ 단면 ☐ 양면
	내 용	P		요청구분	☐ 신규 ☐ 개정
	활자의 색채			용지의 색채	

서식의 실제크기	용지의 위쪽 끝부터 위 기본선(기재란)까지	mm
	용지의 왼쪽 끝부터 왼쪽 기본선(기재란)까지	mm
	용지의 오른쪽 끝부터 오른쪽 한계선(기재란)까지	mm
	용지의 아래쪽 끝부터 아래 한계선(기재란)까지	mm
서식의 제정 또는 개정 필요성		

※ 비 고 (이 난은 서식에 포함하지 아니함)
1. 근거법규란에는 서식이 존재하는 근거법규를 기재합니다.
2. 법령 제·개정 담당부서 전화번호란에는 실질적으로 법령의 제·개정을 담당한 부서(처리과)의 전화번호를 기재합니다.
3. 사용처란에는 기관명을 기재합니다.
4. 지질 및 중량란에는 반드시 지질·중량기준을 읽고 난 후 서식용지의 사용용도별 지질·중량을 기재합니다.

보고사무와 협조사무

11.1 보고사무

11.1.1 보고의 개요

(1) 보고의 개념

사무관리규정에 의하면 보고는 조직 내에서 상하 계층 간이나 부서 상호간 또는 기관 상호간에 법령의 규정 또는 지시나 명령에 의하여 구두, 전화, 전신, 서면 등으로 일정한 의사 또는 자료를 전달하는 과정을 말한다. 그러나 일반적으로 '보고'란 하급자(기관)가 상급자(기관)에게, 즉 수직적인 관계에서 일정한 의사를 전달하는 과정을 의미하는 것이며, 동일 직급의 동료 간이나 동급의 부서간 또는 동급의 기관 간 등 수평적인 관계에서의 일정한 의사의 전달시는 '통보'라는 용어를 흔히 사용하고 있다.

(2) 보고의 목적

보고는 관리층이 정책을 결정하고 시행 방침을 설정하기 위하여 상황을 정확히 파악하도록 하고, 사업 추진 상황을 확인하여 합리적인 통제와 조정을 하기 위하여 실시하는 것이다.

(3) 보고의 필요성

보고는 구성원 상하 간의 의사소통을 통하여 사업의 원활한 추진과 협조를 위하여 필요하며 특히 다음과 같은 필요성이 제기되고 있다.

① 효율적인 정책 수립을 위하여
② 사업의 지원 또는 사업 결과를 평가하기 위하여
③ 업무 현황의 사실을 확인하기 위하여
④ 업무를 독려하고 촉구하기 위하여
⑤ 업무 추진의 협조를 위하여

11.1.2 보고의 원칙

(1) 필요성의 원칙

당해 업무에 관한 규정이나 지시 사항 또는 명령에 관한 꼭 필요한 사항만 보고하고 불필요한 부문은 가급적 억제해야 한다는 원칙이다. 즉, 보고가 당해 업무에 합목적적이어야 한다는 것이다.

(2) 완전성의 원칙

보고할 사항에 관련된 자료 수집을 철저히 하여 한번에 보고를 완전하게 해야 한다는 원칙이다. 즉 보고시 보고해야 할 내용을 빠뜨려서 자주 보고를 하면 보고자의 선뢰성이 떨어지고 시간이 그만큼 낭비된다는 것이다.

(3) 적시성의 원칙

보고자는 보고시기를 놓치지 말아야 한다. 해당 규정의 정확한 파악 또는 상급자의 지시나 명령을 정확히 전달받아 당해 업무에 대한 정보를 신속하게 수집하고 적정한 시기에 보고해야 한다.

(4) 간결성의 원칙

보고 내용은 간결하고 꾸밈이 없어야 한다. 보고 내용이 복잡하고 사실과 다를 경우 이해가 어렵고 판단에 혼선을 가져올 수 있기 때문이다. 따라서 보고서 작성에 소요되는 시간과 비용을 절약할 수 있다.

11.1.3 보고의 종류

(1) 용도에 의한 구분

① **정보보고** : 기획 과정에서의 각종 정보·자료 수집에 관한 보고
② **관리보고** : 통제 과정에서의 관리에 관한 보고

(2) 형식에 의한 구분

① **구두보고** : 대면이나 전화 등의 구두에 의한 보고
② **서면보고** : 보고서 통계표 도표 등의 서면에 의한 보고
③ **전산망보고** : 전자문서 결재 시스템에 의한 보고

(3) 내용에 의한 구분

① **계획보고** : 각종 계획에 관한 보고
② **결과보고** : 지시에 의한 업무 처리 후 그 결과의 보고
③ **현황보고** : 현안 사업 등 각종 업무에 대하여 현재 진행중인 상태의 보고
④ **연구보고** : 각종 프로젝트나 연구에 관한 결과의 보고
⑤ **조사보고** : 사건, 현상 등에 관한 조사 내용의 보고

(4) 시기에 의한 구분

① **정기보고** : 일보, 주보, 순보, 반월보, 월보, 기보, 반년보, 연보 등 정기적인 보고
② **수시보고** : 사안 발생시마다 수시로 하는 보고

11.1.4 보고심사의 운용

(1) 보고심사의 목적

보고 업무에 대한 심사를 실시하여 신속·정확한 보고 체제를 확립하고, 불필요한 보고를 억제하여 좀더 효과적인 업무수행을 도모하고자하며, 아울러 하급기관 및 민간단체의 업무를 줄여주는 효과가 있기 때문에 일선기관에서의 생산성 제고에 크게 기여하고 있다.

(2) 보고심사의 대상

행정기관이 다른 행정기관이나 공공단체, 민간단체 또는 사기업체로부터 정기 또는 수시로 보고를 받고자 하는 때에는 미리 심사를 받아야 한다. 다만, 군사에 관한 보고심사에 관하여는 관계 중앙행정기관의 장이 따로 정할 수 있다. 보고심사의 대상은 다음과 같다.

① 중앙행정기관 또는 그 소속기관이 다른 행정기관으로부터 받는 보고

② 지방자치단체가 다른 지방자치단체로부터 받는 보고

③ 교육행정기관이 동급 또는 하급기관(각급 학교를 포함한다)으로부터 받는 보고

그러나 상기의 규정에도 불구하고 다음의 사안들은 보고심사를 받지 아니한다.

① 법령의 해석 및 질의응답

② 인원 차출 및 표창 상신

③ 유인물, 책자 및 수령증 등의 송부

④ 전문기관에 대한 화학적·물리적 시험의 의뢰

⑤ 각종 위원회 위원의 위촉에 따른 동의, 조회 및 신원 조회

⑥ 범죄 수사 및 소송 수행에 필요한 보고 또는 자료

⑦ 감사원법에 의한 회계검사 및 직무감찰에 관한 보고와 감사원의 실지감사 및 현지 조사에 필요한 보고 또는 자료

⑧ 법령에 의한 관계 기관 간의 협의, 동의 및 합의

⑨ 대공정보 활동 및 첩보 활동에 관한 보고

⑩ 작전, 경비 및 경계에 관한 보고

⑪ 위험한 재해(화재, 풍수해, 설해 및 한해 등을 말한다) 및 질병에 관한 사항으로서 긴급을 요하는 보고

⑫ 보안업무규정에 의하여 비밀로 분류된 보고

⑬ 외교 관계의 수립, 국제 입찰 및 외국 차관 등 긴급한 국제 관계에 관한 보고

⑭ 법령에 의하여 중앙행정기관이 다른 행정기관에 요구하는 감사자료 및 감사 결과 보고

⑮ 통계법에 의한 보고

⑯ 국회 또는 지방의회의 의결에 의하여 요구한 자료에 대한 보고

⑰ 정기보고의 보고 기일 또는 보고 주기 등을 완화하거나 보고 내용을 축소하는 보고

⑱ 단순·경미한 보고 사항

⑲ 기타 행정안전부장관이 특별히 정하는 보고

(3) 보고심사 기준

정기보고를 지정하거나 수시보고에 대한 보고심사를 할 때는 다음의 기준에 의하여 심사하고 그 결과를 지체없이 당해 행정기관에 통보해야 한다.

① 보고 목적의 타당성
② 다른 보고와의 중복 여부
③ 관계 기관 등과의 사전 협의 여부
④ 보고 기일 또는 보고 주기의 타당성
⑤ 보고 작성기관의 적정성
⑥ 보고 서식의 합리성
⑦ 자료관 등의 기존 자료 활용 가능성
⑧ 표본조사의 가능성
⑨ 보고 내용의 정확성
⑩ 행정 용어의 순화 여부

(4) 보고심사관

보고 관계 업무의 사전심사, 조정 및 승인 등 보고심사에 관한 사무를 관장하기 위하여 행정안전부에 중앙보고심사관을, 각 행정기관에 자체보고심사관을 둔다. 보고심사관은 다음과 같다.

① 중앙보고심사관은 중앙보고심사 엽무를 담당하는 과의 장이 된다.
② 행정기관의 자체보고심사관은 그 기관의 보고 관계 업무를 담당하는 과의 장이 된다.
③ 행정기관의 장은 청사의 분리 사용 등 특별한 사유가 있는 경우에는 자체보고심사관의 업무의 일부를 분장하기 위하여 분임자체보고심사관을 지정할 수 있다

(5) 보고 기일

(a) 정기보고의 보고 기일

정기보고의 보고 기일은 〈표 10-1〉과 같다. 다만, 정기보고를 지정한 법령 또는 훈령이 보고 기일을 따로 정한 경우에는 그러하지 아니하다.

〈표 11-1〉 보고 기일표

보고 주기	기산시점	제출기일		
		최초 작성기관 → 1차 경유기관 (읍·면·동 → 시·군·구)	1차 경유기관 → 2차 경유기관 (시·군·구 → 시·도)	2차 경유기관 → 최종 수보기관 (시·도 → 중앙)
즉보	발생 시점부터	즉시	즉시	2일 이내
일보	발생일부터	1일 이내	2일 이내	3일 이내
주보	주말부터	1일 이내	2일 이내	3일 이내
순보	순기 말부터	1일 이내	2일 이내	4일 이내
반월보	반월기 말부터	2일 이내	3일 이내	5일 이내
월보	월말부터	4일 이내	6일 이내	10일 이내
기보	분기 말부터	5일 이내	10일 이내	15일 이내
반년보	반년기 말부터	10일 이내	15엘 이내	20일 이내
연보	연말부터	15일 이내	20일 이내	30일 이내

(b) 수시보고의 보고 기일

수시보고의 보고 기일은 보고기관의 범위, 보고 내용, 작성의 소요 시간 및 난이도 등을 고려하여 정하되, 보고문서 발송일로부터 최소한 다음 기일을 부여해야 한다.

① 중앙행정기관 상호간 : 5일
② 중앙행정기관과 제1차 소속기관 : 7일
③ 제1차 소속기관과 제2차 소속기관 : 7일
④ 제2차 소속기관과 제3차 소속기관 : 5일

> 예 환경부에서 지방자치단체의 보고를 받는 경우 최소 소요 시간
>
>   5일   7일   7일
> 환경부 → 시·도 → 시·군 → 읍·면·동(19일)

(c) 보고 기일의 단축

전신, 전화, 전신타자 또는 정보통신망을 사용하는 보고와 특별한 사유가 있는 경우에는 보고심사관의 승인을 얻어 지정된 보고 기일을 단축할 수 있다

(d) 보고 기일의 지연

보고 기일 내에 보고가 불가능한 경우에는 그 보고 기일 이전에 그 보고 예정일과 지연 사유들 보고 요구기관에 통보해야 한다.

(6) 보고문서의 시행

보고 요구문서 또는 보고문서를 시행할 때에는 처리과는 그 문서 본문의 첫째 항목에 규정에 따라 그 표시를 해야 한다.

〈표 11-2〉 보고 요구문서 및 보고문서의 표시 요령

보고구분	표시사항	표시 예시	표시 위치
1. 행정안전부령 지정 정기보고 2. 훈령 지정 정기보고	고유기호, 행정기관명 – 일련번호	정기보고의 지정(부령, 행정안전부-1)과 관련 정기보고의 지정(부령민, 행정안전부-1)과 관련 정기보고의 지정(훈령, 행정안전부-1)과 관련 정기보고의 지정(훈령민, 행정안전부-1)과 관련	본문의 첫째 항목에 표시한다
3. 수시보고	수시보고심사의 표시방법대로	2006. 1. 3. 중앙수사 행정안전부-1(3)과 관련 2006. 1. 3. 자체수시 충청북도-1(2)과 관련	〃
4. 보고심사 제외대상 보고	심사 제외 근거 규정	사무관리규정 제43조 제2항 제5호 (보고심사 제외 근거)와 관련	〃

(7) 보고의 독촉

보고요구기관의 장은 보고가 소정의 기일까지 도달되지 아니한 때에는 다음의 절차에 따라 보고기관의 장에게 독촉장을 발부할 수 있으며, 독촉을 받은 보고기관의 보고심사 관은 그 독촉장에 당해 보고가 지체없이 행하여지도록 필요한 조치를 해야 한다.

① **제1차 독촉장 발부** : 보고 기일 후 5일이 경과하여도 보고가 도달되지 아니한 때
② **제2차 독촉장 발부** : 제1차 독촉장에 명시된 보고 기일 후 5일이 경과 하여도 보고 가 도달되지 아니한 때
③ **제3차 독촉장 발부** : 제2차 독촉장에 명시된 보고 기일 후 5일이 경과 하여도 보고 가 도달되지 아니한 때

제3차 독촉장을 받은 보고기관의 장은 보고 지연의 책임이 있는 관계 공무원에 대하여 볍령이 정하는 바에 따라 징계, 기타 필요한 조치를 하고, 그 결과를 보고요구기관의 장에게 통보해야 한다. 또한 독촉장을 발부하는 경우에는 3일 이상의 보고 기일을 부여해야 한다.

11.1.5 정기보고와 수시보고

(1) 정기보고

정기보고는 정기적으로 행하여지는 보고를 말한다. 정기보고의 지정은 행정안전부령, 중앙행정기관의 장의 훈령, 행정안전부장관의 훈령, 교육인 적자원부장관의 훈령 지정 등이 있다.

(a) 행정안전부령 지정 정기보고

보고의 주기, 보고의 서식, 최초 작성기관, 최종 수보기관 등을 행정자치 부령으로 지정한 보고를 말하며, 그 지정 대상은 다음과 같다.

① 중앙행정기관이 그 소속기관을 제외한 다른 행정기관 및 민간단체로 부터 정기적으로 받고자하는 보고
② 중앙행정기관의 소속기관이 중앙행정기관으로부터 정기적으로 받고자하는 보고

그 지정 절차는 다음과 같다.

① 행정안전부장관은 정기보고 정비지침을 작성하여 중앙행정기관에 통보한다.
② 중앙행정기관의 자체보고심사관은 각 처리과 및 소속기관으로부터 정기보고 지정 신청을 받아, 정기보고 지정신청서 1부, 항목심사서 1부 및 보고 서식 2부를 작성하여 행정안전부장관에게 일괄 지정 신청한다.
③ 행정안전부장관은 중앙행정기관의 장으로부터 받은 정기보고 지정 신청을 심사, 조정하여 법제처에 심사 의뢰한다.

행정안전부령으로 지정한 정기보고의 지정번호는 고유기호와 보고요구 기관의 소속 행정기관명 다음에 붙임표(-)로 일련번호를 이어 기재한 번호로 한다.

〈표 11-3〉 부령지정 정기보고의 고유기호

종류	고유기호
부령에 의하여 행정기관으로부터 받는 보고	부령
〃　　　　민간단체로부터 받는 보고	부령민
〃　　　　다수의 행정기관이 공통으로 받는 보고	부령 공통

(b) 훈령지정 정기보고

보고의 주기, 보고의 서식, 최초 작성기관, 최종 수보기관 등을 훈령으로 지정한 보고를 말하며, 그 지정 대상은 다음과 같다.

① 중앙행정기관이 그 소속기관으로부터 받는 정기보고
② 중앙행정기관의 소속기관이 중앙행정기관을 제외한 행정기관 및 민간단체로부터 받는 정기보고
③ 지방자치단체가 다른 지방자치단체로부터 받는 정기보고
④ 교육행정기관이 동급 또는 하급기관으로부터 받는 정기보고

그 지정 절차는 다음과 같다.

① 중앙행정기관, 중앙행정기관의 소속기관, 지방자치단체 및 교육행정 기관의 장은 소속 처리과로부터 정기보고 지정 신청을 받는다.
② 소속기관, 지방자치단체 및 교육행정기관의 자체보고심사관은 소속 처리과로부터 정기보고 지정 신청을 받아 심사, 조정한다.
③ 소관 중앙행정기관의 장은 신청받은 정기보고 사항을 심사, 조정, 취합하여 훈령으로 지정, 시행한다.
④ 지정된 정기보고에 대하여는 존치의 필요가 없다고 인정되는 때에는 이를 폐지해야 한다.

〈표 11-4〉 훈령지정 정기보고의 고유기호

종류	고유기호
훈령에 의하여 행정기관으로부터 받는 보고	훈령
훈령에 의하여 민간단체로부터 받는 보고	훈령민

(2) 수시보고

수시보고는 보고주기, 보고의 서식 등이 일정하게 정하여져 있지 않고 상황의 변동에 따라 수시로 요구하는 보고를 말하며, 수사보고에는 행정안전부의 중앙보고심사관의 보고심사를 받는 중앙심사수시보고와 각급 행정기관의 자체보고심사관의 심사를 받는 자체심사수시보고가 있다.

(a) 중앙보고심사

중앙보고심사관은 중앙보고 심사업무를 담당하는 과의 장으로서 현재는 행정안전부의 행정능률과장이 담당한다.
중앙보고심사의 대상은 다음과 같다.

① 중앙행정기관이 그 소속기관을 제외한 행정기관 및 민간단체로부터 받는 수시보고
② 중앙행정기관의 소속기관이 중앙행정기관으로부터 받는 수시보고이다.

(b) 자체보고심사

자체보고심사관은 당해 행정기관의 보고 관계 업무를 담당하는 과의 장이 된다. 자체보고심사 대상은 다음과 같다.

① 중앙행정기관의 소속기관이 중앙행정기관을 제외한 행정기관 및 민간단체로부터 받는 수시보고
② 지방자치단체가 다른 지방자치단체로부터 받는 수시보고 및 교육행정기관이 동급 또는 하급기관으로부터 받는 수시보고
③ 중앙행정기관이 지방자치단체 또는 관련 민간단체에 국비부담금 또는 보조금 등을 지원하는 사업의 계획, 진도, 결과에 대한 수시보고

④ 민원사무 처리를 위한 수시보고

⑤ 대통령 직속기관이 받는 수시보고

11.2 협조사무

11.2.1 업무협조의 개요

(1) 업무협조의 의의

기관간 업무협조란 한 기관이 업무를 처리할 때 그 업무를 직접 담당하는 기관과 그 업무와 관계되는 다른 기관의 공동 목적 달성을 위한 쌍방의 노력으로 협의에 의하여 관련 사항의 상호균형과 조화를 유지하도록 하는 것을 말한다. 이 경우 업무협조의 요청을 받은 기관은 정부업무가 효율적으로 수행될 수 있도록 적극 협조해야 한다. 특히 다음과 같은 경우의 업무에는 시행 전에 관련기관의 업무협조를 받아야 한다.

① 이상의 행정기관이 공동으로 행하는 것이 필요한 경우

② 다른 행정기관의 행정 지원을 필요로 하는 경우

③ 다른 행정기관 또는 상급기관의 인가·승인 등을 거쳐야 하는 경우

④ 기타 다른 행정기관의 협의·동의 및 의견 조회 등이 필요한 경우

특히 다음과 같은 사항은 적극 협조해야 한다.

① 정부의 중·장기계획에 관한 사항

② 국민 생활에 직접적인 영향을 미치는 사항

③ 대규모 투자·개발사업, 공공요금 결정 사항 등에 관한 사항

④ 다수 국민의 관심이 높고 이해가 상충되는 사항

⑤ 업무가 다수 기관에 관련되어 의견 조정 등이 필요한 사항 등

(2) 업무협조의 방법

업무협조의 방법에는 문서에 의한 협조, 회의 등에 의한 협조, 공동작업반 편성 등에 의한 협조, 전화 등에 의한 협조가 있다.

(a) 문서에 의한 협조

문서에 의한 협조를 하는 경우에 그 기안문에 직접 관계기관의 장의 협조서명을 받고자 하는 때에는 당해 기관의 장의 협조서명에 앞서 관계업무를 담당하는 보조기관 또는 보좌기관과 협의를 해야 한다.

(b) 회의 등에 의한 협조

① 회의 등에 의한 협조를 요청하는 기관은 회의 등에 안건 및 관계자료를 회의 개최 5일 전까지 관계기관에 송부하여 미리 그 내용을 검토할 수 있도록 해야 한다.

② 관계기관과의 업무협조를 종결시키고자 하는 회의 등에 참석하는 관계 공무원은 회의 등의 안건에 관하여 미리 결재권자의 승인을 얻어야 하며, 필요한 때에는 문서로 의견을 제출할 수 있다.

③ 회의 등에 의한 업무협조를 요청한 기관은 특별한 사유가 있는 경우를 제외하고는 회의록에 회의 등의 내용을 기록·유지해야 한다.

(c) 공동작업반 편성 등에 의한 협조

공동작업반 편성 등을 위한 인원의 지원을 요청받은 기관은 특별한 사유가 있는 경우를 제외하고는 이에 응해야 한다.

(d) 전화 등에 의한 협조

전화 등에 의한 협조를 하는 경우에는 전화 및 구두협조 처리문을 작성하여 처리해야 한다.

(3) 업무협조의 처리기간

지정협조의 처리기간은 그 지정형식에 따라 행정자치부령 또는 훈령으로 정한다. 이에 비하여 수시협조의 처리기간은 업무협조를 요청하는 기관이 업무협조 내용과 그 처리 및 회선에 필요한 기간 등을 참작하여 정하되, 특별한 사유가 있는 경우를 제외하고는 다음의 구분에 의한 처리기간을 부여해야 한다.

① 위원회 등의 심의를 거쳐야 하는 경우 ································· 30일 이상
② 상급기관의 결정 등을 거쳐야 하는 경우 ························· 25일 이상
③ 관계 기관의 업무협조를 거쳐야 하는 경우 ····················· 20일 이상
④ 자체 종합계획의 수립을 필요로 하는 경우 ····················· 20일 이상
⑤ 기타 경미한 사안에 대한 업무협조 ································· 7일 이상

〈표 11-5〉 협조의 종류별 처리 기간

구분	처리기간
행정안전부령 지정협조	사무관리규정시행규칙 별표 21 참조
훈령 지정협조	훈령으로 지정한 기간
수시협조	업무협조의 내용과 그 처리 및 회신에 필요한 기간 등을 고려하여 합리적으로 정함

11.2.2 업무협조의 종류

(1) 지정협조

지정협조는 행정기관 사이에 상례적으로 행하여지는 업무협조로서 협조업무명, 처리기간, 협조요청기관 및 협조기관 등이 행정안전부령 또는 훈령으로 지정된 업무협조를 말한다. 이와 같은 지정협조에는 행정안전부령 지정과 훈령 지정의 업무협조가 있다.

(a) 행정안전부령 지정

다음의 업무협조 중 상례적으로 행하여지는 업무협조는 행정안전부령으로 지정한다.

① 중앙행정기관이 다른 중앙행정기관에 요청하는 업무협조
② 지방자치단체가 중앙행정기관에 요청하는 업무협조

(b) 훈령 지정

다음의 업무협조 중 상례적으로 행하여지는 업무협조는 당해 지정권자가 훈령으로 지정한다.

① 중앙행정기관의 소속기관이 중앙행정기관에 요청하는 업무협조는 협조 요청을 받는 중앙행정기관의 장
② 행정기관이 중앙행정기관의 소속기관에 요청하는 업무협조는 협조 요청을 받는 기관의 소속 중앙행정기관의 장
③ 행정기관이 지방자치단체에 요청하는 업무협조는 행정안전부장관(교육행정기관에 요청하는 경우에는 교육인적자원부장관)

(2) 수시협조

수시협조는 업무협조를 해야 할 사안이 발생한 때에 수시로 처리기간 등을 정하여 요청하는 업무협조를 말하며, 수시협조의 요건은 다음과 같다.

① 당해 업무협조가 지정협조로 지정된 사항이 아닐 것
② 업무협조에 소요되는 처리 기간을 확정할 수 있을 것
③ 당해 협조사안을 처리할 협조기관이 명확할 것
④ 법령에 협조 요청사항 또는 협조 의무사항에 관하여 명확하고 구체적인 규정이 없을 것
⑤ 기타 당해 업무의 효율적 수행을 위하여 관계기관의 업무협조가 필요할 것

당해 업무를 처리하기 위하여 관계 기관의 협조가 필요한 경우에는 협조 심사관의 검토, 심사를 받아 시행해야 한다.

11.2.3 협조심사

(1) 협조심사의 의의

협조심사는 협조심사를 요청한 문서가 업무협조에 해당하는가, 협조 요청의 상대방

(협조 요청기관) 및 처리기간 등이 적정한가, 협조요청 내용이 명확한가 또는 협조문서가 적정하게 처리되는가 등을 심사하는 절차이다.

(2) 협조심사의 시기 및 대상문서

협조심사는 당해 문서에 대한 결재를 마친 다음 그 문서를 시행하기 전에 협조심사관에게 기안문과 시행문을 함께 제시하여 협조심사를 받는다. 협조심사의 대상 문서는 협조요청 문서 그 자체이다.

(3) 협조심사관

업무협조문서의 심사에 관한 사무를 관장하기 위하여 각급 기관에 협조심사관을 둔다. 협조심사관은 특별한 사유가 있는 경우를 제외하고는 자체보고심사관이 이를 겸임한다. 단, 각급 기관의 장은 청사의 분리사용 등 특별한 사유로 인하여 협조심사관의 업무 수행에 지장이 많을 경우에는 당해 업무의 일부를 담당케하기 위하여 분임협조심사관을 지정할 수 있다. 협조심사관은 협조심사에 관한 업무처리 사항을 협조심사부에 기록, 관리해야 한다.

(4) 지정·심사의 기준

지정협조를 지정하거나 수시협조를 심사하는 때에는 다음 사항을 검토해야 한다.

① 협조요청 목적의 타당성
② 협조요청 대상기관의 타당성
③ 협조처리 기간의 타당성
④ 협조요청 내용의 명확성
⑤ 관계기관 등과의 사전 협조 여부

(5) 협조심사의 표시

협조심사관의 협조심사를 받은 경우에는 기안문 및 시행문 본문의 첫째 항목에 표시해야 한다. 따라서 공문서의 본문을 읽음으로써 지정협조나 수사협조냐 등을 곧 파악할 수 있다.

11.2.4 업무협조의 처리

(1) 협조요청 문서 시행 절차

① 처리과의 장은 협조요청 문서에 대한 심사를 받고자 하는 때에는 결재권자의 결재를 받은 당해 문서의 기안문과 시행문을 협조심사관에게 제시해야 한다.

② 협조심사관은 심사신청을 받은 때에는 그 내용을 심사한 후 기안문과 시행문의 오른쪽 위의 여백에 협조심사 표시를 하고, 협조심사부에 그 내용을 기재해야 한다. 다만 지정 협조문서, 협조문서 및 협조요청 문서의 이첩문서에 대하여는 협조심사 표시를 당해 문서의 오른쪽 위의 여백에 해야 한다.

③ 협조요청 문서에 대하여 협조심사관의 심사를 받은 때에는 처리과는 문서 시행 절차에 따라 그 문서를 시행한다.

(2) 협조요청 문서의 보완, 반려 및 촉구

(a) 협조요청 문서의 보완

업무협조 요청을 받은 기관이 협조요청 문서에 흠이 있음을 발견한 때에는 접수한 날로부터 3일 이내에 보완을 요구해야 한다. 이 경우 보완 요구사항을 구체적으로 명시하여 일괄 요구해야 하며, 5일 이상의 보완기간을 부여해야 한다.

(b) 협조요청 문서의 반려

보완 요구기관은 협조요청 문서의 보완을 요구받은 기관이 보완 기간의 만료일부터 7일이 경과하여도 보완문서가 도달되지 아니한 때에는 당해 협조요청 문서를 협조요청기관에 반려할 수 있다.

(3) 협조요청 문서의 촉구

업무협조 요청기관은 협조문서가 처리기간 내에 도달되지 아니한 때에는 당해 협조기관에 대하여 5일 이상의 처리 기간을 부여하여 행정안전부령이 정하는 바에 따라 협조를 촉구할 수 있다.

사무자동화 시스템

12.1 사무자동화의 개요

12.2.1 사무자동화의 정의

자동화의 사전적 의미를 살펴보면 자동화는 '사람에 의해 행해지던 일을 자동화된 장비나 기계를 사용하는 것'으로 정의되어 있다. 즉 과거에 하던 일을 좀더 효과적이고 효율적으로 수행하기 위하여 어떠한 도구를 사용하는 것을 자동화라고 한다.

사무자동화의 효시는 1953년 영국의 리오스상회의 급여전산화작업이 최초라고 하며, 1955년에 Business Automation이란 용어로 사용되다가 1978년 미국에서 개최된 국제컴퓨터 회의에서 사무자동화란 용어가 공식적으로 채택되었다.

한국생산성본부(1990)는 '일반적으로 사무자동화란 사무개선 활동 및 이에 수반되는 기계화 등의 방법을 통해 사무업무의 기능을 확충·강화하여 개인이나 조직의 사무생산성을 향상시키는 일련의 행위'를 지칭하는 개념으로 정의하고 있다. 이와 같이 대부분의 경우 사무전산화나 사무기기의 활용을 사무자동화의 전부라고 생각하는 견해들이 지배적이었다.

그러나 오늘날까지도 가장 많이 인용되고 있는 사무자동화의 정의는 Zisman(1978)에 의한 것으로 '사무자동화는 자료의 처리기술로는 다루기 어렵고 양이 많으면서도 그 구조가 불명확한 사무에 대하여 컴퓨터기술, 통신기술, 시스템과학, 그리고 행동과학을 적용하는 학문'으로 정의함에 따라 사무실에 대한 경영과 자동화의 개념, 사무업무의 특수성 등을 잘 표현해 주고 있다.

[그림 12-1] 사무자동화의 관련 분야

오늘날의 사무자동화는 사무실을 중심으로 사무자동화 장비 및 통신 시스템을 활용하여 사무작업의 처리를 효율화하여 인간의 창조적 활동을 돕기 위한 사무환경 시스템을 제공하기 위한 것으로 정의된다. 사무자동화가 갖는 의미를 살펴보면 다음과 같다.

(1) 컴퓨터와 통신기술

사무자동화와 관련된 대표적인 사무기기로는 컴퓨터를 들 수 있으며, 사무실간의 정보교환을 위한 통신기술은 오늘날의 사무자동화에 있어서 가장 중요하다. 오늘날의 컴퓨터는 계산기능은 물론이고 텍스트, 그래픽, 음성, 화상정보와 같은 다양한 형태의 정보처리와 창의적인 정보의 생성을 위해 활용된다.

통신기술은 근거리통신망과 광역통신망의 구축을 통해 사무실간, 사업소간 또는 국내외간의 정보 및 데이터의 상호교환을 가능하게 하는 필수 불가결한 요소라고 할 수 있다. 따라서 컴퓨터와 통신기술의 도입 정도는 사무자동화에 미치는 영향이 매우 크다.

(2) 시스템과학

시스템과학이란 사무자동화를 추진하는데 있어서 조직전체를 하나의 시스템으로 보고, 사무자동화의 도입 목적이나 사무자동화를 위한 기기도입과 같은 모든 단계의 의사결정을 조직전체의 효율성과 관련하여 취급한다. 사무자동화에 시스템과학을 적용하는 이유는 전체조직의 특성이나 전체의 효율성이 사무자동화를 추진하는데 있어서 우선적으로 고려되어야 한다는 것이다. 부분의 변화는 상호관련 속에서 조화롭게 이루어져야 한다. 예를 들면 사무자동화를 위한 관련기기의 도입 및 설비는 다른 기기와의관련을 고려해야 하며, 전체적인 업무의 흐름 및 기업경영 방침과 연계하여 이루어져야 한다는 것이다.

(3) 행동과학

행동과학이란 인간의 행동을 객관적안 시각에서 이해하기 위한 노력으로 사무자동화의 추진으로 인간이 만족할 수 있게 하기 위한 것이다. 사무자동화가 인간을 위한 것인 만큼 사무자동화에 따른 기계도입에 대한 인간의 거부반응과 스트레스 따위를 극복하고, 사무자동화를 조직속에 유기적으로 정착시켜 갈 필요가 있다는 것이다.

따라서 인간의 행동에 관한 보다 정확한 이해를 통해서 문제를 미연에 방지하고, 적절한 동기를 부여하여 한층 더 효과적으로 사무업무를 진행시키도록 하는 것이 사무자동화에 있어서 행동과학의 중요한 역할이다.

12.2.2 사무자동화의 등장

사무자동화의 등장은 대체로 정보화 사회의 출현에 따른 사회적 변화와 여러 가지 기술적인 발전이 뒷받침이 되었다고 볼 수 있다. 사무자동화의 등장배경을 정리해 보면 크게 외부환경적 요인(사회·경제적 요인), 사무실 내부의 요인, 기술적 요인 등으로 나누어 볼 수 있다.

(1) 외부환경적 요인(사회·경제적 요인)

(a) 정보사회의 도래

정보화 사회로의 변화가 주는 가장 큰 의미는 그동안 석유와 같은 에너지자원이 가치척도의 기준이 되었던 것이 이제는 정보의 효율적 활용이 가장 큰 자원이 되고 있다는 것이다. 이러한 사회적 변화는 기업의 경쟁력 강화차원에서 사무자동화 도입의 원인이 되었다.

(b) 전문화, 고학력화 시대

고등교육이 보편화되면서 노동인구가 점점 고학력화가 되고 있다. 고학력의 전문인력을 유효 적절히 흡수하기 위해서는 단순작업들은 기계화하고, 사람의 능력이나 경험에 어울리는 보다 창조적인 일을 할 수 있게 하는 것이 중요하다.

또한 노동인구가 고학력화 되면서 임금도 상승되므로 사무실 업무 중 자동화가 가능한 것들은 자동화하여 사무실의 비용을 줄이고, 고학력의 전문 노동력을 보다 창의적인 정보창출을 위해 활용하여 기업의 경쟁력을 증대시킬 수 있어야 한다.

(c) 주변 선진국으로부터의 영향

주변의 선진국에서 사무자동화를 도입하면서 사무자동화에 따른 정보처리 능력이 향상되고, 정보처리 시스템들이 새롭게 개발되면서 그러한 기술과 장비들이 새로운 오피스 시스템으로서 우리나라에 소개되었다. 따라서 정보력에 뒤지지 않기 위해서도 사무자동화의 도입은 필요하게 되었다.

(d) 매스컴의 영향

정보관련 산업이 새로운 산업으로 부상하고 정보산업 기기들의 효율성과 사무자동화의 효과 등이 매스컴에 보도되면서 사무자동화는 확산되게 되었다. 사무자동화 기술은 매스컴의 기술발달과 함께 그 효율성이 생동감 있고 입체적인 영상을 통해 제공됨으로써 정보산업의 각종 제품이 더욱 발전하는 계기가 되었다.

(2) 기술적 요인

(a) 컴퓨터 기술

종래의 컴퓨터는 구조화되고 정형화된 자료의 처리만 가능하였다. 오늘날의 컴퓨터는 비 구조화된 자료의 처리는 물론, 인공지능 기술에 의한 의사결정을 지원하는 등 다양한 분야에서 보다 전문적이고 창의적인 작업을 지원해 주고 있다. 컴퓨터 기술의 발전은 사무자동화에서 취급할 수 있는 자료처리 영역을 확장시켜 주었다.

(b) 통신기술

통신기술의 발달은 그동안 개별적으로 사용되던 OA기기들을 네트워크로 연결하여, 종합적인 Computer Communication Office System의 EDP시스템을 사무자동화 시스템으로 통합시킴으로써 사무자동화의 효과를 전사적으로 기대할 수 있게 해주었다.

(3) 사무실 내부의 원인

(a) 오피스의 낮은 생산성

미국의 SRI(Stanford Research Institute)사가 조사한 결과에 의하면, 과거 10년간에 생산부문의 생산성은 90%나 향상되었는데, 오피스부문의 생산성은 겨우 4% 밖에 향상되지 않았다고 지적하고 있다. 이것은 사람의 노력에 의한 생산성향상은 더 이상 기대하기 어렵다는 것이며, 사무자동화와 같은 새로운 시스템의 도입에 의해 비용의 삭감과 생산성의 향상을 통해 경쟁력을 키워가야 한다는 것이다.

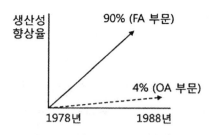

[그림 12-2] FA와 OA의 생산성향상 비교

(b) 정보량의 증대 및 복잡화

다양한 정보화 사회의 요구에 부응하기 위해 기업은 많은 정보를 어떻게 유효하게 활용하느냐가 중요시됨에 따라 정보의 효율적 활용 수단으로서 사무자동화가 기대되고 있다. 더구나 사무실에서 취급해야 할 정보량은 해마다 증가하고 있고 또한 점점 복잡화되고 있다. 정보의 홍수시대와 같은 오늘날에 가장 필요한 것은 필요한 정보를 신속히 처리하여 창조적으로 활용하는 것이다. 이와 같이 사무자동화의 위력은 많은 정보 속에서 필요한 정보를 취사선택하고, 그것을 보다 가치 있는 정보로 가공하는 데 있다.

12.2.3 사무자동화의 기본요소

사무자동화가 시스템으로서 성공적으로 정착되기 위해서는 크게 네 가지의 기본요소들이 필요하다. 무엇보다도 사무자동화에 대한 확고한 신념과 철학이 있어야 하며, 사무자동화가 정착될 수 있는 제도적 뒷받침이 있어야 하고, 사무자동화의 구체적 실현을 도

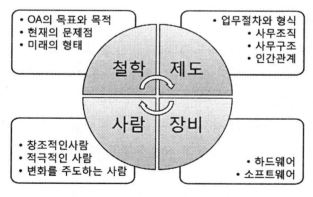

[그림 12-3] 사무자동화의 기본요소

와줄 적절한 장비와 기기들이 도입되어야 한다. 끝으론 사무자동화를 직접 담당하여 운영해 갈 사람이 있어야 한다.

(1) 철학

사무자동화에 대한 철학이란 사무자동화에 대한 정확한 개념의 파악과 계획 및 실천에 대한 확고한 신념과 의지를 의미한다. 사무자동화라는 개념자체가 추상적인 것이기 때문에 명료한 개념을 파악한다는 것은 쉽지 않다.

사무자동화의 추진은 적극적인 의지와 긍정적인 자세가 중요하며 전문가에게 일임하거나 위탁하고 방임하는 식의 추진은 실패할 가능성이 있다. 부적당한 설계에 기인한 사무자동화 추진은 오히려 생산성을 저하시키고 조직의 경직성을 초래하는 결과를 가져올 수도 있을 것이다. 따라서 확고한 의지와 철저한 계획과 신념으로 사무자동화를 추진해야만 기대하는 성과를 얻을 수 있으며, 다음과 같은 사항에 대한 명확한 파악이 필요하다.

① 사무자동화에 대한 목표와 목적
② 사무자동화를 해야 할 시기
③ 장래의 사무형태
④ 현재 사무의 문제점
⑤ 경제적 또는 기업내외의 환경
⑥ 조직에 대한 제약조건 및 문제점

(2) 제도

일반적으로 시스템이란 '어떤 목적 혹은 목표를 수행하기 위해 상호 관련성이 있는 처리방법이나 활동 및 사물들의 모임' 즉 개별적으로 식별될 수 있으면서도 서로 관계를 갖고 있는 요소들의 집합이라고 정의하고 있다. 따라서 이 정의에 의하면 사람·가정·자동차 등은 모두 시스템이며 각종 사무자동화 장비나 기기도 모두 시스템에 속한다. 여기서 말하는 시스템은 사무자동화 시스템을 말하며 사무조직, 사무구조, 사무업무 등 눈에 보이는 사항과 사무실 내의 인간관계, 절차, 형식 등과 같이 눈에 보이지 않는 시스템까지를 총괄하는 것이다. 그러한 시스템들은 서로 유기적으로 관련되어서 사무업무에 적용되고 활용되어야 한다. 시스템은 다음과 같은 특징을 갖고 있어야 한다.

① 질서가 있을 것

② 목적을 지닐 것

③ 입출력을 가질 것

④ 피드백 기능을 가질 것

(3) 장비

사무자동화 추진을 위해 필요한 사무기기들은 하드웨어와 소프트웨어로 나눌 수 있다. 대표적인 하드웨어로는 컴퓨터, 통신장비(통신회선, 모뎀 등), 사무자동화 기기가 있다. 소프트웨어로는 자료처리 소프트웨어, 문서처리 소프트웨어, 영상처리 소프트웨어, 음성처리 소프트웨어, 네트워킹 소프트웨어 등을 들 수 있다.

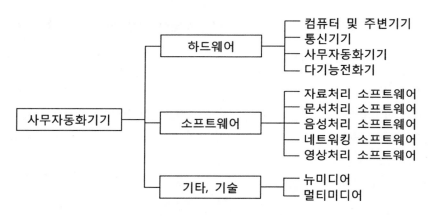

[그림 12-4] 사무자동화 장비의 분류

(4) 사람

사람은 모든 시스템의 주체이며 사무자동화란 사람이 하는 작업의 효율성과 창의성을 높이기 위해 필요한 것인 만큼 사람이 무엇보다도 사무자동화의 중심이 되어야 한다.

사무자동화에 필요한 사람은 새로운 기계의 사용에 대해 두려움을 느끼지 않는 사람, 더 나아가서 기계를 창의적으로 사용하고자 노력하는 사람이다. 또한 새로운 기계나 장비를 보면 그것에 대해 연구해 보고자 애를 쓰고 부단히 노력을 하는 사람이 필요하다. 그러한 사람들은 기존 오피스보다 새로운 오피스에 더 빨리 적응할 것이며, 사무자동화 기기를 활용하여 새로운 시스템의 요구와 개선을 위해 많은 기여를 할 수 있는 사람이 될 것이다.

12.3 사무자동화 시스템의 기능

12.3.1 문서작성 시스템

워드프로세서나 퍼스널컴퓨터 등에 의한 문서작성 시스템이 다방면으로 이용되고 있어 그 기능이나 사용하기 편리한 점 등이 해마다 향상되고 있다. 문서의 내용은 문장(텍스트) 중심인 것, 데이터 중심인 것, 설계도 중심인 것, 화상 중심인 것으로 대별되며, 목적에 따라 여러 가지 틀이 준비되고 있다.

(1) 텍스트 중심의 문서작성

일반문서의 작성에는 워드프로세서가 널리 사용되고 있으며, 초기 무렵에는 청서(淸書)의 목적으로 이용되는 경우가 많고, 그 도입효과가 의문시되고 있었으나, 워드프로세서의 조작에 익숙하여짐에 따라 직접 문서를 작성하는데 이용되기 시작하고, 워드프로세서 없이는 문서를 작성할 수 없는 사람도 나오고 있다. 이런 사람들의 작업을 보면 생각나는 문장을 부품으로 하여 계속 입력하고 이것들을 조합하면서 문서를 작성하고 있다.

그러므로 과거에 작성한 문서도 부품의 일부로서 유용되고 있으며, 최소의 입력으로 작성하는 연구가 이루어지는 이것이 생산성 향상에 연결되고 있다. 부작용으로서 한자는 읽어도 쓸 수 없는 사람이 증가하는 것이 아닌가 하고 걱정할 정도이다.

(2) 데이터 중심의 문서작성

컴퓨터에 따라 많은 데이터가 수집되고, 많은 데이터를 자신의 목적에 맞추어서 추출하며, 표나 그래프 형식으로 가공하여 보기 쉬운 문서를 작성하는데 퍼스널컴퓨터가 이용되고 있다

(3) 설계도 중심의 문서작성

설계부문에 있어서의 문서작성은 사양서와 도면이 중심적 대상이다. 이 곳에서는 CAD 시스템이 널리 도입되고 있어 이 시스템과 연동하는 형식으로 문서작성 작업의 기계화를 생각할 필요가 있다.

⑷ 화상 중심의 문서작성

문서작성은 제로로부터 만들어내는 일은 적으며, 과거의 문서를 무엇인가의 형식으로 유용하고 있다. 특히 사진이나 그림을 삽입하는 경우 치수에 맞추어서 확대 축소 카피하여 가위와 풀을 이용하여 작성하고 있다.

⑸ 전자탁상출판

신문사 등 일부 출판사에서 사용되고 있던 전자출판 시스템과 유사한 기능을 가지는 전자탁상출판 시스템이 출현하여 일반 오피스에 널리 이용하게 되었다.

이 시스템은 퍼스컴 베이스로 구성되어 매우 싼 값으로 되어 있으나, 기능적으로 는 큰 차이가 없고, 텍스트·데이터·도형·화상을 자유자재로 편집 레이아웃 하여 인쇄소에 의뢰한 것과 동등한 고품위 인쇄문서를 출력할 수가 있다.

12.3.2 전자파일 시스템

방대한 서류를 전자적 방식으로 바꿔 놓음으로써 보관공간의 삭감, 필요한 자료를 찾아내는 시간의 단축 및 대량의 자료정리 등을 목표로 한 전자파일 시스템이 이용되고 있다.

좁은 의미의 전자파일 시스템은 광디스크를 보관매체로 한 시스템으로 문서를 이미지 데이터로 보관하는 방식이 이용되고 있다.

넓은 의미의 전자파일 시스템은 범용 컴퓨터의 자기디스크를 보관매체로 한 시스템이나 미니컴퓨터 제어의 마이크로컴퓨터를 보관매체로 한 시스템도 포함된다.

자기디스크의 경우는 비트당 비용이 비교적 비싸므로 보통은 워드프로세서 등으로 코드화된 문서를 대상으로 하고 있다. 코드화되어 있으므로 전송량이 적고, 전자메일 시스템과 조합하여 광역이용이 가능한 시스템이 구성가능 하다.

마이크로컴퓨터의 경우는 보존성이 좋으므로 일반적으로 장기보존문서를 대상으로 하고 있다. 문서의 등록은 광학적 처리에 의하여 축소하고 구워내므로 일반적으로 오프라인이 되지만, 문서의 검색은 컴퓨터 제어에 의하여 자동화되고 광학적으로 해독한 신호를 전기신호로 바꾸어 선명한 인쇄를 가능하게 하거나 원격지로부터 이용하는 것도 가능하도록 되어 있다.

12.3.3 전자메일 시스템

전화나 우송에 의한 종래의 정보전달수단을 개선하는 방법으로 문서를 전자적으로 축적교환 하는 전자메일 시스템이 있다.

(1) 음성메일 시스템

전화를 그대로 이용한 시스템으로 음성의 축적교환을 가능하게 하여 상대가 부재 또는 대화중에도 전달할 수 있다.

(2) 팩시밀리 교환 시스템

팩시밀리를 이용한 시스템으로 이미지 데이터 축적교환을 가능하게 하고 있으며, 동보(洞報 : 복수의 상대에게 같은 내용을 보낸다)와 친전(親展 : 특정한 상대 밖에 받을 수 없다) 등의 방법으로 보낼 수 있다.

(3) 텔렉스 교환 시스템

텔렉스를 이용한 시스템으로 메시지의 축적교환을 가능하게 하고 있으며, 국제통신 등에 널리 이용되고 있다. 이 시스템을 발전시켜 퍼스컴과 단말기로부터 메시지의 송수(送受)를 가능하게 한 전자메일 시스템이 출현하였다고 할 수 있다.

(4) 전자전표 시스템

전표의 작성·송부·승인·처리를 일괄하여 전자적으로 행하는 시스템으로 비전표시스템 이라고도 부르고 있다. 이것은 종래의 데이터 처리의 범주이기도 하지만, 수공업으로 행하여지고 있었던 전처리(입력용 전표의 작성)나 후처리(출력장표에 의한 2차 장표의 작성)까지 포함하여 상세히 기계화한 것이다.

12.3.4 전자회의 시스템

전자회의 시스템은 전자적 보조수단을 이용한 회의지원 시스템으로 로컬회의 시스템

(디시전룸)과 원격회의 시스템(텔레컨퍼런스)으로 대별된다.

로컬회의 시스템은 1개소의 회의실을 대상으로 회의자료의 검색·표시를 전산화 한 시스템으로 필요에 따라 다양한 매체가 이용된다. 전자흑판도 중심적인 구성기기이다.

원격회의 시스템은 2개소 이상의 회의실을 통신회선으로 접속하여 동시에 회의를 진행할 수 있도록 한 시스템이다. 원격회의 시스템은 다시 전화회의 시스템과 TV회의 시스템으로 나눌 수 있다.

전자회의 시스템은 전화기를 중심으로 수명이 간단한 타협을 하는데 적합하다. TV회의 시스템은 정지화와 동화의 것이 있다.

12.3.5 전자비서 시스템

전자비서 시스템은 마치 하나하나가 비서를 지난 것과 같이 보조적 작업을 기계화한 시스템이다. 보조적 작업이라 하여도 천차만별이지만, 비교적 공통성이 높은 다음의 기능을 패키지화한 것이다.

(1) 회의실 예약

분산되어 있는 회의실에 대하여 어디서든지 예약을 할 수 있고, 빈 상황도 한 눈으로 알 수 있다.

(2) 전자전화장

빈번히 행하여지는 조직변경·배치전환에 대하여 최신의 상태가 유지되며, 소속이나 성명도 검색할 수 있다.

(3) 스케줄 관리

자신의 일정뿐 아니라 상사나 부하는 물론, 회합을 원하는 상대의 일정을 알 수 있다.

(4) 명함관리

개인자산에 머무르고 있던 명함을 공용화할 수 있고, 과거에 누가·누구와 언제 어떤 목적으로 만나고 있었는지를 알 수가 있다.

(5) 내객응대

내객의뢰에 대하여 응대자의 스케줄 및 응접실의 빈 상황을 즉시 조사하여 조정할 수 있으므로 당일의 내객일정도 한 눈으로 알 수 있다.

(6) 회의설정

회의멤버 및 개최 희망일을 지정하면 자동적으로 스케줄을 조사하여 가능개최일을 알 수 있으며, 예약 및 개최통지를 자동적으로 보낼 수가 있다.

12.3.6 의사결정지원 시스템

의사결정에 필요한 정보를 데이터베이스로부터 검색하여 필요한 분석을 행하고 보기 쉬운 형태로 편집하여 출력하는 조작을 매우 간단히 행할 수 있게 한 시스템이다. 엔드유저지원 시스템이라고도 부르고 있다.

12.3.7 ID관리 시스템

OA화의 진전에 따라 개인을 지정할 필요성이 증대되고 있다. 그러므로 전기카드 또는 ID카드를 사원증(Identification : ID)으로 이용하여 다양한 생력화와 안전성확보가 가능하도록 되어 있다. 예를 들면, 오피스에의 입출문관리, 근태관리, 식당의 지불, 사내예금의 환불, 단말조작의 패스워드 등 응용범위는 넓다.

12.3.8 사무자동화의 특징·효과·문제점

(1) 사무자동화의 특징

① **사무자동화 시스템은 반드시 전산화, 무인화를 의미하지 않는다.**

일반적으로 정보처리는 프로세스적인 업무를 행하는 단순 정형적인 수준의 처리, 대량의 데이터와 그 조합으로 결과를 얻는 통합적 대량 정형적수준의 처리, 그리고 의사결정으로 조직적인 업무를 실행하는 비정형적 수준으로 구분한다. 기존의 전산화 대상 업무는 단순 정형적 또는 대량 수준의 업무에 적합하나, 사무와 같이 비정형적 수준의 업무에는 부적합하다.

사무자동화에서 주로 취급하는 정보처리는 비정형적 또는 비구조적인 것이다. 무엇보다도 정보처리자의 효율적인 처리방법과 창의적인 정보창출을 목표로 하는 만큼 사무자동화에 있어서는 사람의 역할이 중요하다.

② **기존의 정보처리(EDP), 경영정보시스템(MIS)과 다르다.**

사무자동화 시스템은 기존의 EDP나 MIS와 비교하여 볼 때 처리할 수 있는 정보들이 다양하게 확장되어서 새로운 일의 시스템화를 이루었다고 볼 수 있다. 사무자동화에서는 수치정보 이외에 문자, 문서, 도형, 그래픽, 음성 등과 같은 다양한 정보를 취급한다. 또한 사무자동화 시스템은 정보의 활용에 있어서 분산 지향적이다.

즉 현장지식의 시스템화, 개인의 존중과 활성화, 사무의 전자화 등을 다루는 현장 중심의 시스템이다. 따라서 사무자동화에 있어서는 각 사무실간, 업체간, 더욱 크게는 국내외간의 정보전달 활성화가 주요 목적이다.

③ **시스템이 유연하다.**

사무자동화는 다양한 정보통신망에 의한 분산형 시스템으로 일의 효과적인 처리 시스템화를 중시하기 때문에 시스템이 유연성을 가져야 한다.

④ **사무자동화 시스템화는 정보매체가 종이에서 전자화하는 일종의 문자혁명이다.**

사무자동화 시스템은 전자기술의 발전을 바탕으로 조직내의 정보망의 확립과 개인의 사무활동 활성화와 현장지식의 시스템화를 토대로 한 시스템 어프로치의 결과이다. 정보처리의 결과를 전자매체화하여 컴퓨터와 통신기술에 의해 서류를 주고받고 할 수 있으며, 자료의 보관도 좁은 공간에 많은 자료를 집약적으로 영구 보관할 수 있게 되었다.

(2) 사무자동화의 효과

사무자동화의 효과는 단편적인 사무기기의 활용에 의한 것보다 총괄 시스템으로서의 사무자동화가 이루어졌을 때 기대할 수 있는 효과를 말한다. 사무자동화의 효과로서는 크게 정량적인 측면의 효과와 정성적인 측면의 효과를 기대할 수 있다. 과거에는 생산성의 향상, 시간의 절약, 비용의 절약과 같은 정량적인 측면의 효과가 많았다.

그러나 최근 들어서 전반적인 사무환경 개선에 관한 관심이 증대되었다. 따라서 사람을 중심으로 하는 사무자동화를 도입하는 사례가 늘고 있으므로 총괄 시스템으로서의 사무자동화에 대한 효과를 기대할 수 있게 되었다. 사무자동화의 도입에 따라 기대할 수 있는 효과를 정리해 보면 다음과 같다.

(a) 정량적 효과

정량적 효과란 금액, 기간, 수량 등으로 나타낼 수 있는 효과로서 주로 정형적인 업무부문의 투자에 대한 비용의 효과를 의미한다.

① 인원감축
② 인건비의 상대적인 절약
③ 관리비의 절감
④ 재고, 설비, 금리 등에 대한 고정비와 간접비의 개산
⑤ 생산률 저하, 고학력화, 인재부족, 정보계통과 지능 기술자의 유동화로 예상되는 인원부족 대처
⑥ 경쟁력 강화, PR 효과 등에 따른 매출액 증대
⑦ 정보의 입수까지 드는 전체비용의 절감
⑧ 수익성 향상을 위한 지원

(b) 정성적 효과

정성적 효과는 주로 질적인 부문에 대한 기대효과이다. 즉 사무원들의 창의적인 작업의 과정이나 쾌적한 작업환경의 결과로 기대할 수 있는 처리결과의 지적인 유용성, 사무원의 심리적인 만족감 등을 의미한다.

① 보고서나 자료를 필요한 내용에 따라 작성
② 과거에 불가능했던 일이나 조사가 가능
③ 시장(환경)의 변화에 신속히 대처
④ 기업내에서의 사기 양양

⑤ 대외 이미지의 개선

⑥ 문제해결에 대한 도구로서의 사용

⑦ 의식개혁에의 활용

⑧ 전사원의 잠재력 결집

⑨ 분임조활동 및 조직의 활성화에 활용

⑩ 기업의 체질개선을 이룩

이러한 효과들은 사무자동화를 도입하는 기업의 발전단계, 체질, 사정, 조건, 환경, 방침 또한 사무자동화 실현에 대한 의지 등에 따라서 그 효과는 다르게 나타날 수 있다. 그러나 오늘날과 같은 정보화사회에 있어서 사무자동화의 가장 중요한 효과는 빠르게 변화하는 사회의 다양한 요구에 대한 적응력과 경쟁력을 갖추는 것이다.

(3) 사무자동화의 문제점

사무자동화를 추진하는 데 있어서 가장 경계해야 할 것은 사무자동화에 대한 일반적인 편견을 극복하는 일이다. 사무자동화를 진행하는데 있어서 가장 주도적인 역할을 해야 하는 것이 사람인만큼 사무기기 자체가 사무자동화의 중심이 될 수 없다는 것이다. 사무자동화를 도입했다고 해서 바로 조직의 모든 문제점을 다 해결해 줄 수 있는 것이 아니므로 지속적인 노력이 필요하다.

또한 사무자동화가 진행되는 동안 미리 예견하지 못했던 문제점들이 발생될 수 있는데, 이러한 문제들을 해결해 가면서 사무자동화를 성공적으로 이끌어 가는 것이 매우 중요하다. 사무자동화의 진행과정에서 만날 수 있는 문제점들을 열거해 보면 다음과 같다.

① 기기류와 사용에 두려움을 갖고 있는 사람들이 의외로 많다. 아무리 좋은 기기라 해도 그것을 사용할 사람이 두려움을 느낀다면 기대하는 효과를 거두지 못할 수도 있다.

② 사무자동화를 진행하다 보면 변화를 싫어하는 사람들이 있다. 이미 익숙한 기존의 것으로부터 새로운 프로그램의 사용이나 새로운 방식으로의 변화에 대해서 거부감을 느끼지 않도록 잘 유도해야 한다.

③ 사무자동화 시스템의 도입으로 초기부터 바로 생산성향상을 기대할 수는 없다. 오히려 초기에는 생산성이 저하될 수도 있다. 새로운 시스템이 적응의 기간을 거쳐서

정착화 될 때가지는 시간적인 여유가 필요하다.

④ 시스템화 과정에서 사무실 구성원간의 비공식적 접촉의 기회가 감소하는 것에 따른 사기저하와 같은 심리적인 문제가 발생될 수 있다.

⑤ 작업환경과 관련된 직업병도 생각해 볼 수 있다. 특히 전자파의 건강장애에 관한 논란이 계속되고 있다. 오랜 시간 컴퓨터 앞에서 작업하는 것이 건강 장애를 일으킬 수도 있다.

12.4 EDI

12.4.1 EDI의 개요

(1) EDI의 정의

EDI는 Electronic Data Interchange의 약자로 거래상대방 간에 상호 합의된 메시지를 컴퓨터 간에 상호 교환하여 거래업무에 따르는 문서처리업무를 자동화한다. 즉 EDI는 거래당사자가 인편이나 우편에 의존하는 종이문서 대신 컴퓨터가 읽을 수 있는 서로 합의된 표준화된 자료, 즉 전자문서를 데이터 통신망을 통해 컴퓨터와 컴퓨터 간에 교환하여 재입력과정 없이 직접 업무에 활용할 수 있도록 하는 새로운 정보전달방식이다.

기존의 종이서류를 이용한 문서처리방식은 동일한 정보를 반복해서 재입력하고 이를 사람이 직접 전달하거나 우편·Fax 등을 이용하여 처리하여 업무처리시간의 지연, 데이터의 낮은 정확도, 많은 인력낭비, 업무진행의 높은 불확실성 등 여러 가지 문제점을 내포하고 있다.

EDI가 도입되면 발신인은 수신인에게 데이터 통신망을 통해 표준전자문서를 전송하게 되고, 수신인은 전자문서를 접수하여 발신인의 의사를 이해하고 그에 상응하는 조치를 즉각 취하게 되므로 종이서류에 의존하지 않고도 거래상대방과의 비즈니스를 매우 신속·정확하고 경제적·효율적으로 처리할 수 있게 된다.

EDI는 서로 독립된 기업 사이에서 가장 활발하게 이용되고 있다. EDI를 이용하면 견적요청서·견적서·주문서·운송지시서·송장·지급의뢰서 등과 같은 일상적인 종이서류의 물리적인 교환이 없어진다.

일반적인 종이서류의 흐름과 EDI에 의한 흐름을 그림으로 나타내면 다음과 같다.

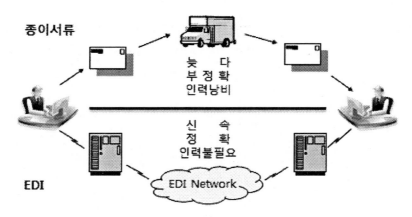

종이서류

늦 다
부정확
인력낭비

신 속
정 확
인력불필요

EDI

EDI Network

[그림 12-5] 종이서류와 EDI 흐름의 차이

(2) EDI와 기존통신방식과의 비교

EDI의 개념을 종이서류 거래방식 및 온라인방식, E-mail과 Fax와의 비교를 통해 파악하여 보자.

(a) EDI와 종이서류 거래방식

종이서류 거래방식을 채용한 비즈니스 정보전달의 경우 동일한 데이터를 재차 입력해야 하는 비효율성을 갖고 있다. EDI는 종이문서를 기초로 한 시스템에서 필연적으로 발생하는 시간낭비와 Key-in을 되풀이해야 하는 노력이 대폭 감소하고, 인력낭비를 막을 수 있다.

(b) EDI와 온라인

EDI는 교환의 당사자 간에 서로 독립적으로 운영하는 응용 프로그램을 갖고 있다는 점이 온라인(on-line)과 다른 점이다. 또한 각각의 당사자는 서로 독립된 데이터를 갖고 있고 그 운영방법도 서로 다르기 때문에 이를 온라인으로 이어서 운영한다는 것은 어려운 점이다.

그러나 EDI는 양쪽 당사자의 데이터를 공유할 수 있으며, 자유로운 교환이 가능하게 하면서 서로 갖고 있는 데이터의 독립성과 보안성을 유지·보장을 가능하게 하는 점이 온라인과 EDI의 다른 점이라 하겠다.

(c) EDI와 E-mail 및 Fax

EDI와 E-mail은 서로 유사한 전자적 전송방식이다. 그러나 이 두 가지 방식은 메시지 형태와 데이터 처리방식이 다르다. EDI는 표준양식으로 구조화된 데이터를 전 송하여 수신측의 컴퓨터가 직접 처리할 수 있는 반면, E-mail은 구조화되지 않은 데이터를 전송하여 사람이 이를 재입력해야 한다.

EDI는 거래당사자간의 1 대 1 컴퓨터 연결 또는 EDI 서비스제공자의 중계시스템 (Message Handling System : MHS)을 통한 전송으로 실행 될 수 있다.

이러한 메시징 시스템은 통상 전자사서함(mailbox) 서비스를 제공하므로 발신인 이 전자문서를 메시징 시스템에 전송한 시각과 수신인이 전자문서를 검색하는 시각 사이에 전자문서를 저장할 수 있다.

EDI 서비스제공업자는 전자문서교환에 앞서 메시징시스템에 통지되는 이용자 식별 코드(user identification code)와 비밀번호(password)의 부여를 통해 메시징시스템에 대한 접근을 제한하고, 전자문서의 중계 및 전송활동을 책임진다.

EDI는 구조화된 표준양식에 따라 데이터를 표현하므로 서로의 컴퓨터에서 사람 의 개입 없이 기계적으로 처리(machine processible)할 수 있어 데이터의 전송·관리·활용 등이 매우 효율적으로 이루어진다. 이에 비해 Fax는 문서를 디지털 이미지(흑점과 백점의 조합)로 변환시켜 전화선을 통해 이동시키므로 어떤 형태의 문서 (문자·그림·서식)라도 재현시킬 수가 있다.

그러나 컴퓨터에서 처리될 수 없는 비구조화 된 양식으로 재현되어 있으므로 필요한 데이터는 수신자가 재입력을 한다. E-mail은 개인 사이에 전화나 편지를 주고받는 대신 컴퓨터를 사용하는 것이다.

데이터는 물론 전자적으로 표현되고 전송되지만, 표준양식이 아닌 자유로운 형태 (free format)로 자호로가 전송되므로 필요한 데이터를 추출하여 재입력해야만 컴퓨터에 의해 처리될 수 있는 유용한 데이터가 되는 것이다.

<표 12-1> EDI·팩스·전자우편의 비교

비교항목	EDI	팩스(Fax)	전자우편(E-Mail)
데이터전송	VAN의 경유 (저장 및 전송)	VAN의 경유 (저장 및 전송)	당사자간 즉시 전송 사람이 판독 가능
데이터의 형태	컴퓨터가 판독할 수 있음	사람이 판독가능	데이터구조
데이터 구조	구조화된 표준양식	자유양식	모든 형태의 데이터 (문자, 그림, 서식)
데이터 입력	응용 프로그램간 데이터 자동입력	수신자의 데이터 추출 및 재입력	수신자의 데이터 추출 및 재입력
데이터 처리	중계시스템을 통한 전송	개인간 처리	개인간 처리

(3) EDI의 기대효과

EDI의 효과는 기업의 재고수준 감소, 자금관리 개선, 주문서간 단축 및 의사결정을 적시에 합리적으로 할 수 있도록 하여 기업의 생산성을 향상시키는 것이다. 이를 공급자 측과 구매자 측으로 나누어 살펴보면 <표 12-2>와 같다.

<표 12-2> EDI의 효과

공급자	구매자
주문내용 입력시에 발생되는 에러와 시간의 감소	재고수준의 감소
인력 및 재고감소	빠른 주문확인
물품대금 회수의 간소화 및 신속화	효율적인 청구처리
고객서비스 향상	고객서비스 향상
영업 및 상품흐름의 추적 용이	거래 당사자간의 상호의존도 향상

12.4.2 EDI 시스템의 구성요소

EDI는 한 기관이 고유양식의 거래정보 데이터를 컴퓨터 시스템을 이용해서 표준 양식으로 변환하여 거래기관으로 데이터 송신을 수행하고, 이 정보를 자신의 컴퓨터 시스템을 이용하여 받은 거래기관은 자신의 고유한 양식의 거래정보 데이터로서 변환하여 사용하는 거래정보 데이터 교환방식이다.

이러한 거래정보 데이터 교환을 수행하기 위하여, 즉 EDI 통신문을 송수신하기 위하여는 EDI 표준, EDI 변환소프트웨어, EDI Network의 3가지 요소가 필요하다.

(1) EDI 표준

EDI의 표준화란 거래서식에 포함되는 여러 사항들을 나타내는 내용 및 규칙을 정의하고, 거래서식을 가지고 통신할 때 필요한 양식표준 및 통신표준을 정의하는 것을 말한다.

일반적으로 상거래에 활용되는 비즈니스 서신은 양식과 구분이 이미 정형화되어 있기 때문에 발신인과 수신인은 쉽게 이해할 수 있다. 이처럼 정형화되어 있는 서신처럼 EDI를 사용하는 기업간에는 데이터를 어떤 방식으로 정형화하여 이를 송수신할 것인지에 대한 협의가 되어야 한다.

(a) 전자문서표준

전자문서표준은 컴퓨터 송수신이 가능한 문서의 유형이나 정보의 유형과 정보의 나열 순서 및 정보 개개의 의미 등 관련 거래당사자의 다양한 거래문서양식이 담긴 포괄적인 것으로 작성되며, 거래상대방의 수신 여부를 확인하거나 송수신되는 거래문서의 데이터 보안·유지 등의 기능을 포함하고 있다.

만약 EDI 표준이 없다면 상대방의 정보를 자기 기업의 거래서식에 맞출 수 있는 특정 변환프로그램이 필요하게 된다.

그러나 수많은 거래기관이 수시로 변환프로그램을 준비할 수 없으므로 EDI 표준을 이용하여 모든 거래문서를 교환하는 것이다. 전자문서표준의 규정사항으로는 전자적으로 전송할 수 있는 문서의 종류, 각 문서에 포함되어야 할 정보의 종류, 정보를 보내는 순서, 이용되는 정보의 형태, 각 정보의 의미 등을 들 수 있다.

(b) 통신표준

통신표준은 문서표준에 의하여 작성된 거래문서를 컴퓨터를 이용하여 송수신하는 과정에서 거래 쌍방의 전달방식에 관한 지침을 참조한다. 통신표준에는 통신속도나 통신규약, 1일간의 통신횟수, 통신유형 등을 내용으로 포함하고 있다. 통신표준의 규정사항으로는 이용하는 봉투(envelope)의 형태, 전송속도와 프로토콜, 메시지 발신 및 수신시간 등을 들 수 있다.

(2) EDI의 변환소프트웨어

EDI 표준을 통한 양식표준·통신표준에 의거하여 서로의 거래정보를 표준화하여 거래 당사자 간의 의사전달을 명확히 할 수 있게 된다. 그러나 거래 기업마다 동일한 데이터베이스나 거래문서 양식의 통일은 지극히 어려운 것이 사실이다. 따라서 거래회사의 데이터베이스로부터 정보를 취득하여 EDI 표준의 문서양식으로 변환한 뒤에 전달을 하려면 EDI변환 소프트웨어가 존재할 필요가 있다.

EDI 변환 소프트웨어는 기업의 데이터베이스나 응용프로그램에서 작성된 고유양식의 거래정보 데이터를 표준양식의 거래정보 데이터로 변환 송신하고, 거래 상대방이 송신한 거래정보 데이터를 내부 양식으로 변환하는 역할을 한다. EDI 변환 소프트웨어는 개인용 컴퓨터에서 메인 프레임까지 다양하며 DOS나 UNIX 등의 운영체제에서도 가능하다.

(3) EDI Network

통신 네트워크는 쌍방 간을 직접 연결하는 직접방식 네트워크와 VAN을 통한 간접방식 네트워크가 있다. EDI는 보통 여러 상대방간의 통신이므로 다양한 접속방법으로 접속시켜 주는 간접 연결방식이 효과적이다. 이를 EDIVAN(제3의 통신산업체의 서비스)이라고 한다. 이와 같이 간접통신망을 이용하면 통신장비와 회선비용, 운영요원 확보, 통신속도, 통신 프로토콜, 서비스의 시간적 제한 등을 극복하는데 유용하다.

12.4.3 EDIFACT

(1) EDI FACT의 개요

EDIFACT(Electronic Data Interchange for Administration, Commerce and Transport : 행정, 무역 및 운송에 관한 EDI 국제표준)는 세계적으로 상거래에서 이용되는 제반서류를 전술한 EDI를 활용하여 거래당사자간에 상호 교환할 수 있도록 UN/ECE(United Nations Economic Commission for Europe : 유엔 유럽경제 사회이사회)에서 연구개발한 국제적인 EDI 표준을 의미한다.

이러한 EDIFACT를 이용하면 언어와 관습이 다른 세계 어느 나라와도 컴퓨터를 통한 거래정보를 상호 교환할 수 있으며, 보다 효율적인 상거래가 이루어진다 하겠다.

또한 EDIFACT를 이용하여 서로 상이한 업종이나 기업 그리고 다양한 컴퓨터 시스템과도 쉽게 결합이 가능하다. 최근에는 세계표준 UN/EDIFACT(UN EDI for Ad ministration, Commerce Transport)가 제정되었다.

우리나라에서는 1980년대 후반기부터 자동차업계와 철강업계에서 제한된 몇몇 관련 업체간의 전자문서교환을 지원하는 사설(proprietary)표준이 사용되어 왔다. 본격적인 EDI는 UN/EDIFACT의 EDI 메시지 규칙에 근거해서 KEDIFACT가 만든 표준을 사용하는 종합무역자동화사업이 본격 가동되어 1993년부터 널리 보급되고 있다.

(2) EDI FACT의 특징

EDIFACT는 공간적인 거리에 관계없이 문자·음성·데이터 또는 영상 등의 정보를 효과적으로 송수신할 수 있는 단말기 교환설비 및 전송설비로 구성되어 있는 VAN 또는 ISDN 등의 데이터 통신망을 이용한 상거래시서류교환을 위한 하나의 표준이라고 할 수 있다.

구체적인 특징은 다음과 같다.

① 기존의 서류를 전자파일로 대체시킴
② 국제표준에 따라 작성된 메시지를 통일적으로 제공함
③ 경쟁력을 향상시킴
④ 개방통신을 통하여 어플리케이션을 실현시킴
⑤ 정보흐름을 가속시켜 거래를 원활하게 함
⑥ 현대적 네트워크 및 서비스를 최대한 이용할 수 있게 함
⑦ 행정, 상업 및 서비스를 최대한 이용할 수 있게 함
⑧ 세계적인 승인과 국제적인 지원으로 무역간소화를 증진시킴

(3) EDIFACT의 구성요소

EDIFACT의 구성요소는 〈표 12-3〉에서 보듯이 3가지의 기본적인 요소와 몇 가지 기타 요소이다.

<표 12-3> EDIFACT의 구성요소

기본요소	• 문법과 구문규칙(Syntax Rules) • 데이터 엘리멘트 디렉토리(UNIDED) • 표준 메시지(UNIDED)
기타요소	• 코드집(code) • 메시지 설계 가이드라인 • 서비스 메시지

(1) 문법 및 구문규칙

문법 및 구문규칙(Syntax Rules)은 ISO(국제표준화기구)에 의해 ISO 9735로 제정 되었으며, 거래서류에서 전송포맷을 조립하는 규칙을 정한 구문규칙으로 전자적 데이터 교환시의 표현방법이다.

(2) 데이터 엘리멘트 디렉토리

데이터 엘리멘트 디렉토리(UNIDED)는 ISO에 의해 ISO 7372로 제정되었으며, 사용할 데이터 요소의 정의집으로 행정·상업 및 운송에 관련된 데이터 및 코드에 관하여 표준을 규정하고 있다.

(3) 표준 메시지

표준 메시지(UNIDED)는 일반적으로 사용되는 거래서류에 대하여 표준적으로 정의한 서식집이다.

(4) 메시지 설계 가이드라인

UN의 표준에 근거하여 메시지를 설계하는 지침서로 업무 레벨과 시스템 레벨을 분석하는 것이다.

12.4.4 EDI의 문제점 및 해결방안

EDI가 개발된 후 수년동안 비즈니스에 활용되어 왔으나 초기에 거대한 만큼 성과는 크지 않다. 이러한 저성장의 배경에는 가업내부에 존재하는 문화적인 차이에 기인한다. 즉

EDI는 수백년 동안 간직해 온 종이문화를 위협하고 있는 것이다. 또한 EDI는 기업이나 개인으로 하여금 많은 변화를 요구하고 있다.

개인사용자는 새로운 기술혁신에 대한 두려움과 저항감을 느끼고 기업들은 EDI를 도입할 수준에 도달하지 못하고 있다. 이러한 요인들을 극복하지 않고서는 EDI의 성공을 기대할 수 없기 때문에 EDI를 실행하는데 있어서 장애가 되는 문제점과 그 해결방안을 살펴보고자 한다.

(1) 신기술의 사용 저항감

EDI 실행의 주요 문제점 중의 하나가 사용의 저항감이다. 대부분의 기업들은 새로운 기술의 도입을 꺼려하거나 설사 도입하더라도 변화에 대처하는 능력이 매우 약하다. 왜냐하면 조직내에 새로운 기술의 도입이 강력한 반대에 직면하기 때문이다.

EDI 시스템의 도입도 새로운 정보시스템의 도입에 따른 사용저항과 마찬가지로 조직내 구매부서, 회계부서와 같은 기능별 관리자의 강력한 저항에 부딪힌다. 이들은 자기신분 또는 직무의 위협과 권한의 축소를 두려워하게 된다.

(2) 조직내 역할과 기능의 변화

EDI의 도입은 근본적으로 조직내외의 역할과 기능을 변화시켜서 조직내 관리자는 EDI가 자신의 역할을 어떻게 변화시킬지에 대한 우려가 생기게 된다. 일례로 EDI가 구매관리자의 구매패턴을 변화시켜 거래선과의 관계까지 영향을 미칠 수 있다.

따라서 주요 관점으로 EDI는 바이어를 컴퓨터 점원으로 인식하고 판매원은 주문을 더 이상 수주할 수 없기 때문에 자신의 직업이 상실될 위기에 놓이게 된다. 이러한 우려감은 실질적으로 검증되지 않더라도 해소되지 않는다면 EDI의 실행은 성공할 수 없다.

(3) 거래선과의 관계변화

또 하나의 두려움은 EDI가 거래 상대방과의 관계 특히 매도인과 매수인의 관계를 악화시킨다는 것이다. EDI가 어느 정도 기존의 거래관계에 개입하는 것은 사실이기 때문에 매수인은 EDI가 매매 당사자간 접촉의 기회를 줄여 상호 인간관계를 악화시킨다고 주장하고, 매도인은 EDI가 매매 당사자간의 유대관계를 악화시킨다고 주장한다.

그러나 EDI를 도입한 기업의 85%가 EDI는 거래 상대방간의 관계를 더욱 강화시키는 것으로 주장한다. 그 이유는 EDI의 성공적인 실행을 위해서는 거래 상대방과의 상호협력과 조정, 정보공유를 통한 신뢰가 필수적이기 때문이다.

(4) 조직내부의 비협조

EDI는 조직내부의 업무처리 절차를 변화시켜 조직전반에 영향을 미친다. 즉 구매부서에서의 EDI 활용은 회계부서에 영향을 미칠 수 있다. 이와 같이 조직내부의 전통적인 부서경계를 뛰어넘어 구매부서, 회계부서, 판매부서, 마케팅부서 등 전부서의 협력이 절실히 요구된다.

또한 거래 상대방의 조직에서도 부서간의 협력이 반영되어야 할 뿐만 아니라 조직내외의 신뢰와 지원이 필요하다. 그러나 EDI를 실행하는 대부분의 기업들은 전통적인 부서경계를 제거하지 못하고 있다.

(5) EDI에 대한 인식부족

많은 연구에서 EDI 사용자가 EDI에 대한 인식이 부족하여 EDI의 이점과 비용에 대하여 무지한 것으로 나타났다. 1990년 1,200개 회사를 대상으로 조사한 결과 EDI의 문제점으로 EDI에 대한 인식부족을 들고 있다.

이는 중요한 과제로 많은 회사들이 팩스나 전자메일 및 주문처리 시스템을 EDI로 간주하여 EDI의 도입을 시도하지 않게 된다. 이러한 인식부족은 EDI 기술의 복잡성에 대한 두려움과 데이터의 보안과 통제까지 우려하게 된다. 이를 타파하기 위해서는 교육이 유일한 방법이다.

(6) 법적효력 및 감시기능의 약화

종이문서는 일반적으로 기간과 조건이 명시되어 있으나 전자문서는 그러한 내용이 포함되어 있지 않아 사용자들은 전자문서의 법적효력에 대한의구심을 갖게 된다. 이를 제거하기 위해서는 거래 상대방과 계약시 모든 EDI 전자문서에 법적효력을 미치는 기간과 조건을 설정하거나 전자문서의 부가항목에 기간과 조건을 포함시키면 된다.

또한 EDI는 기존의 종이문서를 대체하고 감사를 위한 물리적인 근거서류가 없으므로 감사기능을 약화시킬 수 있다.

12.5 CALS

12.5.1 CALS의 개요

(1) CALS의 정의

혼히 광속거래라고 정의되는 CALS(Commerce at Light Speed)는 제조업의 모든 상품, 즉 주요장비 또는 다양한 제품 등을 획득하기 위한 설계, 생산과정 또는 보급, 조달 등과 이를 운영하는 운용지원 과정을 연결시키고, 이들 과정에서 사용되는 문자와 그래픽정보의 표준을 통해 디지털화하여 종이 없이 컴퓨터에 통합하여 자동화 시키는 개념으로 미 군수지원전산화에서 유래되었다.

즉, CALS는 시스템이나 사업이 아닌 고도의 경영철학이자 전략이라고 할 수 있으며, 시스템의 획득 및 운용지원 과정에서 디지털기술정보를 이용하게 하는 자동화된 환경을 제공하여 업무의 과학적·효율적 수행 및 운용비용의 절감, 획득 및 운용지원 시간의 단축, 그리고 품질경영의 능력을 향상시키는 고도화된 경영정략이다.

CALS의 약어는 그 적용 범위 및 개념 확대에 따라 다음과 같이 변천해 왔다.

〈표 12-4〉 CALS의 개념의 변천과정

CALS 어원 〉 업무영역	부품/소모품의 보급	자재조달 (구매)	제품개발, 설계 및 제조	상거래, 물류, 자금결제
Computer-Aided Logistic Supports(1985) 컴퓨터에 의한 병참지원	○			
Computer-Aided Acquisition and Logistic Supports(1988) 컴퓨터에 의한 조달 및 병참지원	○	○		
Computer Acquisition and Life-Cycle Supports(1993) 지속적인 조달과 제품의 라이프싸이클 지원	○	○	○	
Commerce-At Light Speed(1994~현재) (전자거래 및 결제의 속도화/효율화)	○	○	○	○

(2) CALS의 출현배경

CALS가 현대사회에서 각광을 받고 있는 이유 및 출현배경은 다음과 같다.

(a) 새로운 조직의 필요성

계층화된 중간관리직이 각 부문의 정보를 관리하고 독자적인 판단으로 정보를 가공하며 경영자에게 보고하는 분권적인 체제인 계층형조직은 주어진 매뉴얼에 의해 대량생산하는 데는 적합하였다. 그러나 이웃 조직에 무관심하고 중간관리직이 정보를 차단하여 관료주의·분파주의·적당주의의 가능성이 대두되었다.

또한 소비자주권의 시대와 다종·소량생산의 시대에 다양화하는 수요를 시기적절하게 파악하여 효율적으로 사업을 전개하고 시장을 창출·확대하기 위해서는 창조적인 조직이 필요하였다.

(b) 정보파악과 의사결정의 신속성

급속하게 변화하는 시장환경에 기동성 있고 창조적으로 대응하기 위해서는 정보 파악 및 의사결정의 신속성이 중요하다고 할 수 있다. 현재의 계층형 조직은 살아 있는 정보가 관계부문간 또는 의사결정자와 공유되지 않고 의사결정의 지연과 경영 자원의 효율적 투입에 어려움이 초래되었다.

(c) 업무 프로세스의 단축

분권적 계층형 조직의 비대화는 간접부문의 중복을 초래하여 결국 화이트칼라의 생산성을 저하시키고, 업무의 기동성이 결여되며, 재고를 줄이기 위해서는 상품기획·생산계획부터 실제의 생산과 출하까지의 업무 프로세스를 단축할 필요가 대두 되었다.

이로 인해 시장·경기 동향과 생산의 시간지연을 단축시킬 수 있고, 시장·경기 동향의 상세한 분석으로 정밀도를 높임으로써 추정생산과 현실수주 사이의 격차를 최소화해야 하며, 정보시스템의 활용으로 그것이 가능하게 되었다.

12.5.2 CALS의 구성요소

CALS는 다음과 같은 구성요소에 의해서 구축된다.

(1) 전자교환(EDI)

전자교환은 다른 두 조직간에 문서의 교환 대신 직접 컴퓨터로 자료를 전송하기 위하여 전자교환 기술을 이용한다.

(2) 데이터베이스

CALS는 전자교환의 기능뿐 아니라 통합 데이터베이스의 기능도 갖는다. 통합 데이터베이스는 논리적 연계를 갖는 다양한 형태와 성질의 정보를 어디서나 실시간에 추출할 수 있다는 의미이지 데이터를 한곳에 모아서 관리한다는 의미는 아니다.

(3) 고속통신망

CALS가 세계적으로 운영되기 위해서는 모든 국가가 공통으로 사용하는 통신망이 있어야 한다. 즉 현재 각국에서 추진하고 있는 정보고속도로가 구축되어야 한다. 정보고속도로는 음성과 데이터, 화상 등 다양한 형태의 정보를 대용량 초고속으로 전송하는 정보통신망으로 멀티미디어 시대로 표현되는 미래 정보화사회를 실현하는 하부구조이다.

(4) 전자상거래

전자상거래는 CALS 이전부터 이루어져 왔다. 컴퓨터 통신망을 이용하여 수·발주, 수송, 결재 등 상거래 데이터 교환을 전자적으로 가능하게 한 전자교환 뿐만 아니라 자동수발시스템(EOS), 물류정보, 대금결제, 일반문서 교환 등으로 적용범위가 점점 확대되고 있다.

(5) 동시공학

동시공학은 통합 정보시스템 체제에서 부품에서부터 완제품까지를 기업내의 관련부서와 또는 외부의 관련기업과 정보를 상호 교환하면서 동시적으로 설계하고 생산하는 경영전략이다. 특히 제조업의 제품개발 과정에서 각 공정을 동시에 진행하여 개발기간의 단축, 개발비용 절감 등을 기할 수 있다. 이것은 앞 공정의 작업이 완료되기 전에 후 공정에서 나타날 문제점을 발견하여 이를 해결할 수 있게 한다.

또한 앞 공정의 진행상황과 결정사항을 후 공정의 작업자가 항상 파악할 수 있는 장점이 있다. 이를 위해서는 각 공정의 정보흐름을 잘 이해해야한다.

(6) 비즈니스 리엔지니어링

비즈니스 리엔지니어링은 정보기술을 이용하여 기업의 업무를 프로세스에 따라 재조직하는 경영전략이다. CALS가 목표로 하는 글로벌 기업은 전세계의 기업을 상대로 개방적 전략을 추구하므로 이에 맞는 재조직이 필요하다.

12.5.3 CALS와 EC의 차이점

CALS와 EC는 광범위한 경쟁력제고 및 생산성향상 노력의 일환으로 차츰 통합화되어가고 있으며, 각각의 영역 또한 확대되고 있다. 다만 향후 EC분야의 발전은 다양한 계층의 참여로 인하여 CALS를 앞지를 것으로 예상되며, 이 과정에서 두 개념의 통합도 이루어질 것으로 예상된다. CALS와 EC를 비교하면 다음과 같다.

〈표 12-5〉 CALS와 EC의 차이점

구분	CALS	EC
주체	조직(기업·정부)	조직(기업·정부) 및 개인
적용업무	기획·설계·생산·조달·운용 등 제품의 전체 순환주기	제품 및 서비스의 광고중개·매매·배달·대금지불 등 제반 상거래 행위
적용범위	기업·산업군	시장
핵심기술	자료의 공유, 시스템간 연계 및 통합기술	인터넷기반의 응용기술
구현형태	동시공학·전자기술교범·계약자 통합기술정보 서비스체계 등	전자상점·전자지불·인증·Web·EDI 등

12.5.4 CALS 적용의 이점 및 기대효과

CALS의 적용을 통하여 서류감소와 시간단축 및 이를 통한 비용 인력의 절감효과 등으로 기존의 비효율적인 업무요소를 제거하는 등의 이점을 얻을 수 있다. 또한 기업과 기업간의 CALS 적용효과는 네트워크를 통한 정보의 교환과 통합 데이터베이스를 통한 정보의 공유가 가능해져서 자사뿐만이 아닌 전세계의 기업들과 기업 통합이 가능해진다는 것이다.

이외에도 특히 대형 시스템(무기, 선박, 항공기, 기차, 대형의 자동화 정비 등)의 개발 획득 및 물류지원에 CALS의 적용을 통하여 다음과 같은 효과를 기대할 수 있다.

(1) 신속한 정보 서비스 제공

제조업분야뿐만 아니라 정보통신 관련산업 및 전력회사 등과 같은 공공분야의 기술정 보를 통합 데이터베이스체계로 구축하여 업무수행 과정상에 즉각적인 정비 지원이 가능 하게 된다.

(2) 비용의 절감

CALS는 장비에 대한 정확한 정보제공을 통하여 적절한 설계·운영·유지 방안을 제시 함으로써 수명주기 비용을 최소화할 수 있고, 서류에 의한 업무절차를 자동화·통합화하 여 노력과 데이터의 중복을 제거하며 데이터 관리를 손쉽게 하여 데이터 개발 및 분배비 용을 감소시킬 수 있다.

(3) 소요시간의 단축

CALS는 통합된 데이터베이스를 이용하여 각종 제품·장비의 성능과 제원의 신속한 검 색이 가능해지고, 개발·지원관리업무의 전산화로 인하여 업무량을 감소시킴과 동시에 장비획득 및 운용지원 소요시간을 단축시킨다.

(4) 품질의 향상

CALS는 CAD·CAM·CIM 절차와 데이터베이스를 직접적으로 연결하여 장비설계의 신 뢰성과 정비성을 향상시킴은 물론, 계획·획득·훈련 그리고 정비를 지원하기 위한 기술 정보의 품질을 향상시킬 수 있다. 또한 데이터의 부정확·누락·불일치요소들을 제거하 여 데이터의 품질과 업무의 질을 향상시킬 수 있다.

(5) 인력의 절감

CALS의 적용은 상품의 개발·운용지원의 자동화·통합화를 통하여 기존의 비효율적 업무요소를 제거하게 됨으로써 소요시간과 비용의 감소 및 품질의 향상은 물론, 효율적인 업무진행과 인력절감이 예상된다. CALS를 통한 인력의 절감은 소수의 인력으로 보다 효율적인 업무를 가능하게 하고, 운영유지비용의 절감효과도 함께 가져오거나 상대적으로 상품획득 비용의 상승효과를 가져올 것으로 판단되며, 업체의 경우보다 적은 비용으로 품질 좋은 제품의 생산이 가능하여 경쟁력 향상에도 도움이 될 것으로 판단된다.

(6) 종이 없는 업무환경의 구축

CALS의 적용은 정의한 바와 같이 상품이나 시스템의 전수명주기에 대한 기술정보를 디지털화하여 온라인화 시키고 이들 정보를 공유할 수 있는 하부구조를 구축하는 것이다. 따라서 서류중심의 업무처리방식에서 과감히 탈피하여 연계된 업무처리 체계를 전산화·자동화하여 기술정보의 효과적인 관리와 즉각적인 자원, 일관성 있는 정보유지 그리고 더 많은 정보의 관리 등과 같은 효과를 기대할 수 있다.

용/어/정/리

- **Data Dictionary** : EDI 표준에서 사용되는 모든 EDI Element를 정의한 것으로 JEDI Dictional이 가장 널리 이용되고 있다.
- **Data Segment** : EDI Message를 구성하는 정보의 중간 단위이며, 기능적으로 밀접한 Data Element들이 사전에 구성되어 있다.
- **Data Segment Directory** : EDI 표준에서 사용되는 모든 세그먼트들의 포맷을 정의한 Publi-cation이다.
- **DBMS(Database Management System)** : 데이터베이스 구축 및 관리를 전담하는 소프트웨어 패키지
- **Element** : EDI 표준의 최소 정보단위
- **POS 시스템(Point of Sales System)** : 중앙에 컴퓨터를 설치하고 각각의 매장에 단말기를 설치하여 통신망을 연결한 다음, 매장에서 고객이 물품을 구입하게 되면 정보를 단말기에서 직접 입락하여 현장의 상황을 즉각적으로 처리할 수 있도록 구축된 판매처리 시스템이다.
- **Segment** : 프로그램 실행시 주기억장치상에 적재되는 프로그램의 분할 가능한 기본단위이다. EDI 표준의 한 Line을 이루며 Element들로 구성되어 있다.
- **TCP/IP(Transmission Control Protocol/Internet Protocol)** : 캘리포니아 대학에서 미국 국방성에 제시한 네트워크 프로토콜로서 인터넷 통신의 표준 프로토콜이며, 특정 네트워크의 하드웨어에 종속되지 않고 연결된 네트워크를 당일 네트워크로 간주할 수 있도록 하는 프로토콜이다.
- **Telnet** : 인터넷의 다른 컴퓨터에 명령 라인방식의 인터페이스를 이용하여 원격으로 접속하게 해주는 터미널 에뮬레이션 프로토콜이다.

글쓰기의 기초지식

13.1 글쓰기의 의의와 기본

13.1.1 글쓰기의 의의

글쓰기 즉, 작문(作文)이란 '글을 짓는다'는 말이다. 여기에서 '글'은 언어의 문자적 표현을 가리키고, '짓는다'는 창조행위를 뜻한다. 따라서 작문은 "문자 언어로써 자신이 표현하고자 하는 생각이나 감정을 다른 사람에게 전달하여 이해시키거나 설득하는 행위"를 말한다.

글쓰기 행위를 통해 우리는 언어를 정확히 이해하고 효과적으로 표현할 수 있음은 물론, 논리적·분석적으로 생각하는 능력까지도 얻을 수 있다. 사회생활에 실제적으로 필요한 글쓰기 방법을 습득하여 삶을 보다 깊이 있게 만들고, 사회생활을 성공적으로 해 나가게 하는 데 글쓰기의 의의가 있다.

글쓰기를 잘 못하는 이유는 여러 가지가 있겠지만 흔히 사고력과 표현력의 부족을 들수 있다. 사고력은 사물·현상을 정확하고 세밀히 관찰하고, 바르게 판단하거나 추리하고, 상상하는 습관을 통해서 길러진다. 그리고 표현력은 느끼거나 생각한 바를 언어로 구체화하는 것으로 학습을 통해 그 능력을 배양할 수 있다.

글을 잘 쓰기 위해서는 "많이 읽고, 많이 쓰고, 많이 생각하라"는 말이 있다. 체계적인 글쓰기 훈련을 실시하기 전에 우선 좋은 글을 쓰기 위한 몇 가 지 실천 방법들을 살펴보면 다음과 같다.

① 자신감을 갖는다.
② 처음부터 멋지고 아름답게 쓰려는 생각을 버린다.
③ 많이 읽고, 많이 써본다.
④ 사물이나 현상에 대해 관심을 갖고, 새롭게 바라보는 자세를 갖는다.
⑤ 기록하는 습관을 기른다.
⑥ 사전을 늘 활용한다.
⑦ 글을 매일 매일 쓰는 습관을 갖는다.

13.1.2 글쓰기의 기본

(1) 글쓰기의 기본 원칙

(a) 글쓰기의 기본 원칙

조직 내에서 실제로 사용되는 문서는 작성자 개인의 의사가 아니라 각 부서 또는 조직 전체의 의사를 대외적으로 나타내는 것이다. 그러므로 항상 조직을 대표한다는 마음가짐으로 문서를 작성해야 한다.

특히 문서의 내용이 기업의 경영방침이나 조직의 의사에 부합되는지의 여부를 충분히 검토해야 하며, 작성자 개인의 사사로운 의사가 개입되지 않도록 주의해야 한다.

글쓰기의 기본 원칙은 다음과 같다

① 문서는 시기를 놓치면 그 가치를 상실한다.
② 문서는 육하원칙에 의해 작성한다.
③ 하나의 문서에는 한 가지 사안에 대해 작성한다.
④ 오자·탈자·실수가 없도록 반복 확인한다.
⑤ 문서내용 중 인명·지명·수량·금액·일자 등의 기재에 있어서 정확성을 기하고, 작성 후 확인한다.
⑥ 문서작성 후 반드시 다시한번 내용을 검토한다.

(b) 글 짧고 쉽게 쓰자

문장삼이(文章三易)란 문장이 마땅히 갖춰야 할 세 가지 기본 요건을 말한 다. "보기 쉽게, 알기 쉽게, 읽기 쉽게"가 그것이다. 의사를 전달하기 위한 글 이라면 짧게 끊어서 써야 한다. 한 문장 한 개념, 또는 한 문장 한 사실이 원칙이다.

문장은 짧을수록 이해하기가 쉽고, 간결할수록 박력이 있다. 좋은 글은 주어와 술어의 관계가 명확한 짧은 문장이며, 보통 출판계에서는 한 문장이 50자를 넘지 않도록 주의하고 있다.

문장의 오류는 장문에 있다. 짧게 끊어서 쓸 수 있는데도 필요 이상으로 길게 나열해 읽는 사람으로 하여금 지치고 어리둥절하게 해서는 안 된다. 문장 이 길면 길수록 지루해져서 나중에는 건성으로 읽게 된다.

(c) **좋은 글의 요건**

① **충실성**

글의 의도에 합당할 만큼의 내용을 지녀야 함을 말한다. 내용이 충실한 글은 글을 쓰는 사람 자신이 글의 제재에 대한 치밀한 사고와 풍부 한 식견이 바탕이 되었을 때 가능하다. 내용이 충실하다는 것은 흔히 내용이 알차다, 또는 알맹이가 있다는 말로도 이야기하듯이 쓸데없는 기교를 부리지 않고 그 글의 각 단락이 저마다의 구실을 다할 수 있도록 내용의 알맹이를 가진 상태를 가리킨다.

② **독창성**

글을 쓰는 개개인이 지니고 있는, 새롭고 독특한 것을 만드는 능력을 뜻한다. 독창적인 소재나 제재·주제를 선정하는 것과 글을 다루는 방법이나 전개의 각도, 또는 맺음말로 유도하는 방법이 새로우면 독창적이라 할 수 있다.

③ **정직성**

글을 쓰는 사람 자신이 글의 내용에 대해 독창성 여부를 분명하게 밝히는 것을 뜻한다. 글을 전개한 과정에서 인용된 부분이 있을 때는 그것의 출처를 분명히 명시해야 함을 말한다.

④ **성실성**

정성스럽고 참되어 거짓이 없게 쓰는 것을 말한다. 성실성이 결여된 글에서는 현학적인 과시와 과장된 수사가 눈에 띄게 드러나고, 읽는 이로 하여금 아무런 감동도 줄 수 없다.

⑤ **명료성**

우선 글을 쓰는 사람 자신이 글에서 전달하고자 하는 내용을 확실히 알고 있을 때 쓰일 수 있다. 명료한 글은 국어의 체계, 특히 문장의 구조나 문장부호, 문법 등을 제대로 이해할 수 있을 때에 가능하다.

⑥ **경제성**

수다스러운 글은 경계해야 한다. 최소의 노력으로 최대의 효과를 거두려는 경제원리는 글에서도 적용된다.

⑦ **정확성**

글의 정확한 의미, 표준어법, 맞춤법, 띄어쓰기, 구두점 등이 정확해야 한다. 그리고 전달하고자 하는 사실, 즉 정보가 정확해야 한다.

⑧ **타당성**

문맥의 적절함을 가리킨다. 예를 들어 '독자의 타당성'은 어린이 잡지에 쓰는 글이라면 어린이 독자에 맞추어 쓰고, 신문기사라면 모든 국민을 대상으로 글을 써야하는 것을 말한다. 그리고 '목적의 타당성'은 설명의 양식에서는 사물의 실상을 전달하는 것을, 논증의 양식에서는 주장하고 반박하는 것을 각각 목적으로 삼기 때문에 그 목적이 잘 실현되었는가에 따라 타당성의 정도가 다르게 나타난다.

⑨ **일관성**

글의 처음부터 끝까지 시점, 내용, 어조, 문체 등이 변하지 않고 계속되는 것을 뜻한다.

⑩ **자연성**

글의 자연스러운 상태를 말한다. 지나치게 기교를 부리거나 현학적인 글은 어색하고 부자연스럽다. 좋은 글은 읽는 이가 쉽게 이해할 수 있는 문장으로 구사되어야 한다.

(2) 편지글의 형식

편지글이란 하고 싶은 말을 상대에게 정확하게 전달하기 위해 쓰는 문장의 일종이다. 주로 사교와 인사(人事)의 한 형식으로 특정 인물을 상대로 자신의 마음을 표현하여 그 진실을 전하게 된다.

상업상 작성하게 되는 비즈니스 문서에는 안내장, 감사장, 인사장, 초대장, 독촉장, 사과장 등의 여러 종류가 있다. 비서는 상사를 대신하여 비즈니스 문서를 작성하여 발송하게 되는 경우가 많이 있으므로, 이 때 상사와 조직의 이미지가 대외적으로 향상될 수 있도록 정확하고 올바른 문장을 구사해야 하겠다.

일반적인 편지글의 형식은 다음과 같다.

① **전문(前文)**
- 서두(書頭), 서필(序筆)이라고도 한다.
- 계절 또는 시후(時候)의 인사말
- 서로의 안부(安否) 인사 등

② 사연(事緣)
- 용건(用件), 편지의 주목적

③ 결문(結文)
- 결미(結尾)의 인사말, 결구(結句)
- 날짜와 서명(署名)으로 끝맺음

④ 부기(附記), 추신(追申)

(a) 전문(前文)

주로 계절인사나 축하인사를 쓴 후에 감사인사를 하는 것이 무난하다. 계절 인사는 주로 자연, 날씨, 추위, 더위 등에 대해 언급하면 되고, 그 다음에 축하 할 일이 있는 경우에 축하의 말을 쓴다. 그러나 이런 것은 다소 의례적인 것으로 경우에 따라서는 생략한다.

① 계절인사의 예

선록의 계절에 단풍잎이 곱게 물드는 시월의 산 들국화 향기 그윽한 9월 무더운 요즈음

② 경축인사의 예

귀사 귀하 선생 각위 여러분	의	점차 날로 나날이 무궁한	융성 번창 발전 활약 건승 번성	을 진심으로 하심을 을 무엇보다도	경축합니다. 축하드립니다. 경하드립니다.

③ 의례적인 업무상 인사의 예

평소에 요즈음 언제나 항상 이번 오랫동안	각별한 과분한 지대한 특별한	격려를 후원을 주문을 지원을 협력을 지도를 배려를	해 주심에 해 주셔서	깊은 진심으로	감사를 드립니다 예의를 표합니다. 대단히 감사합니다.

(b) 사연(事緣) 또는 본문(本文)

문서의 용건을 쓰는 부분으로, 본문 문장 제일 앞에 '다름이 아니라'로 시작하면 무난하다. 머리말을 생략한 경우에는 이 말도 생략한다.

① 결문의 예

			통지 안내 조회 의뢰 회답 인사 부탁 연락		
먼저 급히	약식이지만	서면으로	통지 안내 조회 의뢰 회답 인사 부탁 연락		드립니다.
부디 아무쪼록 앞으로도	더욱	회람 배려 승인 격려 지원	하여 주시기를	부탁	드립니다.
부디	사정을 감안하시어	관용을	베풀어 주시기를	바랍니다.	
요즈음	각별히	격려해	주심에	예의를	표합니다.
후의에		깊은	감사를	드립니다.	

(c) 결문(結文)

결문은 행을 바꿔서 시작하며 '우선', '앞으로도' 등으로 시작하여 '부탁드립니다.', '○○○해 주시면 감사하겠습니다.' 등으로 끝내는 것이 관례이다. 전문을 생략한 경우에는 결문도 생략하고, 본문의 마지막에 문장을 끝내는 말을 덧붙인다.

(d) 부기(附記), 추신(追伸)

부기(附記)는 본문에 넣어야 할 중요 사항이지만 '다음'이나 '별첨'란을 만들어 따로 적어주는 것이 내용을 이해하기에 훨씬 수월할 때 사용한다. '다음'이나 '별첨'란에 쓰는 내용은 수식어를 사용하지 않고 간결하게 조목별로 기재한다.

추신(追伸)은 본문에서 빠뜨렸거나 본문 내용 중 다시 강조해야 할 필요성이 있을 때 사용한다.

13.2 글쓰기의 기초

13.2.1 간추린 문법

(1) 문법의 기본 요소

① **음운** : 말소리의 기본 단위, 음소라고도 하며 음절을 이루는 재료이다.

② **음절** : 음운으로 된 소리의 단위이다.

③ **형태소** : 일정한 소리가 일정한 뜻과 결합한 가장 작은 말의 구성요소이다.

④ **단어/낱말** : 뜻을 지닌 말의 최소 단위이다.

⑤ **문장** : 의미상으로 독립한 사상, 감정을 나타낸 가장 큰 문법 단위이다.

(2) 품사

단어를 문법상 뜻과 형태와 직능에 따라 분류한 것이다.

① **체언(명사/ 대명사/ 수사)** : 조사의 도움을 받아 문장의 뼈대가 된다.

② **수식언(관형사/부사)** : 체언이나 용언 앞에서 그 말을 꾸민다.

③ **독립언(감탄사)** : 문장 안의 성분들과 관계없이 독립해서 감탄하는 말, 부르는 말, 대답하는 말로 쓰인다.

④ **용언(동사/ 형용사)** : 문장의 주체(주어)를 서술한다.

⑤ **관계언(조사)** : 주로 체언에 붙어서 말들 사이의 관계를 나타낸다.

(3) 문장 성분

① **주성분** : 문장의 뼈대가 되는 필수성분으로 주어, 서술어, 목적어, 보어가 있다.

② **부속성분** : 주성분을 꾸며 주는 성분으로 관형어(수식어)와 부사어(한정어)가 있다.

③ **독립성분** : 문장에 속하지 않고 독립해서, 문장 전체에 작용하는 감탄사와 부르는 말, 대답하는 말이다.

(4) 동사

① **어간** : 말의 줄기부분으로 여러 형태로 활용해도 형태가 변하지 않는다.

② **보조어간** : 어간에 붙어 뜻을 도우면서 그 어간과 함께 한 덩어리의 어간이 된다.

③ **어미** : 어간에 붙어서 여러 가지 형태로 변한다.

④ **활용**

- 종결형 : 문장의 서술어가 되어 끝맺는다.
- 연결형 : 주어를 서술하면서 문장을 끝내지 않고 다른 문장이나 용언에 이어진다.
- 전성(轉成)형 : 한 문장을 명사나 관형사처럼 만든다.

13.2.2 한글 맞춤법·띄어쓰기

(1) 한글 맞춤법

제 1 장   총   칙

제1항   한글 맞춤법은 표준어를 소리대로 적되, 어법에 맞도록 함을 원칙으로 한다.

제2항   문장의 각 단어는 띄어 씀을 원칙으로 한다.

제3항   외래어는 '외래어 표기법'에 따라 적는다.

제 2 장   자   모

제4항   한글 자모의 수는 스물넉 자로 하고, 그 순서와 이름은 다음과 같이 정한다.

ㄱ(기역)	ㄴ(니은)	ㄷ(디귿)	ㄹ(리을)	ㅁ(미음)
ㅂ(비읍)	ㅅ(시옷)	ㅇ(이응)	ㅈ(지읒)	ㅊ(치읓)
ㅋ(키읔)	ㅌ(티읕)	ㅍ(피읖)	ㅎ(히읗)	
ㅏ(아)	ㅑ(야)	ㅓ(어)	ㅕ(여)	ㅗ(오)
ㅛ(요)	ㅜ(우)	ㅠ(유)	ㅡ(으)	ㅣ(이)

〈붙임 1〉 위의 자모로써 적을 수 없는 소리는 두 개 이상의 자모를 어울러서 적되, 그 순서와 이름은 다음과 같이 정한다.

ㄲ(쌍기역)	ㄸ(쌍디귿)	ㅃ(쌍비읍)	ㅆ(쌍시옷)	ㅉ(쌍지읒)
ㅐ(애)	ㅒ(얘)	ㅔ(에)	ㅖ(예)	ㅘ(와)	ㅙ(왜)
ㅚ(외)	ㅝ(워)	ㅞ(웨)	ㅟ(위)	ㅢ(의)

〈붙임 2〉 사전에 올릴 적의 자모 순서는 다음과 같이 정한다.

자 음:　ㄱ　ㄲ　ㄴ　ㄷ　ㄸ　ㄹ　ㅁ　ㅂ
　　　　ㅃ　ㅅ　ㅆ　ㅇ　ㅈ　ㅉ　ㅊ　ㅋ
　　　　ㅌ　ㅍ　ㅎ

모 음:　ㅏ　ㅐ　ㅑ　ㅒ　ㅓ　ㅔ　ㅕ　ㅖ
　　　　ㅗ　ㅘ　ㅙ　ㅚ　ㅛ　ㅜ　ㅝ　ㅞ
　　　　ㅟ　ㅠ　ㅡ　ㅢ　ㅣ

제3장　소리에 관한 것

제1절 된소리

제5항　한 단어 안에서 뚜렷한 까닭 없이 나는 된소리는 다음 음절의 첫소리를 된소리로 적는다.

1. 두 모음 사이에서 나는 된소리

소쩍새	어깨	오빠	으뜸	아끼다
기쁘다	깨끗하다	어떠하다	해쓱하다	가끔
거꾸로	부썩	어찌	이따금	

2. 'ㄴ, ㄹ, ㅁ, ㅇ' 받침 뒤에서 나는 된소리

산뜻하다	잔뜩	살짝	훨씬	담뿍
움찔	몽땅	엉뚱하다		

다만, 'ㄱ, ㅂ' 받침 뒤에서 나는 된소리는, 같은 음절이나 비슷한 음절이 겹쳐 나는 경우가 아니면 된소리로 적지 아니한다.

국수	깍두기	딱지	색시	싹둑(~싹둑)
법석	갑자기	몹시		

제2절 구개음화

제6항　'ㄷ, ㅌ' 받침 뒤에 종속적 관계를 가진 '- 이(-)'나 '- 히 -'가 올 적에는, 그 'ㄷ, ㅌ' 이 'ㅈ, ㅊ'으로 소리나더라도 'ㄷ, ㅌ'으로 적는다. (ㄱ을 취하고, ㄴ을 버림.)

ㄱ	ㄴ		ㄱ	ㄴ
맏이	마지		핥이다	할치다
해돋이	해도지		걷히다	거치다
굳이	구지		닫히다	다치다
같이	가치		묻히다	무치다
끝이	끄치			

제3절 'ㄷ' 소리 받침

제7항 'ㄷ' 소리로 나는 받침 중에서 'ㄷ'으로 적을 근거가 없는 것은 'ㅅ'으로 적는다.

덧저고리	돗자리	엇셈	웃어른	핫옷
무릇	사뭇	얼핏	자칫하면	뭇〈衆〉
옛	첫	헛		

제4절 모음

제8항 '계, 례, 몌, 폐, 혜'의 'ㅖ'는 'ㅔ'로 소리나는 경우가 있더라도 'ㅖ'로 적는다.(ㄱ 을 취하고, ㄴ을 버림.)

ㄱ	ㄴ		ㄱ	ㄴ
계수(桂樹)	게수		혜택(惠澤)	헤택
사례(謝禮)	사레		계집	게집
연몌(連袂)	연메		핑계	핑게
폐품(廢品)	페품		계시다	게시다

다만, 다음 말은 본음대로 적는다.

게송(偈頌)	게시판(揭示板)	휴게실(休憩室)

제9항 '의'나, 자음을 첫소리로 가지고 있는 음절의 'ㅢ'는 'ㅣ'로 소리나는 경우가 있더라도 'ㅢ'로 적는다.(ㄱ을 취하고, ㄴ을 버림.)

ㄱ	ㄴ		ㄱ	ㄴ
의의(意義)	의이		닁큼	닝큼
본의(本義)	본이		띄어쓰기	띠어쓰기
무늬〈紋〉	무니		씌어	씨어
보늬	보니		틔어	티어
오늬	오니		희망(希望)	히망
하늬바람	하늬바람		희다	히다
늴리리	닐리리		유희(遊戲)	유히

제5절 두음 법칙

제10항 한자음 '녀, 뇨, 뉴, 니'가 단어 첫머리에 올 적에는, 두음 법칙에 따라 '여, 요, 유, 이'로 적는다.(ㄱ을 취하고, ㄴ을 버림.)

ㄱ	ㄴ		ㄱ	ㄴ
여자(女子)	녀자		유대(紐帶)	뉴대
연세(年歲)	년세		이토(泥土)	니토
요소(尿素)	뇨소		익명(匿名)	닉명

다만, 다음과 같은 의존 명사에서는 '냐, 녀' 음을 인정한다.

냥(兩)   냥쭝(兩-)   년(年)(몇 년)

〈붙임 1〉 단어의 첫머리 이외의 경우에는 본음대로 적는다.

남녀(男女)   당뇨(糖尿)   결뉴(結紐)   은닉(隱匿)

〈붙임 2〉 접두사처럼 쓰이는 한자가 붙어서 된 말이나 합성어에서, 뒷말의 첫소리가 'ㄴ' 소리로 나더라도 두음 법칙에 따라 적는다.

신여성(新女性)   공염불(空念佛)   남존여비(男尊女卑)

〈붙임 3〉 둘 이상의 단어로 이루어진 고유 명사를 붙여 쓰는 경우에도 붙임 2에 준하여 적는다.

한국여자대학   대한요소비료회사

제11항 한자음 '랴, 려, 례, 료, 류, 리'가 단어의 첫머리에 올 적에는, 두음 법칙에 따라 '야, 여, 예, 요, 유, 이'로 적는다.(ㄱ을 취하고, ㄴ을 버림.)

ㄱ	ㄴ		ㄱ	ㄴ
양심(良心)	량심		용궁(龍宮)	룡궁
역사(歷史)	력사		유행(流行)	류행
예의(禮儀)	례의		이발(理髮)	리발

다만, 다음과 같은 의존 명사는 본음대로 적는다.

리(里) : 몇 리냐?
리(理) : 그럴 리가 없다.

〈붙임 1〉 단어의 첫머리 이외의 경우에는 본음대로 적는다.

개량(改良)	선량(善良)	수력(水力)	협력(協力)
사례(謝禮)	혼례(婚禮)	와룡(臥龍)	쌍룡(雙龍)
하류(下流)	급류(急流)	도리(道理)	진리(眞理)

다만, 모음이나 'ㄴ' 받침 뒤에 이어지는 '렬, 률'은 '열, 율'로 적는다.(ㄱ을 취하고, ㄴ을 버림.)

ㄱ	ㄴ		ㄱ	ㄴ
나열(羅列)	나렬	|	분열(分裂)	분렬
치열(齒列)	치렬	|	선열(先烈)	선렬
비열(卑劣)	비렬	|	진열(陳列)	진렬
규율(規律)	규률	|	선율(旋律)	선률
비율(比率)	비률	|	전율(戰慄)	전률
실패율(失敗率)	실패률	|	백분율(百分率)	백분률

〈붙임 2〉 외자로 된 이름을 성에 붙여 쓸 경우에도 본음대로 적을 수 있다.

신립(申砬)   최린(崔麟)   채륜(蔡倫)   하륜(河崙)

〈붙임 3〉 준말에서 본음으로 소리나는 것은 본음대로 적는다.

국련(국제연합)   대한교련(대한교육연합회)

〈붙임 4〉 접두사처럼 쓰이는 한자가 붙어서 된 말이나 합성어에서, 뒷말의 첫소리가 'ㄴ' 또는 'ㄹ' 소리로 나더라도 두음 법칙에 따라 적는다.

역이용(逆利用)   연이율(年利率)   열역학(熱力學)
해외여행(海外旅行)

〈붙임 5〉 둘 이상의 단어로 이루어진 고유 명사를 붙여 쓰는 경우나 십진법에 따라 쓰는 수(數)도 붙임 4에 준하여 적는다.

　　　서울여관　신흥이발관　　　　　육천육백육십육(六千六百六十六)

제12항 한자음 '라, 래, 로, 뢰, 루, 르'가 단어의 첫머리에 올 적에는, 두음 법칙에 따라 '나, 내, 노, 뇌, 누, 느'로 적는다.(ㄱ을 취하고, ㄴ을 버림.)

ㄱ	ㄴ		ㄱ	ㄴ
낙원(樂園)	락원	ǀ	뇌성(雷聲)	뢰성
내일(來日)	래일	ǀ	누각(樓閣)	루각
노인(老人)	로인	ǀ	능묘(陵墓)	릉묘

〈붙임 1〉 단어의 첫머리 이외의 경우에는 본음대로 적는다.

쾌락(快樂)	극락(極樂)	거래(去來)	왕래(往來)
부로(父老)	연로(年老)	지뢰(地雷)	낙뢰(落雷)
고루(高樓)	광한루(廣寒樓)	동구릉(東九陵)	가정란(家庭欄)

〈붙임 2〉 접두사처럼 쓰이는 한자가 붙어서 된 단어는 뒷말을 두음 법칙에 따라 적는다.

내내월(來來月)　　　　상노인(上老人)　　중노동(重勞動)
비논리적(非論理的)

제6절　겹쳐 나는 소리

제13항 한 단어 안에서 같은 음절이나 비슷한 음절이 겹쳐 나는 부분은 같은 글자로 적는다.(ㄱ을 취하고, ㄴ을 버림.)

ㄱ	ㄴ		ㄱ	ㄴ
딱딱	딱닥	ǀ	꼿꼿하다	꼿곳하다
쌕쌕	쌕색	ǀ	놀놀하다	놀롤하다
씩씩	씩식	ǀ	눅눅하다	눙눅하다
똑딱똑딱	똑닥똑닥	ǀ	밋밋하다	민밋하다
쓱싹쓱싹	쓱삭쓱삭	ǀ	싹싹하다	싹삭하다
연연불망(戀戀不忘)	연련불망	ǀ	쌉쌀하다	쌉살하다
유유상종(類類相從)	유류상종	ǀ	씁쓸하다	씁슬하다
누누이(屢屢-)	누루이	ǀ	짭짤하다	짭잘하다

제4장   형태에 관한 것

제1절   체언과 조사

제14항 체언은 조사와 구별하여 적는다.

떡이	떡을	떡에	떡도	떡만
손이	손을	손에	손도	손만
팔이	팔을	팔에	팔도	팔만
밤이	밤을	밤에	밤도	밤만
집이	집을	집에	집도	집만
옷이	옷을	옷에	옷도	옷만
콩이	콩을	콩에	콩도	콩만
낮이	낮을	낮에	낮도	낮만
꽃이	꽃을	꽃에	꽃도	꽃만
밭이	밭을	밭에	밭도	밭만
앞이	앞을	앞에	앞도	앞만
밖이	밖을	밖에	밖도	밖만
넋이	넋을	넋에	넋도	넋만
흙이	흙을	흙에	흙도	흙만
삶이	삶을	삶에	삶도	삶만
여덟이	여덟을	여덟에	여덟도	여덟만
곬이	곬을	곬에	곬도	곬만
값이	값을	값에	값도	값만

제2절   어간과 어미

제15항 용언의 어간과 어미는 구별하여 적는다.

먹다	먹고	먹어	먹으니
신다	신고	신어	신으니
믿다	믿고	믿어	믿으니
울다	울고	울어	(우니)
넘다	넘고	넘어	넘으니
입다	입고	입어	입으니
웃다	웃고	웃어	웃으니
찾다	찾고	찾아	찾으니
좇다	좇고	좇아	좇으니
같다	같고	같아	같으니
높다	높고	높아	높으니
좋다	좋고	좋아	좋으니
깎다	깎고	깎아	깎으니

앉다	앉고	앉아	앉으니
많다	많고	많아	많으니
늙다	늙고	늙어	늙으니
젊다	젊고	젊어	젊으니
넓다	넓고	넓어	넓으니
훑다	훑고	훑어	훑으니
읊다	읊고	읊어	읊으니
옳다	옳고	옳아	옳으니
없다	없고	없어	없으니
있다	있고	있어	있으니

〈붙임 1〉 두 개의 용언이 어울려 한 개의 용언이 될 적에, 앞말의 본뜻이 유지되고 있는 것은 그 원형을 밝히어 적고, 그 본뜻에서 멀어진 것은 밝히어 적지 아니한다.

(1) 앞말의 본뜻이 유지되고 있는 것

넘어지다	늘어나다	늘어지다	돌아가다	되짚어가다
들어가다	떨어지다	벌어지다	엎어지다	접어들다
틀어지다	흩어지다			

(2) 본뜻에서 멀어진 것

드러나다	사라지다	쓰러지다

〈붙임 2〉 종결형에서 사용되는 어미 '- 오'는 '요'로 소리나는 경우가 있더라도 그 원형을 밝혀 '오'로 적는다.(ㄱ을 취하고, ㄴ을 버림.)

ㄱ	ㄴ
이것은 책이오.	이것은 책이요.
이리로 오시오.	이리로 오시요.
이것은 책이 아니오.	이것은 책이 아니요.

〈붙임 3〉 연결형에서 사용되는 '이요'는 '이요'로 적는다.(ㄱ을 취하고, ㄴ을 버림.)

ㄱ	ㄴ
이것은 책이요. 저것은 붓이요 또 저것은 먹이다.	이것은 책이오. 저것은 붓이오. 또 저것은 먹이다.

제16항 어간의 끝음절 모음이 'ㅏ, ㅗ'일 때에는 어미를 '-아'로 적고, 그 밖의 모음일 때에는 '-어'로 적는다.

1. '-아'로 적는 경우

나아	나아도	나아서
막아	막아도	막아서
얇아	얇아도	얇아서
돌아	돌아도	돌아서
보아	보아도	보아서

2. '-어'로 적는 경우

개어	개어도	개어서
겪어	겪어도	겪어서
되어	되어도	되어서
베어	베어도	베어서
쉬어	쉬어도	쉬어서
저어	저어도	저어서
주어	주어도	주어서
피어	피어도	피어서
희어	희어도	희어서

제17항 어미 뒤에 덧붙는 조사 '-요'는 '-요'로 적는다.

읽어	읽어요
참으리	참으리요
좋지	좋지요

제18항 다음과 같은 용언들은 어미가 바뀔 경우, 그 어간이나 어미가 원칙에 벗어나면 벗어나는 대로 적는다.

1. 어간의 끝 'ㄹ'이 줄어질 적

갈다:	가니	간	갑니다	가시다	가오
놀다:	노니	논	놉니다	노시다	노오
불다:	부니	분	붑니다	부시다	부오
둥글다:	둥그니	둥근	둥급니다	둥그시다	둥그오
어질다:	어지니	어진	어집니다	어지시다	어지오

〈붙임〉 다음과 같은 말에서도 'ㄹ'이 준 대로 적는다.

마지못하다   마지않다   (하)다마다   (하)자마자
(하)지 마라   (하)지 마(아)

2. 어간의 끝 'ㅅ'이 줄어질 적

긋다:	그어	그으니	그었다
낫다:	나아	나으니	나았다
잇다:	이어	이으니	이었다
짓다:	지어	지으니	지었다

3. 어간의 끝 'ㅎ'이 줄어질 적

그렇다:	그러니	그럴	그러면	그러오
까맣다:	까마니	까말	까마면	까마오
동그랗다:	동그라니	동그랄	동그라면	동그라오
퍼렇다:	퍼러니	퍼럴	퍼러면	퍼러오
하얗다:	하야니	하얄	하야면	하야오

4. 어간의 끝 'ㅜ, ㅡ'가 줄어질 적

푸다:	퍼	펐다	뜨다:	떠	떴다
끄다:	꺼	껐다	크다:	커	컸다
담그다:	담가	담갔다	고프다:	고파	고팠다
따르다:	따라	따랐다	바쁘다:	바빠	바빴다

5. 어간의 끝 'ㄷ'이 'ㄹ'로 바뀔 적

걷다〈步〉:	걸어	걸으니	걸었다
듣다〈聽〉:	들어	들으니	들었다
묻다〈問〉:	물어	물으니	물었다
싣다〈載〉:	실어	실으니	실었다

6. 어간의 끝 'ㅂ'이 'ㅜ'로 바뀔 적

깁다:	기워	기우니	기웠다
굽다〈炙〉:	구워	구우니	구웠다
가깝다:	가까워	가까우니	가까웠다
괴롭다:	괴로워	괴로우니	괴로웠다

맵다:	매워	매우니	매웠다
무겁다:	무거워	무거우니	무거웠다
밉다:	미워	미우니	미웠다
쉽다:	쉬워	쉬우니	쉬웠다

다만, '돕 -, 곱 -'과 같은 단음절 어간에 어미 '- 아'가 결합되어 '와'로 소리나는 것은 '- 와'로 적는다.

돕다〈助〉:	도와	도와서	도와도	도왔다
곱다〈麗〉:	고와	고와서	고와도	고왔다

7. '하다'의 활용에서 어미 '- 아'가 '- 여'로 바뀔 적

하다:	하여	하여서	하여도	하여라	하였다

8. 어간의 끝음절 '르' 뒤에 오는 어미 '- 어'가 '- 러'로 바뀔 적

이르다〈至〉 :	이르러	이르렀다
노르다:	노르러	노르렀다
누르다:	누르러	누르렀다
푸르다:	푸르러	푸르렀다

9. 어간의 끝음절 '르'의 '一'가 줄고, 그 뒤에 오는 어미 '- 아/- 어'가 '- 라/- 러'로 바뀔 적

가르다 : 갈라	갈랐다		부르다 : 불러	불렀다
거르다 : 걸러	걸렀다		오르다 : 올라	올랐다
구르다 : 굴러	굴렀다		이르다 : 일러	일렀다
벼르다 : 별러	별렀다		지르다 : 질러	질렀다

제3절 접미사가 붙어서 된 말

제19항 어간에 '- 이'나 '- 음/- ㅁ'이 붙어서 명사로 된 것과 '- 이'나 '- 히'가 붙어서 부사로 된 것은 그 어간의 원형을 밝히어 적는다.

1. '- 이'가 붙어서 명사로 된 것

길이	깊이	높이	다듬이	땀받이	달맞이
먹이	미닫이	벌이	벼훑이	살림살이	쇠붙이

2. '-음/-ㅁ'이 붙어서 명사로 된 것

걸음	묶음	믿음	얼음	엮음	울음
웃음	졸음	죽음	앎	만듦	

3. '-이'가 붙어서 부사로 된 것

같이	굳이	길이	높이	많이	실없이
좋이	짓궂이				

4. '-히'가 붙어서 부사로 된 것

밝히	익히	작히

다만, 어간에 '-이'나 '-음'이 붙어서 명사로 바뀐 것이라도 그 어간의 뜻과 멀어진 것은 원형을 밝히어 적지 아니한다.

굽도리	다리<髢>	목거리(목병)	무녀리
코끼리	거름(비료)	고름<膿>	노름(도박)

〈붙임〉 어간에 '-이'나 '-음' 이외의 모음으로 시작된 접미사가 붙어서 다른 품사로 바뀐 것은 그 어간의 원형을 밝히어 적지 아니한다.

(1) 명사로 바뀐 것

귀머거리	까마귀	너머	뜨더귀	마감
마개	마중	무덤	비렁뱅이	쓰레기
올가미	주검			

(2) 부사로 바뀐 것

거뭇거뭇	너무	도로	뜨덤뜨덤	바투
불긋불긋	비로소	오긋오긋	자주	차마

(3) 조사로 바뀌어 뜻이 달라진 것

나마	부터	조차

제20항 명사 뒤에 '-이'가 붙어서 된 말은 그 명사의 원형을 밝히어 적는다.

1. 부사로 된 것

곳곳이　　낱낱이　　몫몫이　　샅샅이　　앞앞이　　집집이

2. 명사로 된 것

곰배팔이　바둑이　　삼발이　　애꾸눈이
육손이　　절뚝발이/절름발이

〈붙임〉 '- 이' 이외의 모음으로 시작된 접미사가 붙어서 된 말은 그 명사의 원
　　　　형을 밝히어 적지 아니한다.

꼬락서니　끄트머리　모가치　　바가지　　바깥
사타구니　싸라기　　이파리　　지붕　　　지푸라기　　짜개

제21항 명사나 혹은 용언의 어간 뒤에 자음으로 시작된 접미사가 붙어서 된 말은 그 명
　　　사나 어간의 원형을 밝히어 적는다.

1. 명사 뒤에 자음으로 시작된 접미사가 붙어서 된 것

값지다　　　홑지다　　　넋두리　　　빛깔　　　옆댕이　　　잎사귀

2. 어간 뒤에 자음으로 시작된 접미사가 붙어서 된 것

낚시　　　　늙정이　　　덮개　　　　뜯게질
갉작갉작하다 갉작거리다　뜯적거리다　뜯적뜯적하다　굵 다
랗다　　　　굵직하다　　깊숙하다　　넓적하다
높다랗다　　늙수그레하다 얽죽얽죽하다

다만, 다음과 같은 말은 소리대로 적는다.

(1) 겹받침의 끝소리가 드러나지 아니하는 것

할짝거리다　　널따랗다　　널찍하다　　말끔하다
말쑥하다　　　말짱하다　　실쭉하다　　실큼하다
얄따랗다　　　얄팍하다　　짤따랗다　　짤막하다
실컷

(2) 어원이 분명하지 아니하거나 본뜻에서 멀어진 것

넙치　　　올무　　　골막하다　납작하다

제22항 용언의 어간에 다음과 같은 접미사들이 붙어서 이루어진 말들은 그 어간을 밝히어 적는다.

1. '- 기 -, - 리 -, - 이 -, - 히 -, - 구 -, - 우 -, - 추 -, - 으키 -, - 이키 -, - 애 -'가 붙는 것

맡기다	옮기다	웃기다	쫓기다	뚫리다
울리다	낚이다	쌓이다	핥이다	굳히다
굽히다	넓히다	앉히다	얽히다	잡히다
돋구다	솟구다	돋우다	갖추다	곧추다
맞추다	일으키다	돌이키다	없애다	

다만, '- 이 -, - 히 -, - 우 -'가 붙어서 된 말이라도 본뜻에서 멀어진 것은 소리대로 적는다.

도리다(칼로 ~) 드리다(용돈을 ~) 고치다
바치다(세금을 ~) 부치다(편지를 ~) 거두다
미루다 이루다

2. '- 치 -, - 뜨리 -, - 트리 -'가 붙는 것

놓치다 덮치다 떠받치다 받치다 밭치다
부딪치다 뻗치다 엎치다 부딪뜨리다/부딪트리다
쏟뜨리다/쏟트리다 젖뜨리다/젖트리다
찢뜨리다/찢트리다 흩뜨리다/흩트리다

〈붙임〉 '- 업-, - 읍-, - 브-'가 붙어서 된 말은 소리대로 적는다.

미덥다 우습다 미쁘다

제23항 '- 하다'나 '- 거리다'가 붙는 어근에 '- 이'가 붙어서 명사가 된 것은 그 원형을 밝히어 적는다.(ㄱ을 취하고, ㄴ을 버림.)

ㄱ	ㄴ		ㄱ	ㄴ
깔쭉이	깔쭈기		살살이	살사리
꿀꿀이	꿀꾸리		쌕쌕이	쌕쌔기
눈깜짝이	눈깜짜기		오뚝이	오뚜기
더펄이	더퍼리		코납작이	코납자기
배불뚝이	배불뚜기		푸석이	푸서기
삐죽이	삐주기		홀쭉이	홀쭈기

〈붙임〉 '-하다'나 '-거리다'가 붙을 수 없는 어근에 '-이'나 또는 다른 모음으로
시작되는 접미사가 붙어서 명사가 된 것은 그 원형을 밝히어 적지 아
니한다.

개구리	귀뚜라미	기러기	깍두기	꽹과리
날라리	누더기	동그라미	두드러기	딱따구리
매미	부스러기	뻐꾸기	얼루기	칼싹두기

제24항 '-거리다'가 붙을 수 있는 시늉말 어근에 '-이다'가 붙어서 된 용언은 그 어근을
밝히어 적는다. (ㄱ을 취하고, ㄴ을 버림.)

ㄱ	ㄴ		ㄱ	ㄴ
깜짝이다	깜짜기다		속삭이다	속사기다
꾸벅이다	꾸버기다		숙덕이다	숙더기다
끄덕이다	끄더기다		울먹이다	울머기다
뒤척이다	뒤처기다		움직이다	움지기다
들먹이다	들머기다		지껄이다	지꺼리다
망설이다	망서리다		퍼덕이다	퍼더기다
번득이다	번드기다		허덕이다	허더기다
번쩍이다	번쩌기다		헐떡이다	헐떠기다

제25항 '-하다'가 붙는 어근에 '-히'나 '-이'가 붙어서 부사가 되거나, 부사에 '-이'가 붙
어서 뜻을 더하는 경우에는 그 어근이나 부사의 원형을 밝히어 적는다.

1. '-하다'가 붙는 어근에 '-히'나 '-이'가 붙는 경우

급히	꾸준히	도저히	딱히	어렴풋이	깨끗이

〈붙임〉 '-하다'가 붙지 않는 경우에는 소리대로 적는다.

갑자기	반드시(꼭)	슬며시

2. 부사에 '-이'가 붙어서 역시 부사가 되는 경우

곰곰이	더욱이	생긋이	오뚝이	일찍이	해죽이

제26항 '-하다'나 '-없다'가 붙어서 된 용언은 그 '-하다'나 '-없다'를 밝히어 적는다.

1. '-하다'가 붙어서 용언이 된 것

딱하다   숱하다   착하다   텁텁하다 푹하다

2. '- 없다'가 붙어서 용언이 된 것

부질없다 상없다   시름없다 열없다   하염없다

제4절   합성어 및 접두사가 붙은 말

제27항 둘 이상의 단어가 어울리거나 접두사가 붙어서 이루어진 말은 각각 그 원형을 밝히어 적는다.

국말이	꺾꽂이	꽃잎	끝장	물난리
밑천	부엌일	싫증	옷안	웃옷
젖몸살	첫아들	칼날	팥알	헛웃음
홀아비	홑몸	흙내		
값없다	겉늙다	굶주리다	낮잡다	맞먹다
받내다	벋놓다	빗나가다	빛나다	새파랗다
샛노랗다	시꺼멓다	싯누렇다	엇나가다	엎누르다
엿듣다	옻오르다	짓이기다	헛되다	

〈붙임 1〉 어원은 분명하나 소리만 특이하게 변한 것은 변한 대로 적는다.

할아버지   할아범

〈붙임 2〉 어원이 분명하지 아니한 것은 원형을 밝히어 적지 아니한다.

골병   골탕   끌탕   며칠   아재비
오라비   업신여기다   부리나케

〈붙임 3〉 '이〈齒, 虱〉'가 합성어나 이에 준하는 말에서 '니' 또는 '리'로 소리날 때에는 '니'로 적는다.

간니   덧니   사랑니   송곳니   앞니
어금니   윗니   젖니   톱니   틀니
가랑니   머릿니

제28항 끝소리가 'ㄹ'인 말과 딴 말이 어울릴 적에 'ㄹ' 소리가 나지 아니하는 것은 아니 나는 대로 적는다.

다달이(달 - 달 - 이)　따님(딸 - 님)　　마되(말 - 되)
마소(말 - 소)　　　무자위(물 - 자위)　바느질(바늘 - 질)
부나비(불 - 나비)　부삽(불 - 삽)　　부손(불 - 손)
소나무(솔 - 나무)　싸전(쌀 - 전)　　여닫이(열 - 닫이)
우짖다(울 - 짖다)　화살(활 - 살)

제29항 끝소리가 'ㄹ'인 말과 딴 말이 어울릴 적에 'ㄹ' 소리가 'ㄷ' 소리로 나는 것은 'ㄷ' 으로 적는다.

반짇고리(바느질~)　사흗날(사흘~)　　삼짇날(삼질~)
섣달(설~)　숟가락(술 ~)　　　이튿날(이틀 ~)
잗주름(잘~)　　풋소(풀~)섣부르다(설~)
잗다듬다(잘~)　　잗다랗다(잘~)

제30항 사이시옷은 다음과 같은 경우에 받치어 적는다.

　　1. 순 우리말로 된 합성어로서 앞말이 모음으로 끝난 경우

　　(1) 뒷말의 첫소리가 된소리로 나는 것

고랫재　귓밥　　나룻배　나뭇가지　냇가
댓가지　뒷갈망　맷돌　　머릿기름　모깃불
못자리　바닷가　뱃길　　볏가리　　부싯돌
선짓국　쇳조각　아랫집　우렁잇속　잇자국
잿더미　조갯살　찻집　　쳇바퀴　　킷값
핏대　　햇볕　　혓바늘

　　(2) 뒷말의 첫소리 'ㄴ, ㅁ' 앞에서 'ㄴ' 소리가 덧나는 것

멧나물　　아랫니　　텃마당　　아랫마을　　뒷머리
잇몸　　　깻묵　　　냇물　　　빗물

　　(3) 뒷말의 첫소리 모음 앞에서 'ㄴㄴ' 소리가 덧나는 것

도리깻열　　뒷윷　　두렛일　　뒷일　　뒷입맛
베갯잇　　　욧잇　　깻잎　　　나뭇잎　댓잎

　　2. 순 우리말과 한자어로 된 합성어로서 앞말이 모음으로 끝난 경우

　　(1) 뒷말의 첫소리가 된소리로 나는 것

귓병	머릿방	뱃병	봇둑	사잣밥
샛강	아랫방	자릿세	전셋집	찻잔
찻종	촛국	콧병	탯줄	텃세
핏기	햇수	횟가루	횟배	

(2) 뒷말의 첫소리 'ㄴ, ㅁ' 앞에서 'ㄴ' 소리가 덧나는 것

곗날	제삿날	훗날	툇마루	양칫물

(3) 뒷말의 첫소리 모음 앞에서 'ㄴㄴ' 소리가 덧나는 것

가욋일	사삿일	예삿일	훗일

3. 두 음절로 된 다음 한자어

곳간(庫間)	셋방(貰房)	숫자(數字)	찻간(車間)
툇간(退間)	횟수(回數)		

제31항 두 말이 어울릴 적에 'ㅂ' 소리나 'ㅎ' 소리가 덧나는 것은 소리대로 적는다.

1. 'ㅂ' 소리가 덧나는 것

댑싸리(대ㅂ싸리)	멥쌀(메ㅂ쌀)	볍씨(벼ㅂ씨)
입때(이ㅂ때)	입쌀(이ㅂ쌀)	접때(저ㅂ때)
좁쌀(조ㅂ쌀)	햅쌀(해ㅂ쌀)	

2. 'ㅎ' 소리가 덧나는 것

머리카락(머리ㅎ가락)	살코기(살ㅎ고기)	수캐(수ㅎ개)
수컷(수ㅎ것)	수탉(수ㅎ닭)	안팎(안ㅎ밖)
암캐(암ㅎ개)	암컷(암ㅎ것)	암탉(암ㅎ닭)

제5절 준말

제32항 단어의 끝모음이 줄어지고 자음만 남은 것은 그 앞의 음절에 받침으로 적는다.

(본말)	(준말)
기러기야	기럭아
어제그저께	엊그저께
어제저녁	엊저녁
가지고, 가지지	갖고, 갖지
디디고, 디디지	딛고, 딛지

제33항 체언과 조사가 어울려 줄어지는 경우에는 준 대로 적는다.

(본말)	(준말)
그것은	그건
그것이	그게
그것으로	그걸로
나는	난
나를	날
너는	넌
너를	널
무엇을	뭣을/무얼/뭘
무엇이	뭣이/무에

제34항 모음 'ㅏ, ㅓ'로 끝난 어간에 '-아/-어, -았-/-었-'이 어울릴 적에는 준 대로 적는다.

(본말)	(준말)		(본말)	(준말)
가아	가		가았다	갔다
나아	나		나았다	났다
타아	타		타았다	탔다
서어	서		서었다	섰다
켜어	켜		켜었다	켰다
펴어	펴		펴었다	폈다

〈붙임 1〉 'ㅐ, ㅔ' 뒤에 '-어, -었-'이 어울려 줄 적에는 준 대로 적는다.

(본말)	(준말)		(본말)	(준말)
개어	개		개었다	갰다
내어	내		내었다	냈다
베어	베		베었다	벴다
세어	세		세었다	셌다

〈붙임 2〉 '하여'가 한 음절로 줄어서 '해'로 될 적에는 준 대로 적는다.

(본말)	(준말)		(본말)	(준말)
하여	해		하였다	했다
더하여	더해		더하였다	더했다
흔하여	흔해		흔하였다	흔했다

제35항 모음 'ㅗ, ㅜ'로 끝난 어간에 '-아/-어, -았-/-었-'이 어울려 'ㅘ/ㅝ, 왔/웠'으로 될 적에는 준 대로 적는다.

(본말)	(준말)		(본말)	(준말)
꼬아	꽈		꼬았다	꽜다
보아	봐		보았다	봤다
쏘아	쏴		쏘았다	쐈다
두어	둬		두었다	뒀다
쑤어	쒀		쑤었다	쒔다
주어	줘		주었다	줬다

〈붙임 1〉 '놓아'가 '놔'로 줄 적에는 준 대로 적는다.

〈붙임 2〉 'ㅚ' 뒤에 '-어, -었-'이 어울려 'ㅙ, 왰'으로 될 적에도 준 대로 적는다.

(본말)	(준말)		(본말)	(준말)
괴어	괘		괴었다	괬다
되어	돼		되었다	됐다
뵈어	봬		뵈었다	뵀다
쇠어	쇄		쇠었다	쇘다
쐬어	쐐		쐬었다	쐤다

제36항 'ㅣ' 뒤에 '-어'가 와서 'ㅕ'로 줄 적에는 준 대로 적는다.

(본말)	(준말)		(본말)	(준말)
가지어	가져		가지었다	가졌다
견디어	견뎌		견디었다	견뎠다
다니어	다녀		다니었다	다녔다
막히어	막혀		막히었다	막혔다
버티어	버텨		버티었다	버텼다
치이어	치여		치이었다	치였다

제37항 'ㅏ, ㅕ, ㅗ, ㅜ, ㅡ'로 끝난 어간에 '-이-'가 와서 각각 'ㅐ, ㅖ, ㅚ, ㅟ, ㅢ'로 줄 적에는 준 대로 적는다.

(본말)	(준말)		(본말)	(준말)
싸이다	쌔다		누이다	뉘다
펴이다	폐다		뜨이다	띄다
보이다	뵈다		쓰이다	씌다

제38항 'ㅏ, ㅗ, ㅜ, ㅡ' 뒤에 '-이어'가 어울려 줄어질 적에는 준 대로 적는다.

(본말)	(준말)		(본말)	(준말)	
싸이어	쌔어	싸여	뜨이어	띄어	
보이어	뵈어	보여	쓰이어	씌어	쓰여
쏘이어	쐬어	쏘여	트이어	틔어	트여
누이어	뉘어	누여			

제39항 어미 '-지' 뒤에 '않-'이 어울려 '-잖-'이 될 적과 '-하지' 뒤에 '않-'이 어울려 '-찮-'이 될 적에는 준 대로 적는다.

(본말)	(준말)	(본말)	(준말)
그렇지 않은	그렇잖은	만만하지 않다	만만찮다
적지 않은	적잖은	변변하지 않다	변변찮다

제40항 어간의 끝음절 '하'의 'ㅏ'가 줄고 'ㅎ'이 다음 음절의 첫소리와 어울려 거센소리로 될 적에는 거센소리로 적는다.

(본말)	(준말)	(본말)	(준말)
간편하게	간편케	다정하다	다정타
연구하도록	연구토록	정결하다	정결타
가하다	가타	흔하다	흔타

〈붙임 1〉 'ㅎ'이 어간의 끝소리로 굳어진 것은 받침으로 적는다.

않다	않고	않지	않든지
그렇다	그렇고	그렇지	그렇든지
아무렇다	아무렇고	아무렇지	아무렇든지
어떻다	어떻고	어떻지	어떻든지
이렇다	이렇고	이렇지	이렇든지
저렇다	저렇고	저렇지	저렇든지

〈붙임 2〉 어간의 끝음절 '하'가 아주 줄 적에는 준 대로 적는다.

(본말)	(준말)	(본말)	(준말)
거북하지	거북지	넉넉하지 않다	넉넉지 않다
생각하건대	생각건대	못하지 않다	못지않다
생각하다 못해	생각다 못해	섭섭하지 않다	섭섭지 않다
깨끗하지 않다	깨끗지 않다	익숙하지 않다	익숙지 않다

〈붙임 3〉 다음과 같은 부사는 소리대로 적는다.

결단코 　 결코 　 기필코 　 무심코 　 아무튼 　 요컨대
정녕코 　 필연코 　 하마터면 　 하여튼 　 한사코

(2) 띄어쓰기

제 5 장　띄어쓰기

제1절　조사

제41항 조사는 그 앞말에 붙여 쓴다.

꽃이 　　 꽃마저 　 꽃밖에 　 꽃에서부터 　　 꽃으로만
꽃이나마 꽃이다 　 꽃입니다 꽃처럼 　 어디까지나
거기도 　 멀리는 　 웃고만

제2절　의존 명사, 단위를 나타내는 명사 및 열거하는 말 등

제42항 의존 명사는 띄어 쓴다.

아는 **것**이 힘이다. 　　　　 나도 할 **수** 있다.
먹을 **만큼** 먹어라. 　　　　 아는 **이**를 만났다.
네가 뜻한 **바**를 알겠다. 　　 그가 떠난 **지**가 오래다.

제43항 단위를 나타내는 명사는 띄어 쓴다.

한 **개** 　　　 차 한 **대** 　 금 서 **돈** 　 소 한 **마리**
옷 한 **벌** 　 열 **살** 　　　 조기 한 **손** 　 연필 한 **자루**
버선 한 **죽** 집 한 **채** 　 신 두 **켤레** 　 북어 한 **쾌**

다만, 순서를 나타내는 경우나 숫자와 어울리어 쓰이는 경우에는 붙여 쓸 수 있다.

두시 삼십분 오초 　 제일과 　　　　　 삼학년
육층 　　　　　　 1446년 10월 9일 　 2대대
16동 502호 　　　 제1실습실 　　　　 80원
10개 　　　　　　 7미터

제44항 수를 적을 적에는 '만(萬)' 단위로 띄어 쓴다.

십이억 삼천사백오십육만 칠천팔백구십팔
12억 3456만 7898

제45항 두 말을 이어 주거나 열거할 적에 쓰이는 다음의 말들은 띄어 쓴다.

국장 **겸** 과장   열 **내지** 스물   청군 **대** 백군
책상, 걸상 **등**이 있다   이사장 **및** 이사들   사과, 배, 귤 **등등**
사과, 배 **등속**   부산, 광주 **등지**

제46항 단음절로 된 단어가 연이어 나타날 적에는 붙여 쓸 수 있다.

그때 그곳   좀더 큰것   이말 저말   한잎 두잎

제3절 보조 용언

제47항 보조 용언은 띄어 씀을 원칙으로 하되, 경우에 따라 붙여 씀도 허용한다. (ㄱ을 원칙으로 하고, ㄴ을 허용함.)

ㄱ	ㄴ
불이 꺼져 **간다.**	불이 꺼져**간다.**
내 힘으로 막아 **낸다.**	내 힘으로 막아**낸다.**
어머니를 도와 **드린다.**	어머니를 도와드린다
그릇을 깨뜨려 **버렸다.**	그릇을 깨뜨려**버렸다.**
비가 올 **듯하다.**	비가 올**듯하다.**
그 일은 할 **만하다.**	그 일은 할**만하다.**
일이 될 **법하다.**	일이 될**법하다.**
비가 올 **성싶다.**	비가 올**성싶다.**
잘 아는 **척한다.**	잘 아는**척한다.**

다만, 앞말에 조사가 붙거나 앞말이 합성 동사인 경우, 그리고 중간에 조사가 들어갈 적에는 그 뒤에 오는 보조 용언은 띄어 쓴다.

잘도 놀아만 **나는구나!**   책을 읽어도 **보고……**
네가 덤벼들어 **보아라.**   강물에 떠내려가 **버렸다.**
그가 올 듯도 **하다.**   잘난 체를 **한다.**

제4절 고유 명사 및 전문 용어

제48항 성과 이름, 성과 호 등은 붙여 쓰고, 이에 덧붙는 호칭어, 관직명 등은 띄어 쓴다.

김양수(金良洙)	서화담(徐花潭)	채영신 씨
최치원 선생	박동식 박사	충무공 이순신 장군

다만, 성과 이름, 성과 호를 분명히 구분할 필요가 있을 경우에는 띄어 쓸 수 있다.

남궁억/남궁 억	독고준/독고 준
황보지봉(皇甫芝峰)/황보 지봉	

제49항 성명 이외의 고유 명사는 단어별로 띄어 씀을 원칙으로 하되, 단위별로 띄어 쓸 수 있다.(ㄱ을 원칙으로 하고, ㄴ을 허용함.)

ㄱ	ㄴ
대한 중학교	대한중학교
한국 대학교 사범 대학	한국대학교 사범대학

제50항 전문 용어는 단어별로 띄어 씀을 원칙으로 하되, 붙여 쓸 수 있다.(ㄱ을 원칙으로 하고, ㄴ을 허용함.)

ㄱ	ㄴ
만성 골수성 백혈병	만성골수성백혈병
중거리 탄도 유도탄	중거리탄도유도탄

제6장 그 밖의 것

제51항 부사의 끝음절이 분명히 '이'로만 나는 것은 '- 이'로 적고, '히'로만 나거나 '이'나 '히'로 나는 것은 '- 히'로 적는다.

1. '이'로만 나는 것

가붓이	깨끗이	나붓이	느긋이	둥긋이	따뜻이	반듯이
버젓이	산뜻이	의젓이	가까이	고이	날카로이
대수로이	번거로이	많이	적이	헛되이	겹겹이
번번이	일일이	집집이	틈틈이

2. '히'로만 나는 것

극히	급히	딱히	속히	작히
족히	특히	엄격히	정확히	

3. '이, 히'로 나는 것

솔직히	가만히	간편히	나른히	무단히
각별히	소홀히	쓸쓸히	정결히	과감히
꼼꼼히	심히	열심히	급급히	답답히
섭섭히	공평히	능히	당당히	분명히
상당히	조용히	간소히	고요히	도저히

제52항 한자어에서 본음으로도 나고 속음으로도 나는 것은 각각 그 소리에 따라 적는다.

(본음으로 나는 것)	(속음으로 나는 것)
승낙(承諾)	수락(受諾), 쾌락(快諾), 허락(許諾)
만난(萬難)	곤란(困難), 논란(論難)
안녕(安寧)	의령(宜寧), 회령(會寧)
분노(忿怒)	대로(大怒), 희로애락(喜怒哀樂)
토론(討論)	의논(議論)
오륙십(五六十)	오뉴월, 유월(六月)
목재(木材)	모과(木瓜)
십일(十日)	시방정토(十方淨土), 시왕(十王), 시월(十月)
팔일(八日)	초파일(初八日)

제53항 다음과 같은 어미는 예사소리로 적는다.(ㄱ을 취하고, ㄴ을 버림.)

ㄱ	ㄴ
– (으)ㄹ거나	– (으)ㄹ꺼나
– (으)ㄹ걸	– (으)ㄹ껄
– (으)ㄹ게	– (으)ㄹ께
– (으)ㄹ세	– (으)ㄹ쎄
– (으)ㄹ세라	– (으)ㄹ쎄라
– (으)ㄹ수록	– (으)ㄹ쑤록
– (으)ㄹ시	– (으)ㄹ씨
– (으)ㄹ지	– (으)ㄹ찌
– (으)ㄹ지니라	– (으)ㄹ찌니라
– (으)ㄹ지라도	– (으)ㄹ찌라도

– (으)ㄹ지어다	– (으)ㄹ찌어다
– (으)ㄹ지언정	– (으)ㄹ찌언정
– (으)ㄹ진대	– (으)ㄹ찐대
– (으)ㄹ진저	– (으)ㄹ찐저
– 올시다	– 올씨다

다만, 의문을 나타내는 다음 어미들은 된소리로 적는다.

- (으)ㄹ까?	- (으)ㄹ꼬?	- (스)ㅂ니까?
- (으)리까?	- (으)ㄹ쏘냐?	

제54항 다음과 같은 접미사는 된소리로 적는다.(ㄱ을 취하고, ㄴ을 버림.)

ㄱ	ㄴ		ㄱ	ㄴ
심부름꾼	심부름군		귀때기	귓대기
익살꾼	익살군		볼때기	볼대기
일꾼	일군		판자때기	판잣대기
장꾼	장군		뒤꿈치	뒷굼치
장난꾼	장난군		팔꿈치	팔굼치
지게꾼	지겟군		이마빼기	이맛배기
때깔	땟갈		코빼기	콧배기
빛깔	빛갈		객쩍다	객적다
성깔	성갈		겸연쩍다	겸연적다

제55항 두 가지로 구별하여 적던 다음 말들은 한 가지로 적는다.(ㄱ을 취하고, ㄴ을 버림.)

ㄱ	ㄴ
맞추다(입을 맞춘다. 양복을 맞춘다.)	마추다
뻗치다(다리를 뻗친다. 멀리 뻗친다.)	뻐치다

제56항 '- 더라, - 던'과 '- 든지'는 다음과 같이 적는다.

　　1. 지난 일을 나타내는 어미는 '- 더라, - 던'으로 적는다.(ㄱ을 취하고, ㄴ을 버림.)

ㄱ	ㄴ
지난 겨울은 몹시 춥더라.	지난 겨울은 몹시 춥드라.
깊던 물이 얕아졌다.	깊든 물이 얕아졌다.
그렇게 좋던가?	그렇게 좋든가?
그 사람 말 잘하던데!	그 사람 말 잘하든데!
얼마나 놀랐던지 몰라.	얼마나 놀랐든지 몰라.

2. 물건이나 일의 내용을 가리지 아니하는 뜻을 나타내는 조사와 어미는 '(-)든지'로 적는다. (ㄱ을 취하고, ㄴ을 버림.)

ㄱ	ㄴ
배든지 사과든지 마음대로 먹어라.	배던지 사과던지 마음대로 먹어라.
가든지 오든지 마음대로 해라.	가던지 오던지 마음대로 해라.

제57항 다음 말들은 각각 구별하여 적는다.

ㄱ	ㄴ
가름	둘로 가름.
갈음	새 책상으로 갈음하였다.
거름	풀을 썩인 거름.
걸음	빠른 걸음.
거치다	영월을 거쳐 왔다.
걷히다	외상값이 잘 걷힌다.
걷잡다	걷잡을 수 없는 상태.
겉잡다	겉잡아서 이틀 걸릴 일.
그러므로(그러니까)	그는 부지런하다. 그러므로 잘 산다.
그럼으로(써)	그는 열심히 공부한다. 그럼으로(써)
(그렇게 하는 것으로)	은혜에 보답한다.
노름	노름판이 벌어졌다.
놀음(놀이)	즐거운 놀음.
느리다	진도가 너무 느리다.
늘이다	고무줄을 늘인다.
늘리다	수출량을 더 늘린다.
다리다	옷을 다린다.
달이다	약을 달인다.
다치다	부주의로 손을 다쳤다.
닫히다	문이 저절로 닫혔다.
닫치다	문을 힘껏 닫쳤다.
마치다	벌써 일을 마쳤다.
맞히다	여러 문제를 더 맞혔다.
	목거리가 덧났다.
	금 목걸이, 은 목걸이.

목거리 목걸이	나라를 위해 목숨을 바쳤다. 우산을 받치고 간다. 책받침을 받친다.
바치다 받치다	쇠뿔에 받혔다. 술을 체에 밭친다.
받히다 밭치다	약속은 반드시 지켜라. 고개를 반듯이 들어라.
반드시 반듯이	차와 차가 마주 부딪쳤다. 마차가 화물차에 부딪혔다.
부딪치다 부딪히다	힘이 부치는 일이다. 편지를 부친다. 논밭을 부친다. 빈대떡을 부친다.
부치다	식목일에 부치는 글. 회의에 부치는 안건. 인쇄에 부치는 원고. 삼촌 집에 숙식을 부친다. 우표를 붙인다. 책상을 벽에 붙였다. 흥정을 붙인다. 불을 붙인다.
붙이다	감시원을 붙인다. 조건을 붙인다. 취미를 붙인다. 별명을 붙인다.
	일을 시킨다. 끓인 물을 식힌다.
	세 아름 되는 둘레. 전부터 알음이 있는 사이. 앎이 힘이다.
시키다 식히다	밥을 안친다. 윗자리에 앉힌다.
아름 알음 앎	두 물건의 어름에서 일어난 현상. 얼음이 얼었다.
안치다 앉히다	이따가 오너라. 돈은 있다가도 없다.
어름	다친 다리가 저린다.

얼음

이따가
있다가

저리다
절이다

조리다
졸이다

주리다
줄이다

하노라고
하느라고
– 느니보다(어미)
– 는 이보다(의존 명사)

– (으)리만큼(어미)
– (으)ㄹ 이만큼(의존 명사)

– (으)러(목적)
– (으)려(의도)

– (으)로서(자격)
– (으)로써(수단)

– (으)므로(어미)
(– ㅁ, – 음)으로(써)(조사)

김장 배추를 절인다.

생선을 조린다. 통조림, 병조림.
마음을 졸인다.

여러 날을 주렸다.
비용을 줄인다.

하노라고 한 것이 이 모양이다.
공부하느라고 밤을 새웠다.
나를 찾아오느니보다 집에 있거라.
오는 이가 가는 이보다 많다.

나를 미워하리만큼 그에게 잘못한 일이 없다.
찬성할 이도 반대할 이만큼이나 많을 것이다.

공부하러 간다.
서울 가려 한다.

사람으로서 그럴 수는 없다.
닭으로써 꿩을 대신했다.

그가 나를 믿으므로 나도 그를 믿는다.
그는 믿음으로(써) 산 보람을 느꼈다.

13.2.3 문장부호

(1) 마침표

(a) 온점(.), 고리점( )

가로쓰기에는 온점, 세로쓰기에는 고리점을 쓴다.

① 서술, 명령, 청유 등을 나타내는 문장의 끝에 쓴다.

② 아라비아 숫자만으로 연월일을 표시할 적에 쓴다.

③ 표시 문자 다음에 쓴다.

④ 준말을 나타내는 데 쓴다.

(b) 물음표(?)

의심이나 물음을 나타낸다.

① 직접 질문할 때에 쓴다.

② 반어나 수사 의문(修辭疑問)을 나타낼 때 쓴다.

③ 특정한 어구 또는 그 내용에 대하여 의심이나 빈정거림, 비웃음등을 표시할 때, 또는 적절한 말을 쓰기 어려운 경우에 소괄호 안에 쓴다.

(c) 느낌표(!)

감탄이나 놀람, 부르짖음, 명령 등 강한 느낌을 나타낸다.

① 느낌을 힘차게 나타내기 위해 감탄사나 감탄형 종결 어미 다음에 쓴다.

② 강한 명령문 또는 청유문에 쓴다.

③ 감정을 넣어 다른 사람을 부르거나 대답할 적에 쓴다.

④ 물음의 말로써 놀람이나 항의의 뜻을 나타내는 경우에 쓴다.

(2) 쉼표

(a) 반점(,), 모점(′)

가로쓰기에는 반점, 세로쓰기에는 모점을 쓴다. 문장 안에서 짧은 휴지를 나타낸다.

① 같은 자격의 어구가 열거될 때에 쓴다.

② 짝을 지어 구별할 필요가 있을 때에 쓴다.

③ 바로 다음의 말을 꾸미지 않을 때에 쓴다.

④ 대등하거나 종속적인 절이 이어질 때에 절 사이에 쓴다.

⑤ 부르는 말이나 대답하는 말 뒤에 쓴다.

⑥ 제시어 다음에 쓴다.

⑦ 도치된 문장에 쓴다.

⑧ 가벼운 감탄을 나타내는 말 뒤에 쓴다.

⑨ 문장 첫머리의 접속이나 연결을 나타내는 말 다음에 쓴다.

⑩ 문장 중간에 끼어든 구절 앞뒤에 쓴다.

⑪ 되풀이를 피하기 위하여 한 부분을 줄일 때에 쓴다.

⑫ 문맥상 끊어 읽어야 할 곳에 쓴다.

⑬ 숫자를 나열할 때에 쓴다.

⑭ 수의 폭이나 개략의 수를 나타낼 때에 쓴다.

⑮ 수의 자릿점을 나타낼 때에 쓴다.

(b) 가운뎃점(·)

열거된 여러 단위가 대등하거나 밀접한 관계임을 나타낸다.

① 쉼표로 열거된 어구가 다시 여러 단위로 나누어질 때에 쓴다.

② 특정한 의미를 가지는 날을 나타내는 숫자에 쓴다.

③ 같은 계열의 단어 사이에 쓴다.

(c) 쌍점(:)

① 내포되는 종류를 들 적에 쓴다.

② 소표제 뒤에 간단한 설명이 붙을 때에 쓴다.

③ 저자명 다음에 저서명을 적을 때에 쓴다.

④ 시(時)와 분(分), 장(章)과 절(節) 따위를 구별할 때나, 둘 이상을 대비할 때에 쓴다.

(d) 빗금(/)

① 대응, 대립되거나 대등한 것을 함께 보이는 단어와 구, 절 사이에 쓴다.

② 분수를 나타낼 때에 쓰기도 한다.

(3) 따옴표

(a) 큰따옴표(" "), 겹낫표(『 』)

가로쓰기에는 큰따옴표, 세로쓰기에는 겹낫표를 쓴다. 대화, 인용, 특별 어구 따위를 나타낸다.

① 글 가운데서 직접 대화를 표시할 때에 쓴다.

② 남의 말을 인용할 경우에 쓴다.

(b) 작은따옴표(' '), 낫표(「」)

가로쓰기에는 작은따옴표, 세로쓰기에는 낫표를 쓴다.

① 따온 말 가운데 다시 따온 말이 들어 있을 때에 쓴다.

② 마음 속으로 한 말을 적을 때에 쓴다.

⑷ 묶음표

(a)(a) 소괄호(( ))

① 원어, 연대, 주석, 설명 등을 넣을 적에 쓴다.

② 특히 기호 또는 기호적인 구실을 하는 문자, 단어, 구에 쓴다.

③ 빈 자리임을 나타낼 적에 쓴다.

(b) 중괄호({ })

여러 단위를 동등하게 묶어서 보일 때에 쓴다.

(c) 대괄호(〈 〉)

① 묶음표 안의 말이 바깥 말과 음이 다를 때에 쓴다.

② 묶음표 안에 또 묶음표가 있을 때에 쓴다.

⑸ 이음표

(a) 줄표 (―)

이미 말한 내용을 다른 말로 부연하거나 보충함을 나타낸다.

① 문장 중간에 앞의 내용에 대해 부연하는 말이 끼여들 때 쓴다.

② 앞의 말을 정정 또는 변명하는 말이 이어질 때 쓴다.

(b) **붙임표(-)**

① 사전, 논문 등에서 합성어를 나타낼 적에, 또는 접사나 어미임을 나타낼 적에 쓴다.

② 외래어와 고유어 또는 한자어가 결합되는 경우에 쓴다.

(c) **물결표(~)**

① '내지'라는 뜻에 쓴다.

② 어떤 말의 앞이나 뒤에 들어갈 말 대신 쓴다.

(6) **드러냄표**

(a) **드러냄표(˙ , ˚)**

˙이나 ˚을 가로쓰기에는 글자 위에, 세로쓰기에는 글자 오른쪽에 쓴다.

문장 내용 중에서 주의가 미쳐야 할 곳이나 중요한 부분을 특별히 드러내 보일 때 쓴다.

(7) **안드러냄표**

(a) **숨김표(××, ○○)**

알면서도 고의로 드러내지 않음을 나타낸다.

① 금기어나 공공연히 쓰기 어려운 비속어의 경우, 그 글자의 수효만큼 쓴다.

② 비밀을 유지할 사항일 경우, 그 글자의 수효만큼 쓴다.

(b) **빠짐표(□)**

글자의 자리를 비워 둠을 나타낸다.

① 옛 비문이나 서적 등에서 글자가 분명하지 않을 때에 그 글자의 수효만큼 쓴다.

② 글자가 들어가야 할 자리를 나타낼 때 쓴다.

(c) **줄임표(……)**

① 할 말을 줄였을 때에 쓴다.

② 말이 없음을 나타낼 때에 쓴다.

13.2.4 외래어표시법

(1) 표기의 기본 원칙

① 외래어는 국어의 현용 24자모만으로 적는다.

② 외래어의 1음운은 원칙적으로 1기호로 적는다.

③ 받침에는 'ㄱ, ㄴ, ㄹ, ㅁ, ㅂ, ㅅ, ㅇ'만을 적는다.

④ 파열음 표기에는 된소리를 쓰지 않는 것을 원칙으로 한다.

⑤ 이미 굳어진 외래어는 관용을 존중하되, 그 범위와 용례는 따로 정한다.

(2) 표기 일람표

〈표 13-1〉 국제 음성 기호와 한글 대조표

자음			반모음		모음	
국제 음성 기호	한글		국제 음성 기호	한글	국제 음성 기호	한글
	모음앞	자음 앞 또는 어말				
p	ㅍ	ㅂ, 프	j	이*	i	이
b	ㅂ	브	ɥ	위	y	위
t	ㅌ	ㅅ, 트	w	오, 우*	e	에
d	ㄷ	드			ø	외
k	ㅋ	ㄱ, 크			ɛ	에
g	ㄱ	그			ɛ̃	앵
f	ㅍ	프			œ	외
v	ㅂ	브			œ̃	욍
θ	ㅅ	스			æ	애
ð	ㄷ	드			a	아
s	ㅅ	스			ɑ	아
z	ㅈ	즈			ɑ̃	앙
ʃ	시	슈, 시			ʌ	어
ʒ	ㅈ	지			ɔ	오
ts	ㅊ	츠			ɔ̃	옹
dz	ㅈ	즈			o	오
tʃ	ㅊ	치			u	우
dʒ	ㅈ	지			ə**	어
m	ㅁ	ㅁ			ɚ	어
n	ㄴ	ㄴ				
ɲ	니*	뉴				
ŋ	ㅇ	ㅇ				
l	ㄹ, ㄹㄹ	ㄹ				
r	ㄹ	르				
h	ㅎ	흐				
ç	ㅎ	히				
x	ㅎ	흐				

〈표 13-2〉 일본어의 가나와 한글 대조표

가나					한글									
					어두					어중·어말				
ア	イ	ウ	エ	オ	아	이	우	에	오	아	이	우	에	오
カ	キ	ク	ケ	コ	가	기	구	게	고	카	키	쿠	케	코
サ	シ	ス	セ	ソ	사	시	스	세	소	사	시	스	세	소
タ	チ	ツ	テ	ト	다	지	쓰	데	도	타	치	쓰	테	토
ナ	ニ	ヌ	ネ	ノ	나	니	누	네	노	나	니	누	네	노
ハ	ヒ	フ	ヘ	ホ	하	히	후	헤	호	하	히	후	헤	호
マ	ミ	ム	メ	モ	마	미	무	메	모	마	미	무	메	모
ヤ	イ	ユ	エ	ヨ	야	이	유	에	요	야	이	유	에	요
ラ	リ	ル	レ	ロ	라	리	루	레	로	라	리	루	레	로
ワ	(ヰ)	ウン	(ヱ)	ヲ	와	(이)	우	(에)	오	와	(이)	우ㄴ	(에)	오
ガ	ギ	グ	ゲ	ゴ	가	기	구	게	고	가	기	구	게	고
ザ	ジ	ズ	ゼ	ゾ	자	지	즈	제	조	자	지	즈	제	조
ダ	ヂ	ヅ	デ	ド	다	지	즈	데	도	다	지	즈	데	도
バ	ビ	ブ	ベ	ボ	바	비	부	베	보	바	비	부	베	보
パ	ピ	プ	ペ	ポ	파	피	푸	페	포	파	피	푸	페	포
キャ	キュ	キョ			갸	규	교			캬	큐	쿄		
ギャ	ギュ	ギョ			갸	규	교			갸	규	교		
シャ	ツュ	ツョ			샤	슈	쇼			샤	슈	쇼		
ジャ	ジュ	ジョ			자	주	조			자	주	조		
チャ	チュ	チョ			자	주	조			차	추	초		
ヒャ	ヒュ	ヒョ			햐	휴	효			햐	휴	효		
ビャ	ビュ	ビョ			뱌	뷰	뵤			뱌	뷰	뵤		
ピャ	ピュ	ピョ			퍄	퓨	표			퍄	퓨	표		
ミャ	ミュ	ミョ			먀	뮤	묘			먀	뮤	묘		
リャ	リュ	リョ			랴	류	료			랴	류	료		

〈표 13-3〉 중국어의 주음 부호(注音符號)와 한글 대조표

성모 (聲母)					운모 (韻母)								
음의 분류	주음 부호	한어 병음 자모	웨이 드식 로마자	한글	음의 분류	주음 부호	한어 병음 자모	웨이 드식 로마자	한글	음의 분류	주음 부호	한어병 음자모	웨이 드식 로마자	한글
중순성	ㄅ	b	p	ㅂ	단운(單韻)	ㄚ	a	a	야	결합운모	ㄧㄢ	yan (ian)	yen (ien)	옌
	ㄆ	p	p'	ㅍ		ㄛ	o	o	오		ㄧㄣ	yin (in)	yin (ien)	인
(重脣聲)	ㄇ	m	m	ㅁ		ㄜ	e	ê	어		ㄧㄤ	yang (iang)	yang (iang)	양

성모 (聲母)

분류	주음	병음	웨이드	한글
순치성*	ㄈ	f	f	ㅍ
설첨성 (舌尖聲)	ㄉ	d	t	ㄷ
	ㄊ	t	t'	ㅌ
	ㄋ	n	n	ㄴ
	ㄌ	l	l	ㄹ
설근성 (舌根聲)	ㄍ	g	k	ㄱ
	ㄎ	k	k'	ㅋ
	ㄏ	h	h	ㅎ
설면성 (舌面聲)	ㄐ	j	ch	ㅈ
	ㄑ	q	ch'	ㅊ
	ㄒ	x	hs	ㅅ
교설첨성 (翹舌尖聲)	ㄓ	zh ⟨zhi⟩	ch ⟨chih⟩	ㅈ ⟨즈⟩
	ㄔ	ch ⟨chi⟩	ch' ⟨ch'ih⟩	ㅊ ⟨츠⟩
	ㄕ	sh ⟨shi⟩	sh ⟨shih⟩	ㅅ ⟨스⟩
	ㄖ	r ⟨ri⟩	j ⟨jih⟩	ㄹ ⟨르⟩
설치성 (舌齒聲)	ㄗ	z ⟨zi⟩	ts ⟨tzŭ⟩	ㅉ ⟨쯔⟩
	ㄘ	c ⟨ci⟩	ts' ⟨tz'ŭ⟩	ㅊ ⟨츠⟩
	ㄙ	s ⟨si⟩	s ⟨ssŭ⟩	ㅆ ⟨쓰⟩

운모 (韻母)

분류	주음	병음	웨이드	한글
	ㄝ	ê	e	에
	一	yi(i)	i	이
	ㄨ	wu(u)	wu(u)	우
	ㄩ	yu(u)	yü(ü)	위
복운 (複韻)	ㄞ	ai	ai	아이
	ㄟ	ei	ei	에이
	ㄠ	ao	ao	아오
	ㄡ	ou	ou	어우
부성운 (附聲韻)	ㄢ	an	an	안
	ㄣ	en	ên	언
	ㄤ	ang	ang	앙
	ㄥ	eng	êng	엉
권설운* (卷舌韻)	ㄦ	er(r)	êrh	얼
제치류 (齊齒類)	ㄧㄚ	ya(ia)	ya(ia)	야
	ㄧㄛ	yo	yo	요
	ㄧㄝ	ye(ie)	yeh(ieh)	예
	ㄧㄞ	yai	yai	야이
	ㄧㄠ	yao(iao)	yao(iao)	야오
	ㄧㄡ	you(ou, iu)	yu(iu)	유

결합운모 (結合韻母)

분류	주음	병음	웨이드	한글
	ㄧㄥ	ying(ing)	ying(ing)	잉
합구류 (合口類)	ㄨㄚ	wa(ua)	wa(ua)	와
	ㄨㄛ	wo(uo)	wo(uo)	워
	ㄨㄞ	wai(uai)	wai(uai)	와이
	ㄨㄟ	wei(iu)	wei(uei, ui)	웨이(우이)
	ㄨㄢ	wan(uan)	wan(uan)	완
	ㄨㄣ	wen(un)	wên(un)	원(운)
	ㄨㄤ	wang(uang)	wang(uang)	왕
	ㄨㄥ	weng(oeg)	wêng(ung)	웡(웅)
촬구류 (撮口類)	ㄩㄝ	yue(ue)	yüeh(üeh)	웨
	ㄩㄢ	yuan(uan)	yüan(üan)	위안
	ㄩㄣ	yun(un)	yün(ün)	윈
	ㄩㄥ	yong(iong)	yung(jung)	융

(3) 표기 세칙

- 영어의 표기

(a) 무성 파열음(⟨p⟩, ⟨t⟩, ⟨k⟩)

① 짧은 모음 다음의 어말 무성 파열음(⟨p⟩, ⟨t⟩, ⟨k⟩)은 받침으로 적는다.

> 예 gap⟨ɡæp⟩ 캡   cat⟨kæt⟩ 캣
>   book⟨buk⟩ 북

② 짧은 모음과 유음·비음(⟨l⟩, ⟨r⟩, ⟨m⟩, ⟨n⟩) 이외의 자음 사이에 오는 무성 파열음(⟨p⟩, ⟨t⟩, ⟨k⟩)은 받침으로 적는다.

> 예 apt⟨æpt⟩ 앱트   setback⟨setbæk⟩셋백
>   act⟨ækt⟩ 액트

③ 위 경우 이외의 어말과 자음 앞의 ⟨p⟩, ⟨t⟩, ⟨k⟩는 '으'를 붙여 적는다.

> 예 stamp⟨stæmp⟩ 스탬프   cape⟨keip⟩ 케이프
>   nest⟨nest⟩ 네스트   part⟨pɑ : t⟩ 파트
>   desk⟨desk⟩ 데스크   make⟨meik⟩ 메이크
>   apple⟨æpl⟩ 애플   mattress⟨mætris⟩ 매트리스
>   chipmunk⟨tʃipmʌŋk⟩ 치프멍크   sickness⟨siknis⟩ 시크니스

(b) 유성 파열음(⟨b⟩, ⟨d⟩, ⟨ɡ⟩)

① 어말과 모든 자음 앞에 오는 유성 파열음은 '으'를 붙여 적는다.

> 예 bulb⟨bʌlb⟩ 벌브   land⟨lænd⟩ 랜드
>   zigzag⟨ziɡzæɡ⟩ 지그재그   lobster⟨lɔbstə⟩ 로브스터
>   kidnap⟨kidnæp⟩ 키드냅   signal⟨siɡnəl⟩ 시그널

(c) 마찰음(⟨s⟩, ⟨z⟩, ⟨f⟩, ⟨v⟩, ⟨θ⟩, ⟨ð⟩, ⟨ʃ⟩, ⟨ʒ⟩)

① 어말 또는 자음 앞의 ⟨s⟩, ⟨z⟩, ⟨f⟩, ⟨v⟩, ⟨θ⟩, ⟨ð⟩는 '으'를 붙여 적는다.

> 예 mask⟨mɑ : sk⟩ 마스크   jazz⟨dʒæz⟩ 재즈
>   graph⟨ɡræpf⟩ 그래프   olive⟨ɔliv⟩ 올리브
>   thrill⟨θril⟩ 스릴   bathe⟨beið⟩ 베이드

② 어말의 ⟨ʃ⟩는 '시'로 적고, 자음 앞의 ⟨ʃ⟩는 '슈'로, 모음 앞의 ⟨ʃ⟩는 뒤따르는 모음에 따라 '샤', '섀', '셔', '셰', '쇼', '슈', '시'로 적는다.

> 예 flash⟨flæʃ⟩ 플래시   shrub⟨ʃrʌb⟩ 슈러브
>   shark⟨ʃɑ : k⟩ 샤크   shank⟨ʃæŋk⟩ 섕크
>   fashion⟨fæʃən⟩ 패션   sheriff⟨ʃerif⟩ 셰리프

shopping⟨ʃɔpiŋ⟩ 쇼핑   shoe⟨ʃuː⟩ 슈
shim⟨ʃim⟩ 심

③ 어말 또는 자음 앞의 ⟨ʒ⟩는 '지'로 적고, 모음 앞의 ⟨ʒ⟩는 'ㅈ'으로 적는다.

　예 mirage⟨miraːʒ⟩ 미라지   vision⟨viʒən⟩ 비전

(d) 파찰음(⟨ts⟩, ⟨dz⟩, ⟨tʃ⟩, ⟨dʒ⟩)

① 어말 또는 자음 앞의 ⟨ts⟩, ⟨dz⟩는 'ㅊ', 'ㅈ'로 적고, ⟨tʃ⟩, ⟨dʒ⟩는 '치', '지'로 적는다.

　예 Keats⟨kiːts⟩ 키츠   odds⟨ɔdz⟩ 오즈
　　switch⟨switʃ⟩ 스위치   bridge⟨bridʒ⟩ 브리지
　　Pittsburgh⟨pitsbəːg⟩ 피츠버그   hitchhike⟨hitʃhaik⟩ 히치하이크

② 모음 앞의 ⟨tʃ⟩, ⟨dʒ⟩는 'ㅊ', 'ㅈ'으로 적는다.

　예 chart⟨tʃaːt⟩ 차트   virgin⟨vəːdʒin⟩ 버진

(e) 비음(⟨m⟩, ⟨n⟩, ⟨ŋ⟩)

① 어말 또는 자음 앞의 비음은 모두 받침으로 적는다.

　예 steam⟨stiːm⟩ 스팀   corn⟨kɔːn⟩ 콘
　　ring⟨riŋ⟩ 링   lamp⟨læmp⟩ 램프
　　hint⟨hint⟩ 힌트   ink⟨iŋk⟩ 잉크

② 모음과 모음 사이의 ⟨ŋ⟩은 앞 음절의 받침 'ㅇ'으로 적는다.

　예 hanging⟨hæŋiŋ⟩ 행잉   longing⟨lɔŋiŋ⟩ 롱잉

(f) 유음(⟨l⟩)

① 어말 또는 자음 앞의 ⟨l⟩은 받침으로 적는다.

　예 hotel⟨houtel⟩ 호텔   pulp⟨pʌlp⟩ 펄프

② 어중의 ⟨l⟩이 모음 앞에 오거나, 모음이 따르지 않는 비음(⟨m⟩, ⟨n⟩) 앞에 올 때에
　는 'ㄹㄹ'로 적는다. 다만, 비음(⟨m⟩, ⟨n⟩) 뒤의 ⟨l⟩은 모음 앞에 오더라도 'ㄹ'로 적
　는다.

　예 slide⟨slaid⟩ 슬라이드   film⟨film⟩ 필름
　　helm⟨helm⟩ 헬름   swoln⟨swouln⟩ 스월른
　　Hamlet⟨hæmlit⟩ 햄릿   Henley⟨henli⟩ 헨리

(g) **장모음**

① 장모음의 장음은 따로 표기하지 않는다.

　　예 team⟨ti : m⟩ 팀　　　　　　　　　　route⟨ru : t⟩ 루트

(h) **중모음(⟨ai⟩, ⟨au⟩, ⟨ei⟩, ⟨ɔi⟩, ⟨ou⟩, ⟨auə⟩)**

① 중모음은 각 단모음의 음가를 살려서 적되, ⟨ou⟩는 '오'로, ⟨auə⟩는 '아워'로 적는다.

　　예 time⟨taim⟩ 타임　　　　　　　　house⟨haus⟩ 하우스
　　　skate⟨skeit⟩ 스케이트　　　　　oil⟨ɔil⟩ 오일
　　　boat⟨bout⟩ 보트　　　　　　　　tower⟨tauə⟩ 타워

(i) **반모음(⟨w⟩, ⟨j⟩)**

① ⟨w⟩는 뒤따르는 모음에 따라 ⟨wə⟩, ⟨wɔ⟩, ⟨wou⟩는 '워', ⟨wɑ⟩는 '와', ⟨wæ⟩는 '왜', ⟨we⟩는 '웨', ⟨wi⟩는 '위', ⟨wu⟩는 '우'로 적는다.

　　예 word⟨wə : d⟩ 워드　　　　　　　want⟨wɔnt⟩ 원트
　　　woe⟨wou⟩ 워　　　　　　　　　wander⟨wɑndə⟩ 완더
　　　wag⟨wæg⟩ 왜그　　　　　　　　west⟨west⟩ 웨스트
　　　witch⟨witʃ⟩ 위치　　　　　　　wool⟨wul⟩ 울

② 자음 뒤에 ⟨w⟩가 올 때에는 두 음절로 갈라 적되, ⟨gw⟩, ⟨hw⟩, ⟨kw⟩는 한 음절로 붙여 적는다.

　　예 swing⟨swiŋ⟩ 스윙　　　　　　　twist⟨twist⟩ 트위스트
　　　penguin⟨peŋgwin⟩ 펭귄　　　　whistle⟨hwisl⟩ 휘슬
　　　quarter⟨kwɔ : tə⟩ 쿼터

③ 반모음 ⟨j⟩는 뒤따르는 모음과 합쳐 '야', '얘', '여', '예', '요', '유', '이'로 적는다. 다만, ⟨d⟩, ⟨l⟩, ⟨n⟩ 다음에 ⟨jə⟩가 올 때에는 각각 '디어', '리어', '니어'로 적는다.

　　예 yard⟨jɑ : d⟩ 야드　　　　　　　yank⟨jæŋk⟩ 얭크
　　　yearn⟨jə : n⟩ 연　　　　　　　　yellow⟨jelou⟩ 옐로
　　　yawn⟨jɔ : n⟩ 욘　　　　　　　　you⟨ju : ⟩ 유
　　　year⟨jiə⟩ 이어
　　　Indian⟨indjən⟩ 인디언　　　　　battalion⟨bətæljən⟩ 버탤리언
　　　union⟨ju : njən⟩ 유니언

(j) **복합어**

① 따로 설 수 있는 말의 합성으로 이루어진 복합어는 그것을 구성하고 있는 말이 단독으로 쓰일 때의 표기대로 적는다.

예 cuplike〈kʌplaik〉 컵라이크 　　　　bookend〈bukend〉 북엔드
　headlight〈hedlait〉 헤드라이트 　　touchwood〈tʌʃwud〉 터치우드
　sit-in〈sitin〉 싯인 　　　　　　　bookmaker〈bukmeikə〉 북메이커
　flashgun〈flæʃɡʌn〉 플래시건 　　　topknot〈tɔpnɔt〉 톱놋

② 원어에서 띄어 쓴 말은 띄어 쓴 대로 한글 표기를 하되, 붙여 쓸 수도 있다.

예 Los Alamos〈lɔs æləmous〉 로스 앨러모스/로스앨러모스
　top class〈tɔpklæs〉 톱 클래스/톱클래스

- **일본어의 표기**

① 촉음(促音)〈ッ〉는 'ㅅ'으로 통일해서 적는다.

예 サッポロ 삿포로 　　　　　　トットリ 돗토리
　ヨッカイチ 욧카이치

② **장모음**

장모음은 따로 표기하지 않는다.

예 キュウシュウ(九州) 규슈 　　　ニイガタ(新潟) 니가타
　トウキョウ(東京) 도쿄 　　　　オオサカ(大阪) 오사카

- **중국어의 표기**

① 성조는 구별하여 적지 아니한다.

② 'ㅈ, ㅉ, ㅊ'으로 표기되는 자음(?, ?, ?, ?, ?, ?) 뒤의 'ㅑ, ㅖ, ㅛ, ㅠ' 음은 'ㅏ, ㅔ, ㅗ, ㅜ'로 적는다.

예 쟈 → 자 　　　　　　　　　제 → 제

- **인명, 지명 표기의 원칙**

(a) **표기 원칙**

① 외국의 인명, 지명의 표기는 제1장, 제2장, 제3장의 규정을 따르는 것을 원칙으로 한다.

② 제3장에 포함되어 있지 않은 언어권의 인명, 지명은 원지음을 따르는 것을 원칙으로 한다.

예 Ankara 앙카라 　　　　　　　Gandhi 간디

③ 원지음이 아닌 제3국의 발음으로 통용되고 있는 것은 관용을 따른다.

> 예 Hague 헤이그   Caesar 시저

④ 고유 명사의 번역명이 통용되는 경우 관용을 따른다.

> 예 Pacific 태평양   Black Sea 흑해

(b) 동양의 인명, 지명 표기

① 중국 인명은 과거인과 현대인을 구분하여 과거인은 종전의 한자음대로 표기하고, 현대인은 원칙적으로 중국어 표기법에 따라 표기하되, 필요한 경우 한자를 병기한다.

② 중국의 역사 지명으로서 현재 쓰이지 않는 것은 우리 한자음대로 하고, 현재 지명과 동일한 것은 중국어 표기법에 따라 표기하되, 필요한 경우 한자를 병기한다.

③ 일본의 인명과 지명은 과거와 현대의 구분 없이 일본어 표기법에 따라 표기하는 것을 원칙으로 하되, 필요한 경우 한자를 병기한다.

④ 중국 및 일본의 지명 가운데 한국 한자음으로 읽는 관용이 있는 것은 이를 허용한다.

> 예 東京 도쿄, 동경   京都 교토, 경도
> 上海 상하이, 상해   臺灣 타이완, 대만
> 黃河 황허, 황하

(c) 바다, 섬, 강, 산 등의 표기 세칙

① '해', '섬', '강', '산' 등이 외래어에 붙을 때에는 띄어 쓰고, 우리말에 붙을 때에는 붙여 쓴다.

> 예 카리브 해, 북해, 발리 섬, 목요섬

② 바다는 '해(海)'로 통일한다.

> 예 홍해, 발트 해, 아라비아 해

③ 우리 나라를 제외하고 섬은 모두 '섬'으로 통일한다.

> 예 타이완 섬, 코르시카 섬 (우리 나라 : 제주도, 울릉도)

④ 한자 사용 지역(일본, 중국)의 지명이 하나의 한자로 되어 있을 경우, '강', '산', '호', '섬' 등은 겹쳐 적는다.

> 예 온타케 산(御岳)   주장 강(珠江)
> 도시마 섬(利島)   하야카와 강(早川)
> 위산 산(玉山)

⑤ 지명이 산맥, 산, 강 등의 뜻이 들어 있는 것은 '산맥', '산', '강' 등을 겹쳐 적는다.

예 Rio Grande 리오그란데 강   Monte Rosa 몬테로사 산
   Mont Blanc 몽블랑 산   Sierra Madre 시에라마드레 산맥

13.2.5 국어의 로마자 표기법

(1) 표기의 기본 원칙

① 국어의 로마자 표기는 국어의 표준 발음법에 따라 적는 것을 원칙으로 한다.

② 로마자 이외의 부호는 되도록 사용하지 않는다.

(2) 표기 일람

① 모음은 다음 각 호와 같이 적는다.

- **단모음**

ㅏ	ㅓ	ㅗ	ㅜ	ㅡ	ㅣ	ㅐ	ㅔ	ㅚ	ㅟ
a	eo	o	u	eu	i	ae	e	oe	wi

- **이중 모음**

ㅑ	ㅕ	ㅛ	ㅠ	ㅒ	ㅖ	ㅘ	ㅙ	ㅝ	ㅞ	ㅢ
ya	yeo	yo	yu	yae	ye	wa	wae	wo	we	ui

② 자음은 다음 각 호와 같이 적는다.

- **파열음**

ㄱ	ㄲ	ㅋ	ㄷ	ㄸ	ㅌ	ㅂ	ㅃ	ㅍ
g, k	kk	k	d, t	tt	t	b, p	pp	p

- **파찰음**

ㅈ	ㅉ	ㅊ
j	jj	ch

- **마찰음**

ㅅ	ㅆ	ㅎ
s	ss	h

• 비음			**• 유음**	

ㄴ	ㅁ	ㅇ
n	m	ng

ㄹ
r, l

〈붙임 1〉 'ㄱ, ㄷ, ㅂ'은 모음 앞에서는 'g, d, b'로, 자음 앞이나 어말에서는 'k, t, p'로 적는다.(〈 〉 안의 발음에 따라 표기함.)

〔예〕 구미 Gumi　　　　영동 Yeongdong　　　　백암 Baegam
　　옥천 Okcheon　　　합덕 Hapdeok　　　　호법 Hobeop
　　월곶〈월곧〉 Wolgot　벚꽃〈벋꼳〉 beotkkot　한밭〈한받〉 Hanbat

〈붙임 2〉 'ㄹ'은 모음 앞에서는 'r'로, 자음 앞이나 어말에서는 'l'로 적는다. 단, 'ㄹㄹ'은 'll'로 적는다.

〔예〕 구리 Guri　　　　설악 Seorak　　　　　칠곡 Chilgok
　　임실 Imsil　　　　울릉 Ulleung
　　대관령〈대괄령〉 Daegwallyeong

(3) 표기상의 유의점

① 음운 변화가 일어날 때에는 변화의 결과에 따라 다음 각 호와 같이 적는다.

• 자음 사이에서 동화 작용이 일어나는 경우

〔예〕 백마〈뱅마〉 Baengma　　　신문로〈신문노〉 Sinmunno
　　종로〈종노〉 Jongno　　　　왕십리〈왕심니〉 Wangsimni
　　별내〈별래〉 Byeollae　　　신라〈실라〉 Silla

• 'ㄴ, ㄹ'이 덧나는 경우

〔예〕 학여울〈항녀울〉 Hangnyeoul　알약〈알략〉 allyak

• 구개음화가 되는 경우

〔예〕 해돋이〈해도지〉 haedoji　　　　　같이〈가치〉 gachi
　　맞히다〈마치다〉 machida

• 'ㄱ, ㄷ, ㅂ, ㅈ'이 'ㅎ'과 합하여 거센소리로 소리 나는 경우

〔예〕 좋고〈조코〉 joko　　　　놓다〈노타〉 nota
　　잡혀〈자펴〉 japyeo　　　낳지〈나치〉 nachi

다만, 체언에서 'ㄱ, ㄷ, ㅂ' 뒤에 'ㅎ'이 따를 때에는 'ㅎ'을 밝혀 적는다.

〔예〕 묵호 Mukho　　　　　　집현전 Jiphyeonjeon

〈붙임〉 된소리되기는 표기에 반영하지 않는다.

例 압구정 Apgujeong   낙동강 Nakdonggang
   죽변 Jukbyeon   낙성대 Nakseongdae
   합정 Hapjeong   팔당 Paldang
   샛별 saetbyeol   울산 Ulsan

② 발음상 혼동의 우려가 있을 때에는 음절 사이에 붙임표(-)를 쓸 수 있다.

例 중앙 Jung-ang   반구대 Ban-gudae
   세운 Se-un   해운대 Hae-undae

③ 고유 명사는 첫 글자를 대문자로 적는다.

例 부산 Busan   세종 Sejong

④ 인명은 성과 이름의 순서로 띄어 쓴다. 이름은 붙여 쓰는 것을 원칙으로 하되 음절 사이에 붙임표(-)를 쓰는 것을 허용한다. ((   )안의 표기를 허용함.)

例 민용하 Min Yongha (Min Yong-ha)
   송나리 Song Nari (Song Na-ri)

• 이름에서 일어나는 음운 변화는 표기에 반영하지 않는다.

例 한복남 Han Boknam (Han Bok-nam)
   홍빛나 Hong Bitna (Hong Bit-na)

• 성의 표기는 따로 정한다.

⑤ '도, 시, 군, 구, 읍, 면, 리, 동'의 행정 구역 단위와 '가'는 각각 'do, si, gun, gu, eup, myeon, ri, dong, ga'로 적고, 그 앞에는 붙임표(-)를 넣는다. 붙임표(-) 앞뒤에서 일어나는 음운 변화는 표기에 반영하지 않는다.

例 충청북도 Chungcheongbuk-do   제주도 Jeju-do
   의정부시 Uijeongbu-si   양주군 Yangju-gun
   도봉구 Dobong-gu   신창읍 Sinchang-eup
   삼죽면 Samjuk-myeon   인왕리 Inwang-ri
   당산동 Dangsan-dong   봉천1동 Bongcheon 1(il)-dong
   종로 2가 Jongno 2(i)-ga
   퇴계로 3가 Toegyero 3(sam)-ga

〈붙임〉 '시, 군, 읍'의 행정 구역 단위는 생략할 수 있다.

例 청주시 Cheongju   함평군 Hampyeong
   순창읍 Sunchang

⑥ 자연 지물명, 문화재명, 인공 축조물명은 붙임표(-) 없이 붙여 쓴다.

> 예 남산 Namsan 　　　　 속리산 Songnisan
> 금강 Geumgang 　　　　 독도 Dokdo
> 경복궁 Gyeongbokgung 　　 무량수전 Muryangsujeon
> 연화교 Yeonhwagyo 　　　 극락전 Geungnakjeon
> 안압지 Anapji 　　　　　 남한산성　Namhansanseong
> 화랑대 Hwarangdae 　　　 불국사 Bulguksa
> 현충사 Hyeonchungsa 　　 독립문 Dongnimmun
> 오죽헌 Ojukheon 　　　　 촉석루 Chokseongnu
> 종묘 Jongmyo 　　　　　 다보탑 Dabotap

⑦ 인명, 회사명, 단체명 등은 그동안 써 온 표기를 쓸 수 있다.

⑧ 학술 연구 논문 등 특수 분야에서 한글 복원을 전제로 표기할 경우에는 한글 표기를 대상으로 적는다. 이때 글자 대응은 제2장을 따르되 'ㄱ, ㄷ, ㅂ, ㄹ'은 'g, d, b, l'로만 적는다. 음가 없는 'ㅇ'은 붙임표(-)로 표기하되 어두에서는 생략하는 것을 원칙으로 한다. 기타 분절의 필요가 있을 때에도 붙임표(-)를 쓴다.

> 예 집 jib 　　　　　　　 짚 jip
> 밖 bakk 　　　　　　　 값 gabs
> 붓꽃 buskkoch 　　　　 먹는 meogneun
> 독립 doglib 　　　　　 문리 munli
> 물엿 mul-yeos 　　　　 굳이 gud-i
> 좋다 johda 　　　　　　 가곡 gagog
> 조랑말 jolangmal 　　　 없었습니다 eobs-eoss-seubnida

13.3 글쓰기의 과정

　글쓰기는 크게 계획, 집필, 마무리의 세 단계로 나누어 볼 수 있다. 첫 번째 '계획'의 단계는 무엇에 대해 쓸 것인가를 결정한 후에 주제 설정, 소재의 선택과 정리, 구성 및 개요 작성에 이르는 과정이다 두 번째 '집필'의 단계는 계획된 구상에 따라 실제로 글을 작성하는 과정이며, 세 번째 '마무리'의 단계 에서는 다 쓴 글을 평가·보완하고 다듬는다.

13.3.1 주제 및 제재 선정

(1) 주제의 설정

한 편의 글이 다루고 있는 핵심적인 내용이나 대상을 주제(theme)라고 한다. 주제의 설정 방향에 따라 글의 내용이 결정되고, 제재의 선택·배열·글의 짜임새가 달라지게 된다. 주제를 설정할 때는 다음과 같은 사항에 유의해야 한다.

① 주제에 대한 분명한 소신이 있어야 한다. - 그 주제를 선택한 이유와 왜 그 주제의 글을 써야 하는지, 그리고 그 주제는 어떤 효과를 나타낼 수 있는 가에 관해 뚜렷한 소선을 가지고 있어야 한다.

② 글쓰는 이가 감당할 수 있는 주저〉이어야 한다. - 아무리 좋은 주제라고 하더라도 글쓰는 이가 감당할 수 없는 범위의 것이라면 본질에 접근할 수 없게 된다.

③ 참신한 주제이어야 한다.

④ 주제 설정은 제재를 쉽게 얻을 수 있는 범위에서 선택하는 것이 좋다.

⑤ 주어진 지면의 분량에 맞는 주제를 택한다.

1)가주제 설정	2)주제의 정리	3)주제의 한정	4)주제의 결정	5)주제문 작성
일본	1. 독도와 일본외교 2. 우리말의 일본어 잔재 3. 역사 교과서 왜곡 4. 일본을 배우자 5 일본 속의 한국 문화 6 경제 대국 일본 7. 일본 축구 강해졌다	교과서 왜곡	일본을 바로알자	우리는 일본의 역사 교과서 왜곡을 통해 일본을 바로 알고, 일본에 대한 경각심을 늦추지 말아야 한다.

일반적으로 주제는 작고, 쉽고, 흥미로운 것이어야 한다. 주제는 가주제 설정 → 주제의 정리 → 주제의 한정 → 주제의 결정 → 주제문 작성의 과정을 거친다. 주제문이 분명해지면 이에 따라 글의 목적과 제목을 설정한다.

(2) 제재의 선택과 정리

글의 목적이 정해지고 나면 그 목적에 맞는 다양하고 광범위한 제재들을 조사하고 정리해야 한다. 제재는 글에서 나타내고자 하는 주제를 구체적으로 드러나게 하는 매개체의 역할을 한다. 그러므로 주제를 효과적으로 드러나게 하는 소재를 잘 선택하는 일이 무엇보다도 중요하다

주제가 설정된 후에 필요한 제재를 선택할 때 주의해야 할 점은 다음과 같다.

① 다양하고 풍부한 제재를 수집·선택·활용해야 한다. - 제재가 풍부할수록 글의 내용이 윤택해지고, 주제를 명확하고 효율적으로 전달할 수 있게 된다.
② 통일성이 있는 제재를 선택한다. - 아무리 흥미롭고 유익한 제재라 할지라도 주제를 구현하는데 불필요한 제재는 혼란만 가져올 뿐이다.
③ 구체적이고 독창적인 제재가 효과적이다 - 누구나 아는 사실보다는 참 신하고 흥미로운 제재가 읽는 이의 관심을 끌 수 있다.

주장하는 글이나 보고서는 주장을 뒷받침할 수 있는 정확한 사실의 근거 자료가 중요하다 다음으로는 다방면에서 선택·수집한 자료들을 주제에 맞게 정리하면서 글의 윤곽을 잡아 나가는 것이다.

13.3.2 개요작성과 구성방법

(1) 개요작성

주제가 결정되고 소재가 정해지면 그 소재들을 어떻게 배치해야 글의 표현 효과를 극대화시킬 수 있는가를 구상해야 한다. 이러한 구상에 따라 미리 만들어 놓은 글의 윤곽을 개요 또는 아우트라인(outline)이라고 한다.

글의 구성에 따라 개요는 가능한 한 단락별로 상세히 작성하도록 한다. 개요는 논리전개의 양상을 한 눈에 파악할 수 있게 한다. 그리고 상세히 작성한 개요는 실제 글을 전개해 나갈 때 막힘이 없고, 어느 한 곳에 내용이 치우치지 않는 잘 짜여진 글이 되게 한다.

〈구상 메모〉의 예

1. 주 제 : 경로의 길 모색
2. 주제문 : 노인들을 보호·우대하고, 일을 드리고, 사회에 참여하시도록 하자.
3. 목 적 : 노인문제에 대한 주의를 환기시키고, 그 해결책을 찾아본다.

〈화제식 개요〉의 예

1. 서론(문제 제기) : 노인 문제의 필요성 제기
2. 본론 : 경로의 첫째 방법 : 노인에 대한 보호 · 우대 경로의 둘째 방법 : 노인과 사회참여
3. 결론 : 노인 공경의 의의

〈문장식 개요〉의 예

1. 서론 : 문제 제기의 배경 - 병약과 고독 속에서 사는 노인이 많다 문제 제기 - 경로의 길을 모색하자
2. 본론 : 자녀 양육과 일로 병약해졌으므로 노인을 보호하고 우대하자.
   노인에게 일거리를 마련해 주고, 사회 참여의 기회를 부여하자
3. 결론 : 경로행위(노인들을 보호·우대, 사회참여)의 의의는 매우 크다.

개요에는 글에서 다루고자 하는 내용을 화제로 정리한 '화제식 개요'와 그 것을 구체적인 문장으로 풀어놓은 '문장식 개요'가 있다. 전자는 글이 다루고 있는 소재나 주제를 드러낸 것이고 후자는 소재를 다루는 구체적인 의도나 주제문을 밝힌 것이다. 그러므로 단순히 현상을 고찰하기 위한 보고서라면 전자가 적당할 것이고, 주장을 하기 위한 글이라면 우선 문제를 제기하고 문제 의 심각성을 타당한 논거로 일깨워서 자신의 주장대로 독자를 이끌도록 구성해야 할 것이다.

(2) 구성방법

구성이란 글에 통일적인 맥락을 부여하는 것으로, 쓰고 싶은 제재(소재)를 어떻게 일정하게 배열할 것인가를 결정하는 것이다. 글의 종류에 따라 구성 방법이 다르므로 구성의 기본 구조를 말하기는 어려우나 일반적으로 다음의 두 가지 예로 나누어 볼 수 있다.

첫 번째는 글의 내용이 어떤 논리적 질서에 따라 '가 → 나 → 다'와 같이 이어지는 구조이며, 두 번째는 서로 이어지지 않고 '가 + 나 + 다'와 같이 독자적으로 모여 주제를 나타내는 구조이다 전자의 직렬구성은 정보전달의 학술적인 글을 구성하는 데 적합하며, 후자의 병렬구성은 수필과 같은 글에 흔히 쓰이는 방법이다.

〈표 13-4〉 사무실의 일반적인 조도기준

삼단구성	사단구성	오 단 구 성	
Ⅰ. 서론(도입)	1. 도입	(1) 주의 환기 (화제에 주의를 끄는 단계) (2) 과제 제기 (문제를 제기하는 단계)	발단
Ⅱ. 본론(전개)	2. 전개	(3) 과제 해명 (문제의 해결법을 제시하는 논증명시 단계)	전개
	3. 발전	(4) 구체화 (해결법을 구체적으로 전개하고, 그 유효성을 실증하는 단계)	위기 절정
Ⅲ. 결론(정리)	4. 정리	(5) 요약과 강조 (전체 내용을 마무리하는 단계)	결말 (대단원)

구성방법은 대개 다음과 같다.

① **시간적 구성** : 어떤 사건이나 일이 진행되어 가는 과정을 서술하는 방법이다 예를 들어 그날 하루에 있었던 일을 시간의 흐름에 따라 서술한다든 지, 어떤 사건을 발단, 진행과정, 결말의 순서로 서술하는 것이다. 주로 기행문, 체험수기, 회의록, 자기소개서, 전기 등의 글을 쓰는 데 효과적이다.

② **공간적 구성** : 사물의 모습이나 자연의 풍경을 시선의 이동에 따라 있는 그대로 서술하는 방법이다. 예를 들어 바깥에서 안쪽, 왼쪽에서 오른쪽, 앞 쪽에서 뒤쪽, 위에서 아래와 같은 수평적 혹은 수직적인 질서나 그 반대의 순서에 따라 묘사한다.

③ **단계식 구성** : 글을 쓰는 목적이나 의도와 관련지어 주제가 분명히 드러날 수 있도록 논리적 일관성을 유지하여 소재들을 배열하는 것을 말한다. 이것은 논리적 성격을 띠고 있는 논설, 평론, 주장의 글 등에 적합하다 단계식 구성에는 흔히 다음의 세 가지 방식이 쓰인다.

④ **논리적 구성** : 사물을 분석 고찰한 내용을 논리적으로 사리에 맞게 전개하는 방법을 말한다. 이것은 조리 있게 내용을 전개해야 하는 글, 즉 학술 발표문, 논설문, 호소문 등에 쓰인다. 논리적 구성에 따른 단락 배열의 방법은 크게 네 가지로 나눌 수 있다.

- 일반적인 것을 순서대로 구체화하여 단락을 연결한다.
- 구체적인 것의 일반화 순서로 단락들을 연결한다.
- 원인에서 결과의 순서로 논지를 전개한다.
- 결과에서 원인의 순서로 논지를 전개한다.

⑤ **열거식 구성** : 몇 개의 대등한 화제가 병렬되는 글의 짜임새를 말한다. 이것은 생각한 바를 간결히 진술하거나 중요한 문제를 밝힐 때 사용하는 것으로, 전후 문맥 사이에 긴밀한 논리 관계가 성립하지 않아 이론이 정연한 긴 글을 쓰는데는 부적합하다. 주로 일기, 기행문, 수필 등에 쓰인다.

⑥ **점충식 구성** : 화제나 사건의 규모를 점점 크고 깊게, 혹은 중요하고 강하게 고조시키거나, 그 반대 방식으로 전개하는 것이다 이것은 대체로 설득력과 호소력이 강해서 독자의 감정을 고조시키는 효과를 지닌다. 따라서 소설, 희곡, 방송대본, 웅변 원고 등 청중에게 호소하는 성격의 글에 적합하다.

13.3.3 도입부와 종결부 쓰기

글은 일반적으로 도입부, 본문, 종결부의 세 부분으로 구성된다. 도입부에서는 그 글에서 다룰 문제점이나 주제를 간단히 제시하고, 본문에서는 제기된 문제를 항목별로 나누어 설명하거나 논술한다. 그리고 종결부에서는 본문에서 서술된 바를 간추리거나 결론을 내리게 된다.

(1) 도입부 쓰는 법

막상 글을 시작할 때는 어떻게 시작할 것인가를 망설이게 된다. 다음은 도입부를 시작하는 방법들이다.

① **주제문(소주제문)을 내세워 시작하는 방법** : 가장 일반적인 방법으로 글의 목적과 방향을 분명히 제시하여 읽는 이로 하여금 필자의 취지를 쉽게 파악하도록 하게 한다.

② **인용으로 시작하는 방법** : 자신의 주장이 옳음을 논증하기 위해 사용하는 것으로 속담, 경구, 우화, 명언, 일화, 보도자료, 역사적 사실, 통계자료 등으로 글의 첫머리를 시작하는 것이다.

③ **대상을 분류, 구분하여 시작하는 방법** : 글의 전개시에 언급할 대상을 미리 항목별로 나누어 제시하면서 글을 시작하는 것이다. 글의 범위와 대상이 분명히 드러나 앞으로 전개될 내용을 미리 알 수 있다.

④ **문제를 제기하면서 시작하는 방법** : 글의 첫머리에 자기의 주장과 대립되는 화제나 사례, 통념 등을 제시하여 그것을 반박하는 순서로 전개하는 방법이다. 주로 주장하는 글에 많이 사용된다.

⑤ **구체적 사건이나 일화를 제시하며 시작하는 방법** : 쓰고자 하는 내용과 관련된 체험이나 견문을 먼저 제시하고, 이에 따라 자신의 생각을 풀어나가는 것이다.

⑥ **유추하며 시작하는 방법** : 어렵고 생소하고 복잡한 것을 말하고자 할 때, 쉽고 단순한 것에 빗대어 전개하는 방법이다.

⑦ **개념을 정의하면서 시작하는 방법** : 논의할 대상을 일반인들이 잘 알지 못하거나, 글쓰는 이가 나름대로 새롭게 정의하여 논지를 전개하고자 할 때 사용한다.

⑧ **시사적인 내용을 언급하면서 시작하는 방법** : 사람들이 관심을 가지고 있거나, 대중 매체를 통해 여론화된 내용을 언급하면서 시작하는 방법으로, 주로 신문 사설이나 시사 논평 등에 쓰인다.

(2) 종결부 쓰는 법

종결부는 문예문에서는 독자의 예상을 깨뜨리는 내용으로 깊은 인상을 남기거나 여운을 남기기도 하지만; 정보 전달의 글에서는 논의해 온 내용을 요약 하거나 마무리하는 것이 보통이다. 다음은 글을 종결하는 방법들이다

① **논의된 내용을 요약하며 마무리하는 방법** : 학술 논문이나 논설문 등에 흔히 사용된다. 이것은 자신이 입증하고 주장한 사실을 다시 강조함은 물론, 독자에게는 내용이 잘 정리되게 하는 장점이 있다.

② **서두의 내용을 반복하거나 되살려주며 끝맺는 방법** : 서두에서 제시했던 내용을 반복하거나 되살려 주면 구조적인 안정감을 줄 수도 있고, 강조의 효과도 거둘 수 있다.

③ **비유, 인용을 하면서 끝맺는 방법** : 자신이 펼친 논지를 증명할 수 있는 간단한 비유나 인용을 하여 마무리하는 방법으로, 논지의 타당성을 입증·강화할 수 있고 글이 한결 돋보이는 효과도 있다

④ **기대하거나 전망을 제시하면서 끝맺는 방법** : 사회나 제도를 비판하는 논설문에 자주 사용된다. 특정인이나 일반인에게 바라는 바를 제시하여 끝맺거나, 앞으로의 문제를 전망하며 끝맺기도 하고, 다른 사람에게 자신의 뜻을 적극적으로 당부하기도 한다.

⑤ **독자의 각성을 촉구하며 끝맺는 방법** : 기대하거나 당부하는 일방적 요구보다는 문제를 독자에게 떠넘겨 간접적으로 행동을 요구하거나 문제를 해결 하도록 제시하는 방법이다.

⑥ **정경을 묘사하면서 끝맺는 방법** : 문예문에서는 설명이나 주장을 하는 대신 정경을 묘사하여 여운을 남기며 끝을 맺는 경우가 많다. 이 방법은 주제나 사건의 대단원이 추상적으로 표현되어 독자에게 강한 인상을 남겨 주기도 한다.

13.3.4 글다듬기

한 편의 글은 올바르게 다듬고 고치는 글다듬기가 끝나야 비로소 완성되는 것이다. 다듬어 쓰기란 내용이나 표현 형식 가운데 잘못되거나 부족한 부분을 가려내어 알곡을 만드는 마무리작업을 일컫는다.

글다듬기에는 세 가지 원칙이 있다. 첫째는 모자라거나 빠뜨린 것을 찾아 보충하는 부가의 원칙이고, 둘째는 불필요하거나 지나치게 복잡한 것을 줄이거나 빼는 삭제의 원칙이며, 셋째는 문장이나 문단을 재배열하여 짜임새 있게 만드는 재구성의 원칙이다.

글을 다듬는 과정은 글 전체의 검토에서 시작하여 단락, 문장, 어휘와 표기법의 작은 단위로 고쳐 쓰는 것이 일반적이다

(1) 글 전체의 검토와 손질

좋은 글은 전체 문장과 단락들이 하나의 주제를 중심으로 흐트러짐 없이 통일되어 있어야 한다. 이러한 일관성과 통일성을 위해서는 글 전체의 내용과 짜임새를 검토해야 한다.

(a) 글의 주제나 목적의 타당성

① 주제는 명확히 드러나 있는가?
② 주제가 너무 진부하지 않은가?
③ 주제보다 다른 내용이 강조되지 않았는가?
④ 내용에 논리적인 모순은 없는가?

(b) **글의 짜임새**

① 글의 짜임새가 주제를 효율적으로 나타내고 있는가?

② 소주제가 글의 주제를 잘 뒷받침하고 있는가?

③ 소주제들이 서로 긴밀히 연결되어 있는가?

(c) **글의 분량**

① 글의 주제와 서술 분량이 적절한가?

② 청탁, 요구한 사람이 원하는 분량인가?

(2) **단락별 검토와 손질**

① 락 내에서 소주제문과 뒷받침 문장들이 긴밀히 연결되어 있는가?

② 한 단락 내에 소주제문과 관계되지 않은 내용의 문장은 없는가?

③ 단락과 단락의 내용이 조화롭게 연결되어 있는가?

(3) **문장별 검토와 손질**

① 문법적으로 잘못된 문장이 없는가?

② 뜻이 모호한 문장이 없는가?

③ 문장에 쓰인 어휘가 적절한가?

④ 구두점, 띄어쓰기, 맞춤법이 제대로 되어 있는가?

13.4 신문사설 스크랩 및 요약

사설을 흔히 '신문의 꽃'이라고 말한다. 사설은 권위 있는 논설위원의 개인적인 의견의 차원을 넘어 그 신문사의 입장과 견해라고 보아도 좋다. 사설은 당일 기사문 중에서 비중이 큰 사건을 주제로 삼고, 그에 대한 문제제시와 해결방안을 모색하는 글이다.

문장 작성능력 못지않게 비서에게 요구되는 또 하나의 중요한 능력은 문장 요약능력이다. 비서는 상사의 시간관리자·정보관리자·의사결정관리자가 되어야 한다. 상사가 올바른 의사결정을 내릴 수 있도록 무수히 많은 자료와 정보 들을 제공해야 하는 것이다.

여러가지 방법으로 수집한 자료들을 상사가 원하는 정보로 창출시켜 제공하기 위해서는 수많은 자료가운데 유용한 정보가 어떤 것인지 선별할 수 있는 능력과 그 정보들을 한 눈에 보아 대략 무슨 내용인지를 빨리 파악하고 분석 하는 능력이 필요하다.

유용한 정보의 선별과 신속한 내용파악을 위한 훈련방법으로 가장 좋은 재료가 신문 사설이다. 상사가 원하는 정보를 신속히 수집하여 상사에게 제공하기 위한 훈련의 한 방법으로 신문 사설을 스크랩하여 정리하고 요약하는 방법 제시하고자 한다.

13.4.1 신문의 성격

(1) 신문을 읽어야 하는 이유

① 신문은 세상의 축소판이다.
② 신문에서 정보, 지식, 지혜를 얻을 수 있다.
③ 신문은 인생교육과 현실교육이 가능하다.

(2) 신문을 통해 얻을 수 있는 다섯 가지

① 광범위하고 새로운 지식의 보고이다.
② 가장 정확한 문법과 풍부한 어휘를 구사한다.
③ 대중을 상대로 하는 문자와 문체를 사용한다.
④ 사회현상에 대한 이해가 증진되고 가치관이 형성된다.
⑤ 논리적 사고력이 형성된다.

13.4.2 신문 사설 읽기

(1) 사설 읽기의 준비

① **사설과 관련기사를 스크랩한다.**
보도기사보다는 해설기사가 좋다

② **사전을 구비한다.**

국어·한한 · 시사용어·약어·백과 · 영한사전 등

③ **노트와 스크랩북을 준비한다.**

사설을 붙이고 그 내용을 기재한다.

④ **신문을 2종류 이상 구독하는 것이 좋다.**

신마다 특정과 견해가 다르기 때문이다.

(2) 사설 읽기

① **비판적으로 읽는다.**

사설을 헐뜯는 것이 아니고, 그것의 가치를 정당하게 평가하고 규정하는 비판적인 안목을 가지고 읽는다. 제재에 대한 필자의 시각은 정당한지, 필자의 생각과 의견이 실현성이 있는지 등을 생각한다.

② **논리를 비판하며 읽는다.**

논리의 비약이나 모순이 있는지 살핀다.

③ **논리의 타당성을 비판한다.**

추론의 근거가 되는 명제나 자료에 대한 타당성이 있는지 살핀다.

13.4.3 신문 사설의 정리

(1) 주제 찾기 주제문 작성하기

① 주제, 제재, 중심과제 등을 제목으로 정한 경우가 많다. 사설은 짧은 분량에 사실과 의견을 담아야 하는 글이므로 '서론—본론—결론'으로 적절히 짜여진 사설은 찾기 힘들고, '서론—본론' 또는 주제문이 산재한 경우가 많다.

② 주제문은 사설이 무엇을 말하고자 했는지(의견과 관점)가 분명하게 한 문장으로 나타나야 한다. 주로 " ○ ○ ○해야 한다"라고 쓰인 글이 주제문이다. 본문에 형광펜이나 붉은색 펜으로 표시를 한다.

(2) 단락나누기와 글의 구조

① 하나의 단락은 일반적인 진술(화제문, 소주제원과 그에 대한 뒷받침 문장(구체적 진술 : 부연, 예시, 비유, ○○○○)으로 구성되어 있다.

② **단락구성의 원리**

- 한 단락에 한 주제라는 통일성
- 논리적 연결을 따지는 일관성
- 주제문과 뒷받침 문장이 다 있어야 한다는 완결성·강조성 등

③ 우선 형식단락별 학습을 하고, 숙달되면 내용단락별 학습을 한다.

- 형식단락의 중심내용 내지 소주제를 찾고 정리한다.
- 사설본문에 붉은색 펜으로 형식단락마다 '①, ②, ③, ④, ……', 또는 'ㄱ, ㄴ, ㄷ, ㄹ, ……'로 표시한다.
- 소주제를 노트에 옮겨 적는다. 이때, 소주제문을 적어도 좋고 간추려 적어도 된다. 그러나 소주제문을 찾아 쓰기가 어려우므로 이럴 때는 문장식으로 꾸며야 한다. 이것은 '요약'하는 훈련도 되고 글의 개요작성에도 도움이 된다.

(3) 논증자료 혹은 논거찾기

사설의 논지가 논리적으로 증명되지 못하면 사설은 존재 가치가 없다.

① **소견논거(인용논거)** : 제3자로부터 얻은 사실이다. 주관적 오류의 개입 가능성이 높으므로 사실논거와 혼용해야 한다.

② **사실논거(객관, 타당)** : 실험적 결과, 자연법칙에 따른 사실, 보편적으로 인정된 사실, 역사적·현실적 사실, 통계자료, 보고서내용, 실태조사서, 여론조사결과 등 수치가 있는 부분과 고유명사 또는 이유제시가 나타난 부분 등이다.

③ **논거의 타당성 검토** : 객관성·합리적·대표적·전형성을 띠어야 한다. 그리고 출처가 분명해야 하며, 구체적이고 명료해야 한다.

④ 본문에 형광 펜 등으로 표시하거나, '〈 〉, ‖ ‖, 〈 〉'으로 표시해 준다. 그리고 노트의 해당항목에 논거부분의 첫 어절과 끝 어절을 옮겨 적는다.

(4) 내용요약

① 내용요약은 사설공부의 핵심이고, 철저한 개요 작성에서 시작된다.

② 글의 흐름을 파악해 단락을 나누고, 구성방법을 파악한다.

③ 단락별로 소주제를 파악한 후 정리한다.

④ 글의 구성방법과 각 단락요지를 바탕으로 개요를 작성한다. 소주제문이나 소주제를 정리하면 그것이 개요가 된다. 위에서 제시한 방법대로 단락을 나누고 소주제를 찾았다면 이미 위의 3단계는 거친 것이다.

⑤ 글의 전체흐름을 염두에 두고 개요를 바탕으로 요약문을 작성한다. 이때 자신의 말로 요약해야 한다. 본문 문장을 그대로 옮기거나 필자의 의도를 왜곡하거나 또는 본문 핵심어를 생략해서는 안 된다

(5) 논리적 오류 및 문법사항

사설은 비교적 정제된 글이지만 적어도 3, 4편에 한 번쯤은 오류가 발견되기도 한다.

(6) 어려운 어휘기와 예문쓰기

해당 단어를 쓰고 낱말 뜻을 적는다. 그 단어를 이용해 짧은 문장을 지어 본다.

(7) 자기의견 쓰기

논설문 형식으로 자기의견을 기록한다. 대략 600~1,200자 정도가 적당하다. 이때 사설 내용에 동감한다던가 이젠 그러지 말아야겠다는 식은 안되고, 논리적으로 정리해야 한다.

실용문서

14.1 이력서 작성

이력서는 자신의 인생이며 자신의 얼굴로 취업을 희망하는 경우 어느 회사를 막론하고 입사원서와 함께 요구하고 있는 것으로 지원자의 학력·경력·용모·가족관계·특이사항·상벌관계 등을 파악할 수 있는 기초적인 자료로 활용된다.

14.1.1 구성항목

(1) 인적사항 및 사진

인적사항은 사진·성명·생년월일·주소·주민등록번호·연락처 등이다. 주소는 주민등록에 기재된 내용과 동일하게 적어야 한다. 사진은 첫인상을 결정짓는 중요한 것이므로 최근 3개월 이내 촬영한 것을 사용하되 좋은 인상과 부드러운 이미지를 선택한다. 호주와의 관계는 호주의 입장에서 본 관계를 적고, 연락처는 서류전형 결과 통보를 전화나 우편 및 E-mail로 하므로 반드시 기입한다.

(2) 학력 및 경력사항

전체적으로 빈약해 보인다고 초등학교부터 적는 경우가 있는데, 대개 고등학교부터 적는 것이 무난하다. 입학날짜·졸업날짜는 관계서류를 직접 확인하여 기입한다. 특히 지원회사에서 요구하는 직종과 본인의 경력과 일치하는 경우는 적극 알려야 한다. 남자의 경우는 병역관계를 필히 언급해야 한다. 그리고 학교명·학과명·단체명 등을 줄여서 기재하여서는 안 된다.

(3) 자격사항

자격증은 취득날짜와 기관명을 정확히 기입하고 미미한 자격증으로 생각되어도 지원회사나 직종에 관련 있는 경우는 좋은 평가를 받을 수 있으므로 반드시 기입해야 한다. 여러 개의 자격증을 소지하고 있을 경우에는 지원회사나 직종과 관련된 자격증을 위에 위치시켜 좋은 인상을 줄 수 있도록 해야 한다.

(4) 상벌사항 및 마무리

상벌사항은 교내외 행사나 대회에서 수상한 사실을 기록하는데, 특히 외국어나 공모전 등과 관련된 수상경력을 반드시 기입해야 한다. 내용을 모두 기입하였다면 다시 한번 사실 여부를 확인하고 도장을 찍는다.

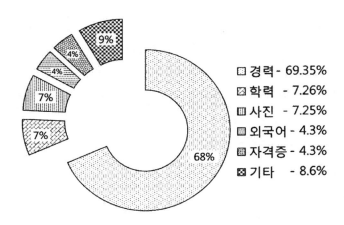

경력 - 69.35%
학력 - 7.26%
사진 - 7.25%
외국어 - 4.3%
자격증 - 4.3%
기타 - 8.6%

[그림 14-1] 인사담당자가 이력서에서 보는것

14.1.2 작성시 유의사항

① **명확한 목표와 일관성을 가진다.**
   명확한 목표와 일관성을 가진다. 나의 경력개발의 목표와 지원하는 목적, 전체적인 이력서 흐름의 일관성을 가져 나에 대한 확신을 갖게 하고 신뢰를 보여 준다.

② **읽는 사람의 입장에서 쓴다.**
   특히 알기 쉽고 이해하기 쉽도록 쓴다. 고용주가 요구하는 직무능력이 무엇인지 정확히 파악해서 굵은 글씨체 및 이탤릭체 등을 사용하여 이력서를 디자인하는 것이 좋다. 디자인에 신경 써서 읽는 이의 시선을 집중시키고 깔끔하고 일목요연하게 작성한다.

③ **업적을 중심으로 자세히 기재한다.**
   이력서 작성에서 가장 중요한 부분이므로 가능하면 자세히 실제 수행했던 과제나 업무, 성취업적, 담당했던 프로젝트 등을 기술한다. 또한 경력사항에 업무달성도

(성과)는 요점을 구체적으로 작성하여 자신의 업적에 대한 기억을 불러 일으켜 희망하는 업무에 적합하다는 판단을 내릴 수 있도록 하는 것이 중요하다. 또 자신의 세일즈 포인트(직무능력 및 경력)가 상대방에게 잘 전달되도록 부각시켜야 한다.

④ **정자를 사용하며 오타 및 오기에 신경 쓴다.**

약자는 가급적 사용하지 않으며, 글씨를 함부로 휘갈기거나 날려 쓰거나 하는 일이 없이 정자로 또박또박 깨끗이 작성해야 한다. 그러나 자주 나오는 말은 처음 나올 때 완전한 말과 약어를 함께 적어 놓아도 된다. 또한 소수의 사람만이 알고 있는 전문용어나 기술용어는 가급적 피하는 것이 좋다. 오타나 오기는 작은 실수라도 정확성과 신뢰성에 결정적인 영향을 미치므로 단 하나의 오타와 오기도 있어서는 안 된다. 그리고 영문이력서의 경우는 자필로 쓰는 것보다 타이핑으로 작성하는 쪽이 더 바람직하다. 타이핑으로 이력서를 작성하는 경우라도 마지막 서명만은 반드시 자필로 해야 한다.

⑤ **자신에 대한 확신을 보여 준다.**

이력서 작성 시 스스로를 과소평가하는 것은 금물이고, 자신감을 갖고 자신이 팔릴 수 있도록 포장하는 기술도 필요하다. 거짓된 내용을 포함시켜서는 절대 안된다.

⑥ **시간적인 여유를 충분히 가지고 작성한다.**

마감시간을 얼마 남겨 놓지 않고 허둥지둥 작성하는 경우는 수정할 시간적인 여유가 없다. 충분한 여유를 가지고 차분한 마음으로 이력서를 작성해야 내용이 충실하다. 마감시간에 임박해서 접수창고에서 허겁지겁 이력서를 작성하는 일이 없도록 미리 이력서를 작성해 두는 것이 바람직하다. 그리고 자주 이력서를 업그레이드해야 한다.

14.1.3 이력서 작성요령

(1) 인적사항

① **이름**

한자 한자 또박 또박 표기하고, 경우에 따라서는 한자를 쓰는 것도 좋다.

② **생년월일 및 주민등록번호**

호적과 실제 생년월일이 다른 경우에는 주민등록상의 생년월일을 기재한다.

③ **본적 및 현주소**

통, 반, 호수까지 정확히 기재하고, 우편번호 및 전화번호까지 기재한다.

④ **긴급연락처**

전형기간 동안 실제로 연락 가능한 전화번호를 기재한다. 최근에는 e-mail 주소를
함께 기재하기도 한다.

⑤ **호주성명 및 호주와의 관계**

호주와의 관계는 호주 쪽에서 본 자신의 관계를 말하는 것이다. 즉 '부', '모'가 아니
라 '장녀', '차녀' 등과 같이 쓰고, 남편이 호주인 경우는 '처', 시아버지가 호주인 경
우는 '자부'로 기재한다.

(2) 사진

이력서를 작성할 때 가장 흔히 저지르는 실수가 사진을 빠뜨리는 것이다. 하지만 사진
없는 이력서는 1순위, 아니 0순위로 인사담당자에게 외면당한다. 이력서에 사용하는 사
진은 일반적으로 반명함판을 사용하는데, 준비된 사진이 없다고 스냅사진을 오려 붙이
거나 규격에 스티커 사진을 붙이는 건 절대 금물이다.

사진 촬영에도 각별히 신경을 써야 한다. 조명발, 화장발은 기본이고, 남성의 경우 짙
은 색깔의 정장 차림에 넥타이, 여성의 경우 쟈켓 또는 블라우스 차림에 화장과 단정한 헤
어스타일로 촬영하는게 좋다. 그리고 온라인으로 이력서를 제출하는 경우에도 사진을
스캔하여 이미지 파일을 만들어서 이력서에 첨부해야 한다.

(3) 학력사항

학력사항은 졸업한 순서대로 작성한다. 즉 고등학교, 대학교, 대학원 순으로 기재하는
데, 보통 고등학교 졸업부터 기재한다. 특히 입학 및 졸업일은 확인을 거쳐 반드시 년, 월,
일까지 표기하도록 한다. 여기에 지원하는 분야와 관련된 교육사항이 있으면 함께 기재
하고, 학교에서의 연구내용과 실적, 세미나 주제 발표, 졸업논문 등을 기재하여 자신을
PR하는 것도 효과적인 방법이다.

⑷ 경력사항

지금까지의 경험과 실적, 능력, 담당업무, 관심분야 등을 한 눈에 알아볼 수 있도록 일목요연하게 정리하여 쓴다. 정형화된 형식이 없기 때문에 자유롭게 기재하면 되지만 전체적으로 통일감을 주며 기술하는 편이 인사담당자의 이해를 도울 수 있다.

① **관련분야의 경력을 부각시킨다.**

아무리 다양한 경력을 갖고 있더라도, 정작 도움이 되는 것은 모집직종과 관련된 경력뿐이다. 경력 작성 시에는 지원하는 직종과 관련된 경력이나 그 일을 하는데 도움이 될 수 있는 경력만 집중해서 부각시키도록 한다. 지원분야와 관련된 경력은 기간, 업무, 직책 등을 꼼꼼히 챙겨 기술하고, 관련분야와 상관없는 경력은 과감히 삭제하는 것이 좋다.

② **최근경력 중심으로 작성한다.**

관련 경력이 다양하다면 최근 것을 중심으로 기술한다. 인사담당자는 지원자의 과거보다는 최근 어떤 일을 했는지에 관심이 있다. 보통 지원분야와의 관련 경력 년수가 얼마나 많은가, 관련 분야에서의 경력이 얼마나 최근인가 여부가 평가의 높은 부분을 차지한다.

③ **너무 짧은 기간의 경력은 과감히 삭제한다.**

다양한 경험을 피력하는 것도 좋겠지만, 보통 재직기간이 6개월 미만인 경우는 경력란에서 삭제하는 것이 좋다. 아무리 관련분야라고 하더라도 너무 짧은 기간의 경력(아르바이트 제외)의 나열은 경솔하고 참을성 없는 사람이라는 인상을 남기기 쉽기 때문에, 인사담당자에게 굳이 메뚜기 직장경력을 피력할 필요는 없다.

④ **사실적으로 작성한다.**

경력의 중요도가 높아지면서 경력을 부풀려 작성하는 사례가 가끔 발생한다. 하지만 대부분의 경력사항은 업무에 바로 적용되기 때문에 허위로 작성된 것은 금방 들통나게 마련이다. 경력은 있는 그대로 작성하는 것이 바람직하다.

⑤ **단순나열형보다는 성과주의형으로 작성한다.**

경력사항을 작성할 때는 단순히 기업명, 업무, 근속년수 등을 늘어놓는 단순 나열식보다는 자신이 해온 업무와 성과를 자세히 기술하는 것이 효과적이다.

⑥ **신입의 경우, 관련분야 아르바이트 경험을 경력으로 작성한다.**

신입의 경우에는 관련분야 아르바이트도 어느정도 경력으로 인정될 수 있기 때문에 모두 기재하도록 한다. 단기간이라도 관련분야의 아르바이트 경험은 경쟁우위 요소가 된다.

 Reference

■ **이런 경우엔?**

① **한 직장에서 장기간 근무한 경우** : 경력 전체를 기록할 필요는 없다. 최근 경력 혹은 관련 직무 경력을 묶어 알아보기 쉽게 기재하는 것이 좋다. 기업에서 담당했던 업무, 거쳐왔던 직함을 기재하도록 한다.

② **경력에 공백이 있을 경우** : 직업이 없었다고 해서 경력란을 비워두는 것보다는 직업이 없을 당시 중요한 일을 했다면 적어 넣는 것이 바람직하다. 비록 무보수로 활동했더라도 봉사활동이나 교육 받았던 내용 등에 관해 서술하는 것이 좋다.

③ **단기직업이 많은 경우** : 임시직 및 프리랜서, 아르바이트와 같은 단기 직업이 많을 경우 지원하는 회사와 관련이 있는 직종이나 지원하는 업무와 관련 있는 것만 기재해야 한다. 무차별적으로 자신의 경력 사항을 일일이 적어 놓는 것은 인사담당자의 머리를 아프게 할 뿐이다. 만약 경력 사항이 버리기에는 아깝다고 생각된다면 유사한 직업끼리 묶어 기술하는 것이 보기 좋다.

(5) 특기사항

외국어 구사 능력, 사용가능한 S/W나 기술, 관련 자격증에 대한 사항과 각종 수상 경력이나 과외활동 등을 기재한다.

남자의 경우에는 군입대 관계를 분명히 표기하여 직장생활에 결격사유가 없음을 명확히 표기해 주어야 한다.

(6) 날짜와 서명

위의 모든 내용이 작성되면 이력서의 맨 아래에 날짜를 정확히 기입하고 '위 내용은 사실과 다름이 없습니다'라고 쓴 후 이름과 함께 서명한다.

자신을 PR하는 것도 효과적인 방법이다.

14.1.4 이력서 작성 실제

이력서 작성의 예를 들면 [그림 14-2]과 [그림 14-3]와 같다.

사 진	이 력 서			
	성 명	(한글) 김 길 동 (한자) 金 吉 洞	주 민 등 록 번 호	
			800825-123456	
	생년월일	1980 년 8 월 25 일생 (만 23 세)		
주 소	경기도 고양시 123번지 간암아파트 102동 321호			
호 적 관 계	호주와의 관계	장남	호 주 성 명	김경래
년 월 일	학 력 및 경 력 사 항			발 령 청
2000 2 8	전북기계공업고등학교 졸업			
2000 3 2	대불대학교 경찰학부 입학			
2001 1 13	대불대학교 군입대휴학(해병대 입대)			
2003 2 28	대불대학교 복학(해병대 만기 전역)			
2006 2 25	대불대학교 졸업			
	<자격사항>			
2001 1 2	워드프로세서 1급(대한상공회의소)			
	<상벌 및 기타사항>			
2005 4 15	전국체전 유도 은메달			
2005 9 1	성적우수장학급 수혜(등록금 전액)			
	위의 사항은 틀림없음			
	2006년 1월 18일			
	김 길 동 (인)			

[그림 14-2] 기본이력서

이 력 서

	이 름	(한글)		전 화	
		(한자)		핸 드 폰	
	주민번호	-		E - mail	
	주 소	(-)			

● 학 력 사 항

입학년도	졸업년도	학교명	학 과	구분 (졸업,예정,중퇴)	학점	소재지
					/	
					/	
					/	

● 경 력 사 항

기 간	회 사 명	담 당 업 무	연봉 (만원)	사직사유
~				
~				
~				

● 신 체 사 항

신 장	체 중	시 력 (좌/우)	색 맹	혈 액 형
		/		

● 병 역 사 항

군 별	병 과	계 급	복무기간
			~

● 보유기술 및 자격사항

외국어능력	영어 ---------- ( )		
공인시험	Toeic --- (점)	JPT --- (점)	기 타 --- (점)
OA능력	워드(한글/MS워드) --- ( )		파워포인트 --- ( )
	엑셀 --- ( )		기타( ) --- ( )
보유기술			
수상경력			

● 기 타 사 항

본 지원서의 내용은 사실과 다름없이 본인이 작성하였습니다.
작성일자 년 월 일 작성인: (인)

[그림 14-3] 변형이력서

14.2 자기소개서 작성

자기소개서는 가장 중요한 것이 지원회사의 인재상과 선발직종을 미리 파악한 후 어학능력·아르바이트경험 등을 내세워 자신이 가장 적합한 인재임을 부각시켜야 한다는 점이다.

인간이 어떠한 환경이나 여건 속에서 어떻게 성장해 왔는가 하는 것은 그 사람의 성격형성에 많은 영향을 미치게 한다. 그러므로 자기소개서에 나타난 가정환경과 성장과정을 통해서 개인의 성격 또는 가치관을 파악하고 학교생활이나 동아리활동 등을 통해 그 사람의 대인관계나 조직에 대한 적응과 성실성·책임감·창의성 등을 살펴보고자 하는데 의의가 있다. 그리고 자신이 왜 지원하였는지 지원동기가 강하게 어필되어야 하고, 어떠한 자세로 임할 것이며, 그 사람의 장래성은 어떤지 파악하는 자료로서 활용된다. 또한 분량이 정해져 있는 경우에는 그것에 맞추어 하얀 여백이 드러나지 않도록 해야 한다.

14.2.1 자기소개서 작성계획

사람마다 다르겠지만 평균적으로 취업시즌이 되어서야 자기소개서 작성을 시작하는 지원자들이 대부분이다.

하지만 일단 취업이 시작되면, 직무적성검사, 면접 등을 준비하는 시간도 빠듯한데 일단 서류통과가 먼저기 때문에 채용 기간에 취업준비의 70%이상을 자기소개서 작성에 시간을 보내고 있다.

이를 미연에 방지하고자 최소한 채용 2달전 자기소개서 완성하기란 내용으로 자기소개서 작성계획표를 작성해보았다. 그럼 이제 구체적인 자기소개서 작성계획을 알아보자

(1) 직무탐색

자기소개서를 쓰기 위해서는 자신이 지원하고자 하는 직무에 대해서 충분히 이해를 하는 것이 필요하다. 그런데 사실 직무의 이해라는 것은 비단 서류통과만이 목적이 아니라 자신의 성격과 하고자 하는 직무가 딱! 맞아야 하기 때문이라고 들어가기 전보다 들어가서 더 중요한 개념이라고 볼 수 있다.

그렇다면 직무를 얼마만큼 알아야 될까? 일단 지원한 직무의 수행범위 및 역할 뿐 아니라 각 기업의 성격에 맞게 달라지는 경우까지 고려하는 것이 좋다. 예를 들어 영업이라는 직무를 선택했다고 가정해보자. 흔히 우리는 영업하면 친화력은 기본이고, 달변가와 마당발을 보유한 사람을 떠올리기 쉽다. 그러나 영업도 B2B영업, B2C영업 등 다양한 형태로 나누어지기 때문에 영업은 꼭 이런 사람이어야 한다는 절대적인 기준은 없는 것이다. 다만 기업마다 그 직무성향이 다르기 때문에 기업분석 및 회사의 인재상에 대한 분석과 함께 직무를 선택하여 지원하는 것이 바람직하다.

많은 시간과 노력이 필요하지만, 자신에게 잘 맞는 직장을 고르기 위해서 이정도 수고는 기본이라고 생각하고 아래에서 설명하는 것처럼 자신에게 맞는 직무를 찾아보자.

적성에 맞는 직무를 찾기 위한 방법은 다음과 같다.

① 자신의 성향을 파악할 수 있는 직무분석테스트를 하여 자신의 성격을 파악한다. 이 때 사용되는 TEST는 MBTI, Auland 등 다양한 검사를 활용할 수 있다.

② 내가 희망하는 기업에 종사자인 친구, 가족, 선배를 찾아가서 업종동향 및 업무내용, 직업전망 등을 꼼꼼하게 파악할 수 있다.

③ 취업정보실을 방문하는 것이다. 대부분의 학교에 근무하고 계시는 취업정보실 선생님들은 각 기업에 들어간 선배, 담당자 등과 긴밀한 관계를 가지고 있기 때문에 내가 원하는 정보를 손쉽게 얻을 수 있을 것이다.

④ 가장 기본적인 것은 인터넷을 이용하는 것이다. 해당기업의 홈페이지, 에듀스 (http://www.educe.co.kr/)와 같이 합격자들의 인터뷰가 있는 취업정보 사이트 등이 있다.

(2) 글감 확보(D-60일 전)

자기소개서를 작성하기에 앞서, 나는 어떤 사람일까라는 고민을 하는 것이 중요하다. 자기소개서는 말 그대로 자기 자신을 소개하는 글이기 때문이다. 그럼 어떤 글을 모으는 것이 좋을까? 가장 좋은 방법은 연도별로 일대기를 작성한 후, 그때의 에피소드 들을 하나씩 정리하는 방법을 추천한다.

즉, 대학교 1학년 때, 영어 관련 동아리에 가입한 경험을 시작으로 동아리에서 일어났던 일련의 사건들을 하나의 재미난 이야기로 만드는 것이다.

동아리의 큰 행사 또는 갈등과 같이 지나치기 쉬운 이야기들을 전부 모으다 보면 자기소개서의 항목에 맞는 에피소드 들을 만들 수 있는 소스 들이 완성될 것이다.

이러한 작업들은 매우 세밀하고, 많은 시간을 요구하기 때문에 한 달 정도 소요하는 것이 필요하다.

(3) 본격적으로 글쓰기(D-30일 전)

한 달 동안 글감을 모았으면 본격적으로 글쓰기에 들어간다. 지원할 기업을 여러곳 정한 뒤, 인터넷에서 가장 최근의 자기소개서 항목을 검색한 뒤 본격적으로 글쓰기를 시작한다.

이때 주의할 점은 자신이 어디에 지원할 것이고, 어떤 회사를 들어갈 것이라는 목표를 정해놓고 준비해야 한다는 것이다.

처음 글을 쓸 때는 많이 써보는 것보다, 하나라도 정확하게 정성을 다해서 쓰는 것이 중요한데, 뚜렷한 목표가 없을 때에는 아무리 좋은 소재가 있고 훌륭한 문장으로 써도 진심이 느껴지지 않을 수 있다는 점을 명심해야 한다.

그럼 본격적인 글쓰기에 들어가 보자.

① 자기소개서 항목의 의도를 파악하여서 어떤 부분을 어필해야 하는지를 결정해야 한다.
② 항목의 의도를 파악하였으면 자신이 지원한 직무에 맞게끔 자기소개서를 작성하는데, 이 때 한달 동안 모아왔던 스토리를 잘 활용하여 잘 버무리는 것이 중요하다.
③ 또 하나 중요한 것은 직접적으로 '세계 1위의 반도체 기업인…'과 같이 기업의 연혁이나 포상을 나열하기 보다는 간접적으로'○○ 제품을 사용해본 결과…'와 같이 지원하는 기업에 대한 관심도를 충분히 나타내 주는 것도 필요하다. 이를 위해서는 기업에 대한 정보수집이 필요한데 취업정보회사의 입사전략가이드북을 이용하면 기본적인 기업의 정보를 빠른 시간에 파악할 수 있다.

(4) 수정시작(D-14일 전)

글감을 모으고, 본격적으로 글을 완성하였으면 이제 수정작업이 남았다. 수정작업은 단순히 맞춤법을 검사하는 것이 아니라, 여러 사람에게 보여주고 그들의 의견을 종합하는 것을 말한다.

간혹 자기소개서가 부끄러워 혼자만 읽어보고 제출하는 경우가 있는데, 이는 좋은 키워드를 찾거나, 미처 발견하지 못했던 실수들을 발견할 수 있는 기회를 놓치는 것이기 때문에 꼭 최소한 3명 이상에게 보여주고 첨삭을 받아야 한다.

단, 첨삭은 같이 취업을 준비하는 사람 또는 해당 기업에 종사하는 사람에게 받는 것을 추천한다.

(5) 흐름 다듬기(D-7일 전)

앞의 3단계를 모두 거친 후 마지막으로 남은 것은 글의 흐름을 다듬는 것이다.

이미 여러 번의 수정을 거쳐 완성을 하였지만, 읽을 때마다 매끄럽지 못하거나, 오탈자가 발견되는 경우도 빈번하기 때문에, 자기소개서 제출 1주일 전에는 꼭 시간을 두고 천천히 흐름을 다듬는 것이 좋다. 이때 효과적인 방법은 자기소개서를 소리내어 읽어보는 것이다. 소리를 내서 자기소개서를 읽는 것이 어색할 수도 있지만, 읽다 보면 글의 흐름을 파악할 수 있기 때문에 자연스러운 문장을 만드는데 많은 도움이 될 것이다.

14.2.2 평가요소

① **개인의 성장과정을 기술한다.**

가정환경은 자신의 인성이 형성된 배경이다. 보통 엄격하시며 때로는 자애로운 아버지와 항상 웃음을 잃지 않으시는 등의 모범답안은 담당자는 지루하게 생각한다. 독창적이고 흥미롭게 시작하여 인사담당자의 시선을 사로잡아야 한다. 그리고 인성형성에 많은 영향을 미치는 한 가지 사례를 집중 어필할 필요가 있다.

② **성격형성에 도움을 준 계기 등을 기술한다.**

자신의 성격을 직접 쓰기란 쉽지 않다. 자신의 장점을 스스로 이야기하는 것보다 제3자, 즉 가족이나 친구의 평가를 통해서 나온 결과나 인성검사에서 나온 결과 등을 통해서 어필하는 방법이 있다. 하지만 반드시 성격형성 계기가 삽입되어야 한다. 그리고 단점인 경우는 포장만 잘하면 장점으로 보일 수 있으므로 사례선택을 독창적인 것으로 찾아서 언급할 필요가 있고, 자신의 장점만 부각하지 말고 단점도 솔직하게 기술하여 보완하거나 노력하는 점을 기술해야 한다.

③ **학교생활을 기술한다.**

학교생활은 자기소개서에서 가장 핵심되는 부분으로서 담당자가 주로 눈여겨보는 부분으로서 전공에 대한 내용은 지원업무와 직접적으로 연관되기 때문에 지원분야와 연관지어 기술해야 한다. 또한 지원분야와 관련된 교내외활동 및 아르바이트·동아리 등도 적절히 기술하는 편이 낫다. 그리고 지원회사의 인재상을 미리 파악하여 대학생활 동안 겪었던 내용을 곁들이면 좋다.

④ **지원동기와 포부를 기술한다.**

자기소개서에서 가장 비중 있게 평가되는 곳이 지원동기와 포부로서 업종과 지원분야에 관심을 갖게 된 동기와 지원회사의 인상 등을 서술하고 회사의 사업방향과 일치되는 열정적인 포부를 밝혀 지원회사에 기여할 수 있는 인재임을 밝혀야 한다. 회사와 관계없는 목표나 지나치게 과장된 포부는 거부감을 줄 수 있으므로 적당히 컨트롤해서 작성해야 한다.

Reference

■ **자기소개서의 평가 요소**

Check 1. 어떠한 성격의 소유자인가?

Check 2. 전공은 무엇이었으며 얼마만큼의 실력을 배양했는가?

Check 3. 전공 외에 관심을 두고 있는 것은 무엇인가?

Check 4. 업무에 쉽게 적응할 수 있는가?

Check 5. 비전을 가지고 있는가?

Check 6. 조직과 융화될 수 있는 사람인가?

Check 7. 사물을 긍정적으로 바라보는가?

Check 8. 소신과 주관이 있는가?

14.2.3 작성 시 주의사항

① **기업의 속성에 맞춰 자신을 포장하라**

자기소개서를 작성하는 것은 일종의 자신을 파는 영업행위라고 할 수 있다. 면접을 통해 자신을 본격적으로 팔기 전에 자신에 대한 사전정보를 주는 셈이다. 따라서

'나'라는 상품을 제대로 판매하기 위해서는 지원하려는 기업의 구체적인 환경을 파악한 뒤 기업의 속성에 맞춰 자신을 포장해야 한다. 기업에 대한 정보는 인터넷상의 기업 홈페이지에서 손쉽게 얻을 수 있다. 또한 자신의 특징을 최대한 강조해 기업체에서 구미가 당길만한 미끼를 던져주어야 한다.

② **자기 이미지를 만들어라**

한 가지의 주제를 잡아 해당 주제에 맞게 초점을 맞춰 자기 자신에 대해 기술하여 자기 자신의 독특한 이미지를 부각시키는 것이 유리한다. 예를 들어, '무엇인가를 시작하면 반드시 성취해내고 마는 사람'이라는 것에 초점을 맞췄다면 이러한 성격이 형성된 과정과 성장시절, 이러한 성격과 얽힌 에피소드, 경험담을 구체적으로 기술하는 것이 좋다. 또는 다른 사람과 차별화 시킬만한 시각으로 글을 풀어 나가는 것도 자신만의 독특한 이미지를 만들어 낼 수 있는 방법이다.

③ **헤드라인을 달아라**

인사담당자들의 관심을 끌기 위해서는 자신의 특성을 한눈에 파악할 수 있도록 해줘야 한다. 따라서 헤드라인만 봐도 기사의 전체 내용을 파악할 수 있는 신문 기사 헤드라인처럼 자신의 능력과 경력, 자질 등을 인사담당자가 한눈에 파악할 수 있도록 해야 한다. 간략한 문장이나 재치 있는 단어를 사용하여 자기소개서 중간 중간에 헤드라인을 만들어놓으면 더욱 효과적일 수 있다.

④ **자신이 적임자임을 강조하라**

아무리 많은 경력과 자격증을 지니고 있더라고 지원하는 회사의 업무와 관련이 없다면 무용지물이다. 자신이 지원하는 업무와 관련 있는 자격증과 경력만을 부각시켜야 한다. 그러기 위해서는 지원하는 회사에서 충원하고자 사람이 담당해야 하는 일이 무엇인지 보다 구체적으로 파악하고 있어야 하겠습니다. 파악한 업무내용에 대해 구체적으로 자신이 '왜 해당 업무에 가장 적합한 사람인지', '자신의 어떤 점이 장점으로 작용하는지', '지원하는 동기와 앞으로 회사에 어떻게 기여할 수 있는지' 등을 논리적으로 설명, 자신의 조건을 효과적으로 부각시켜야 한다.

⑤ **구체적인 경험을 바탕으로 작성하라**

자기소개서를 작성할 때 저지르기 쉬운 실수중의 하나가 자신을 좀 더 멋지게 드러내기 위해 추상적으로 쓰는 것이다. 인사담당자가 자기소개서를 읽고 '이 사람은 이러이러한 사람이구나'라는 느낌을 효과적으로 전달하기 위해서는 자신의 경험을 바탕으로 구체적으로 자신을 묘사해야 한다.

자신을 부각시킬 수 있는 에피소드, 자신의 인생에 있어서 변환점을 가져다 준 계기 등을 구체적으로 작성해야 한다.

⑥ **참신한 문구로 시작하라**

첫 문장은 첫 인상과 같은 효과를 발휘한다. 따라서 인사담당자가 끝까지 읽어보고 싶다는 생각이 들 정도로 흥미를 유발시킬 수 있는 멘트나 문구로 첫 문장을 시작해야 한다.

자신의 능력과 특성을 대변할 수 있는 광고성 멘트로 첫 문장을 시작한다면 인사담당자의 시선을 모을 수 있다.

⑦ **입사 지원동기를 구체적으로 밝혀라**

자신의 철학, 비전 등을 회사의 경영철학, 인재상, 비전 등과 구체적으로 비교해 입사지원동기를 밝히는 것이 좋다. 동기가 확실치 않으면 성취욕도 적을 수밖에 없기 때문이다. 따라서 자신이 장차 추구하고 싶은 것이 무엇인지 등에 대한 자기연구가 먼저 필요하다. 또한 지원하고자 하는 회사의 특성도 파악해 놓아야 한다. 그러기 위해서는 평소에 관심을 갖고 신문이나 인터넷을 통해 지원하고자 하는 회사에 대한 정보를 수집해 둘 필요가 있다. 자신과 지원하고자 하는 회사에 대한 충분한 분석을 바탕으로 자신의 가치관과 기업에서 바라는 인재상이 이러이러한 점에서 유사하기 때문에 지원했다고 설득력 있게 설명할 수 있어야 한다. 또한 자신의 전공과 희망 등과 연결시켜 지원 동기를 명확히 밝히는 것이 중요하다.

⑧ **자신의 장점을 최대한 부각시켜라**

보통 자기소개서 작성과 관련된 책자들을 찾아보면 자신의 장점은 물론 단점도 밝혀야 한다고 충고하고 있다. 그러나 어쨌든 인사담당자는 단점을 많이 가진 사람보다는 장점이 많은 사람을 선호한다. 따라서 자신의 단점은 솔직하되 간단하게 적는 것이 좋다. 자신의 단점을 장황히 묘사하는 대신 자신의 단점을 극복하기 위해 어떠한 노력을 해왔는지 그 결과 자신이 어떻게 변화했는지에 초점을 맞춰 설명해야 한다.

⑨ **경력을 강조하라**

경력자의 경우 그동안 자신의 경력을 바탕으로 이전 직장에서 수행했던 업무에 대해 강조할 필요가 있다. 특히 각 수행업무들이 지원하는 업무를 수행하는데 어떤 도움이 되는지를 중점적으로 부각시켜야 한다. 이를 위해서는 과거 자신이 수행했던 프로젝트를 구체적으로 명시하고 해당 프로젝트에서 자신이 담당했던 업무에 대해서도 구체적으로 적어야 한다. 해당 프로젝트에 관한 포트폴리오가 있다면 참고자료로 함께 첨부하거나 자신의 홈페이지 주소를 적어 놓는 것도 자신의 업무수행 능력을 적극 홍보할 수 있는 방법이다. 경력이 없는 신입의 경우 지원한 분야와 관련된 수상경력 및 자격증에 대해 기술한다면 가산점을 받을 수 있다. 특히 지원한 업무와 관련된 분야의 자격증 등은 적극 강조해야 한다.

⑩ **자신의 포부와 비전을 제시하라**

기업이 자기소개서를 통해 파악하고 싶어하는것 중의 하나가 지원자의 발전가능성, 잠재 능력, 장래성 등이다. 인사담당자들은 장래에 대한 포부가 있는 사람은 업무에 임할 때 매사에 적극적이며 열의를 갖고 있다고 판단하게 된다. 따라서 지원하는 기업의 업종, 특성을 고려해 자신의 포부와 비전을 명확히 제시하고 입사 후 자신의 꿈을 이루기 위해 어떠한 자세로 임할 것인지 등을 구체적으로 설명하는 것이 좋다. 평소 5년 후 자신의 모습, 10년 후 자신의 모습 등을 나름대로 설계해 현실성 있게 목표를 잡고 그 목표를 수행하기 위한 실행전략 등을 세워둔다면 자기소개서 작성 시 자신의 비전을 보다 명확히 제시할 수 있을 것이다.

14.2.4 자기소개서 작성요령

인간은 누구나 환경의 영향을 받으며 살아가기 때문에 어떤 환경이나 여건에서 어떻게 성장해 왔는가 하는 것은 개인의 성격형성에 적지 않은 영향을 미친다.

따라서 구인처에서는 이러한 자기소개서를 통해 개인의 성격, 가치관, 인생관, 직업관 등을 파악하고자 한다.

그리고 학교생활이나 동아리 활동 등을 통해서는 개개인의 대인관계나 조직에 대한 적응력, 그리고 성실성, 책임감, 창의성 등 여러 가지 면을 파악하게 된다.

가장 잘된 자기소개서는 읽어본 사람이 눈을 감고 읽은 내용을 생각하면 그 사람이 어떤 사람인지 머리속에 상상이 가는 그런 것이라고 한다. 말로 하니 쉽지만 막상 작성하려고 하면 정말 쉽지는 않는 일이다.

그러나 입사지원서류(이력서, 자기소개서, 성적증명서, 졸업(재학)증명서, 주민등록등본…)가 제대로 되지 않는다면 내가 아무리 능력이 뛰어나고 똑똑하다고 해도 서류전형을 통과하지 못하게 된다. 서류전형을 통과하지 못하면 면접을 볼 수 있는 기회가 주어지지 않게 된다. 그 만큼 서류가 중요하다는 이야기이다. 입사지원서류 중 가장 중요한 부분이 이력서의 사진, 특기사항 그리고 자기소개서이다. 자기소개서 중에서도 가장 중요한 부분은 '입사지원동기 및 장래 포부'라고 볼 수 있다.

그 이외의 취미 및 특기, 존경하는 인물과 그 이유, 여행 및 연수 경험, 생활 신조 등이 포함되면 더욱 훌륭한 자기소개서가 될 것이다.

(1) 제목

자기소개서의 제목은 대부분의 사람들이 그냥 '자기소개서'라고 적는데 이는 읽는 사람들로 하여금 매우 따분하고 식상하게 만든다. 왜냐하면 대부분의 사람들이 그렇게 쓰기 때문이다. 그러나 자기소개서는 눈이 거슬리지 않게 '튀어야'한다. 그래야 경쟁에서 이길 수 있다. 따라서 튀는 가장 좋은 방법은 제목에서부터 시작되는 것이다. '자기소개서' 라는 천편일률적인 제목 보다는 본인이 평소 생각하고 있는 것이나 본인이 되고 싶은 것, 꿈 등으로 지원하는 회사의 업무 성격과 유사한 제목을 표현해 보면 좋을 것이다.

(2) 지원자 성명

보통의 경우 적지 않는 경우가 대부분이다. 제목 다음에 우측 상단에 기입해도 좋다.

(3) 성장과정

성장과정을 일목요연하게 적으면 되는데 이를 작성하라는 이유는 지원자의 가정교육 및 환경을 보기 위해서이다. 따라서 부모님의 이야기와 어려서부터 부모님으로부터 받은 가르침 등을 기입하면 된다. 작은 제목 또한 그냥 '성장과정'이라고 하는 것보다는 '저는 이렇게 자랐습니다', 또는 '저는 이런 부모님의 가르침을 받으며 자랐습니다' 등의 다양한 표현 방법이 있을 수 있다. 그리고 성장과정을 '유년시절', '학창실적 및 사회경험' 등으로 세분화해서 작성해도 무방하다.

우리가 흔히 자기소개서를 쓸 때 가장 먼저 작성하는 성장과정의 경우, 대부분의 사람들이 자신의 일대기를 생각하게 된다. 근데 이때 주의할 점은 자신의 일대기를 구구절절 나열하면서 읽는 사람으로 하여금 핵심을 찾을 수 없도록 만드는데 이러한 글은 수백, 수천장의 자기소개서 속에서 살아남기 힘들 것이다. 그래서 우리는 나의 성장과정을 철저하게 분석한 뒤 가능하면 최근의 경험을 토대로 논리적으로 강조하고자 하는 부분을 작성하는 것이 필요하다.

(a) 나를 먼저 알아야 한다.

연대기별로 나의 경험들을 떠올려 보는 것이다. 사소한 기억일지라도 하나하나 떠올려 보면서 자신의 역량을 강조할 수 있는 것 들을 찾을 수 있다.

여기서 말하는 사소한 기억이란 친구와의 갈등이나 동아리에서 겪었던 경험 등 자칫 지나가기 쉬운 경험들을 어떻게 헤쳐 나갔는지에 대한 생각들을 정리하는 것이다. 예를 들어 금융권에 지원하는 지원자의 경우 동아리에서 돈 관리를 맡아서 살림을 꾸려갈 때, 필요한 소비만 해서 회원들에게 짠돌이라고 원망을 들었지만 연말에 그 동안 아낀 돈으로 멋지게 송년회를 열었던 경험 등 지나치기 힘든 경험을 직무와 연관하여 강조하는 것이 필요하다.

(b) 나에 대한 생각을 객관화 시킨다.

나를 알았지만 이것은 지극히 개인적인 생각이고 판단이기 때문에 객관적으로 나를 판단해 줄 수 있는 제3자를 찾는 것이 필요하다. 예를 들어 오랫동안 나를 알아온 친구, 대학동기, 그 외에 교수님 등을 비롯해 다양한 연령대의 사람들에게 나에 대해 인터뷰를 하는 것이다. 이렇게 자신에 대해 알아가다 보면 다른 사람에게 비치는 나를 좀 더 확실히 파악할 수 있을 것이다. 여기서 한 가지 팁을 준다면, 인터뷰 전 필요한 질문 등을 몇 가지 정도 정해 동일한 질문에 대한 답을 근거로 지원자의 성격을 파악한다면 구체적인 데이터를 마련 할 수 있을 것이다.

이렇게 성장과정에서는 회사에 대한 이해 및 직무에 대한 이해는 기본바탕으로 하되, 글의 재료가 되는 지원자의 성격을 읽기 좋게 포장하는 것이 필요하다.

(4) 성격소개

일부러 진실하지 못한 진술을 할 필요가 없다. 미사여구를 동원하다 스스로 함정에 빠지는 경우가 많기 때문이다. 장점을 최대한도로 부각시켜 자신을 소개하는 능력이 필요하다.

단점에 대해서도 진솔하게 기술하고, 그것을 극복하기 위해 어떤 노력을 하고 있는 지를 진술하면, 오히려 장점으로 부각될 수 있다.

어느 경우에서든지 완벽한 인간은 존재하지 않기 때문에, 스스로 완벽하다고 말하는 것은 넌센스임을 명심해야 한다. 적극적인 사고, 성실성, 근면성, 원만한 품성, 미래에 대한 도전의지, 패기있는 성격 등을 나타낼 수 있도록 유의해야 한다.

먼저 성격의 장점을 적고 단점을 적고 단점을 보완하기 위한 나의 구체적인 노력을 같이 적으면 된다. 그리고 추가하여 취미나 특기 등을 첨부하여 작성하여도 좋다.

자기소개서의 단골손님인 성격의 장단점 항목 쓰는 법에 대해서 알아본다. 이 항목은 자기소개서에서 자신을 효과적으로 어필할 수 있는 가장 좋은 항목이기도 하지만 동시에 실수하기 쉬운 항목이기도 하다.

(a) 직무에 맞는 장점 찾기

우선 자기소개서 작성 중 성격의 장단점을 효과적으로 작성하기 위해서는 자신의 성격을 먼저 살펴보는 자기성찰의 시간을 충분히 가지는 것이 필요하다. 주로 기업에서 쓰이는 SWOT분석을 대입시켜 자신의 강점, 약점, 기회, 위협 요인을 찾아내면 좀 더 구체적으로 분석할 수 있다. 이 때 직무에 맞는 성격을 내안에서 찾아보는 것이 중요하다. 예를 들어 영업직무에 지원하는 자라면 영업직무에 적합한 요소인 친화력이 폭넓다는 점과 커뮤니케이션 능력이 뛰어나 상대방을 잘 설득시키는 점을 크게 어필한다. 당연히 해당 기업도 자신의 업무에 맞는 인재를 뽑으려고 하기 때문에 이런 성격을 가진 사람을 선호할 것이다.

(b) 진실성이 중요

이 때 주의해야 할 점은 없는 성격을 거짓으로 작성해서는 안 된다. 자신이 분석한 직무내용이 최적화되지 않더라도 비슷한 분위기 또는 자신의 장점을 극대화 시켜 매력을 발산하는 것이 더욱 진실하기 때문이다. 이처럼 자기소개서의 우선순위는 진실성 다음

회사 및 직무에 대한 이해라고 생각하면 된다. 흡사 지원자가 자기소개서에서 자신의 이야기를 거짓으로 생생하게 작성하였다 하더라도 면접에서 자신의 이야기를 풀어감에 있어서 진실성이 없다는 것은 탈락으로 가는 지름길이기 때문이다.

(c) 단점은 극복할 수 있는 것으로

앞서 알아본대로 자기소개서 장단점을 작성할때는 자신의 성격 중 직무에 맞는 특성을 찾아 장점으로 진실되게 작성해야 한다. 그리고 그 다음은 자신의 단점을 정리할 시간을 가진다. 그러나 단점을 작성할 때는 자신의 이력에 치명적인 영향을 주는 점까지 너무 솔직하게 드러내면 안된다. 예를 들어 영업직무에 지원하는 자기소개서에 '낯을 많이 가려서 처음 본 사람들과 애기를 잘 못하며 소극적인 것이 단점이다'고 쓰여져 있다면 이를 읽는 인사담당자는 과연 어떤 생각을 가지게 될까? 당연히 자기소개서를 읽는 것만으로 이 친구는 영업에는 어울리지 않을 것이라고 판단해버리게 된다. 이렇게 단점을 쓰되 치명적인 단점은 탈락의 지름길이니 주의하도록 하자. 자신의 단점을 인정하고 이를 극복하기 위한 노력이나 의지를 밝히면서 단점을 극복하려는 본인의 의지를 보여주는 것이 필요하다.

(d) 장점과 단점, 동전의 앞뒤

또한 자기소개서 장단점을 서술할 때는 앞뒤가 맞는지 확인해 볼 필요가 있다. 만약 장점은 '일처리가 꼼꼼하다'고 해놓고 단점은 '성급하다'고 하면 앞뒤가 맞지 않기 때문이다. 즉 '다소 행동이 느린점이 단점이지만 대신 일처리가 정확하고 꼼꼼하다는 소리를 듣는편이다'고 표현하면 단점이 완화되고 장점이 부각되는 효과가 있다.

결론적으로 자기소개서 장단점을 잘 쓰려면 직무에 맞는 자신의 장점을 찾아내고 극복할 수 있는 단점은 진실되게 적는 것이 중요하다.

(5) 지원동기 및 포부

지원동기는 자기소개서 중 가장 핵심적인 부분이면서도 가장 쓰기 어렵고 오랜 시간이 소요되는 항목이다.

지원동기에서는 수많은 동종업계 중에서 왜 선택했는지, 본인이 잘 할 수 있는 것과 좋아하는 일은 무엇인지, 업무를 수행하기 위해 갖추고 있는 역량은 무엇인지 이것들이 모두 적절하게 융합되어 나타나야 한다.

친구, 선배의 소개 및 권유, 학교 선생의 추천 등이 있을 수 있겠지만, 보다 더 명백한 기술이 필요하다. 자신의 적성과 비전을 제시하는 방법도 추천할 만하다.

취업하고자 하는 기업의 업종, 경영이념, 창업정신, 성격 등을 알아서 그 기업의 업종이나 특성에 맞게 지원동기를 기술한다면 좋을 것이다.

입사지원 동기는 크게 3부분으로 구성된다.

① 내가 알고 있는 지원하고자 하는 회사 - 내가 지원하고자 하는 회사에 대한 우수한 점이나 타 회사에 모범이 되는 점을 적으면 된다. 이러한 사항은 지원하고자 하는 회사의 인터넷 홈페이지를 참고하면 될 것이다.

② 이렇게 우수한 회사에 지원하기 위한 나의 준비 사항 - 위에서 언급한 이렇게 우수한 회사에 입사하기 위해서 대학시절 나는 이러 이러한 능력과 실력을 준비했고 (지원하고자 하는 분야의) 관심도 많이 가지고 있음을 표현한다.

③ 만약 입사의 기회가 주어진다면 - '구체적인 계획(본인의 계획)을 가지고 일을 하겠다'라는 표현을 하면 된다.

(6) 희망업무 및 포부

희망업무는 이미 지원동기에서 언급한 것처럼 전공, 적성을 살리기 위해서나, 또는 평소 그 업종에 대한 관심과 연구가 있었다면 좋을 것이다. 포부 수준도 비슷하다.

구체적으로 자기가 선택한 업종에 대한 목표성취나 개발을 위해 어떠한 계획을 가지고 있다는 것을 언급하라.

그렇다고 너무 수준을 높이는 우를 범할 필요는 없다. 늘 '신입사원'이 되는 것을 잊지 말아야 한다.

(7) 특기사항

전공의 특성 외에도 부전공, 외국어 구사의 능력, 번역 등의 실력을 과감하게 밝힐 필요가 있다. 특히 요즈음은 외국어 능력을 중시하고 있으므로 중국, 러시아, 동구권 등의 새로운 시장을 대비하여 중국어, 러시아어, 아랍어 등을 익혀두면 좋을 것이다.

그밖에 컴퓨터 사용능력, 운전, 운동 여부와 각종 자격증, 면허증 등의 소지를 사실대로 진술해야 유리하다.

 Reference

■ **자기소개서 작성법**

① **시점을 독특하게 하라.**
시점은 1인칭과 3인칭으로 나누어지는데, 대부분의 자기소개서가 취하는 1인칭 시점은 공무원이나 금융권 등의 다소 보수적이고 제도적인 회사에 지원하는 사람들에게 무난한 방법이다. 이에 비해 3인칭 시점은 1인칭 시점에 비해 객관적이고 공평하며 독특하다는 인상을 준다. 자신을 객관적으로 묘사할 수 있어 인사 담당자를 설득하는 데 효과적이다.

② **체험이 곧 자기 강점의 표현이다.**
체험은 철저하게 자기의 것이다. 자기만이 쓸 수 있는 그 평범치 않은 이야기들을 자기소개서에 다루어야 한다.

③ **처음 세 줄에 승부를 걸라.**
끝까지 읽어 보고 싶은 충동이 일어나도록 가장 흥미를 유발시키는 문구를 맨 처음으로 올려 승부를 건다.

④ **상세하고 명료하게 작성한다.**
문장은 간단하고 명료하면서도 구체적이고 현실성 있는 어휘를 사용해야 하며, 설득력과 논리를 갖추어야 한다. 밝고 긍정적인 인생관으로 앞날에 대한 소신을 피력해야 한다.

⑤ **자신의 장점을 지나치게 서술하지 않는다.**
자신이 지니고 있는 장점이나 특기 사항은 구체적으로 언급한다. 특히 업무 수행상 도움이 될 수 있는 특기사항은 자신의 체험과 함께 자세히 기술한다. 그러나 지나친 자화자찬은 오히려 역효과를 낼 수도 있으므로 적절히 내세우는 한편, 한두 가지 단점도 시인하면서 개선의 노력을 소개해 보는 것도 좋다.

⑥ **입사지원 동기를 구체적으로 밝힌다.**
'입사하고 싶은 이유'를 작성할 때는 주장하는 내용의 근거나 이유를 타당하게 말한다. 또 희망회사의 업종이나 특성 등에 자신의 전공 또는 희망을 연관시켜 지원 동기를 구체적으로 밝힌다. 이를 위해서는 신문이나 사보 또는 기타 자료 등으로 해당 기업에 대해 미리 연구해 두는 것이 좋다.

⑦ **장래의 희망과 포부를 밝힌다.**
회사에 입사했다는 가정 아래 목표 성취와 자기계발을 위해 어떠한 계획이나 각오를 갖고 일에 임할 것인지 구체적으로 언급하는 것이 좋다.

⑧ **수정에 수정을 거듭하라.**
문맥이 매끄러운지 읽어 보고, 띄어쓰기와 맞춤법도 한번 더 확인해 본다.

14.2.5 자기소개서에 자주 인용되는 문구

우리는 자기소개서를 쓸 때, 지원자가 지원하는 회사에 꼭 필요한 인재임을 보여주는 것이 중요하다는 것은 알고 있다. 그러나 말처럼 쉽게 써지는 것이 아닐뿐더러 어떻게 하면 키워드를 정해서 자신을 잘 포장할 수 있을지에 대한 답을 찾는 것은 매우 어렵습니다.

이러한 난관을 극복하기 위해서 하얀 모니터를 두고 머리를 쥐어짜며 키워드가 될 수 있는 적합한 인용어구 또는 관용어구를 찾으려고 열심히 검색을 하고 또 해본 경험이 한 번쯤은 있을 것이다. 그래서 유용한 인용어구나 관용어구를 정리해 보았다.

회사에서 원하는 인재상을 여러가지가 있는데, 그 중에서도 대표적인 것이 성실, 도전, 인내, 창의성, 열정, 전문성, 친화력으로 요약될 수 있다.

① **성실** : 『**오늘 해야 할 일은 내일로 미루지 않으려 노력한다.**』

> 예
> 20년 동안, 한우농장을 운영하시면서 7,000일이 넘는 기간 동안 단 하루도 거르지 않고 소들의 먹이를 챙기시는 아버지를 보면서 '근면·성실'을 온몸으로 배웠습니다. 전역 후, 이러한 아버지의 영향을 받아 하루 한 시간 일찍 일어나고 한 시간 늦게 자면서 누구에게나 주어진 같은 하루에서 2시간을 벌 수 있었습니다.

② **도전** : 『**네 인생의 주인공이 되어 능동적으로 살아라.**』

> 예
> '네 인생의 주인공이 되어 능동적으로 살아라.'라고 말씀하시던 부모님의 영향으로 대학 입학 후, 스스로 용돈을 마련하였고, 부모님께 일부를 도움 받아 2002년 말에는 런던에서 1년간의 어학연수를 계획할 수 있었습니다.

③ **인내** : 『**칼을 들었으면 무라도 내려쳐라.**』

> 예
> 시작이 있다면 반드시 그 끝이 있어야 한다. 저는 4가지 과내 학회와 1학년 부 과대표, 과학생회 임원, 현재는 과취업대표로서 활동하고 있다. 가장 기억에 남는 01년 여름날, 러시아의 춤과 노래를 배울 당시에 고된 연습에 그만두고 싶은 적도 많았지만 저에게는 파스와 진통제, 그리고 해내고 말겠다는 의지와 그 속에서 찾은 즐거움이 있었습니다. 결국 우리는 첫 공연을 멋지게 마쳤습니다.

④ **창의성** : 『**도전은 필수, 성과도 필수**』

> 예
> 새로운 한 분야에 대한 호기심과 만족을 위한 공부는 절대 잊혀지지 않는 지식이 되었습니다. 그 결과 교내 캡스톤 디자인을 시작으로 시내 아이디어 공모전까지 4회 참여하며 매번 수상을 하였습니다. 단순히 스스로의 만족을 위해 공부로 시작하였지만 리더로서 너무나도 많은 경험 또한 얻었고 배웠습니다.

⑥ **열정** : 『모든 일에 신념과 소신을 가지고 도전하면 성공할 수 있다.』

> 예
>
> 캐나다 Working Holiday 지원을 결심, 출국부터 정착까지 모든 과정을 혼자서 계획하고 실천에 옮긴 일이다. 이를 통해 '모든 일에 신념과 소신을 가지고 도전하면 성공할 수 있다.' 라는 좌우명을 얻었습니다. 도전을 위한 패기와 열정뿐만 아니라 아무리 어려운 일이라도 신념을 갖고 해결 가능한 방법을 찾는 적극적인 사고, 목표를 쟁취하려는 진취적인 행동, 이를 뒷받침해 줄 철저한 준비가 있어야만 성공할 수 있다라는 깨달음을 얻었습니다.

⑥ **전문성** : 『Generalist now For Specialist in the future!』

> 예
>
> 전공 분야를 깊게 아는 것만큼 중요한 것이 사회 저변을 볼 줄 아는 시야라고 판단하여 틈틈이 다른 학문을 접하여 T자형이 인재가 되도록 노력하였습니다. 이 때 수강한 정치학, 행정학, 북한학, 심리학 등의 수업이 앞으로 다양한 분야의 사회관계자들을 만나 협상, 협력하는 데 도움이 될 것이라고 자신한다.

⑦ **친화력** : 『앞을 향해 가되 앞만 보지 말자』

> 예
>
> 제 좌우명은 '앞을 향해 가되 앞만 보지 말자' 이다. 사람 사이의 관계를 중요시 하는 저의 가치관을 잘 보여준다고 생각한다. 특유의 적응력과 사교성으로 Contiki program을 통한 미서부 여행 당시, 저는 유일한 아시아인으로서 우리 팀의 분위기를 이끌어갔습니다.

⑧ 『코이라는 잉어가 있다.』

> 예
>
> 작은 어항에서는 5~8cm, 넓은 강가에서는 최고 40cm까지 성장한다고 한다. 꿈이란 코이라는 물고기가 처한 환경과 같다고 생각한다. 더 큰 꿈을 꾸며 더 크게 자랄 수 있다.

⑨ 『높고 험한 산이 위대한 등산가를 만든다.』

> 예
>
> 어려서부터 아버지를 따라 산을 오르며, 수십번이고 곱씹은 말이다. 쉽고 편안한 길보다, 높고 험한 산길을 오르는 '도전하는 삶' 에 대한 열정은 학창시절부터 방송반, 연극반, 문예반과 전교 부회장 활동 등 다양한 경험에 대한 도전으로 이어졌습니다.

⑩ 『일석삼조의 'multi-player'가 되다.』

> 예
>
> '일을 조직화 시켜 처리해 나가며 지도력이 있다.' 이것은 저의 MBTI 성격유형검사의 결과이다.
> 무슨 일이든 시작하면 구체적으로 계획을 세워 책임감 있게 추진한다는 점에서 계획력과 실행력이 저의 가장 큰 장점이다.

⑪ 『저의 생활신조는 'No gain without no pains'이다.』

> [예] 세상에는 노력 없이 얻을 수 있는 것이 아무 것도 없습니다. 노력하는 사람만이 진정한 삶의 기쁨을 느낄 수 있다고 믿는 저는, 어떠한 일이든지 제게 주어진 일에는 최선을 다하려고 노력한다.

⑫ 『Carpe Diem : 도전 정신』

> [예] 저에게는 많은 장점이 있지만 그 장점의 모태는 현재를 즐기는 태도이다. 현재를 즐김으로 인해서 긍정적인 생각을 할 수 있고 많은 도전들을 즐길 수 있다.

⑬ 『일체유심조! (一切唯心造)』

> [예] '모든 것은 마음먹기 마련이다'는 원효대사의 말씀대로 항상 긍정적이고 적극적인 마음으로 '안되는 것은 없다, 다만 못하는 것 뿐이다.'라는 마음으로 살아가는 것이 제 인생의 모토이다.

14.2.6 자기소개서의 분석

■ 자기소개서 사례-1

> **그 나라를 알기 위해서는 박물관에 먼저 가라?**
>
> 한 나라의 역사와 문화, 정치에 대한 정보를 수집하기 위해서는 박물관이 가장 좋은 곳이다. 하지만 그 곳에 빠져 있는 것이 하나 있다.
> 그것은 바로 경제이다. 한국증권선물거래소는 건전한 자본시장 육성을 통하여 기업에게는 자금조달, 투자자에게는 재산증식의 장을 마련하여 궁극적으로 금융시장의 성장에 기여하고 있는 심장부이다.
> 이렇듯 경제 측면에서 가장 중요한 기업의 전산업무는 반드시 필요하다고 생각한다. 각 증권과 선물 현황에 대해서 전 세계가 주시하고 있다. 그런 엄청난 전산시스템을 제가 운용한다는 생각만으로도 가슴이 벅차오릅니다. 한국증권선물거래소에 입사하여 시스템에 0.1초라도 차질이 생기지 않도록 예방하겠습니다.

■ 분석

(a) 개성 있는 소제목을 통해 호기심 유발

'<u>그 나라를 알기 위해서는 박물관에 먼저 가라?</u>'와 같은 개성 있는 소제목을 통해서 호기심을 유발하는 것도 좋은 방법이다. 일반적으로 지원동기를 쓸 때에는 기업에 대한 칭찬으로 시작하는 경우가 많은데, 기업에 대한 칭찬으로 항목을 채우다 보면 제한된 분량 안에 지원자의 역량을 제대로 드러내기 어렵다.

지원자가 지원기업에 대한 칭찬만을 나열하게 된다면, 자칫 조건과 환경만을 보고 지원한다는 인식을 줄 수 있으며 신뢰를 떨어뜨리기 때문에 막연하게 '최고의 기업이라서', '좋아서'와 같은 표현은 지양하도록 한다.

(b) 직무에 대한 관심이 높다는 것을 제시

직무에 관심을 갖게 된 계기를 잘 생각해보고 '<u>한국증권선물거래소는 건전한 자본시장 육성을 통하여 기업에게는 자금조달, 투자자에게는 재산증식의 장을 마련하여 궁극적으로 금융시장의 성장에 기여하고 있는 심장부이다.</u>'라는 내용을 통해서, 경제의 중요성에 강조하고 있다.

이와 함께, 지원자의 가치관에 대해서도 어필하고 있으며, 단순히 지원회사에 대한 칭찬이 아니라 직무에 대한 자부심이 드러나서, 지원직무에 대한 지원자의 관심을 높음을 효과적으로 제시하고 있다.

지원하는 기업의 업종, 경영이념, 회사문화, 성격 등을 파악하여 지원하는 기업에 대한 관심과 함께 자신의 적성과 비전이 지원 분야와 얼마나 적합한지 기업의 특성에 맞게 자기소개서를 작성하도록 한다.

(c) 구체적인 목표 제시

위의 자기소개서에서는 지원자의 열의는 느낄 수 있으나, 구체적인 목표가 설정되지 않아서, 지원자가 회사에 들어와서 어떤 일을 해줄 수 있는 지가 잘 드러나지 않는다.

즉 '한국증권선물거래소에 입사하여 시스템에 0.1초라도 차질이 생기지 않도록 예방하겠습니다.'라는 문장에는 구체적인 목표가 드러나지 않아서 설득력을 갖기 어렵다. 지원자의 Job based 사고와 지원분야에 대한 관심과 직무에 필요한 역량을 향상시키기 위해 노력한 과정이 잘 드러나도록 구체적인 수치나 예를 들어 나타내야 한다.

한편 목표를 세울 때에는 '~이 되고 싶다', '~의 배움을 얻고자 한다.'는 표현을 쓰는 것은 신중하도록 하자. 왜냐하면 겸손하고 배움에 대한 열의로 비춰질 수도 있지만, 반면에 아직 일을 할 준비가 충분히 되어 있지 않아서 회사에서 배워나가려고 한다고 여겨질 수도 있기 때문이다.

14.2.7 남과 다른 차별화된 지원동기

지원동기는 내가 직무에 관심을 갖게 된 계기와 반드시 지원회사에 입사해야 하는 이유, 내가 적임자인 이유가 모두 포함되어야 한다. 그러나 위의 항목을 다 포함하기 위해서는 계기나 이유를 개별적으로 나열하기보다는 동종업계 중 왜 이 회사를 지원했는지, 많은 지원자 가운데 왜 자신이 선택되어야 하는지에 대한 명확한 내용이 있어야 한다. 회사에 대해 언급할 때에도 지원하는 회사에 대한 사전정보를 바탕으로 자신만의 분석이 추가되어야 차별화된 내용이라 할 수 있다.

14.2.8 본인의 보유하고 있는 역량 드러내기

지원자 자신이 보유한 역량이 무엇이며, 이러한 역량이 지원회사의 발전과 자신의 목표 달성에 어떤 긍정적 영향을 나타낼 수 있는지 함께 밝혀 준다면 더욱 경쟁력을 높일 수 있다.

그러나 그냥 다채로운 에피소드를 가지고 있다고 쭉 나열하는 것은 어떠한 역량도, 강점도 나타낼 수 없다. 경험하면서 스스로 깨닫게 된 점, 경험을 통해 발전하게 된 점을 하나의 강점으로 만들도록 하는 것이 핵심이다.

자신의 많은 경험 중에서도 지원하는 직종이나 직무와 관련된 핵심적인 경력만 뽑아 기술하고 그 안에서 발휘하였던 역량을 중심으로 기술하도록 한다.

■ 자기소개서 사례-2

> 항상 최선을 다하라며 노력과 배움에 대한 중요성을 강조하시던 부모님 밑에서 3 남 중 장남으로 태어났습니다. 저에게 처음으로 닥친 시련은 중학교 3학년이었던 1991년 아버지가 돌아가신 일이었습니다. 그러나 그 일을 계기로 저는 책임감이 강 하고 위기를 슬기롭게 극복할 줄 아는 남자로 다시 태어나는 계기를 마련했습니다. 그런 모습은 군복무하면서 서울지방 경찰청장 표창을 받기도 했습니다.
>
> 4년간의 대학생활을 통해 저는 꾸준히 학업수행을 했고, 대인관계에서도 원만한 성격을 바탕으로 선후배들에게 신뢰받는 모습을 보였다고 생각된다.
>
> 저의 가장 큰 장점은 꾸준한 자기계발을 한다는 것이다. 항상 자신이 부족한 점이 무엇인가를 생각하고 그것을 메우기 위해 끊임없는 노력을 하고 있다. 이런 모습의 배경에는 어렸을 때부터 배고픔과 피곤함은 참아도 배움에 대한 목마름을 참아서는 안 된다는 말씀을 하신 부모님의 영향 때문이다. 부모님의 관심과 배려는 제가 성장 하면서 꾸준한 자기계발을 추구하는 인간이 되는 계기를 마련해 주었습니다.
>
> 1998년 군제대후 저는 넓은 세상을 몸소 느끼자는 생각아래 외삼촌이 계시는 캐 나다로 어학연수를 떠났고, 외삼촌 가게 일을 돕는 등 일과 학업을 병행했습니다. 약 1년간의 캐나다 생활을 통해서 틈나는 대로 여행도 다녔습니다.
>
> 특히 세계 각국에서 온 많은 사람을 만나며 세상을 보는 넓은 눈을 갖게 된 점이 나 름대로 많은 도움이 되었다고 생각합니다. 대학생활 동안 법정계 학생들의 약점인 경영학 마인드를 보완하고자 꾸준히 회계·재무관리 등의 수업을 받았으며, 영어공 부도 소홀히 하지 않았습니다. 현재 학습중인 중국어는 아직 미흡한 수준이지만 꾸 준히 연마할 계획이다.
>
> 공인중개사 일을 하시는 어머니 일을 틈틈이 도와온 저는 건축분야, 특히 주택시 장의 재건축사업에 대해 많은 관심이 있다. 저는 평소 건설업계에 몸담을 것을 꿈꾸 며 금리와 주택시장과 상관관계, 정부 부동산정책의 허와 실, 앞으로 주택공급자적 입장에서 취해야 할 전략 등에 대한 나름대로 분석과 자료수집을 해 왔습니다.

저에게는 다른 비전이 하나 있는데, 그동안 꾸준히 관심을 가졌던 중국사업 분야에 도전하는 것이다. 21세기 가장 역동적인 시장 중 하나인 중국시장은 많은 위험과 기회가 있다고 생각한다. 이를 위해서는 단순히 경제작인 접근이 아니라 1국 2체제, 중국정치, 경제의 정책 및 제도 등 보다 근본적 차원의 접근이 필요하다고 생각되며, 여기에 전공과 관련된 저의 지식이 큰 도움이 되리라 자신합니다.

■ 분석

ㅇㅇㅇㅇㅇ은 더욱 품질 좋은 주택을 더욱 경제적인 가격에 공급한다는 목표를 설정해 세계수준에 적합한 제품을 개발하고 주거문화의 질을 향상시키기 위해 노력하고 있다. 또 외국선진기술을 도입해 글로벌 스탠더드 수준의 종합건설회사로 성장할 것을 목표로 하고 있다. 그러기 위해서는 열린 사고와 글로벌능력, 무엇보다 도전정신을 갖춘 인재를 원한다.

먼저 ㅇㅇㅇ씨는 굳어 있다는 인상을 받습니다. 군대 이미지를 인용한 표현이 많고, 그런 것들이 경직된 경향이 있다. 우리 회사뿐만 아니라 대부분 기업들이 창의력과 도전정신을 갖춘 인재를 핵심적인 인재상으로 하는 추세이다. 이에 노력·최선·책임감·대인관계 등은 기본적인 자질일 뿐 강조사항은 아니라고 판단된다. 이보다는 ㅇㅇㅇ씨가 창의적인 사고와 도전적인 모습을 지니고 있으며, 다양한 경험을 어떻게 했는지를 강조할 필요가 있다.

내용적으로는 큰 무리 없이 작성된 자기소개서라고 말할 수 있다 하지만 중요한 것은 자신이 지원하고자 하는 업체와 관심분야에 대한 정보수집 및 사전검토가 미흡한 것으로 보여집니다.

다시 말해 장래계획 중 자신의 관심분야는 지원하는 회사의 사업분야에 대한 정보를 사전 검토 후 작성할 필요가 있다. ㅇㅇㅇ씨의 경우 중국관련 사업분야를 기술했는데, 중국이 아닌 중동 또는 타지역에 주력하고 있는 경우에는 이것이 오히려 감점요인이 될 수 있다. 희망업무에도 자신의 관심사나 장점을 명확히 나타내 주지 못함에 따라 인사담당자가 무엇을 원하는지, 어떤 직무를 수행할 수 있는지 등을 알기가 힘듭니다. 때문에 좀 더 자신의 관심분야를 구체적으로 명시해야 할 것이다.

또 관심분야 이외에도 회사가 요구하는 어떤 직무도 수행할 수 있다는 자신감을 보였다면 훨씬 좋은 자기소개서가 될 수 있을 것이다 요즈음 스스로가 노력해서 경쟁력을 갖추지 않으면 안 되는 시대이다. 그런 점에서 ○ ○ ○씨의 경우 건설분야에 관심을 갖고 나름대로 많은 노력을 한 점이 느껴집니다. 한 가지 덧붙이자면 단순히 관심의 차원을 넘어서 실제 경험·경력을 통해 그런 관심을 자기경쟁력으로 소화할 수 있어야 할 것이다.

마지막으로 자기소개서를 작성할 때는 무엇을 했다라기 보다는 어떻게 했느냐를 기술하는 것이 좋다. 웬만한 일은 누구나 한번 쯤 경험한 것들이다, 여기에 차별성을 두기 위해서는 어떤 과정과 노력을 해낼 수 있었느냐 하는 것이다 모쪼록 사회에서는 원하는 분야, 원하는 직무를 담당하며 우수한 인재로 재평가 받을 수 있기를 바라겠습니다.

■ 자기소개서 사례-3

저는 대학시절에 언어를 열심히 공부했고, 경영학 전공지식을 쌓는데 주력했으므로 이 두 가지에 가장 자신이 있다. 더불어 일문학과 친구를 통해 일본문화연구회에 가입해 일문소설을 읽고 동아리 친구들과 함께 일본영화 상영회를 가졌습니다.

이런 경험을 바탕으로 저는 영어와 일어를 구사할 수 있습니다. 따라서 이러한 언어에 대한 지식을 바탕으로 미국이나 일본 등의 국제적인 경제동향을 파악하는데 기여할 수 있을 것 같습니다. 또 경영학을 복수전공하면서 증권시장과 선물·옵션 등에 대한 지식을 쌓았고 실제 증권투자에 대해서도 큰 관심을 갖고 실행해 보았습니다. 귀사의 자산관리 영업부분에서 이러한 열정과 젊음을 쏟아부을 수 있는 기회가 주어지기를 바랍니다.

대학교에 입학하자마자 아르바이트와 봉사활동에 최선을 다했습니다. 그것으로 인해 1학년 때 성적이 썩 좋지는 못했지만 학점으로 얻을 수 없는 다양한 경험과 인간관계를 만들 수 있었습니다.

이러한 생각은 외국에 대한 자연스러운 관심으로 이어져 3학년을 마치고는 어학연수와 다른 나라에서 경험을 쌓기 위해 미국으로 떠나게 되었습니다. 미국에 가서는 다른 나라 사람들과 어울리면서 그들의 문화와 가치관에 대해서 알게 되었고 미국사회에 대해 더 많은 것을 경험하기 위해서 도서관에서 5개월동안 자원봉사를 했습니다. 특히 9.11 테러 때 개인주의적일 것만 같은 미국사람들의 자발적 참여와 봉사는 저에게 많은 것을 느끼게 했습니다. "나 자신에게 철저하게, 남에게는 관대하게" 이것은 저의 생활신조로서 항상 자신을 뒤돌아보고 자신에 대해서 객관적으로 잘 알며, 반면 남에게는 그의 허물보다는 그가 가진 좋은 면과 발전적인 면을 보려고 노력하고 있다.

공동생활에서 서로를 이해하고 협조하며 일을 원활하게 할 수 있도록 배려하는 마음이 필요하다고 생각한다. 저는 ○○○에서 여러 가지 봉사활동을 했으며, 그 곳에서 선후배간의 다양한 관계를 통해 여러 사람과 어울리는 법을 알게 되었습니다.

저에게 직장이란 일과 관련해 얻게되는 경험을 통해 자신을 개발시켜 나가는 곳이다. 따라서 저는 다양한 업무를 맡아 그것을 충실히 소화해 나가며 자신을 개발하고 싶습니다. 또 다른 삶과 협력을 통해 사회에 공헌할 수 있는 기회를 가졌으면 합니다. 그리하여 10년 ○○○○의 인재가 되어 최대의 성과를 실현하여 사회에 새로운 가치를 창출하고 싶습니다. 그리고 저의 능력이 된다면 기업의 임원이 되어 기업과 사회 그리고 나 자신의 발전을 위해 노력하고 인재양성이나 교육사업에 힘을 기울여 보고 싶습니다.

■ 분석

예전에 한 채용전문업체의 설문조사 결과를 보면 기업의 인사담당자들이 산더미처럼 쌓인 구직자들의 입사지원서를 검토하는데 드는 평균시간이 1인당 2분 4초라고 한다. 즉 인사담당자들의 관심을 최대한 끌기 위해서는 밤새워 지원서를 작성한 구직자들의 정성이 단 2분여 만에 결판난다는 것이다.

일반적으로 기업의 인사담당자들이 입사지원서를 검토할 때 가장 꼼꼼하게 살펴보는 부분은 자기소개서이다. 한 장의 자기소개서에서 지원자의 진취성·적극성·창의성 등을 엿볼 수 있고 지원분야와 관련되는 성장과정과 직무경험 및 전공과의 관련성 등을 평가할 수 있다

○○○씨는 컴퓨터 활용능력이 능숙하다고 기재했는데, 매끄럽지 못한 쪽 구분, 테두리선 등의 미적용과 여백활용 등 그다지 섬세한 OA 실력을 갖추었다고 보여지지 않습니다.

자기소개서가 조금 평이하다는 느낌이 듭니다. 최근의 입사경쟁률의 동향을 살펴 볼 때 평범해서는 그 관문을 뚫기가 쉽지 않습니다. 즉 지원자의 입사지원서는 될 수 있는 한 강력한 이미지를 심어 줄 수 있도록 해야 한다. 또 자신의 강점과 좋은 면만을 서술하기보다는 취약했던 부분과 그런 부분들을 극복하기 위한 노력 등 솔직한 면들을 보여 주는 것도 좋은 방법이다. 지원기업에 대한 피상적 열거보다는 구체적인 실적과 기업에 대한 나름대로의 평가 분석 등을 보여 주는 것도 좋은 점수를 받을 수 있을 것이다.

14.3 면접시험 대비

14.3.1 면접시험의 역할

면접시험이란 지망사의 경영자 또는 인사담당자가 수험생과 직접대면 또는 접촉하여 상호 또는 일방적으로 응답하는 과정에서 그 기업에서 요구하는 적응능력과 직무수행능력 등을 파악하는 시험방법의 하나이다. 전통적인 채용방법으로는 세계화시대에 걸맞은 인재를 뽑을 수 없다는 사고가 지망사의 생존과 발전적 차원에서 면접시험을 중시하게 되었다 더욱이 사회환경이 급격하게 변화됨에 따라 경영자로 서는 발전하는 기술력에 대응하기 위하여 사람에 대한 투자가 절실하게 되었다.

그러나 면접시험은 필기시험에서처럼 정답이 있는 것이 아니고 응시자들의 능력에 관한 자료 또는 정보인 것이다. 이러한 면에서 면접시험은 수험생들에게 유리할 수도 있으나 정답이 없는 만큼 그 대책을 세우기도 힘이 드는데, 면접시험은 일반적으로 다음과 같은 역할을 하고 있으므로 이에 대한 준비가 필요하다.

(1) 인물을 종합적으로 평가

면접관이 실제로 응시자를 대변하여 그 인물의 용모·태도 등을 관찰하게 되므로 주관적이고 인상적이기는 하지만 어느 정도 종합적으로 인물을 평가할 수 있다.

(2) 성품과 성격을 판별

면접은 짧은 시간 내에 평가를 해야 하는 제약은 있으나 면접관은 사회경험과 인생경험이 풍부하고 회사나 공영부분에서 요구하는 인물에 대한 일정한 안목을 갖추고 있으므로 응시자의 대답내용이나 태도·동작 등을 세밀하게 관찰하여 응시자의 성격이나 성품을 판별할 수 있다.

(3) 지망동기와 취업에 대한 의욕을 확인

이는 논문 또는 작문시험 등에 의하여 확인할 수 있으나 면접시험에 의하여 응시측으로서는 응시회사의 사정이나 응시사의 기대하는 사항을 수험생에게 설명하여 줄 수 있으며, 이에 따른 반응의 정도와 질의응답을 종합하여 수험자의 지원동기와 열의를 파악할 수 있다.

(4) 지식과 교양의 수준평가

필기시험의 보완수단으로 면접위원이 수험생에게 부가적인 질문을 계속하여 그 응답과정과 내용에 의하여 수험생의 지적 수준과 교양의 정도를 비교적 정확하게 알 수 있다.

(5) 언어능력이나 두뇌회전능력을 관찰

면접시험은 구두의 질의·응답의 방법에 의하여 진행되는 것이므로 상대방의 의사에 빠르고 정확한 이해와 이에 따른 자신의사를 요령 있게 전달하는 능력을 파악 할 수 있고, 나아가 응시자의 판단력과 표현력도 평가할 수 있다.

(6) 협조성이나 지도력 등의 관찰

협조성은 직장에 적응하는데 있어서 중요한 요소이며, 지도력은 직무를 수행하는 데 필요한 중요한 요소이다. 직무수행상 중요한 요소인 지도력과 직장적응의 중요 요소인 협조성 등을 질의 및 응답의 과정을 통하여 파악한다. 최근에 많은 기업에서 시행하고 있는 집단토론 같은 면접방식은 응시자의 이러한 성격을 보다 정확 하게 판단하기 위해 고안 된 것이다.

14.3.2 면접시험의 순서

(1) 대기실

면접시험의 시작은 대기실에서부터 시작된다. 이는 면접이 응시자의 인성 등을 보기 위한 의례이기 때문에 대기실의 흐트러진 행동이 면접관의 눈에 띄게 된다면 그를 놓칠 면접관은 없을 것이기 때문이다.

대기실에서 순서를 기다릴 때에도 침착하고 바른 자세로 기다리는 것이 좋다. 그리고 그때 예상되는 질문에 대한 대답을 최종적으로 정리한다.

(2) 호명

담당직원이 자기이름을 부르면 똑똑히 대답하고 조용히 일어나 직원이 안내하는 면접실로 간다. 면접실 문을 2~3번 가볍게 두드린 다음 문을 열고 발이 먼저 들어간다는 자세로 들어간다.

(3) 입실

면접실에 들어서면 조용히 문을 닫은 다음 정면을 향해 가볍게 허리를 굽혀 인사한다. 그리고 면접관 앞으로 다가가서 면접관에게 정식으로 인사하고 자신의 수험 번호와 성명을 말한 다음 조용히 앉는다. 의자에 앉을 때는 의자 깊숙이 앉아 허리와 가슴을 펴고 편한 자세로 앉는다. 이때 등받이에 등을 약간 기대는 것이 좋으며, 양손을 무릎 위에 자연스럽게 올려놓고 정면으로 면접관과 마주 볼 수 있게 앉는다. 그러나 이때 면접관의 눈을 뻔히 쳐다보거나 시선을 이리 저리 옮기면서 사방을 살피는 듯한 자세는 좋지 않으므로 주의하기 바란다.

(4) 질의응답

질문이 시작되면 침착하고 밝은 표정으로 면접위원을 바라보며 똑똑한 발음으로 대답한다. 이때 질문에 맞는 대답을 조리있게 정확히 하되, 질문이 떨어지기가 무섭게 대답하거나 너무 빠른 말투는 삼가며, 우물쭈물하지 않아야 한다. 특히 다음 사항을 주의한다.

응답시에는 너무 말을 꾸미지 말고 솔직하게 그리고 자신 있는 태도로 말하며, 신뢰감을 주도록 한다. 면접관의 질문이 끝나면 잠시 여유를 두었다가 결론부터 간략히 말하고, 그에 따르는 설명과 이유를 덧붙여 논지가 명확한 답변이 되도록 한다. 물론 부가설명도 간단·명료해야 한다. 그리고 난처한 질문을 받더라도 재치 있게 답변해야 한다. 그리고 사소한 질문에도 최선을 다하는 자세를 보여 주어야 한다.

질문과 응답이 끝났을 때도 입실할 때와 반대동작으로 조용히 면접실을 나간다.

이때 주의할 점은 면접이 끝났다는 해방감에 무의식적으로 벌떡 일어나 도망치듯 급히 행동하거나 문을 거칠게 닫는 일이 없도록 한다. 면접이 끝나고 의자에서 일어나면 앉았던 의자를 정돈한 후 15도 정도의 가벼운 인사를 한다. 퇴실할 때도 힘없는 표정을 짓지 않도록 주의한다. 면접관은 응시자가 들어오면서부터 나가기까지의 모든 행동을 관찰하고 있다는 것을 명심해야 한다.

14.3.3 면접시험의 종류

(1) 개별(단독)면접

면접관 한사람과 응시자 한사람이 마주보고, 되도록 자유스런 화제를 가지고 질의·응답을 되풀이 하는 방식이다. 이 방식은 면접시험의 기본형이지만 시간이 많이 걸리고, 또 면접관의 평가에 개인차가 생겨서 공정성을 잃을 수 있는 흠이 있으나, 대신 개인에 대해 조목조목 알아 볼 수 있는 이점이 있으므로 기업체에서는 대개 1차 면접에서 이 방식을 많이 채택한다.

(2) 개인면접

면접관 여러 명이 응시자 한 사람을 불러 놓고 질문하는 형태의 면접이다. 시험관이 여러 명이므로 다각도에서 질문을 해 응시자에 대한 정보를 여러 가지 알아낼 수 있는 이점이 있다.

그러나 응시자에게는 단독면접 시와는 다른 긴장감을 준다. 질문도 면접관에 따라 각양각색이고, 질문을 받고 응답하는 과정을 관찰하는 눈들이 많아서 자칫 응시자가 실수하는 경우도 종종 발생한다. 따라서 응시자는 긴장을 풀고 한 면접관이 묻더라도 면접관 전원을 향해 대답한다는 기분으로 또박또박 대답해야 한다.

(3) 집단면접

여러 명의 면접관이 2~5명의 응시자를 짝지어 면접하는 방식이다. 이 방법은 면접시간을 줄이는 데 편리하다. 한 사람의 면접관이 같은 질문을 여러 응시자에게 동시에 주는 경우도 있는데, 서로 비슷한 내용을 답해도 불이익이 오는 것은 아니지만, 다른 응시자보다 세련된 대답을 하는 것이 좋은 평가를 받을 수 있다. 면접관으로서는 응시자 개개인을 관찰할 수 있는 시간이 많고, 또 여러 명을 동시에 관찰 평가할 수 있다는 점, 그리고 평가에 있어서 객관성을 유지할 수 있다는 장점을 가지고 있다. 하지만 응시자의 개인적인 문제 등의 상세한 질문을 하기 힘들다는 단점이 있다. 따라서 집단면접 시 주의할 사항은 첫째, 너무 눈에 띄려 하지 마라. 둘째, 질문에 응답하고 난 후의 태도가 평가된다. 셋째, 시선을 공평하게 둔다. 넷째, 함께 면접하는 사람들과 서로 융화한다.

(4) 집단토론면접

개인면접이나 집단면접과는 다르게 집단토론은 응시자끼리의 토론이 중심이 된다. 이 방법은 응시자 여러 명에게 일정한 주제를 주어 토론시키면서 면접관들이 곁에서 발언내용이나 태도를 관찰하는 방법이다. 이것은 응시자의 성격, 됨됨이, 지식의 정도를 객관적으로 파악할 수 있으므로 최근 여러 기업에서 활용하고 있다.

이 방법에는 기업에서 사회자와 주제를 제시해 주고 토론시키는 방법, 기업에서는 주제만 제시해 주고 응시자들이 사회자를 정해 토론하는 방법, 사회자와 주제를 모두 응시자들 스스로 정해 자유롭게 토론하는 방법이다.

집단토론면접은 지원자의 논리성·협동성·적극성·논리성 등을 종합적으로 판단하고, 지원자들 간의 비교평가가 쉬우며, 소극적이거나 내성적인 성격 판별이 쉽다.

(5) 인성면접

인성면접을 준비함에 있어서 가장 기본요소는 자기소개라고 할 수 있다. 자기소개는 자신이 강조하고 싶은 부분 혹은 강점을 집중적으로 서두에 포함하고, 자신을 표현하는 키워드를 활용하는 것이 면접을 유리하게 이끌어 나갈 수 있는 하나의 방법이다.

자신의 개별 신상과 관련된 내용만을 말하기 보다는 지원하는 회사의 비전과 연계해 자신의 미래 포부를 포함해 끝을 맺는 것이 좋다. 더군다나 적절한 위트나 독특한 사례는 장시간 면접에 지친 면접관들의 관심을 유도할 수 있는 좋은 방법이다.

면접관에 따라서는 이력서나 자기소개서의 특이사항에 대해 묻는 비중이 더 큰 경우도 있다. 특히 업무와 관련된 전공자이거나 특이한 이력이 있다면 질문을 받게 될 수 있으므로 미리 답변을 준비해두어야 한다. 중간 중간 사회적 이슈나 업계에 대한 질문이 있을 수 있으니 평소 신문의 시사부분이나 경제내용을 숙지해두고, 업계 동향에 대한 자료를 미리 정리하는 것이 좋다.

(6) PT면접

PT면접은 전문분야 및 실무와 근접한 주제들이 주어지기 때문에 지원자에게는 아주 어려운 면접방법 중의 하나이다.

PT면접은 몇 가지 주제 중에서 1가지 주제를 선택해서 발표하게 된다. 난이도가 높은 주제를 선택한다고 해서 가산점이 있는 것은 아니므로, 가장 자신 있는 문제를 고른다. 특히 준비시간이 짧게 주어지거나 별도의 자료가 제공되지 않는 기업도 있으므로 전공을 중심으로 예상 주제를 뽑아 미리 대비하는 것이 좋다.

만약 전부 다 모르는 주제가 나오는 경우는 많은 지원자들이 굉장히 어려워하고 걱정하는 부분이다. 발표에 대한 부담이나, 정확한 답을 찾아야 한다는 생각 보다 주어지는 자료를 분석하여 자신의 생각을 정리하고 이를 논리적으로 전달하는 데 초점을 맞추는 것이 좋다. 정 모르겠으면 자신이 잘 알고 있는 관련분야의 현재 트랜드 등을 중심으로 발표하도록 한다.

다른 지원자의 발표 중에도 내용을 묻는 등 돌발질문이 주어질 수도 있기 때문에 다른 지원자의 발표에도 집중해서 경청해야 한다. 발표가 끝나고 나면 발표내용에 대한 추가 질문이 이어지고, 이때에는 발표와 상관없는 자기소개서를 기초로 한 인성 질문들도 이어진다.

(7) 임원면접

임원면접에서 실수는 절대 금물이다. 임원면접은 그룹의 최고 경영자가 참여하는 만큼 개별적인 점수가 감점되는 것이 아니라 합격, 불합격이 판가름 날 수도 있어요. 임원진들이 '기업에 얼마나 적합한 인재'인지를 중점적으로 평가한다는 것을 명심하고, 마지막으로 본인의 역량을 100% 어필해야 한다. 비교적 다른 면접에 비해 짧게 이뤄지므로 간략하면서도 임팩트 있는 답변을 준비하는 것이 좋다.

14.3.4 면접시험의 주의사항

(1) 자신감이 중요

새롭고 낯선 용어를 접하거나 말해야 할 내용에 대한 충분한 지식이 없을 때 사람들은 죽어 들어가는 목소리를 내게 된다. 하지만 면접시험이라고 해서 기죽을 이유는 없다. 모르는 것이 있으면 얼버무리지 말고 '모르겠습니다'라고 답하고, 못 알아들은 질문이 있으면 '죄송하지만 다시 한 번 말씀해 주시겠습니까' 하는 자신감이 중요하다. 면접관은 면접자에게 정답을 요구하는 것이 아니라 상황에 따른 대처능력을 보기 때문이다.

(2) 바른말과 존대어를 쓰는 습관을 길러라.

성의있고 겸손한 태도로 응대한다 해도 주어진 상황에 상응하는 존댓말을 잘못 쓴다면 응답의 내용까지도 의심받게 된다. 예를 들어 '지금 질문자가 말한 것은'이라고 응답하는 경우가 종종 있다. 그럴 경우 '지금 말씀하신 내용은'으로 정정해야 한다. 또 하나 염두에 두어야 할 것은 바른말 쓰기이다. 아무렇게나 '조금 아까도 말했지만'하고 말하지 말고, '방금 전에 말씀드렸지만'하는 식으로 바르게 써야한다. 특히 자연스런 외국어를 구사한다는 착각으로 속어를 사용하지 않도록 주의 해야 한다.

(3) 패기만만한 자신을 보여라.

시종 침착하면서도 밝은 표정으로 예의를 지킨다. 때로는 부담스러운 질문을 받더라도 우물거리지 말고 패기만만한 자신을 드러내야 한다. 아무리 좋은 말을 했더라도 그에 대한 적절한 태도와 표정 그리고 자세가 나오지 않는다면 그 말은 죽은 말이 된다.

(4) 긴장을 즐겨라.

지나친 긴장은 자신을 위축시킬 우려가 있지만, 한편으로는 꼭 필요하다. 중요한 것은 그런 긴장을 생산적으로 사용하느냐, 비생산적으로 사용하느냐에 달려 있다.

이는 우리가 동물과 달리 인간이기에 누리는 특권이기도 하다. 단, 그런 질문에 대한 대답은 논리적이어야 한다. 면접위원이 알아들을 수 없도록 우물거리는 말은 삼가야 한다. 그리고 일단 질문에 대한 답은 내용이 조금 빈약하더라도 당당하게 이야기해야 한다.

(5) 과장·거짓 대답은 피한다.

질문사항에 대한 거짓이나 과장은 금물이다. 필요 없는 사족을 달면서 너절하게 수다를 떠는 것도 좋지 않다. 간단·명료하면서 정확히 이야기하면 된다. 모르는 것은 큰 죄가 되지 않지만, 모르면서도 아는 체 하는 것은 낙방을 자초하는 일이 될 수도 있다. 특히 자신을 객관적인 시각으로 엄격하게 평가해 약점과 강점을 분명하게 파악하는 것이 중요하다. 강점을 들어 지원분야에 적합한 인재라는 점을 강조하는 동시에, 약점을 물어 올 때는 솔직히 인정하면서 단점을 극복하기 위한 보완방법 등을 자신 있게 대답할 수 있어야 한다.

(6) 지나치게 평론가적인 언동은 삼가라.

예컨대, 시사문제나 읽은 책에 대한 감상을 물었을 때 섣불리 TV에 나오는 평론가의 흉내를 내거나 어줍잖은 허세는 오히려 자신의 인격만 깎아 내리는 행동이 되므로 주의해야 한다. 면접위원은 단순히 응시자의 사회적 관심도를 시험하고자 하는 것이므로 질문 받은 문제라든가 자기가 읽은 책에 대해서 자기 나름대로의 의견을 가식 없이 말해야 한다. 그러면 설사 표현방법이 세련되지 못했다 하더라도 솔직하게 비쳐질 수 있다.

(7) 다변이나 궤변은 금물

자기는 어떤 식으로든지 합격하겠다는 욕망이 지나쳐 필요 이상의 말을 한다든가 하는 잘못을 범해서는 안된다. 특히 집단면접 혹은 집단토론을 할 경우 주의해야 할 점은 논리에 맞지 않는 궤변보다는 자기 나름대로의 소신을 분명하고 간결하게 펼쳐 보이는 것이 중요하다.

⑻ 습관적 버릇은 고쳐라.

은연중에 자신만이 갖고 있는 독특한 버릇이 나타날 수 있다. 질문을 받으면서 손으로 입을 가리거나 응답하면서 요란하게 손짓을 하는 등 자신도 모르게 이와 같은 일상의 버릇이 나타나게 된다. 따라서 의식적으로라도 양손을 무릎 위에 단정히 놓고 자세를 바르게 하며, 평소 자기에게 무슨 버릇이 있나 가족이나 가까운 친구들에게 조언을 구해 고치도록 노력하는 것이 필요하다.

⑼ 상대방의 말에 경청하라.

보통 면접은 면접관의 질문에 면접자가 답하는 형식을 취한다. 하지만 자칫 딴청을 피다가 질문의 내용을 놓칠 수 있다. 결국 모범답안은 면접관의 질문 속에 있다 해도 과언이 아니다. 때문에 질문에 답할 때는 상대방의 눈에 시선을 맞추고 상대방이 말하고 있을 때 적당한데서 맞장구를 치는 것이 중요하다.

⑽ 마지막까지 최선을 다하라.

대답하기 곤란하거나 짓궂은 질문을 받게 되더라도 상황에 맞추어 재치 있게 받아 넘길 수 있어야 한다. 노골적으로 싫은 표정을 짓거나 불쾌한 표정을 나타내서는 안된다. 그리고 면접위원이 계속 꼬리를 물고 질문을 던져올 때는 적절하게 대답하며 빠져 나오도록 해야 한다. 면접시험 도중 질문에 대답을 제대로 못했다거나 뜻밖의 실수를 했다고 해서 도중에 시험을 포기해서는 안된다. 마지막 순간까지 최선을 다해 성의를 보인다면 웬만한 실수는 충분히 만회할 수 있기 때문이다.

14.3.5 면접시험의 평가요소

면접시험은 정답이 있을 수 없다. 똑같은 질문에 대답을 했더라도 어떤 기업에서 는 높이 평가하지만, 다른 기업에서는 다르게 평가할 수 있기 때문이다 또한 같은 회사임에도 채용부서에 따라 평가가 다를 수 있다. 회계담당부서는 신중하고 꼼꼼 한 성격이 평가되지만, 영업파트는 적극적으로 난관을 헤쳐나가는 성격을 우선시 할 것이다.

그렇다고 일반적 기준이 없는 것은 아니다. 심신이 건강하고 원만한 성격, 일에 대한 적극성, 풍부한 지식은 모든 지원자에 해당되는 공통사항일 것이다. 면접시험 의 일반적인 평가요소라 할 수 있는 점들을 중요시하고 있다.

(1) 인상·외모

개인에게서 풍기는 외적인 요소, 즉 복장은 청결한가, 두발상태는 잘 다듬어져 있는가, 예의는 바른가, 호감을 줄 수 있는 인상인가 하는 점을 파악한다.

(2) 건강

심신이 건강해야만 주어진 일을 원만히 수행할 수 있기 때문에 건강상태를 중요시하게 된다.

(3) 이해·판단력

시물에 대한 이해력과 판단력이 정확한가를 살펴본다. 수시로 변화하는 상황에 능동적으로 대처해 나가기 위해서는 무엇보다도 정확한 이해력과 판단력이 필요하기 때문이다.

(4) 표현력

면접위원은 수험생의 답변이 논리적이며 요점만을 간단하게 말하는가, 듣는 사람에게 감명을 주는가, 사용하는 용어가 적절한가, 어휘는 풍부한가 등을 평정하는 것이다. 따라서 일관성 없는 대화전개나 상대방에게 혐오감을 주는 지나친 속된 표현 및 어휘빈곤과 용어의 오용은 감점대상이 될 수 있다.

(5) 조직적응력·협조성

조직에 제대로 적응할 수 있고, 구성원들과 원만한 단체생활을 해 나갈 수 있을 것인지 살핀다.

(6) 적극성·의욕

입사동기와 입사 후의 직무·희망 등에 관한 질의·응답과정에서 수험생의 적극 적인 성격을 평가할 수 있다. 따라서 힘든 일을 피하려는 듯한 태도로 무기력하고 소극적인 사고를 가져서는 안된다.

(7) 성실성

면접위원들은 수험생 자신의 장·단점이나 인생관 등에 관한 질문을 해 사물에 대해 얼마나 성실한 사고방식을 갖고 있는가, 또 얼마만큼 자신에게 충실한가 등을 평가한다.

(8) 성장가능성

앞으로 얼마나 더 커나갈 수 있는가 하는 장래성을 중요시한다. 어느 조직이든 간에 현재의 상태보다 미래의 가능성에 더 비중을 둔다.

14.4 보고서 쓰기

(1) 보고서의 성격

보고서(report)란 회사나 관공서 등에서 관찰 또는 조사한 결과를 문장으로 보고하는 것을 말한다. 그리고 실태 조사와 같은 행정적인 보고서, 새로운 기업의 창립을 위한 조사 보고서나 기업 진단 보고서 그리고 학생이 학습이나 연구 조사 결과를 정리해서 보고하는 것 등도 이에 해당한다.

보고서는 연구·조사한 문제를 사실 그대로 보고하는 글이다 그러므로 보고자의 독특한 학설이나 주장이 반드시 들어가지 않아도 되고, 논증을 통하여 상대방이 자기의 견해를 수긍하고 동의하도록 하려고 하지 않아도 된다.

그러나 보고서가 단순히 사실을 보고하는 성격을 갖는다고 해서 아무런 문제의식 없이 기계적으로 처리되어서는 곤란하다. 보고자가 그 문제에 대해 어떤 태도를 가지고 있느냐에 따라 그 결과가 크게 달라질 수 있는 것이다.

(2) 보고서의 내용 전개 순서

보고서는 종류에 따라 내용 전개 순서가 다르다. 보고서의 종류를 잘 익혀 내용을 어떻게 전개하는 것이 바람직한 지를 항상 연구하고 노력해야 한다. 일반적으로 많이 사용하는 보고서의 종류별 내용 전개 순서를 제시하면 다음과 같다.

〈표 14-1〉 보고서의 내용 전개 순서

구 분	내용 전개 순서
일반적인 보고서	제목, 차례, 보고개요(내용요약 또는 보고배경, 보고목적, 보고경과 등), 보고 내용 본문(현황과 실태, 문제점 또는 쟁점, 국내외 사례 분석, 대안 비교·분석 등), 결론부분[대책·대안 또는 개선방안 제시, 기대효과, 건의사항, 향후조치계획(예산조치사항, 관련부처 협의사항, 법령개정사항 등 포함), 향후 추진일정 등], * 참고자료 첨부 가능, * 작성일자, 작성자(작성부서) 표시(이하 동일)
계획보고서	제목, 목적, 현상분석, 계획내용, 추진체계, 추진방법, 추진일정, 예산·물자 등의 소요와 그 확보방법 등
대책보고서	제목, 보고개요(보고의 목적과 필요성, 추진경위 또는 추진경과 등), 보고 본문 내용[현황과 실태, 문제점 또는 쟁점, 현 상태와 문제점 또는 쟁점의 원인분석, 지금까지의 대책 분석(필요시), 국내외 유사사례분석, 대안 검토·분석 등], 결론 부분(해결방안, 해소방안, 개선방안, 대안 또는 대책 제시, 기대효과, 추진계획, 추진일정, 건의사항, 조치사항과 제안 등), * 사안에 따라 항목 가감 가능
검토보고서	제목, 검토개요(검토배경 또는 검토목적 등), 검토내용(현황과 실태, 문제점 또는 쟁점, 대안 비교분석), 검토결과(대안 또는 개선방안 제시), 건의 등
실시보고서	제목, 계획내용요지, 추진상황, 계획 대 실적의 비교·평가
결과보고서	제목, 목적, 사업(계획)개요, 사업추진내용, 계획 대 실적의 비교와 평가, 향후계획
현황보고서	제목, 사업계획개요, 추진상황, 문제점, 전망과 추세, 대책
연구보고서	제목, 목적, 연구내용(현황, 문제점 등), 대책, 기대효과, 참고자료(연구활동 경과와 부속자료 등)
조사보고서	제목, 조사목적, 조사기간, 조사대상, 조사항목(사건내용), 조사결과분석·평가, 향후 대책

(3) 보고서의 작성 과정

① **준비단계** : 준비단계의 주요내용은 크게 보고내용의 확인과 보고서 작성계획 수립이다.

② **작성단계** : 작성단계의 주요내용은 자료수집·분석, 형식결정 그리고 보고서 작성이다.

③ **검토단계** : 보고내용과 형식을 검토하는 단계이다. 당초 의도대로 보고내용이 작성되었는가, 형식은 적합한가 등을 검토한다. 그리고, 문장구성, 통계의 숫자(계수 등)를 확인한다.

⑷ 보고서 작성의 원칙

① **간결성의 원칙** : 보고서 작성에서 가장 중요한 원칙이다. 보고서는 간결해야 한다. 처칠이 한 말이다. '보고서는 한 장으로 족하다. 더 긴 것은 비서가 곧장 쓰레기통으로 보낼 것이다.' 간결한 연설로는 링컨의 게티스버그 연설이 압권이다. 간결하면서도 강력하고 쉬운 말을 써서 이보다 감동적인 연설은 없다고 한다. 미국 국민이면 누구나 암송하는 이 연설문은 불과 266단어로 이루어져 있다. 링컨에 앞에서 두 시간 연설했던 웅변가 에드워드 에버렛(Edward Everett)이 '나의 두 시간 연설이 당신의 2분 연설처럼 그렇게 의미를 잘 전달할 수 있었다면 얼마나 좋았겠습니까?' 라고 탄식했다는 일화도 있다.

② **목적성의 원칙** : 보고서는 목적이 분명해야 한다. 목적이 분명해야 올바른 보고서를 작성할 수 있다. 보고서를 쓰기 전에 목적을 생각해야 한다. 다음은 경기도 보고서 중의 하나이다. 보고서의 목적이 분명하다.

③ **핵심내용의 원칙** : 보고서에서 가장 중요한 사항이다. 이는 신문기사에서의 제목과 같다. 핵심 내용이 무엇인지를 먼저 결정하는 것은, 정책의 추진 방향에 대해 미리 결정하는 것이 된다.

④ **실용성의 원칙** : 보고서는 쓸모가 있어야 하고, 활용가치가 높아야 한다.

⑤ **명확성(명료성)의 원칙** : 보고서는 명확해야 한다. 구체적인 용어를 사용해야 한다. 보고하는 목적과 주된 내용이 무엇인지를 명확하게 제시해야 한다. 명확성(명료성)을 확보하기 위해서는 통일성, 일관성과 구체성에 의해서 검토하고, 수정해야 한다.

⑥ **용이성(평이성)의 원칙** : 보고서는 알기 쉽게 써야 한다. 한 눈에 쉽게 이해할 수 있도록 써야 한다. 불가피하게 전문용어를 쓰는 경우에는 용어 설명을 괄호안에 하여야 한다. 예를 들면, BPR만 쓰는 것이 아니라, 업무절차개선(BPR : Business Process Reengineering)이라고 써야 독자가 곧바로 이해를 할 수 있다.

⑦ **포괄성의 원칙** : 보고서는 빠진 사항이 없도록 모든 것을 포괄하여야 한다. 내용이 충실하고 풍부해야 한다. 관련 자료를 사전에 많이 수집하고 분석하여야 한다. 보고서를 가지고 중간 관리 층이나 최고 관리 층에 보고하는 과정에 필자는 "아, 이것이 빠졌구나?" 하고 경험한 적이 많이 있었다. 보고를 받는 자가 보고자에게 무엇을

물어볼 것인가를 사전에 질문지를 만들어 부단한 연습을 하는 것도 대단히 유용하다. 보고서를 읽고 궁금증이 없어야 한다. 질문이 없도록 작성하여야 한다. 이렇게 하기 위해서는 부단한 노력과 훈련을 해야 한다.

⑧ **객관성의 원칙** : 보고서는 주관성을 배제해야 한다. 보고서에 믿음을 주기 위해선 가능한 한 객관적인 사실을 숫자로 표기하거나 실제 경험이 들어가야 한다. 보고서는 객관성을 유지해야 공정성이 확보된다.

⑨ **논리성의 원칙** : 보고서는 논리가 있어야 한다. 논리적 모순이 없어야 한다. 논리의 비약은 금물이다. 객관성이 약한 논리를 전개해서는 안 된다. 잘못된 논리 하나가 보고서 전체의 신뢰를 떨어뜨린다. 내용이 물 흐르듯 자연스럽게 전개되려면 논리적 배열이 중요하다. 신문 사설을 활용하면 많은 도움이 된다.

⑩ **일관성의 원칙** : 일관성이란 글을 구성하는 모든 단락들은 물론, 각각의 단락을 구성하는 문장들이 서로서로 문맥상 앞, 뒤가 잘 연결이 되어 읽을 때, 의미상으로 걸림이 없는 것을 말한다. 겹문장을 쓸 때, 일관성을 유지해야 한다. 단어 사용의 일관성도 유지해야 한다.

⑪ **정확성의 원칙** : 보고서는 정확해야 한다. 내용뿐만 아니라 형식도 정확해야 한다. 내용상 하자(흠)가 있어서는 안 된다. 「사무관리규정」상의 문서작성의 일반사항, 「국어기본법」상의 어문규범(한글 맞춤법, 외래어 표기법, 로마자의 표기법 등), 그리고, '법령제명 띄어쓰기 원칙'을 준수하여 작성해야 한다. 오·탈자가 없어야 한다. 오·탈자는 글의 가치를 떨어뜨리고 성의가 없어 보이게 한다. 적절한 단어의 선택, 문장호응, 맞춤법 등 사소한 것들이 글 전체의 인상을 좌우할 수도 있다. 한자를 사용할 경우, 반드시 해당 단어에 맞는 한자를 확인하여 사용하여야 한다. 특히 통계 숫자는 정확해야 한다. 해당기관(부서)에 확인하고 사용하여야 문제가 발생하지 않는다.

⑫ **단어 선택의 원칙** : 보고서 작성에서 단어 선택이 대단히 중요하다. 핵심 단어(또는 주제어)를 잘 선정해야 한다. 하나의 개념에 하나의 단어를 사용해야 한다. 어떤 단어를 사용할 것인지를 고민해야 한다. 적절한 단어를 찾아내야 한다. 예를 들면 다음과 같다. 소수집단이라는 대표성이 있는 단어를 선정하는 것은 대단한 고민이라고 본다.

⑬ **수정의 원칙** : 훌륭한 보고서는 수많은 수정 작업을 통해서만 가능하다. 유명한 작가들이 자신의 작품을 독자들에게 발표하기까지는 수십 번의 수정 작업을 거친다고 한다. 이 과정이 고통과 시간을 필요로 하는 과정이기는 하지만, 이와 같이 자신이 작성한 내용에 대해서 끊임없이 평가와 수정 작업을 거칠 때, 바라는 수준의 보고서 작성이 가능하게 된다.

⑭ **반복 점검의 원칙** : 보고서는 반복점검이 생명이다. 반복점검을 통해 추가할 부분, 수정할 부분, 빠진 부분을 찾을 수가 있으며, 중대한 오류를 찾을 수가 있다.

⑮ **예술성의 원칙** : 보고서에 도표, 그래프, 중요 사진 등을 삽입하여 입체적으로 구성해야 한다. 그래야 보고를 받는 자가 '야, 정말 훌륭한 작품이로구나!'하고 감탄할 것이다. 예를 들면 다음과 같다.

(5) 보고서 작성 시 자주 범하는 오류 유형

① 목적이 불분명하다.

제목과 본문내용을 보고 이 보고서를 왜 작성했는지가 명확하지 않는 경우이다.

② 일관성이 없다.

일관성이란 글을 구성하는 모든 단락들은 물론, 각각의 단락을 구성하는 문장들(sentences)이 서로 서로 문맥상 앞, 뒤가 잘 연결이 되어 읽을 때 의미 상으로 걸림이 없는 것을 말한다. 다음은 어느 보고서의 목적부분이다. 표현상 일관성이 없는 부분이 있다.

예 「풍수해보험법」 시행에 따라 풍수해로 인한 주민의 재산피해를 신속하고 공정하게 보상하고 **방재의식 제고를 위하여** 풍수해보험 시범사업을 실시하고자 함.

■ 수정안

「풍수해보험법」 시행에 따라 풍수해로 인한 주민의 재산피해를 신속하고 공정하게 보상하고 **방재의식을 제고하기 위하여** 풍수해보험 시범사업을 실시하고자 함.

* 수정 이유 : 문장 표현 상 일관성 유지가 필요함. 즉, 목적어와 동사의 표현을 일관성 있게 유지해야 함.

③ 논리상 오류가 많다.

오류란 '그릇되어 이치에 어긋나는 인식'을 말한다. 우리가 일상적으로 생각하고 말하는 가운데 많은 오류가 발생하는데, 이런 오류들은 언뜻 보기에는 그럴 듯하면서도 논리적으로는 타당하지 못한 경우가 대부분이다. 그러나, 오류에는 추론의 형식상 잘못을 범하는 형식적 오류와 언어 사용이나 자료 사용의 잘못, 또는 심리적 요인에 의해 범하게 되는 비형식적 오류가 있다. 어떤 말이나 글에 오류가 있는가 없는가를 판단하기 위해서는 다음의 절차에 따라 확인해 보는 것이 좋다.

② **중요한 내용을 빠뜨린다.**

보고서에 담아야 할 내용은 보고서의 종류에 따라 다르다. 대책보고서의 경우 현황과 실태, 문제점과 대책은 반드시 보고서에 들어가야 한다. 또한, 회의보고서의 경우 회의개요(일시, 장소, 참석, 회의결과), 협의사항, 주요쟁점사항 등은 보고서에 들어가야 한다. 논의 또는 협의과정 상 쟁점사항 등이 들어가야 한다.

⑤ **통계숫자와 이름 등을 잘못 기재한다.**

보고서의 생명은 정확성이다. 내용도 중요하지만, 통계숫자도 대단히 중요하다. 통계숫자나 계수를 잘못 표시하면, 엄청난 결과를 초래할 수가 있다. 또한, 이름과 주소 등을 잘못 기재하는 경우이다.

⑥ **한글맞춤법 등 어문규정을 지키지 않는다.**

문법, 철자, 구두점 등 사소한 것도 (생명을 걸고) 지키는 것이 보고서의 성실도와 완성도를 높이게 된다. '이상'과 '이하', '초과'와 '미만'의 차이를 모르고 사용한 경우, '전'과 '후', '이전'과 '이후'의 차이를 모르고 사용한 경우 등 너무도 많다. 한 가지 예를 들면, '및'과 '과(또는 와)'의 차이를 모르고 사용한 경우이다.

> 〔예〕
> - 틀린 사례 : 현황 **및** 실태, 문제점 **및** 대책, 문장의 형식 **및** 내용에 대하여
> - 수정 : 현황**과** 실태, 문제점**과** 대책, 문장의 형식**과** 내용에 대하여

'과(또는 와)'는 두 단어 사이에 사용한다. '및'은 긴 병렬적인 문자에 사용하되, 문장의 맨 뒤에서 앞뒤를 연결한다.

> 〔예〕
> 총무과**와** 행정과의 남자 **및** 여성과의 여자

⑦ **법령제명 띄어쓰기 원칙을 지키지 않는다.**

예를 들면, 본문에 법령명을 공공기관의정보공개에관한법률 또는 사무관리규정으로 표시하면, 틀리다. 2005. 1. 1.부터 법령명을 표시할 때에는 법령명 앞뒤로 낫표(「 」)를 사용하고, 띄어 써야 한다. 따라서, 다음과 같이 수정해야 한다.

> 예 「공공기관의 정보공개에 관한 법률」, 「사무관리규정」

⑧ **법조항의 근거를 잘못 표시한다.**

예를 들면, 보고서 본문에 법령의 근거를 「공공기관의 정보공개에 관한 법률」제7
조(비공개대상정보)로 명시한 경우이다. 정보공개법령 제정 당시에는 비공개대상
정보의 근거조항이 '제7조'이었으나, 현재는 '제9조'로 변경되었다. 따라서, 법령의
근거조항을 명시할 때에는 반드시 이를 확인하고 사용여야 한다. 법령의 조항은 수
시로 신설·통합·폐지·변경되므로, 이를 현 시점에서 확인하여야 문제가 발생하지
않는다. 특히, 민원회신을 위한 검토 내용 중에 법령의 조항은 반드시 확인하고 기
재하여야 한다.

⑨ **내용이 부실하여 의사결정권자가 판단을 할 수 없다.**

보고서는 내용이 너무 많아도 문제이지만, 너무 없어도 문제이다. 보고서에 담겨
있는 정보가 너무 적어 의사결정권자가 적절한 판단이나 올바른 조치를 할 수가 없
고, 처리방침을 내릴 수 없는 경우이다.

⑩ **내용이 너무 많아 읽는 자의 시간을 빼앗는다.**

내용이 너무 많아 초점이 분산되어 쓰는 사람과 읽는 사람의 시간을 빼앗는 경우이
다. 핵심사항 위주로 내용을 전개하여야 하는데, 보고서에 담지 않아도 될 사항을
담는 경우이다.

⑪ **다각적인 분석이 없고 문제의식이 없다.**

보고서는 입체적인 분석을 할 때, 근본적인 문제의식을 갖고 분석할 때, 그 빛이 더
난다. 정책의 추진배경, 추진근거, 현황과 실태, 문제점과 대책, 기대효과, 개선방
안, 대책, 활용방안 등에 대하여 다각적인 분석이 필요하다. 그리고, 정책에 대한
근본적인 문제의식을 갖고 분석해야 한다.

⑫ **기본이 안 된 보고서가 있다.**

기본이 안 된 보고서는 보고받는 자를 실망시킨다. 어떤 보고서는 기본적인 틀 등
형식조차도 갖추어져 있지 않다. 기본에 충실해야 한다.

⑬ **별첨사항과 참고사항을 본문에 넣어 중요도를 떨어뜨린다.**

본문에 담을 내용인지, 별첨에 담을 내용인지를 구분하지 않는 것이 문제이다. 본
문에 많은 사항을 담으려고 하면 초점이 분산되고, 핵심사항을 파악하는데 집중력

을 떨어뜨리게 된다.

⑭ **정책이력이 없다.**

보고서 중 정책보고는 정책이력이 소상하게 제시되어야 하는데, 그렇지 못한 경우가 많아 올바른 정책판단을 하기가 어렵다.

⑮ **충분한 검증과정과 논의과정이 없다.**

각급기관에서 어떤 정책을 수립할 때, 정책형성단계부터 충분한 검증과정을 거쳐야 하는데, 이를 소홀히 하여 해당 정책이 보류되거나 표류된 경우도 많다. 사실상 정책추진의 모든 단계(정책형성·정책결정·정책집행·정책평가 및 환류단계)에서 충분한 검증과정과 내실있는 논의과정을 거쳐야 한다. 그리고, 행사계획을 결정할 때에는 결정할 사항과 고려할 사항이 많은 법이다. 따라서, 적절한 회의체에서 충분한 논의를 거쳐 결정하고 이 과정이 보고서 상에 기록되어 있어야 한다.

⑯ **추진근거, 추진취지와 추진배경이 없다.**

보고서의 종류 또는 성격에 따라 필수적으로 담아야 할 사항(추진근거, 추진취지와 추진배경 등)이 있는데, 이것들이 빠진 경우이다. 예를 들면, 정책추진의 근거에 대한 명시도 없이 그냥 몇 줄만 제시한 경우이다.

⑰ **대응방안이 빠져 있다.**

보고서의 종류 또는 성격에 따라 대응방안이 필요한 경우, 이에 대한 구체적인 대응방안 제시와 추진일정 및 시행계획을 분명히 밝혀야 하는데, 이것들이 빠진 경우이다.

⑱ **구체적인 통계자료가 없다.**

보고서에는 보고의 내용을 뒷받침할 수 있는 것이 객관적인 통계자료이다. 관리자는 보고의 핵심사항마다 관련 통계자료 등이 함께 제시될 때, 가장 흡족해 한다.

⑲ **심층분석이 없다.**

현황과 실태, 문제점과 대책 또는 대응방안을 심층적으로 분석하지 않아 올바른 판단을 할 수 없는 경우이다. 또한, 시기별 추세, 시계열 분석 등 심층분석이 없는 경우이다.

⑳ **원인에 대한 체계적인 분석이 없다.**

어떤 문제가 발생했을 때, 사건이 터졌을 때, 그 원인을 깊이 파고들어가서 분석해야 한다. 의사가 환자를 제대로 진단해야 올바른 처방을 할 수 있는 것처럼 정책담당자인 공무원들은 어떤 현상에 대한 원인을 근본적으로 분석해야 한다. 원인을 제대로 분석해야 올바른 대안과 대책이 나온다.

㉑ **사전에 충분한 점검을 하지 않는다.**

어떤 계획을 세울 때, 미리 점검해야 할 목록(리스트)을 만들어야 하는데, 이를 이행하지 않고, 중요한 절차 또는 협의사항을 빠뜨린 경우이다. 특히, 관련부처, 관련기관 또는 관련부서 간의 사전 협의 등 절차상 하자가 있어서는 안 된다.

(6) 보고서의 요약

요약문도 본문처럼 완전성(완결성, 포괄성)을 지녀야 한다. 압축된 요약문을 작성하는 것이 대단히 중요하다. 요약문 1장으로 승부를 걸만큼 최대한 압축하고, 함축적인 용어를 사용하여야 한다. 긴 보고서는 요약의 역할은 크다. 읽는 사람으로 하여금 읽기 쉽게 하여 우선 요점을 파악하도록 한다. 요약의 핵심은 다음과 같다.

1. 대표성이 있는 제목을 선정한다.
2. 보고의 목적을 분명히 한다.
3. 내용 전개에 중요도와 우선순위를 고려한다.
4. 보고서의 종류에 따라 문제점과 대책 등 필수항목이 누락되지 않도록 한다.
5. 가장 중요한 사항을 뽑아내 작성한다.
6. 주제어(키워드)를 추출한다.
7. 단락을 나누고 표제어를 붙인다.
8. 원칙적으로 설명부분은 생략한다.
9. 본문이 읽지 않아도 될 만큼 요약문을 압축적으로 작성한다.
10. 정책결정을 신속하게 내릴 수 있도록 작성한다.
11. 빠진 사항이 없도록 완벽하게 작성한다.
10. 질문사항과 궁금증이 없도록 작성한다.
11. 논리성, 일관성 및 객관성을 유지한다.
12. 결재권자가 선호하는 용어를 사용한다.

(7) 훌륭한 보고서 작성

훌륭한 보고서는 부단한 노력으로 이루어진다. 많이 고민해야 한다. 좋은 보고서를 보고 좋은 점은 활용해 본다. 정말 상사로부터 칭찬받는 보고서를 작성해야 한다.

(보고의 목표와 목적이 분명해야 한다)

1. 보고서의 표지

- 표지부터 눈에 쏙 들어오도록 작성한다. 보기 좋아야 한다.
- 표지가 보고서의 얼굴이다. 첫 인상이 좋아야 한다.
- 표지에 들어갈 구성요소가 빠지지 않아야 한다. 「사무관리규정 시행규칙」상의 '간이기안문'의 표지의 구성요소를 기준으로 하여 작성한다.

2. 보고서의 제목

- 제목만으로도 전체 내용이 들어오도록 작성한다.
- 제목은 너무 길어도 안 되고 너무 짧아도 안 된다. 압축적으로 작성한다.

3. 보고서의 차례(순서)

- 분량이 많은 보고서는 반드시 차례(순서)를 작성한다.
- 차례만 보아도 전체 내용을 알 수 있도록 작성한다.
- 차례(순서)를 나열할 때, 중요도와 우선순위를 고려하여 배열한다.
- 상위항목과 하위항목을 잘 구분하여 배열한다.
- 차례(순서) 전개는 보고서의 종류에 따라 달라지므로, 보고서의 종류를 잘 숙지한다.

4. 보고서의 내용

- 보고내용이 생생하게 살아 움직이도록 작성해야 한다.
- 보고내용이 유리알처럼 선명해야 한다.
- 보고내용이 간명하고, 이해하기 쉬워야 한다.
- 보고내용이 충실해야 하며, 전체적으로 균형이 잡혀야 한다.
- 보고내용이 상세하고 구체적이어야 한다.

- 보고내용 분석이 체계적이고 과학적이어야 한다.
- 도입부분을 매력적으로 작성해야 한다.
- 주제어를 잘 선정하여 작성한다.

5. **보고서의 예술성**
- 보고서는 중요한 부분에 도표, 그래프, 이미지(그림, 사진) 등을 적당히 삽입하여 시각적 또는 입체적으로 작성해야 한다.
- 중요한 부분은 밑줄을 치거나 글씨 모양을 바꾸는 등의 방법으로 두드러지게 한다.
- 설명과 함께 가능한 한 통계 숫자 등 데이터를 활용한다.

6. **보고서의 음악성**
- 독자가 읽을 때, 음악적 리듬에 따라 머리와 어깨를 움직이도록 작성한다.

7. **보고서의 논리성, 일관성 및 통일성**
- 보고서는 논리성, 일관성 및 통일성을 유지해야 한다.
- 보고서는 물 흐르듯이 작성해야 한다.

8. **보고서의 어법 준수 등**

9. **「사무관리규정」, 어문규정과 법령제명 띄어쓰기 등을 준수하여 작성하여야 한다.**

⑻ 보고서의 구성의 예

보고서는 다양한 종류가 있으나, 여기에서는 학생들이 지시 받은 과제물로서의 보고서(report)의 작성에 관하여 살펴보기로 한다. 보고서는 표지, 목차, 내용, 참고문헌의 순서로 구성된다.

■ 표지

보 고 서

SOFA(주한미군지위협정)의 문제점과 개선방안

교 과 목 : 컴퓨터실무
담당교수 : 박 철 하
소　　속 : 대불대학교 경찰학부
학　　번 : 20080188
제 출 자 : 홍 길 동
제 출 일 : 2011년 11월 24일

■ 목차

목 차

■ 내용 (1:3:1, 1:5:1)

ⓐ 서론 : ·문제제기
　　　　　·기존연구검토
　　　　　·연구의 방법과 분석틀
　　　　　·논문의 구성
ⓑ 본론 : ·전개
ⓒ 결론 : ·해결책
　　　　　·요약· 전망

■ 참고문헌

14.5 논문쓰기

14.5.1 논문의 개념과 요건

논문이란 자기의 사상이나 의견을 논리적으로 정리하여 표현한 글을 말한다. 즉 특정한 학문 분야에서 지금까지 연구된 내용을 바탕으로 새로 발견한 이론·방법, 기존 방법의 개선이나 반론 제시, 또는 그에 대한 해결 방안 제시 등과 같은 무엇인가 새로운 생각을 논리적으로 서술한 것을 말한다. 여기에서 가장 중요한 것은 '새로운 무엇'과 '논리적인 서술'이라 할 수 있다.

논문은 다음과 같은 요건을 갖추어야 한다.

(1) 정확해야 한다.

연구내용이나 연구방법, 숫자나 문자의 표기, 또는 자료의 제시 등에 있어서 정확함을 중시해야 한다.

(2) 객관적이어야 한다.

논문은 자기의 사상이나 의견을 표현한 것이다. 그러나 연구자의 단순한 의견이나 주관적인 생각은 배제되어야 하고, 반드시 사실과 증거가 논문을 뒷받침해야 한다.

(3) 편견, 감정, 또는 선입견을 배제해야 한다.

각 연구주제에 대해 연구자들은 저마다 서로 다른 연구결과와 의견을 제시할 수 있다. 연구자는 논문의 주제와 관련된 엇갈린 주장이나 학설들을 모두 공평하게 다루어야 한다.

(4) 연구자의 주장이 타당하도록 검증해야 한다.

연구방법과 논증방법을 분명히 제시하여 연구주제에 관한 결과가 타당성이 입증되어야 한다.

(5) 연구주제와 내용은 독창적이어야 한다.

같은 주제라 하더라도 연구방법이나 태도 또는 결론으로 이끄는 방법 등이 독창적이라면 기존의 연구결과와 비슷한 결과를 얻었다고 하더라도 독창성을 인정받을 수 있게 된다.

14.5.2 논문 작성의 단계

논문작성은 주제의 설정, 자료의 모음과 평가, 논문개요 작성, 논문작성의 단계를 거쳐 이루어진다.

(1) 주제의 설정

졸업논문을 위해 평소에 수업이나 개인 연구를 통해 관심있던 주제를 논문의 주제로 설정한 후, 그 주제를 어떤 관점에서 접근할 것인지를 결정한다.

논문의 주제를 결정하는데 다음과 같은 사항을 고려하면 좋다.

① **명쾌한 주제를 선정하라**

두리 뭉실, 애매모호한 주제보다는 확실한 주제를 잡아야 한다. 포괄적인 주제보다는 구체적인 주제를 선정하는 것이 좋다. 주제가 선명하지 못하면 논문의 방향이 애매하고 내용도 뒤죽박죽되기 십상이다.

② **자신의 주변에서 주제를 선정하라.**

논문의 주제는 반드시 자신의 관심사와 연결시켜 결정하는 것이 좋다. 자기 직장, 사업장, 가게 등과 연관지어 쉽게 자료를 수집할 수 있고, 논문의 결과를 실제로 활용할 수 있는 논문주제를 선정해야 한다. 논문의 결과가 직접 활용이 되지는 않더라도 논문작성과정에서 얻은 지식과 정보가 자기가 하는 일에 도움이 되는 것이 좋다.

③ **먼저 유사논문을 찾아보라.**

논문을 쓸 때 관련문헌, 특히 관련 논문을 많이 찾아봐야 한다. 관련논문을 보며 자기가 작성하려고 하는 논문과 관련하여 먼저 공부를 하고, 실험이나 연구계획을 작성하면 조사나 연구를 한 다은에 논문을 쓰기 쉬워진다.

④ **허황된 욕심을 버려라.**

주제가 아무리 훌륭해도 그것이 불가능하다면 의미가 없다. 너무 찬란한 결과를 욕심내지 말고 자신이 수행할 수 있는 범위에서 연구를 제한하는 것이 바람직하다.

(2) 자료의 모음과 평가

정해진 주제에 대하여 지금까지 어떤 연구가 이루어졌는가를 자료를 수집하면서 관찰한다. 자료는 도서관의 DB 혹은 ATLAS, 그리고 출판된 서적들의 참고문헌 등을 통해 기초 자료를 수집한 후, 전문적인 자료 수집으로 발전시킨다. 자료정리가 끝나면 전체 자료를 분석하면서 해당 주제의 연구가 어떤 방향에서 이루어져왔는가를 평가하고, 해당 주제에 관한 어떠한 새로운 연구가 필요한가를 파악하여 자신의 연구 주제를 구체화한다.

(3) 논문개요 작성

자료준비와 분석을 바탕으로 자신의 논문주제와 연구 방향을 소개하는 『논문개요』를 준비한다. 개요는 다음사항을 포함해야 한다. (1) 문제제기 및 논문의 목적, (2) 연구범위, (3) 기존연구에 대한 간략한 소개, (4) 목차 및 방법론, (5) 기본자료의 소개 및 특수용어의 정리, (6) 기대되는 연구 성과 및 활용방안, (7) 논문작성의 시간계획. 논문 개요서는 세미나 3학기에 제출하며, 이를 위해 지도교수의 도움을 받는다.

(4) 논문 작성

논문 개요서를 바탕으로 실제적인 논문을 작성한다. 논문을 쓸 때는 논문 내용의 (1) 창의성(연구의 차별성과 독창성), (2) 일관성(관점과 방법의 논리적 연속성), (3) 명확성(간결하고, 객관적이고, 논리적인 표현)을 유의하면서 작성한다.

14.5.3 논문의 일반적인 형식

가장 보편적으로 쓰여지고 있는 논문의 체재는 서두, 본문, 참고자료의 세 부분으로 구성된다.

```
① 서    두 :    •논제표지
                •목차
                •도표 목록 (필요시)

② 본    문 :    •서론 (연구사, 연구목적 · 방법 · 범위)
                •본론 (연구결과, 논의)
                •결론 (요약, 전망, 한계점)

③ 참고자료 :    •참고문헌
                •부록 (필요시)
                •요약문 (영문으로 / 필요시 국문으로)
```

(1) 서두

(a) 논제 표지

- 논문 제목 (구체적, 현실적으로)
- 제출처 (학위논문일 경우)
- 학위 구분 (학위논문일 경우)
- 제출자 성명 (학교, 학과, 학년, 학번)
- 제출년월일

(b) 목차

각 단위를 장, 절, 항, 목 등의 계층구분을 이용한다. 논문 구성은 등위나 종속관계를 체계적으로 명시하기 위해 통일된 계층기호로 사용한다.

- 목차의 각 제목은 본문의 해당 제목과 일치하고, 제목에 해당하는 본문의 쪽 번호를 기입한다.
- 목차의 각 제목은 장, 절의 2단계 또는 장, 절, 항의 3단계 정도까지 나타낸다.
- 목차의 각 제목은 가능한 한 줄로 표시한다. 부득이 두 줄로 표시하는 경우는 첫줄의 셋째 글자에 해당하는 곳에서부터 둘째 줄을 시작한다.
- 목차는 별지에 작성해야 한다.

- 쪽 번호는 각 쪽의 하단 중앙에 로마자 소문자로 표시하고 첫 쪽 번호는 인준서의 쪽 번호에 이어서 시작한다.

(c) 도표 목록

통계표, 대조표, 또는 그래프와 그림 등의 목록을 목차 뒤에 명시한다.

- 표와 그림의 수가 3개 이상일 경우에 표목차와 그림목차을 작성한다.
- 부록에 있는 표와 그림도 표목차와 그림목차에 제시한다.

표에는 〈표 1〉, 〈표 2〉 등과 같이 표시 하고, 그림에는 [그림 1], [그림 2] 등과 같이 표시한다.

표의 수와 그림의 수가 많을 경우는 [표 II-1], [표 III-1], [그림 II-1], [그림 III-1] 등과 같이 장별로 따로 번호를 부여하여 매길 수 있다.

- 표 목차와 그림목차의 쪽 번호는 내용 목차의 쪽 번호에 이어서 별 면에 시작하되, 로마자 소문자로 표시한다.
- 표와 그림이 아주 적을 때에는 둘을 합하여 그림 · 표목차라는 하나의 제목으로 제시하되 그림목차, 표목차의 순으로 각각 독립된 번호로 제시한다.

(2) 본문

(a) 서론

- 문제 제기 (동기, 배경, 중요성)
- 연구 목적 (무슨 문제를 해결하기 위해 작성되었는지)
- 연구 방법과 범위 (논문의 구성)
- 이 주제에 관한 선행연구와 연구현황에 대한 고찰과 비판

(b) 본론

- 선행연구의 고찰과 비판 (서론에서 다룰 수도 있음)
- 문제의 정의 (이 논문이 다루려는 문제에 대한 정확한 서술)
- 해결방법 (문제를 어떻게 해결했는가, 이 논문은 무엇이 새로운가)

- 실증분석 (독창적, 객관적)
- 논리 정연한 방법으로 논지 전개 (애매모호, 추측, 상상의 말 배제)
- 결론으로 이끄는 논지는 일관성·명확성 유지

(c) 결론

- 연구 결과의 요약 기술 · 주장
- 논문의 한계와 문제점 (미처 다루지 못한 부분들)
- 미래의 연구계획과 전망

(3) 참고자료

■ 참고문헌

논문에서 한 번 이상 언급한 논문, 책자, 자료 등을 저자명의 알파벳이나 가나다 순서대로 밝힌다. 그리고 최근에는 출판연도를 괄호에 넣어 저(필)자와 제목 사이에 넣기도 한다.

(a) 한글문헌

① 학회지나 잡지의 논문인 경우
　　필자명(연도), "논문명", 「게재 잡지명」, 권·호수, 발행처
　　☞ 방유성(1997), "자원기초관점에 입각한 전략자원의 탐색", 「인사조직연구」, 제5권 제1호, 한국인사·조직학회
② 저서인 경우
　　저자명(연도), 「서명」, 발행지, 발행처
　　☞ 채서일(1997), 「마케팅조사론」, 서울 : 박영사
③ 동일인의 문헌이 둘 이상일 때는 발표 연대순으로 배열하되, 두 번째부터는 저(필)자명 난에 횡선을 그어 동일인임을 표시한다.
　　☞ 이순묵(1990), 「공변량 구조분석」, 서울, 성원사
　　　　＿＿＿(1993), 「중급 LISREL」, 서울, 한국심리학회

④ 한 사람이 같은 해에 여러 개를 쓴 경우 a, b, c 혹은 ㄱ, ㄴ, ㄷ으로.

 ☞ 김철수(1991 ㄱ), 「경영학개론」, 서울, 신학문사.

 _____(1991 ㄴ), 「인사관리론」, 서울, 법문사.

(b) 외국문헌

필자나 저자명은 성을 먼저 표기하고 이름을 뒤에 약자로 쓴다.

① 논문인 경우

 필자명(연도), "논문명", 책편집자 이름, *책이름*, 출판사명, 발행장소.

 ☞ Curran, J.(1979), "Capitalism and Control of the Press", in J. Curran et al. (eds.), *Mass Communication and Society*, Sage Publications, California.

② 저서인 경우

 저자명(연도), *책이름*, 출판사명, 발행장소.

 ☞ Altheide, D. L.(1976), *Creating Reality : How TV News Distorts Events*, Sage Publications, California.

■ **부록**

본문에서 언급한 이론에 대한 증명, 복잡한 실험 결과, 질문지, 사진 자료 등을 부록으로 처리할 수 있다. 본문을 이해하는데 꼭 필요한 사항은 가능한 한 본문에서 다루는 것이 좋다.

■ **요약문**

논문의 제목만으로는 논문의 전체 내용을 파악하기 어렵다. 그러므로 논문의 초점을 이해하게 하고, 그 논문을 읽어볼 것인가 말 것인가를 가늠할 수 있도록 판단하게 한다. 요약문은 논문 제목과 논문 전체의 내용을 연결해 주는 가교의 역할을 하며, 짧은 시간(약 2~3분)에 논문의 전체의 윤곽과 핵심을 설명해 준다.

14.5.4 논문작성지침

(1) 인용

남이 쓴 글을 빌려 오는 것을 '인용'이라고 한다. 논문을 쓸 때, 인용을 하여 자기 견해의 타당성 내지 정당성을 입증할 수 있게 된다. 인용을 할 때는 정확하게 해야 하고, 인용문의 길이는 될 수 있으면 짧아야 한다.

인용에는 직접 인용과 간접 인용의 두 가지 종류가 있다.

(a) 직접 인용

① 원문을 그대로 인용하는 것을 말한다.

② 인쇄는 행수로 3행 이내(200자 원고지 6행 내외)일 경우에는, 따옴표(" ") 로써 표시한다.

③ 인용문 안에 다시 인용문이 들어 있는 경우에는, 인용문안의 따옴표를 작은따옴표(' ')로 바꾼다.

④ 직접 인용을 할 때 맞춤법, 구두점, 문단 구분 등의 원문 그대로 해야 한다.

⑤ 필요한 부분만을 인용하기 위해 어느 문장의 앞 중간, 혹은 뒷부분을 생략해야 될 경우에는, 원문의 뜻을 손상하지 않는 범위에서 생략한다. 생략된 부분은 반드시 생략 부호로써 명시해 두는데, 생략부호는 보통 3 점(…)이나 4점(… …)을 사용한다.

⑥ 원문에 오기가 있을 때 그것을 바로 잡아서는 안 되고, 그 잘못된 부분 바로 뒤에 '〈원문대로〉' 라고 기입한다. 만일 이를 정정해 두고자 한다면, 중괄호(〈 〉)속에 정확한 것을 기입하고 그것이 필자에 의한 것임을 명시해야 한다.

(b) 간접인용

① 원문의 내용을 논문 작성자의 말로 바꾸어 인용하는 것을 말한다.

② 간접 인용의 방법에는 요약과 의역이 있다. 요약은 인용할 부분의 내용 을 요점만 간추려 옮기는 것이고, 의역은 원문의 내용을 필자 나름의 용어로써 부연·설명한 것이다.

③ 간접 인용시에는 따옴표는 쓰지 않고 인용문의 끝에 주석 번호를 달고 주석에서 그 출처를 명시한다.

(2) 각주

각주에는 완전 각주와 약식 각주의 두 가지가 있다. 전자는 어떤 문헌이 처음으로 인용되었을 때 그 문헌의 서지 사항을 빠짐없이 기록하는 방법이고, 후자는 일단 완전 각주 방식으로 소개된 문헌을 거듭 인용할 경우에 일정한 부호나 약식으로 기록하는 방식이다.

앞의 각주에서 이미 자세하게 다루어진 문헌을 두 번 세 번 다시 인용할 때 는 이를 간결하게 처리하기 위해 종래의 논문에서는

① ibid.   : 바로 앞 각주의 참고문헌을 또 이용할 때

　　　　　　　　　12) Ibid., p.25

② op. cit   : 앞에서 한 번 인용했던 참고문헌을 또 이용할 때

　　　　　　　　　15) 강세영·신유경, op. cit., p.32.

③ lac. cit.   : 바로 앞에 인용한 문헌의 같은 페이지를 또 인용했을 때

　　　　　　　　　19) 김선희, 「국어어휘론」 (서울:다산출판사, 1990), p.31.

　　　　　　　　　20) loco cit.

등의 용어를 사용해 왔다. 그러나 그 뜻이 명료하지 않아 최근 국문 논문에서 는 단행본의 경우 '앞 책', 논문과 기타의 글에서는 '앞 글', 또는 '前揚書'나 '前揚論文'을 흔히 사용한다. 다음은 완전 각주와 약식 각주의 예 이다.

---

5) 방유성, "자원기초관점에 입각한 전략자원의 탐색", 「인사·조직연구」, 제5권 제1호, 한국인사·조직학회, 1997. 2., pp.51-53.

6) C.I. Barnard, *The Functions of the Executive*, Cambridge, Mass., Harvard University Press, 1938, p.35.

7) 앞 책, pp.38-40.

8) 방유성, 1997, p.57

9) 앞 글, p.60.

위의 각주 5)과 6)은 완전 각주이다. 7)는 6)의 책을 다시 참고한 경우 이고, 8)은 그 전에 한 번 인용한 문헌, 즉 5)의 문헌이다. 이 경우에는 저(필)자명, 출판연도(발표연도), 그리고 인용 페이지를 기입한다. 9)는 바로 앞 8)의 문헌을 다시 참고한 경우이다.

참고문헌

1. 도윤경, 「문서사무관리실무」, 서울:두남, 2005.

2. 이석호, 「실전사무관리」, 서울:선학사, 2008.

3. 이종두, 「사무관리론」, 서울:대영문화사, 2006.

4. 이승기 외 3인, 「새로운 사무관리론」, 서울:대왕사, 2010.

5. 김경우, 「사무관리실무론」, 서울:학문사, 1999.

6. 조주복·김석주, 「정보화시대의 사무관리론」, 서울:학문사, 2000.

7. 김제홍·오성환, 「e-비즈니스 시대의 사무관리개론」, 서울:두남, 2006.

8. 김병기·이정훈, 「사무관리의 이해」, 서울:청목출판사, 2007.

9. 유희숙, 「사무관리론」, 서울:대영문화사, 2009.

10. 채수경·한지연, 「Office-Pro를 위한 사무·문서관리」, 서울:두남, 2008.

11. 문홍렬, 「행정사무관리론」, 서울:학문사, 2007.

12. 청주대학교, 「2004 면접가이드」, 2004

문서사무관리

초판 1쇄 인쇄 2011년 12월 20일
초판 1쇄 발행 2011년 12월 30일
저   자 박철하
발 행 인 이범만
발 행 처 **21세기사** (제406-00015호)
　　　　　경기도 파주시 산남동 283-10 (413-130)
　　　　　Tel. 031-942-7861　　　Fax. 031-942-7864
　　　　　E-mail : 21cbook@hanafos.com
　　　　　Home-page : www.21cbook.co.kr
　　　　　ISBN 978-89-8468-422-5

　　　　　정가 28,000원